Neil Simon
Komödien

Neil Simon
Komödien

Ein seltsames Paar

Pfefferkuchen und Gin

Dachlawine

Sonny-Boys

Brooklyn Memoiren

Verlag
Volk und Welt
Berlin

Herausgegeben von Jochanaan Christoph Trilse

Aus dem Amerikanischen
von Gerty Agoston, Sibylle Hunzinger, Gina Kaus, Ursula Lyn

ISBN 3-353-00217-0

1. Auflage
Lizenzausgabe des Verlages Volk und Welt, Berlin 1988
für die Deutsche Demokratische Republik
L. N. 302, 410/139/88
Folgende Komödien übernehmen wir mit Genehmigung des S. Fischer Verlages, Frankfurt am Main: *Ein seltsames Paar, Pfefferkuchen und Gin, Dachlawine, Sonny-Boys.* Mit Genehmigung des Gerhard Pegler Verlags, München: *Brooklyn Memoiren*
Printed in the German Democratic Republic

Einbandentwurf: Lothar Reher
Lichtsatz: INTERDRUCK Graphischer Großbetrieb Leipzig – III/18/97
Druck und Einband: LVZ-Druckerei „Hermann Duncker", III/18/138
LSV 7336
Bestell-Nr. 648 815 2

01500

Ein seltsames Paar

Personen

Felix Ungar
Oscar Madison
Die Pokerspieler:
Murray
Speed
Vinnie
Roy
und die Schwestern Amsel:
Gwendolyn
Cecily

Eine Wohnung in Riverside Drive, New York City.

I. Akt
Eine heiße Sommernacht.

II. Akt
1. Szene – Eine Woche später, ungefähr um 11 Uhr nachts.
2. Szene – Ein paar Tage später, ungefähr um 8 Uhr abends.

III. Akt
Der nächste Abend, ungefähr um 7.30 Uhr.

Erster Akt

Eine warme Sommernacht.

Oscar Madisons Wohnung in New York. Es ist eine dieser großen Achtzimmerwohnungen am Riverside Drive zwischen der achtzigsten und neunzigsten Straße. Das Gebäude ist 35 Jahre alt und hat noch immer Spuren einer vornehmen Vergangenheit. Hohe Decken, eingebaute Schränke, dicke Wände.

Wir sind im Wohnzimmer, mit Türen zur Küche, zu einem Schlafzimmer mit Badezimmer und einem Gang zu anderen Schlafzimmern.

Die Möbel sind seinerzeit mit außerordentlich gutem Geschmack gewählt worden, aber jetzt ist der Raum, dem in den letzten Monaten die Hausfrau gefehlt hat, ein wahres Schaustück von äußerster Schlamperei. Schmutziges Geschirr, herumliegende Kleidungsstücke, alte Zeitungen, leere Flaschen, offene und ungeöffnete Wäschepakete, Briefe, Möbelstücke am falschen Platz – alles durcheinander. Das einzige, was an diesem Raum schön geblieben ist, ist der Ausblick über die New Jersey Palisades durch das offene Fenster – wir sind im zwölften Stock. Vor drei Monaten war das eine reizende Wohnung.

Wenn der Vorhang aufgeht, ist das Zimmer erfüllt von Rauch. Eine Pokerpartie ist im Gange. Sechs Stühle stehen um den Tisch, aber im Augenblick sind bloß vier besetzt. Vier Männer spielen, Murray, Roy, Speed und Vinnie. Vinnie hat die meisten Chips vor sich liegen. Er klopft nervös mit dem Fuß auf den Boden und guckt auf seine Uhr. Roy sieht auf Speed, und Speed starrt fasziniert und ungläubig auf Murray. Murray ist der Ausgeber. Er mischt langsam und methodisch. Es scheint eine schwierige, höchste Konzentration erfordernde Arbeit zu sein. Speed schüttelt ungläubig den Kopf. Das alles geht ohne Worte vor sich.

Speed *stützt sein Kinn in die Hand und sieht auf Murray* … Wird dir nicht schwindlig, wenn du zusiehst, wie schnell du mischst?

Murray ohne ihn zu beachten, mischt langsam weiter.

Roy Mensch, ist das eine Luft hier.

Vinnie *sieht auf seine Uhr* Wie spät ist es?

Speed Schon wieder – wie spät ist es.

Vinnie Meine Uhr geht nach. Ich möchte gern wissen, wie spät es ist.

Speed *starrt ihn an* Du gewinnst mindestens 100 Dollar. Jetzt weißt du, wie spät es ist.

Roy *sieht auf seine Uhr* Es ist zehn Uhr dreißig.

Pause. Murray fährt fort zu mischen.

Vinnie *Pause* um zwölf muß ich gehen.

Speed *sieht verzweifelt auf* Du lieber Himmel!

Vinnie Das hab ich gleich gesagt, wie ich mich hingesetzt habe. Um zwölf muß ich gehen. Murray, hab ich das nicht gesagt, wie ich mich hingesetzt habe? Ich hab gesagt, um zwölf muß ich gehen.

Speed Stör ihn nicht, sonst vermischt er sich noch. *Zu Murray.* Willst du nicht mal eine kleine Pause machen und dich ein bißchen hinlegen?

Murray Willst du, daß ich schnell oder daß ich richtig gebe?

Er beginnt langsam auszugeben.

Speed saugt ärgerlich an seiner Zigarre.

Roy Tu mir einen Gefallen und blas deinen Rauch in Richtung New Jersey.

Speed bläst Rauch gegen Roy.

Murray Sagt mal, Kinder, ich mach mir langsam Sorgen wegen Felix. Er hat sich noch nie verspätet. Vielleicht sollten wir mal bei ihm anrufen. *Schreit gegen hinter die Bühne.* Oscar, warum rufst du Felix nicht mal an?

Roy *fächelt durch den Rauch* Wir sollten jeder drei Dollar geben und uns einen Ventilator anschaffen, wenn wir nicht an Rauchvergiftung sterben wollen.

Murray Sag mal, wie viele Karten hast du, vier?

Speed Ja, Murray, jeder von uns hat vier Karten. Gib uns eine mehr, dann haben wir fünf. Wenn du uns zwei mehr gibst, haben wir sechs. Ist dir der Zusammenhang klar?

Roy *schreit nach hinten* Heh, Oscar, was ist mit dir? Gehst du mit?

Oscar *von hinter der Bühne* Nee, ich bin diesmal weg.

Speed eröffnet, die anderen setzen.

Vinnie Ich habe meiner Frau gesagt, ich bin spätestens um ein Uhr zu Hause. Wir fliegen morgen um acht nach Florida. Das hab ich euch gleich gesagt, bevor ich mich hingesetzt habe.

Speed Weine nicht, Vinnie. Du wirst das Flugzeug noch kriegen. Gib mir zwei ... *Er wirft ab.*

Roy Warum läßt er bloß die Klimaanlage nicht in Ordnung bringen? Hier ist eine Hitze wie im Backofen. Ich bin draußen. *Geht ans Fenster und sieht hinaus.*

Vinnie Eine ...

Murray *gibt sich vier Karten* Ich nehme vier ... Vielleicht ist Felix krank? *Deutet auf den leeren Stuhl.*

Roy So spät ist er noch nie gekommen.

Speed Zwei Dollar.

Vinnie Bitte!

Murray *wirft die Karten hin* Ich bin draußen.

Speed *zeigt seine Karten* Könige und

Vinnie Straight ... *Zeigt seine Karten und nimmt das Geld aus der Kasse – spielt mit seinen Chips.*

Speed *starrt ihn an, während er die Karten mischt* Spiel nicht mit deinen Chips. Ich bitte dich in aller Ruhe, spiel nicht mit deinen Chips.

Vinnie *zu Speed* Ich spiel nicht, ich zähle.

Murray *schreit nach hinter der Bühne* Oscar, was ist los mit dir?

Oscar *tritt ein. Er trägt ein Tablett mit Bier, Sandwiches, eine Dose Erdnüsse, eine offene Papiertüte mit Brezeln und Fritos* Ich bin dabei!

Oscar Madison ist 43. Er ist ein angenehmer, anziehender Mann. Er scheint das Leben bis zur Neige zu genießen. Die wöchentliche Pokerpartie freut ihn, seine Freunde, sein Trinken, seine Zigarren. Er gehört zu den wenigen Glücklichen, die sogar ihre Arbeit lieben – er ist Sportredakteur für die New York Post. Seine Sorglosigkeit zeigt sich in der Unordentlichkeit seines Heims, aber das scheint andere mehr zu stören als ihn. Damit soll nicht gesagt sein, daß er keine Sorgen hat. Aber er scheint keine zu haben.

Vinnie Willst du dir nicht deine Karten angucken?

Oscar *stellt das Tablett ab* Wozu? Ich bluffe sowieso. *Öffnet eine Flasche Coca Cola.* Wer wollte eine Coca?

Murray Ich.

Oscar Bitte, eine warme Coca, für meinen Freund von der Polizei. *Er reicht ihm die Flasche.*

Roy *setzt eine Münze* Ist der Eisschrank immer noch kaputt? Schon über zwei Wochen.

Oscar *nimmt seine Karten auf* Wenn ich Gemecker will, kann ich zu meiner Frau zurückgehen. *Wirft die Karten hin.* Ich bin weg. Wer will was essen?

Murray Was hast du?

Oscar *sieht unters Brot* Ich habe grüne Sandwiches und braune Sandwiches ...

Murray Was ist auf den grünen?

Oscar Entweder ganz junger Käse oder ganz altes Fleisch.

Murray Ich nehme ein braunes.

Oscar gibt Murray ein Sandwich.

Roy *starrt auf Murray* Bist du wahnsinnig? Das wirst du doch nicht essen?

Murray Ich hab Hunger.

Roy Sein Eisschrank ist seit zwei Wochen kaputt. Ich habe Milch drin stehen sehen, die nicht mal in der Flasche war.

Oscar *zu Roy* Er übertreibt. Iß, Murray, iß!

Roy Ich habe sechs Karten.

Speed Ausgerechnet jetzt habe ich drei Asse.

Alle werfen ihre Karten zusammen. Speed beginnt zu mischen

Vinnie Weißt du, wer die besten Sandwiches macht? Felix. Hast du jemals seine Hühnerleberpastete mit Oliven auf getoastetem Schwarzbrot gegessen?

Speed *zu Vinnie* Entscheide dich – entweder wir pokern, oder du erzählst Kochrezepte.

Oscar öffnet eine Bierflasche, die einen Geiser über den Tisch und auf die Spieler sprüht. Alle schreien auf Oscar ein, der Roy die überschäumende Flasche gibt und die Bierlache unter den Stuhl lenkt. Die Spieler kehren zu ihrem Spiel zurück, werden aber wiederum angespritzt, als Oscar eine zweite Flasche öffnet. Ein zweiter verärgerter Aufschrei, während sie versuchen, Oscar an weiterem Unfug zu hindern und das Bier auf dem Tisch mit einem Handtuch aufzuwischen, das an der

Stehlampe hängt. Oscar fährt unbeirrt fort, ihnen Bier und Tüten anzubieten, und endlich sitzen sie wieder in ihren Stühlen. Oscar wischt seine Hände an den Ärmeln von Roys Rock ab, der über einer Stuhllehne hängt.

Speed Bist du wahnsinnig, hier mit dem Bier rumzuspritzen.

Vinnie Meine Chips sind ja ganz naß.

Roy Paß doch ein bißchen auf.

Murray Mein ganzes Sandwich ist naß geworden.

Speed Oscar, hör doch jetzt auf.

Vinnie Kannst du das Zeug nicht draußen aufmachen?

Murray Die Zigarre ist auch hin.

Speed Los, Vinnie, sag Oscar, wann du nach Hause mußt.

Vinnie *wie ein trainierter Hund* Um zwölf.

Speed *zu den andern* Hört ihr? Er kann's schon auswendig. Also beeilen wir uns. *Er teilt aus und ad libs über den Karten; die letzte gibt er Murray* ... Los, Murray, du mußt zahlen. *Keine Antwort.* Los, zahl schon.

Oscar *nimmt einen Drink von der Bar* Schrei meinen Freund Murray nicht an.

Murray *wirft eine Münze auf den Tisch* Ich gehe mit.

Oscar *sieht stolz auf Murray* Großartig, Junge, großartig. *Setzt sich und öffnet die Büchse mit Erdnüssen.*

Roy Hör mal, Oscar, wir wollen eine Abmachung treffen. Du verpflichtest dich, jedes halbe Jahr frische Nüsse zu kaufen, oder die alten müssen öfter abgestaubt werden. Hast du keine Raumpflegerin?

Oscar *schüttelt den Kopf* Sie hat mir gekündigt, nachdem meine Frau und die Kinder weg waren. Es wurde ihr zuviel Arbeit. *Sieht auf den Tisch.* Der Topf stimmt nicht. Wer hat vergessen einzuzahlen?

Murray *zu Oscar* Du.

Oscar *legt Geld hin* Gib nicht so an, Murray. Zur Strafe mußt du mir zwanzig Dollar leihen.

Speed teilt eine neue Runde.

Murray Ich habe dir erst vor zehn Minuten zwanzig Dollar geliehen.

Alle zahlen ein.

Oscar Du hast mir vor zwanzig Minuten zehn Dollar geliehen, du mußt rechnen lernen, mein Süßer. Zwei –

Roy Eine.

Oscar Außerdem schuldet ihr mir jeder sechs Dollar fürs kalte Büfett.

Vinnie Drei.

Murray Eine.

Speed *teilt eine neue Runde aus* Kaltes Büfett! Warmes Bier und zwei Sandwiches, die von deiner Konfirmationsfeier übriggeblieben sind? – Ich nehme eine.

Oscar Was erwartest du bei einer Pokerpartie? Kaviar und Austern? Murray, leih mir zwanzig Dollar, oder ich rufe deine Frau an und sag ihr, daß du dich im Central Park in Frauenkleidern herumtreibst.

Murray Wenn du Geld willst, frag Felix.

Oscar Der ist nicht hier.

Murray Ich auch nicht.

Roy *gibt ihm Geld* Komm, hier. Jetzt schuldest du mir 80.

Murray Sag mal, wann rufst du endlich Felix an?

Oscar Wann werden wir endlich pokern?

Murray Bist du denn gar nicht unruhig? Er hat noch nie eine Partie versäumt.

Oscar Also schön – ich werde anrufen! Ich werde anrufen!

Das Telefon klingelt.

Speed Drei Buben.

Vinnie Drei Damen.

Speed *hebt die Arme in Verzweiflung* Ich bin zum letzten Mal hier. Wenn ich mich ärgern will, kann ich auch zu Hause bleiben.

Oscar nimmt das Telefon auf.

Oscar Hallo ...? Oscar der Pokerspieler!

Vinnie *zu Oscar* Wenn es meine Frau ist, sag ihr, daß ich um zwölf Uhr gehe.

Speed *zu Vinnie* Wenn du noch einmal auf die Uhr guckst, schmeiß ich Dir die Nüsse ins Gesicht. *Zu Roy.* Gib du jetzt.

Das Spiel geht während Oscars Telefongespräch weiter. Roy teilt aus.

Oscar *ins Telefon* Wen? Wen wollen Sie sprechen? ... Natti – was für einen Natti? Hier ist kein Natti! ... Oh, Vati! *Zu den andern.* Herrgott, Ruhe – das ist mein Jüngster! *Ins Telefon, er spricht mit großer Liebe und Zärtlichkeit.* Brucey, hallo, Liebling. Ja, hier ist Vati.

Die Pokerspieler improvisieren. Oscar wendet sich an sie. Seid leise, ja? Mein Fünfjähriger ruft mich aus Kalifornien an. Es muß ihn ein Vermögen kosten. *Ins Telefon.* Wie geht's dir, Schatz ... Ja, ich hab deinen Brief endlich bekommen. Es hat drei Wochen gedauert ... Nächstes Mal sag deiner Mutter, sie soll eine Briefmarke draufkleben. Ich weiß, du hast eine sehr gute gezeichnet, aber nicht gut genug. *Lacht, zu den andern.* Habt ihr das gehört?

Speed Ja, ja, wir lachen uns tot.

Oscar *ins Telefon* Wie? Ich habe nicht verstanden ... Welche Goldfische? In deinem Zimmer. Natürlich, natürlich, ich paß gut auf sie auf ... *Hält das Telefon zu.* O Gott, ich habe die Goldfische umkommen lassen.

Roy Mörder! Eine. –

Oscar Ja, ja, ich füttere sie jeden Tag. Mutti will mit mir sprechen? Gut ... Bleib gesund, mein Kleiner.

Vinnie *teilt aus* Ich setze einen Dollar.

Speed *zu Oscar* Kostet dich einen Dollar, Oscar, wenn du mitgehen willst. Hast du einen Dollar?

Oscar Nicht mehr, nachdem ich mit dieser Dame gesprochen habe. *Ins Telefon. Falsche Fröhlichkeit.* Hallo, Blanche ... Wie geht's? ... Ja ... Ich glaube, ich kann mir vorstellen, warum du anrufst ... Ich bin eine Woche zu spät mit dem Scheck ... Vier Wochen?? Ganz unmöglich. Weil's unmöglich ist... Blanche, ich notiere jeden Scheck und ich weiß, es sind nur drei Wochen ... Blanche, ich tue, was ich kann ... Du, drohe mir nicht mit dem Gefängnis, das ist keine Drohung ... Bei meinen Ausgaben und meinen Alimenten. Ein Gefangener behält mehr übrig als ich ... Blanche, sag nicht, daß du mein Gehalt pfänden wirst, sag auf Wiedersehen. ... Ja. *Er hängt ab. Zu den Spielern.* Ich bin ihr achthundert Dollar schuldig. Laßt uns die Einsätze erhöhen. *Nimmt einen Drink vom Pokertisch.*

Roy Das kommt alles nur davon, weil du mehr ausgibst, als du einnimmst. Ich weiß es genau, ich bin ja schließlich dein Steuerberater.

Oscar Wenn du mein Steuerberater bist, wieso bin ich dann pleite?

Roy Wenn du pleite bist, wieso pokerst du dann?

Oscar Weil ich Geld brauche.

Roy Aber du verlierst doch immer.

Oscar Deshalb brauche ich ja Geld. Hör mal, ich beklage mich nicht. Du beklagst dich. Ich bin zufrieden. Ich lebe.

Roy Allein? In acht schmutzigen Zimmern?

Oscar Wenn ich heute abend gewinne, kaufe ich mir einen Besen.

Murray und Speed kaufen Chips von Vinnie, und Murray beginnt zu mischen.

Roy Du brauchst keinen Besen, du brauchst 'ne Frau.

Oscar Wie kann ich mir 'ne Frau leisten, wenn ich mir nicht einmal einen Besen leisten kann?

Roy Dann pokere nicht.

Murray Warum schreit ihr so? Wir spielen doch, um uns zu entspannen.

Speed Wer spielt denn? Seit acht Uhr sitzen wir hier und reden.

Vinnie Seit sieben. Deshalb habe ich gesagt, daß ich um zwölf aufhöre.

Speed Soll ich dir den Mund mit einer verfaulten Banane stopfen?

Murray *der Friedensstifter* Schon gut, beruhigt euch ... ich bin von der Polizei. Ich könnte diese ganze verdammte Partie verhaften. *Teilt weiter aus.* Vier ...

Oscar *sitzt am Tisch* Mein Freund Murray von der Polizei hat recht. Wir sind zum Kartenspielen hier. Und bitte, haltet sie schön hoch, sonst kann ich nicht sehen, wo ich sie gezinkt habe. Zwei. –

Roy Du nimmst nichts ernst, was? Du schuldest deiner Frau Geld, der Steuerbehörde, deinen Freunden ... Eine. –

Das Telefon klingelt. Oscar geht hin.

Oscar Das Leben geht weiter, selbst für die von uns, die geschieden, bankrott und schlampig sind. *Ins Telefon.* Hallo? Hier. Geschieden, bankrott und schlampig. Oh, hallo, Schatz. *Er wird sehr schmeichlerisch, nimmt das Telefon zur Seite und spricht leise, aber so, daß die andern hören können.* ... ich habe dir doch gesagt, du sollst mich nicht während der Partie anrufen. Du weißt, daß ich dich liebe ... Schön, Augenblick. *Dreht sich um.* Murray, deine Frau. *Stellt das Telefon auf den Tisch und sitzt auf dem Sofa.*

Murray *nickt angewidert, während er zum Telefon geht* Ich wollte, du hättest wirklich was mit ihr ... dann würde sie mich in Ruhe lassen. *Nimmt das Telefon auf.* Hallo, Mimi, was ist los?

Speed ins Badezimmer.

Oscar *Frauenstimme, er versucht, Mimi nachzumachen* Wann kommst du nach Hause? *Er macht Murray nach.* Ich weiß nicht genau, gegen zwölf, halb eins.

Murray *ins Telefon* Ich weiß nicht genau, gegen zwölf, halb eins.

Roy steht auf, streckt sich.

Was soll ich dir mitbringen? Saure Gurken und Erdbeereis?

Oscar Ist sie schon wieder schwanger?

Murray *hält das Telefon gegen die Brust* Nein, nur verfressen.

Geräusch einer Toilettenspülung, und nachdem Speed aus dem Badezimmer kommt, geht Vinnie hinein.

Murray *wieder ins Telefon* Was ...? Wieso hast du das gehört, ich habe doch das Telefon zugehalten ... Wer? Felix? ... Nein, er ist nicht hier ... Was ist los? ... Machst du'n Witz? ... Woher soll ich das wissen? Also, gute Nacht.

Wieder Geräusch aus der Toilette, dann kommt Vinnie heraus und Roy geht hinein.

Gute Nacht, Mimi ... gute Nacht. *Er hängt ab, zu den andern.* Na, was hab ich euch gesagt? Ich hab's gewußt!

Roy Was ist los?

Murray *auf und ab gehend* Felix wird vermißt.

Oscar Wer?

Murray Felix! Ich habe gleich gesagt, da ist etwas los.

Speed *am Tisch* Was meinst du mit vermißt?

Murray Er ist morgens nicht in sein Büro gekommen. Er ist abends nicht nach Hause gekommen. Niemand weiß, wo er ist. Mimi hat gerade mit seiner Frau gesprochen.

Vinnie *in seinem Stuhl am Pokertisch* Felix????

Murray Sie haben überall nach ihm gesucht. Ich sage euch, er ist vermißt.

Oscar Moment mal. Niemand gilt nach einem Tag als vermißt.

Vinnie Das stimmt. Man muß achtundvierzig Stunden vermißt sein, um vermißt zu sein.

Roy *sitzt im Lehnstuhl* Vielleicht hatte er einen Unfall.

Oscar Das hätten sie erfahren.

Roy Wenn er irgendwo auf der Straße liegt? Wer soll wissen, wer er ist?

Oscar Er hat von den Sachen, die er auf Abzahlung gekauft hat, immer die Scheine in der Tasche. Wenn ihm was passiert, ist ganz Amerika in Aufregung.

Vinnie Vielleicht ist er ins Kino gegangen. Ihr wißt, wie lange die Filme heute dauern.

Roy Vielleicht ist er überfallen worden?

Oscar Sechsunddreißig Stunden lang?

Speed Vielleicht haben sie ihm seinen Anzug gestohlen. Ich habe mal gehört, daß das einem Mann im Wartezimmer eines Arztes passiert ist. Er mußte in Schwesterntracht nach Hause gehen.

Oscar wirft ein Kissen von der Couch nach Roy.

Murray, du bist von der Polizei. Was glaubst du?

Murray Ich glaube, es ist ernst. Wirklich ernst.

Roy Woher weißt du das?

Murray Ich spüre es in den Knochen.

Speed Du hast zuviel James Bond gesehen.

Oscar Was raten wir hier herum? Ich rufe seine Frau an. *Er nimmt das Telefon auf.* Einer unserer Pokerspieler wird vermißt. Ich möchte endlich wissen, was mit ihm los ist.

Vinnie Er kam mir in den letzten Wochen sehr nervös vor. *Zu Speed.* Hattest du nicht den Eindruck, daß er nervös war?

Speed Nein. Ich hatte den Eindruck, daß d u nervös warst.

Oscar *ins Telefon* Hallo? ... Betty? ... Oscar. Ich hab's gerade gehört.

Roy Sag ihr, sie soll sich nicht aufregen. Sie ist wahrscheinlich völlig außer sich.

Murray setzt sich auf die Couch.

Oscar *ins Telefon* Höre mal, Betty, die Hauptsache ist, daß du dich nicht aufregst ... Ach so ... *Zu den andern.* Sie ist überhaupt nicht aufgeregt.

Murray Frauen.

Oscar Betty, hast du eine Ahnung, wo er sein kann? Er – was? Das ist doch nicht dein Ernst ... Warum ... Nein, ich weiß gar nichts ... Das tut mir leid ... Hör mal, Betty, bleibst du zu Hause? Sowie ich etwas erfahre, rufe ich dich an ... Ja ... Gute Nacht. *Er hängt ab. Alle sehen erwartungsvoll auf ihn. Er steht auf, geht wortlos an den Tisch, er denkt nach. Sie beobachten ihn eine Sekunde, länger können sie es nicht aushalten.*

Murray Willst du uns endlich sagen, was los ist, oder müssen wir einen Privatdetektiv engagieren?

Oscar Sie haben sich getrennt.

Roy Wer?

Oscar Felix und Betty. Sie haben sich getrennt. Die Ehe ist im Eimer.

Vinnie Red keinen Unsinn.

Roy Das ist kaum zu glauben.

Speed Nach zwölf Jahren.

Oscar sitzt am Tisch.

Vinnie Sie waren ein so glückliches Paar.

Murray Zwölf Jahre bedeutet nicht, wie glücklich ein Ehe war. Es bedeutet lediglich, wie lange sie gedauert hat.

Speed Also das versteh ich nicht. Felix und Betty.

Roy Warum seid ihr so überrascht? Jeden Freitag abend hat er hier gesessen und uns erzählt, wie sie sich gestritten haben.

Speed Das weiß ich, aber wer nimmt denn so was ernst!

Vinnie Was ist passiert?

Oscar Sie will ihn los sein, das ist alles.

Murray Das wird er nicht überleben. Ich kenne Felix. Er wird irgend etwas Wahnsinniges anstellen.

Speed Er konnte über nichts anderes sprechen. „Meine süße Frau. Meine wunderbare Frau!" Was ist bloß passiert?

Oscar Seine süße, wunderbare Frau kann ihn nicht mehr ertragen. Das ist passiert.

Murray Er wird sich umbringen. Ich sage euch, er ist weggegangen, um sich umzubringen.

Speed *zu Murray* Könntest du nicht mal zwei Minuten lang versuchen, kein Polizist zu sein. *Zu Oscar.* Wo ist er hingegangen, Oscar?

Oscar Er ist weggegangen, um sich umzubringen.

Murray Was habe ich gesagt?!

Roy *zu Oscar* Im Ernst?

Oscar Das hat sie gesagt. Er wollte es nicht zu Hause tun, weil die Kinder schliefen.

Vinnie *besorgt* Hat er das gesagt? Wörtlich: „Ich gehe weg und bringe mich um"?

Oscar Das weiß ich nicht. Sie hat es mir nicht vorgelesen.

Roy Hat er ihr einen Brief dagelassen?

Oscar Nein. Er hat ihr ein Telegramm geschickt.

Murray Ein Selbstmordtelegramm? … Wer schickt ein Selbstmordtelegramm?

Oscar Felix, der Idiot, wer sonst? Könnt ihr euch vorstellen, wie das auf sie gewirkt hat? Sie mußte dem Boten noch ein Trinkgeld geben.

Roy Ich versteh's nicht. Wenn er sich umbringen will, warum schickt er dann ein Telegramm?

Oscar Begreifst du nicht, was in ihm vorgeht? Hätte er einen Brief geschickt, hätte sie ihn nicht vor Montag bekommen, und er hätte keine Entschuldigung dafür, daß er nicht tot ist. Und so hat er für einen Dollar noch die Chance, gerettet zu werden.

Vinnie Du glaubst, er will sich nicht wirklich umbringen? Er will bloß Mitleid.

Oscar Wie ich ihn kenne, würde er am liebsten zu seinem eigenen Begräbnis gehen, zwischen den Trauernden sitzen und am lautesten heulen.

Roy Man weiß nie, was einer tut, wenn er die Nerven verliert.

Oscar Ich kenne Felix. Er ist zu ängstlich, um sich umzubringen. Er schnallt sich sogar beim Tanken an.

Vinnie Könnten wir ihn nicht irgendwo suchen?

Speed Wo? Wo könnten wir suchen? Wer weiß, wo er ist?
Die Türglocke schellt. Alle sehen auf Oscar.

Oscar Natürlich! … Wenn du dich umbringen willst, wo kannst du es am sichersten tun? … Bei deinen Freunden!
Vinnie geht auf die Tür zu.

Murray *stoppt ihn* Wart 'nen Moment. Vielleicht ist er außer Rand und Band. Wir müssen uns ganz harmlos benehmen. Wenn *wir* ruhig sind, wird *er* sich vielleicht auch beruhigen.

Roy *steht auf und geht zu ihnen* Richtig. So machen sie's auch immer, wenn jemand im sechzigsten Stock auf dem Sims steht. Sie sprechen ruhig und sanft mit ihm.

Speed kommt zu ihnen und der aufgeregten Diskussion.

Vinnie Was sollen wir ihm sagen?

Murray Nichts. Wir tun, als ob wir nichts wüßten.

Oscar *versucht, ihre Aufmerksamkeit zu erregen* Wenn ihr nicht bald aufhört, hängt er sich noch im Treppenhaus auf. *Zu Vinnie.* Los, Vinnie, mach die Tür auf.

Murray Vergiß nicht – wir wissen von nichts.

Alle schnell zurück auf ihre Stühle. Sie nehmen die Karten auf und scheinen sich ganz auf diese zu konzentrieren. Vinnie öffnet die Türe. Felix Ungar ist da. Ungefähr 44. Sein Anzug ist verdrückt, als ob er darin geschlafen hätte, und er ist unrasiert. Obwohl er bemüht ist, sich gleichmütig zu benehmen, strahlt er große Aufregung und Nervosität aus.

Felix *leise* 'n Abend, Vin.

Vinnie 'n Abend, Felix.

Vinnie geht schnell zurück auf seinen Stuhl und studiert seine Karten. Felix hat seine Hand in der Tasche und versucht, ganz unbekümmert zu scheinen.

Felix 'n Abend, Jungs.

Sie alle murmeln Begrüßungen, aber sie sehen ihn nicht an. Er hängt seinen Rock auf und kommt an den Tisch.

Na, wer gewinnt denn heute?

Alle murmeln entsprechende Bemerkungen, aber starren weiter auf ihre Karten.

... tut mir leid, daß ich so spät komme.

Felix scheint etwas enttäuscht, weil niemand ihn fragt „Was?" ... er nimmt ein Sandwich auf, überlegt es sich, legt es wieder hin mit angewiderter Geste. Er sieht vage herum.

Roy Wieso?

Oscar Ach ...

Vinnie Macht doch nichts.

Felix *fortfahrend* ... Ist 'ne Coca da?

Oscar *sieht von seinen Karten auf* Coca –! Nein, ich glaube nicht.

Felix *tapfer* Schade ... Ich hatte Lust auf 'ne Coca. *Er sieht dem Spiel zu.*

Oscar Was muß ich setzen?

Speed Er hat fünfundzwanzig Cent gesetzt ... Murray ist an der Reihe. Was sagst du, Murray?

Murray starrt auf Felix.

Murray! ... Murray! ...

Roy *zu Vinnie* Stoß ihn an.

Vinnie *schlägt Murray auf die Schulter* Murray!

Murray *fährt auf* Was ist los?

Speed Du bist dran.

Murray Warum bin ich immer dran?

Speed Du bist nicht immer dran, du bist jetzt dran. Also was ist mit dir?

Murray Ich gehe mit. *Er wirft eine Münze in die Kasse.*

Felix *geht an das Bücherregal* ... Hat mich jemand angerufen?

Oscar ... nicht daß ich wüßte. *Zu den anderen.* Hat jemand für Felix angerufen?

Alle schütteln die Köpfe und murmeln „Nein".

Warum? Erwartest du einen Anruf?

Felix *betrachtet die Bücher* Nein ... nein ... ich habe bloß gefragt. *Er öffnet ein Buch und prüft es.*

Roy 25 Cent und einen Dollar.

Felix *ohne von dem Buch aufzusehen* Ich dachte bloß, vielleicht hat mich jemand angerufen.

Speed Es kostet mich einen Dollar fünfundzwanzig, wenn ich mitgehen will, stimmt's?

Oscar Stimmt.

Felix *sieht noch immer in das Buch, leiernd* Aber – wenn niemand angerufen hat, hat niemand angerufen. *Schlägt das Buch zu und stellt es zurück.*

Alle fahren wegen des Geräusches auf.

Speed *wird nervös* Also, wieviel kostet es mich, wenn ich mitgehen will?

Murray *ärgerlich* Einen Dollar fünfundzwanzig. Einen Dollar und fünfzwanzig Cents. Mach gefälligst die Ohren auf.

Roy Reg dich nicht so auf.

Oscar Kinder, Kinder, immer mit der Ruhe!

Murray Es tut mir leid. *Deutet auf Speed.* Er macht mich nervös.

Speed Ich mach dich nervös? Du machst alle nervös.

Murray *sarkastisch* Tut mir leid. Ich werde mich umbringen.

Oscar Murray! *Deutet mit dem Kopf auf Felix.*

Murray *begreift seinen Irrtum* Oh ... Verzeihung.

Speed starrt ihn an. Sie alle sitzen einen Augenblick still, dann sieht Vinnie, wie Felix zum Fenster geht.

Er lenkt die Aufmerksamkeit aller auf Felix.

Felix *sieht vom Fenster aus auf sie* Schöne Aussicht hier oben. Zwölfter Stock, wie?

Oscar *geht schnell zum Fenster und schließt es* Nein, es ist bloß der elfte. Nennt sich zwölfter Stock, ist aber höchstens der elfte. *Er geht und schließt das andere Fenster, während Felix ihn beobachtet. Oscar schauert leicht.*

Oscar *fortfahrend* Es ist kühl hier ... *Zu den anderen.* Ist es nicht kühl hier? *Zurück zum Tisch.*

Roy ... Ja, so ist's besser.

Oscar *zu Felix* Warum spielst du nicht mit? Es ist noch früh.

Vinnie Ja, wir spielen bestimmt bis drei oder vier.

Felix Ich weiß nicht ... Ich habe heute keine Lust zu spielen.

Oscar *sitzt am Tisch* So? ... wozu hast du denn Lust?

Felix Ich weiß nicht. *Beginnt auf die übrigen Räume zuzugehen.*

Oscar ... Wo gehst du hin?

Felix *bleibt an der Schwelle stehen. Sieht auf die andern, die ihn anstarren* ... aufs Klo.

Oscar *sieht besorgt auf die andern, dann auf Felix* ... Allein?

Felix Ich geh immer allein aufs Klo. Warum?

Oscar ... Wirst du lange drin bleiben?

Felix *zuckt die Achseln. Dann, mit Bedeutung, wie ein Märtyrer* ... so lange, wie es dauert. *Er geht ins Badezimmer und schlägt die Tür hinter sich zu.*

Sofort springen alle auf und drängen sich vor der Badezimmertüre, sie flüstern höchst aufgeregt.

Murray Bist du verrückt? Du läßt ihn allein aufs Klo gehen?

Oscar Was hätte ich tun sollen?

Roy Mit ihm gehen!

Oscar Vielleicht muß er wirklich? Außerdem: Wie kann er sich auf dem Klo umbringen?

Speed Wie? Rasierklingen, Tabletten. Mit allem, was da drin ist.

Oscar Das ist das Kinder-Badezimmer. Da ist nur Zahnpasta und Seife. Schlimmstenfalls kann er sich so lange die Zähne putzen, bis er tot umfällt.

Roy Er kann rausspringen.

Vinnie Stimmt. Ist ein Fenster drin?

Oscar Ein ganz schmales.

Murray Er kann die Fensterscheibe einschlagen und sich die Pulsadern aufschneiden.

Oscar Er kann sich auch ins Klo werfen und selbst runterspülen. Ich sage euch, er wird nichts tun. *Geht an den Tisch.*

Roy *geht zum Gang* Sshh! Hört mal! Er weint ... *Pause, während alle horchen, wie Felix schluchzt.* Hört ihr? Er heult ... Er kommt.

Alle zurück auf ihre Plätze, Murray stößt mit Vinnie zusammen, dann setzen sich alle. Felix kommt zurück. Aber er sieht ruhig aus und kein Zeichen, daß er geweint hat.

Felix ... Ich glaube, ich geh wieder. *Geht auf die Tür zu.*

Oscar springt auf, die andern auch.

Oscar Felix, wart einen Augenblick.

Felix Nein, nein. Ich kann jetzt nicht mit dir sprechen. Ich kann mit niemand sprechen.

Alle versuchen, ihn zurückzuhalten.

Murray Felix, wir sind doch schließlich deine Freunde. Lauf doch nicht so einfach weg.

Felix kämpft, um loszukommen.

Oscar Setz dich, Felix. Bloß für ein paar Minuten. Sprich mit uns.

Felix Worüber soll ich mit euch sprechen? Da ist nichts zu sagen. Gar nichts. Es ist aus. Aus. Alles ist aus. Laßt mich gehen.

Er macht sich von ihnen los und steuert gegen die Schlafzimmertüre rechts. Sie stürzen ihm nach, und er weicht ihnen aus, indem er durch das Schlafzimmer in das dazugehörige Badezimmer will.

Roy Halt ihn fest!

Felix *sucht einen Ausgang* Laßt mich los! Ich will weg!

Oscar Felix, nimm dich jetzt endlich zusammen.

Felix Laßt mich in Ruhe! Warum laßt ihr mich nicht in Ruhe?

Oscar Felix, ich habe dich gewarnt. Jetzt ist Schluß! *Er*

spritzt ein halbes Glas Wasser, das er vom Bücherstand genommen hat, Felix ins Gesicht.

Felix Es ist mein Problem, und ich werde es schon irgendwie ... ohh, mein Magen! *Er bricht in Roys Armen zusammen.*

Murray Was ist mit deinem Magen?

Vinnie Er sieht krank aus. Seht euch sein Gesicht an.

Alle halten ihn und führen ihn zur Couch.

Felix Ich bin nicht krank. Mir fehlt nichts. Ich habe nichts genommen ... Ehrenwort ... Oh, mein Magen!

Oscar Was soll das heißen – du hast nichts genommen? Was hast du genommen?

Felix Nichts! Nichts! Ich habe nichts genommen ... Sag nichts davon zu Betty, bitte ... Oh, mein Magen!

Murray Er hat was genommen! Ich sage euch, er hat was genommen.

Oscar Was, Felix, was?

Felix Nichts. Ich habe nichts genommen.

Oscar Hast du Tabletten genommen?

Felix Nein! Nein!

Oscar *packt Felix* Lüg mich nicht an, Felix. Hast du Tabletten genommen?

Felix Nein. Ich hab nichts genommen.

Murray Gott sei Dank! Er hat keine Tabletten genommen.

Alle atmen erleichtert auf.

Felix Bloß ein paar, das ist alles.

Alle reagieren mit erneuter Angst wegen der Pillen.

Oscar Er hat Tabletten genommen.

Murray Wie viele Tabletten?

Oscar Was für Tabletten?

Felix Ich weiß nicht, ich muß verrückt gewesen sein.

Oscar Du hast nicht mal gesehen, was für Tabletten du nimmst?

Felix Es ging nicht. Die Birne im Bad war durchgebrannt. Ruf bloß nicht Betty an ... Sag's ihr nicht. Ich schäme mich so. Ich schäme mich furchtbar.

Oscar Felix, wie viele Tabletten hast du genommen?

Felix Ich weiß es nicht. Ich kann mich nicht erinnern.

Oscar Ich rufe Betty an.

Felix *hält ihn fest* Nein. Ruf sie nicht an. Wenn sie hört, daß ich 'ne ganze Schachtel genommen habe ...

Murray 'ne ganze Schachtel! Eine ganze Schachtel Tabletten! *Zu Vinnie.* Großer Gott, ruf einen Krankenwagen.

Oscar Aber wir wissen doch gar nicht, was für Tabletten er genommen hat.

Murray Das ist doch egal. Er hat 'ne ganze Schachtel genommen.

Oscar Vielleicht waren es Vitamintabletten, und er ist jetzt der Gesündeste von uns! ... Wir dürfen nicht gleich den Kopf verlieren.

Felix Ruf Betty nicht an. Versprecht mir, daß ihr Betty nicht anruft.

Murray Macht ihm den Kragen auf. Und das Fenster. Er braucht frische Luft.

Speed Wir müssen mit ihm auf und ab gehen. Er darf uns nicht einschlafen.

Speed und Murray nehmen Felix hoch und führen ihn auf und ab, während Roy nach seinem Handgelenk greift.

Roy Wir müssen seinen Puls massieren, das bringt seinen Kreislauf in Schwung.

Vinnie *läuft ins Badezimmer um eine Kompresse* Einen kalten Umschlag auf 'n Kopf.

Sie setzen Felix in den Armstuhl, alle durcheinander redend.

Oscar Ein Doktor genügt. Hört jetzt endlich auf.

Felix Mir ist schon wieder ganz gut.

Murray *zu den andern* Wollt ihr nicht endlich was tun? Ich ruf einen Arzt an. *Geht zum Telefon.*

Felix Nein, keinen Arzt.

Murray Doch, er muß dir den Magen auspumpen.

Felix Das ist nicht nötig. Die Tabletten haben so scheußlich geschmeckt. Ich habe mich sofort übergeben.

Murray hängt das Telefon ab.

Felix *sitzt* Kann ich 'ne Coca oder ein Glas Himbeersaft haben?

Vinnie gibt Speed die Kompresse.

Roy *zu Vinnie* Gib ihm was zu trinken.

Oscar *starrt ärgerlich auf Felix* Er hat sich sofort übergeben!

Roy Was möchtest du lieber, Felix, Coca oder Himbeersaft?

Speed *zu Vinnie* Gib ihm doch endlich was zu trinken, irgendwas zu trinken.

Vinnie geht in die Küche, während Speed die Kompresse auf Felix' Kopf legt.

Felix Zwölf Jahre. Zwölf Jahre waren wir verheiratet. Wußtest du, daß wir zwölf Jahre verheiratet waren? Roy?

Roy *beruhigend* Ja, Felix. Ich wußte es.

Felix Und *Mit sehr erregter Stimme.* jetzt ist es aus. Einfach so – wie nichts. Zum Totlachen – was?

Speed Vielleicht ist es nur eine Krise. Ihr habt schon manchmal Krisen gehabt.

Felix Nein, es ist aus. Morgen geht sie zum Anwalt ... Zu meinem Vetter ... Sie nimmt sich meinen Vetter als Anwalt, und ... *Er weint.* Wen soll ich mir jetzt nehmen?

Murray *klopft ihm auf die Schulter* Vielleicht hat sie auch einen Anwalt in der Familie. Es wird schon alles in Ordnung gehen. Nimm's nicht so schwer.

Vinnie *gibt Felix ein Glas* Hier ist der Himbeersaft.

Felix Es geht mir schon wieder ganz gut ... bestimmt. Ich weine bloß ... *Er senkt den Kopf.*

Alle sehen ihn hilflos an.

Murray Machen wir Schluß, wie? *Er schiebt Speed und Vinnie fort.* Wir können hier nicht ewig stehen und ihn anstarren.

Felix Nein. Ihr könnt hier nicht ewig stehen und mich anstarren.

Oscar *zu den andern* Es geht ihm ja auch schon wieder ganz gut. Machen wir Schluß für heute.

Murray, Speed und Roy tun ihre Chips auf den Pokertisch, nehmen ihre Röcke und machen sich fertig zu gehen.

Felix Ich schäme mich furchtbar. Bitte, Jungs, seid mir nicht böse.

Vinnie *beugt sich zu Felix* Felix, wir ... wir haben volles Verständnis.

Felix Erzähl niemandem etwas darüber, Vinnie. Versprich es mir!

Vinnie Ich fliege morgen nach Florida.

Felix Wie nett. Gute Erholung!

Vinnie Danke.

Felix *wendet sich ab und seufzt verzweifelt* … wir wollten nächsten Winter nach Florida. *Er lacht, aber es ist ein Aufschluchzen.* … ohne die Kinder … jetzt gehen sie ohne mich.

Vinnie nimmt seinen Rock, und Oscar drängt sie alle zur Tür.

Murray *stoppt an der Tür* Vielleicht sollte einer von uns hierbleiben?

Oscar Nicht nötig, Murray.

Murray Vielleicht versucht er wieder was.

Oscar Er wird nichts versuchen.

Murray Woher weißt du, daß er nichts versuchen wird?

Felix Ich werde nichts versuchen. Ich bin sehr müde.

Oscar *zu Murray* Du hörst ja, er ist sehr müde. Er hat eine anstrengende Nacht hinter sich. Gutnacht, Herrschaften.

Alle Gute Nacht, Felix.

Felix Gute Nacht, Jungs.

Alle Gute Nacht, Oscar.

Oscar Gute Nacht.

Alle sagen gleichzeitig Abschiedsgrüße und gehen ab. Die Tür wird verschlossen, aber sofort wieder geöffnet, und Roy kommt zurück.

Roy Wenn irgendwas passiert, Oscar, ruf mich an. *Ab, und sowie sich die Tür schließt, wird sie wieder geöffnet, und Speed kommt herein.*

Speed Du weißt, wo ich wohne. Ich kann in fünf Minuten hier sein.

Ab, und sowie sich die Tür schließt, wird sie wieder geöffnet, und Vinnie kommt herein.

Vinnie Wenn du mich brauchst, ich bin im Meridian Hotel in Miami, Florida.

Oscar Du bist der erste, den ich rufen werde. *Vinnie ab.*

Die Tür schließt sich und öffnet sich wieder, und Murray kommt herein.

Murray *zu Oscar* Bist du sicher, daß …

Oscar Ja, ich bin sicher.

Murray *laut zu Felix, während er Oscar Zeichen macht, zur Tür zu kommen* Gute Nacht, Felix, schlaf gut. Morgen früh wird alles viel rosiger aussehen.

Felix Gute Nacht, Murray.

Murray *zu Oscar, leise* Nimm ihm den Gürtel und die Schnürsenkel weg. *Ab.*

Oscar dreht sich um und sieht auf Felix, der im Lehnstuhl sitzt, dann kommt er langsam durch den Raum.

Oscar *sieht auf Felix und seufzt* ... Felix, Felix!

Felix *sitzt, den Kopf in seine Hände begraben. Er sieht nicht auf* ... Ich weiß, ich weiß! ... Was soll ich tun, Oscar?

Oscar Erst mal eine große Tasse heißen Kaffee trinken. *Geht auf die Küche zu, stoppt.* Kann ich dich zwei Minuten allein lassen?

Felix Nein, ich glaube nicht ... Bleib bei mir, Oscar. Sprich mit mir.

Oscar Eine Tasse Kaffee wird dir guttun. Komm mit in die Küche.

Felix ... Oscar, das Furchtbarste an der Sache ist, ich glaube, ich liebe sie immer noch. Es war eine miserable Ehe, aber ich liebe sie immer noch ... Ich wollte diese Scheidung nicht.

Oscar *sitzt auf der Couch* Wie ist es mit 'n bißchen Ovomaltin? Mit ein paar Makronen ... Oder willst du Schokoladenplätzchen?

Felix Wir haben uns nicht in allen Punkten verstanden, aber wir haben zwei fabelhafte Kinder ... und eine schöne Wohnung, nicht wahr, Oscar?

Oscar Wie ist es mit Katzenzungen oder Zwieback? Ich habe alles im Haus.

Felix Was kann sie mehr wollen? Was kann irgendeine Frau mehr wollen?

Oscar Ich will wissen, was du willst. Ovomaltin, Tee oder Kaffee. Danach werden wir von der Scheidung sprechen.

Felix Es ist nicht fair, zum Teufel! Es ist einfach nicht fair! *Er haut mit der Faust auf die Stuhllehne, und plötzlich jammert er in großen Schmerzen und faßt nach seinem Nacken.* Oh! Oh ... mein Nacken!

Oscar Was ist los?

Felix *steht auf und geht in Schmerzen auf und ab, hält weiter seinen Nacken fest* Es ist ein Nervenkrampf. Ich krieg's immer hier im Nacken. Oh. Oh, tut das weh ...

Oscar *eilt zu Hilfe* Wo? Wo tut es weh?

Felix *streckt zur Abwehr den Arm aus* Rühr mich nicht an! Rühr mich nicht an!

Oscar Ich will bloß sehen, wo es weh tut.

Felix Es wird gleich wieder besser. Oh, oh …

Oscar Ich werde dich massieren.

Felix Du weißt nicht, wie. Es ist nicht so einfach. Nur Betty weiß es.

Oscar Wie lang dauert es gewöhnlich?

Felix Das ist ganz verschieden. Einmal habe ich es am Steuer bekommen und mußte 'ne halbe Stunde geradeaus fahren. Zum Glück war ich auf 'ner Autobahn. Oh …

Oscar *steht hinter ihm* Willst du weiter leiden, oder soll ich deinen blöden Nacken massieren? *Er beginnt, ihn zu massieren.*

Felix Nicht so fest! Nicht so fest!

Oscar *schreit* Du bist ja ganz verkrampft … Entspann dich doch mal!

Felix *schreit zurück* Schrei mich nicht an … *Dann ruhiger.* Was soll ich tun? Sag's mir ruhig und freundlich!

Oscar Entspann dich, denk an warme Sülze.

Felix Ist das nicht furchtbar? … Ich kann mich einfach nicht entspannen. Ich schlafe die ganze Nacht in strammer Haltung … Betty sagt, wenn ich einmal sterbe, wird man auf meinen Grabstein schreiben „Hier steht Felix Ungar" … *Er wimmert.* Oh! Oh!!

Oscar *hört auf zu massieren* Tut das weh?

Felix Nein, es tut mir gut.

Oscar Warum stöhnst du dann so? Du gibst dieselben Töne von dir, ob es dir weh tut oder ob es dir guttut.

Felix Mach weiter. Es tut mir gut …

Oscar Wenn du dich nicht entspannst, breche ich mir noch die Finger. Beug dich vor.

Felix beugt sich vor, und Oscar beginnt seinen Rücken zu massieren.

Felix *mit vorgesenktem Kopf* Oh, ich belästige die ganze Welt mit meinen Problemen.

Oscar *massiert fest* Wenn das weh tut, sag's mir. Ich hab keine Ahnung von Massieren.

Felix Es ist einfach widerlich. Hier herzukommen und sich wie ein Irrsinniger zu benehmen.

Oscar *hört auf zu massieren* Was macht der Nacken?
Felix *dreht den Nacken* Besser. Aber jetzt tut mein Rücken weh. *Steht auf, geht hin und her, reibt seinen Rücken.*
Oscar Du brauchst einen Drink. *Geht an die Bar.*
Felix Ich kann nicht trinken. Es macht mich krank. Gestern hab ich versucht zu trinken.
Oscar *an der Bar* Wo warst du gestern nacht?
Felix Nirgends. Ich bin nur rumgelaufen.
Oscar Die ganze Nacht?
Felix Die ganze Nacht.
Oscar Im Regen?
Felix Nein. In einem Hotel. Ich konnte nicht schlafen und bin die ganze Nacht im Zimmer rumgelaufen. Plötzlich stand ich am Fenster und dachte daran runterzuspringen.
Oscar *hat zwei Gläser gefüllt und kommt zu Felix* Und was hat dich davon abgehalten?
Felix Gar nichts. Ich denke immer noch daran.
Oscar Trink das. *Er gibt ihm ein Glas, geht zur Couch, sitzt.*
Felix Ich will mich nicht scheiden lassen, Oscar. Ich will nicht plötzlich mein ganzes Leben ändern ... *Setzt sich neben Oscar.* Sprich mit mir, Oscar. Was soll ich tun? ...
Oscar Du wirst dich zusammennehmen. Dann wirst du diesen Whisky trinken, und dann werden wir zwei, du und ich, uns ein ganz neues Leben für dich ausdenken.
Felix Ohne Betty? Ohne die Kinder?
Oscar So was ist schon mal vorgekommen.
Felix *geht auf und ab* Du verstehst das nicht, Oscar. Ich bin nichts ohne sie. – Nichts!
Oscar Was soll das heißen – nichts. Du bist etwas!
Felix sitzt im Armstuhl.
Du bist ein Mensch! Du bist kein Fisch. Du bist kein Büffel. Du bist du! Du gehst und sprichst und weinst und jammerst und schickst Selbstmordtelegramme. Kein anderer würde das tun. Ich sage dir, du bist die einzige Ausgabe von dir auf der ganzen Welt! *Geht an die Bar.* Und jetzt trink das.
Felix Oscar, du hast das alles durchgemacht. Was hast du getan? Wie hast du die ersten Nächte überstanden?

Oscar *schenkt ein* Ich habe genau dasselbe getan wie du.

Felix Du hast die Nerven verloren?

Oscar Nein. Ich habe mich besoffen. Ich habe vier Tage und vier Nächte gesoffen. Dann haben sie mich mit einer Alkoholvergiftung in eine Klinik eingeliefert, und dann hab ich langsam angefangen zu vergessen.

Felix Wie kannst du deine Kinder vergessen? Wie kannst du zwölf Jahre Ehe einfach wegwischen?

Oscar Das kannst du nicht. Wenn du abends in deine leere Wohnung kommst, schlägt es dir ins Gesicht wie ein nasser Lappen. Aber so ist es nun mal, Felix. Du mußt dich damit abfinden. Du kannst nicht den Rest deines Lebens damit verbringen zu heulen. Sei vernünftig und trink deinen Whisky. Wir haben jährlich hunderttausend Scheidungen. Irgendeinen Sinn muß die Sache schon haben.

Felix legt plötzlich beide Hände über seine Ohren und summt leise.

Was ist jetzt wieder los? *Er setzt sich auf.*

Felix Meine Ohren sind verstopft. Das kommt von meiner Stirnhöhle. Es muß staubig hier sein. Ich bin allergisch gegen Staub. *Er summt. Dann steht er auf und versucht, seine Ohren in Ordnung zu bringen, indem er zuerst auf dem einen, dann auf dem andern Fuß hüpft, während er ans Fenster geht und es öffnet.*

Oscar *springt auf* Was tust du?

Felix Ich springe nicht runter. Ich will bloß mal richtig atmen. *Er nimmt tiefe Atemzüge.* Ich habe Betty verrückt gemacht mit meinen Allergien. Ich bin auch allergisch gegen Parfüms. Eine Zeitlang durfte sie nichts anderes nehmen als mein Rasierwasser. Es ist wirklich unmöglich, mit mir zu leben. Ich verstehe nicht, wie sie es so lange ausgehalten hat. *Er röhrt plötzlich wie ein Hirsch. Er gibt diesen seltsamen Ton ein zweites Mal von sich.*

Oscar sieht ihn sprachlos an.

Oscar Was soll denn das?

Felix Ich versuche, meine Ohren freizumachen. Man muß von innen einen Druck erzeugen, damit sie aufgehen. *Er röhrt noch einmal.*

Oscar Sind sie jetzt offen?

Felix Ein bißchen. *Er reibt seinen Nacken.* Ich glaube, ich habe meinen Kehlkopf überanstrengt. *Er geht auf und ab.*

Oscar Felix, warum läßt du dich nicht mal in Ruhe? Pfusch nicht dauernd an dir herum.

Felix Ich weiß, ich mache alle Leute verrückt. Man kann einfach nicht mit mir verheiratet sein.

Oscar Zu einer schlechten Ehe gehören zwei. *Er legt sich wieder auf die Couch.*

Felix Du weißt nicht, wie ich zu Hause war. Ich habe ein Notizbuch gekauft und sie gezwungen, jeden Cent, den wir ausgegeben haben, einzutragen. Dreiunddreißig Cent für Zigaretten, zehn Cent für die Zeitung – alles mußte aufgeschrieben werden. Und dann hatten wir einen Riesenstreit, weil sie vergessen hatte aufzuschreiben, was das Notizbuch gekostet hat ... Wer kann mit so was leben?

Oscar Ein Buchhalter! ... Was weiß ich? Wir sind alle nicht vollkommen.

Felix ... Wir haben eine Putzfrau, die täglich die Wohnung macht. Betty hilft auch noch mit. Und abends, wenn sie beide saubergemacht haben, komme ich nach Hause und mache alles noch mal sauber. Ich hab's gerne, wenn alles sauber ist. Vielleicht ist meine Mutter daran schuld. Ich war mit fünf Monaten schon stubenrein. Ich allein habe unsere Ehe zerstört. Ich habe alles kaputtgemacht, nichts war mir recht. Sowie sie aus der Küche war, hab ich Salz und Pfeffer ans Essen getan. Nicht, weil ich ihr nicht getraut habe, ich koche einfach besser ... Ich habe mich aus meiner Ehe hinausgekocht. *Er schlägt sich dreimal mit der Hand auf den Kopf.* Ich gottverdammter Idiot?!

Oscar Laß das, sonst kriegst du auch noch Kopfschmerzen.

Felix Ich hasse mich. Ich hasse mich wirklich.

Oscar Ach was, du haßt dich nicht. Du liebst dich. Du glaubst, nur du hast solche Probleme.

Felix *verletzt* Ich dachte, du bist mein Freund.

Oscar Deshalb kann ich ja so mit dir reden. Weil ich dich beinahe genauso gern hab, wie du dich selbst.

Felix Dann hilf mir.

Oscar *stützt sich auf den Ellenbogen* Wie kann ich dir helfen, wenn ich mir selbst nicht helfen kann? Du glaubst, mit dir ist es schwer zu leben? Wenn Blanche zu mir gesagt hat: „Wann willst du Abendbrot?", hab ich gesagt: „Ich weiß nicht. Ich hab keinen Hunger." Und nachts um drei hab ich sie geweckt und hab gesagt: „Jetzt" ... Seit fünfzehn Jahren bin ich einer der bestbezahlten Sportredakteure ... und wir haben keinen Cent auf der Bank. Ich bin nie zu Hause, ich spiele, ich trinke, ich brenne Zigarrenlöcher in die Möbel, ich habe sie bei jeder Gelegenheit angelogen, und an unserm zehnten Hochzeitstag habe ich sie zu einem Hockeyspiel mitgenommen, und ihr ist ein Ball an den Kopf geflogen. Aber ich kann immer noch nicht verstehen, warum sie mich verlassen hat. So unmöglich bin ich!

Felix Ich bin nicht wie du, Oscar. Ich könnte nicht allein leben. Was soll ich bloß tun?

Oscar Hör mal zu. Heute nacht schläfst du erst mal hier. Und morgen holst du deine elektrische Zahnbürste und ziehst hier ein.

Felix Nein, nein. Das ist deine Wohnung. Ich würde dich nur stören.

Oscar Ich habe acht Zimmer. Wir könnten ein Jahr hier leben, ohne uns überhaupt zu sehen. Verstehst du nicht? Ich will, daß du hier einziehst.

Felix Wozu? Ich bin eine Landplage.

Oscar Das weiß ich. Davon brauchst du mich nicht zu überzeugen.

Felix Warum willst du dann, daß ich hierher ziehe?

Oscar Weil ich auch nicht-allein-leben-kann, deshalb! ... Verstehst du nicht, ich mache dir einen Antrag. Was willst du – einen Verlobungsring?

Felix Wenn du das wirklich willst, ich könnte hier eine Menge tun. Ich könnte mich im Haushalt nützlich machen. Ich kann alles in Ordnung bringen.

Oscar Du brauchst nichts in Ordnung zu bringen.

Felix Aber ich will etwas tun, Oscar. Laß mich etwas tun.

Oscar *nickt* Gut, du kannst die Monogramme meiner Frau aus den Handtüchern zupfen.

Felix *beginnt aufzuräumen* Ich kann kochen. Ich bin ein großartiger Koch.

Oscar Du brauchst nicht zu kochen.

Felix Wenn wir jeden Tag zu Hause essen, können wir ein Vermögen sparen. Wir müssen schließlich Alimente zahlen.

Oscar *glücklich über Felix' neuen Optimismus* Schön, du kannst kochen. *Er wirft ein Kissen nach ihm.*

Felix *wirft das Kissen zurück* Magst du Hammelkeule?

Oscar Ja, ich mag Hammelkeule.

Felix Mache ich morgen abend ... Ich muß bloß Betty anrufen. Sie hat meinen großen Bratentopf.

Oscar Würdest du jetzt endlich mal Betty vergessen! Wir werden unsere eigenen Töpfe haben. Mach mich nicht schon wahnsinnig, bevor du überhaupt eingezogen bist. *Das Telefon klingelt. Oscar ergreift es schnell.* Hallo? – Oh, hallo, Betty.

Felix unterbricht das Aufräumen, winkt heftig und flüstert laut.

Felix ... Ich bin nicht hier. Ich bin nicht hier! Du hast mich nicht gesehen. Ich habe dich nicht angerufen. Ich bin nicht hier.

Oscar *ins Telefon* Ja, er ist hier.

Felix *auf und ab gehend* Wie klingt sie? Ist sie besorgt? Weint sie? Was sagt sie? Will sie mit mir sprechen? Ich will nicht mit ihr sprechen.

Oscar *ins Telefon* ... Ja, das ist er ...

Felix Du kannst ihr sagen, ich komme nicht zurück. Ich habe genausoviel eingesteckt wie sie. Du kannst ihr von mir sagen, wenn sie glaubt, daß ich zurückkomme, hat sie sich sehr geirrt. Sag's ihr. Sag's ihr.

Oscar *ins Telefon* Ja, es geht ihm gut.

Felix Sag ihr nicht, daß es mir gut geht. Du hast doch gesehen, wie ich mich vorhin benommen habe. Warum sagst du ihr, daß es mir gut geht? Es geht mir nicht gut.

Oscar *ins Telefon* Ja, Betty, ich kann es verstehen.

Felix *setzt sich neben Oscar* Will sie mit mir sprechen? Frag sie, ob sie mit mir sprechen will.

Oscar *ins Telefon* Willst du mit ihm sprechen?

Felix *greift nach dem Telefon* Gib her, ich will mit ihr sprechen.

Oscar *ins Telefon* … Du willst nicht mit ihm sprechen.

Felix … Sie will nicht mit mir sprechen?

Oscar *ins Telefon* Ich verstehe … Also, gute Nacht. *Er hängt auf.*

Felix … Sie wollte nicht mit mir sprechen?

Oscar Nein.

Felix … Warum hat sie angerufen?

Oscar Sie will wissen, wann du deine Sachen holst … Sie will das Schlafzimmer neu streichen lassen. *Schlägt ihm auf die Schulter.* Es ist gleich halb zwei. Ich gehe schlafen. – Willst du noch 'ne Tasse Tee?

Felix Sie wird es rosa streichen lassen. Sie wollte es immer schon rosa haben.

Oscar Ich bring dir 'nen Pyjama. Was willst du, Streifen, Tupfen oder Tiere? *Geht zur Hinterbühne ins Schlafzimmer.*

Felix … Sie ist wirklich tief erschüttert, was? … Ich will mich umbringen, und sie läßt das Schlafzimmer streichen.

Oscar *im Schlafzimmer* Wo willst du schlafen? Du hast acht Möglichkeiten.

Felix *geht auf das Schlafzimmer zu* Eigentlich bin ich froh. Sie hat es fertiggebracht, daß ich endlich einsehe, es ist aus. Bis zu dieser Minute hatte ich es nicht richtig begriffen.

Oscar *kommt zurück mit einem Polster, Polsterüberzug und Pyjama* Felix, ich will, daß du ins Bett gehst.

Felix Jetzt ist meine Ehe wirklich zu Ende.

Oscar Felix, geh ins Bett.

Felix Irgendwie ist es plötzlich nicht so schlimm. Ich meine – ich glaube, ich kann damit leben.

Oscar Leb morgen damit. Jetzt geh ins Bett.

Felix Gleich, gleich.

Oscar Nicht „gleich" – jetzt.

Felix Ich muß nachdenken. Ich muß mir ein neues Leben aufbauen. Hast du Bleistift und Papier?

Oscar Das ist meine Wohnung, und ich sage, wann schlafen gegangen wird.

Felix Oscar, bitte … ich muß ein paar Minuten allein sein.

Ich muß mich zurechtfinden. Geh du ins Bett. Ich … werd hier noch ein bißchen aufräumen.

Oscar Du wirst doch nichts Großes anfangen, was? Etwa die Teppiche aufrollen oder so was?

Felix Nein … ich werde nur das Geschirr abspülen und schlafen gehen.

Oscar Na, schön … *Er geht zu seinem Schlafzimmer, wirft unterwegs das Polster in das andere Schlafzimmer. Schließt die Schlafzimmertür hinter sich.*

Felix *ruft ihn* Oscar!

Oscar kommt angsterfüllt aus seinem Schlafzimmer zu Felix.

Mach dir keine Sorgen um mich … es wird ein paar Tage dauern, aber du wirst sehen, dann bin ich wieder der alte.

Oscar *lächelt* Bestimmt … gute Nacht, Felix. *Er wendet sich und geht auf sein Schlafzimmer zu, während Felix ein Kissen von der Couch aufschüttelt.*

Felix Gute Nacht, Betty.

Oscar bleibt erstarrt stehen. Felix, der seinen Irrtum nicht bemerkt hat, schüttelt ein anderes Kissen auf, während Oscar ihn anstarrt, mit einem sehr besorgten Gesichtsausdruck.

Vorhang

Zweiter Akt

Erste Szene

Zwei Wochen später. Ungefähr um elf Uhr nachts. Es ist spätabends, und die Pokerpartie ist in vollem Gange. Vinnie, Roy, Speed, Murray und Oscar sitzen am Tisch. Felix' Stuhl ist leer.
Es ist ein großer Unterschied zwischen dieser Szene und der ersten Pokerszene. Nämlich das Aussehen des Raums. Er ist rein. Nein, nicht bloß rein. Steril! Völlig sauber! Nicht der kleinste Fleck ist zu sehen unter den zehn Wachsschichten, mit denen der Fußboden in den letzten Wochen überzogen wurde. Keine Wäschesäcke, kein schmutziges Geschirr, keine leeren Flaschen.
Plötzlich kommt Felix aus der Küche. Er trägt ein Tablett mit Gläsern und Speisen und Servietten. Nachdem er das Tablett abgestellt hat, nimmt er eine Serviette nach der andern, schüttelt sie aus und gibt jedem Spieler eine davon. Sie nehmen sie, murrend, und breiten sie auf ihren Schoß. Felix nimmt eine Bierflasche, schenkt ein Glas voll, vorsichtig, so daß kein Tropfen überfließt. Er stellt die Flasche mit schwungvoller Geste ab.

Speed Asse und …

Felix *geht zu Murray* … ein eiskaltes Bier für meinen Freund Murray.
Murray greift danach.

Murray Danke.

Felix *hält das Glas zurück* Wo ist dein Untersatz?

Murray Mein – was?

Felix Dein Untersatz. Das kleine runde Ding, das unter das Glas gehört. Paßt auf, daß ihr immer eure Untersätze benutzt, Herrschaften. *Nimmt einen anderen Drink vom Tablett.* Scotch mit wenig Wasser?

Speed *hebt die Hand* Scotch mit wenig Wasser. *Stolz* Ich habe meinen Untersatz. *Er hält ihn hoch, damit ihn Felix sieht.*

Felix *gibt ihm seinen Drink* Ihr wißt, was nasse Gläser anrichten.

Oscar *kalt und langsam* Sie-machen-kleine-Ringe-auf-dem-Tisch.

Felix *nickt* Fressen sich durch die Politur.

Oscar *zu den andern* Also – Vorsicht mit den kleinen Ringen – verstanden?!

Felix *nimmt einen Aschenbecher und einen Teller mit einem Sandwich vom Tablett* ... ein sauberer Aschenbecher für Roy ... *Gibt Roy den Aschenbecher.* ... und ... ein Sandwich für Vinnie. *Wie ein geübter Kellner stellt er geschickt das Sandwich vor Vinnie.*

Vinnie *sieht auf Felix, dann auf das Sandwich* Aah, das riecht gut.

Felix Gebratener Speck, Salat und Tomaten mit Mayonnaise auf getoastetem Vollkornbrot.

Vinnie *ungläubig* ... Wo hast du das her?

Felix *erstaunt* Gemacht. In der Küche.

Vinnie Was denn, du hast Toast gemacht und Speck gebraten? Für mich?

Oscar Wenn du's nicht magst, kocht er dir auch Hühnerfrikassee. In fünf Minuten.

Felix Keine Mühe. Wirklich nicht. Ich koche gern. Bitte über dem Teller essen. Ich habe gerade den Teppich gesaugt. *Geht zurück zum Tablett, stoppt.* Oscar!

Oscar Ja, Herr Ober?

Felix Ich habe vergessen, was du willst. Was hast du bestellt?

Oscar Zwei weiche Eier und Schokoladentorte mit Schlagsahne.

Felix *weist auf ihn* Ach, ich weiß schon. Doppelter Gin mit Sodawasser. Ich bin sofort zurück. *Bleibt an einem Kästchen auf der Bar stehen.* ... wer hat den Luftreinigungsfilter abgestellt?

Murray Den – was?

Felix Den Luftreinigungsfilter. *Er dreht ihn wieder auf.* ... Spielt nicht damit rum, Herrschaften. Ich versuche, die Luft hier etwas zu reinigen. *Er sieht die andern an, schüttelt mißbilligend den Kopf und geht ab.*
Alle sitzen ein paar Sekunden schweigend.

Oscar … Murray – ich gebe dir zweihundert Dollar für deinen Revolver.

Speed *wirft die Karten auf den Tisch und steht ärgerlich auf* Ich halte das nicht länger aus. *Hand am Hals.* Ich hab genug. In den letzten drei Stunden haben wir vier Minuten gepokert. Für einen Kursus in Kochkunst und Hauswirtschaft sind mir meine Freitagabende zu schade.

Roy *sinkt in seinem Stuhl zusammen, läßt den Kopf hängen* Ich ersticke. *Weist auf den Rauchverzehrer.* Dieses verdammte Ding, saugt den letzten Sauerstoff aus der Luft.

Vinnie *kauend* Ah, das ist gut. Wer will mal probieren?

Murray Schneid mir ein Stückchen ab.

Vinnie Aber halte deine Serviette drunter. Damit kein Krümel runterfällt.

Speed *sieht sie entsetzt an, während Vinnie sorgfältig das Sandwich über der Serviette teilt. Dann wendet er sich an Oscar* Hast du das gehört? Was zum Teufel ist aus unserer Pokerpartie geworden?

Roy *immer noch Luft schnappend* Ich sage euch, dieser Luftreinigungsfilter wird uns umbringen. Morgen früh werden sie uns mit heraushängender Zunge am Boden finden.

Speed *schreit auf Oscar ein* Tu etwas! Bring ihn zurück an den Spieltisch.

Oscar *steht auf, bezwingt seinen Ärger* Regt euch nicht auf. Ihr erlebt das einmal in der Woche. Ich bin hier täglich vierundzwanzig Stunden mit meinem Aschenbrödel eingesperrt.

Roy Früher war es besser. Es war unordentlich und verqualmt, aber es war besser.

Vinnie *zu Murray* Hast du gemerkt, was er mit dem Brot macht?

Murray Was denn?

Vinnie Er schneidet die Rinde ab. Deshalb ist das Sandwich so leicht.

Murray Und er nimmt nur die zarten, grünen Blätter vom Salat. *Kauend.* Es schmeckt wirklich fabelhaft.

Speed *reagiert mit Erstaunen und Abscheu* Ich werde wahnsinnig.

Oscar *brüllt gegen die Küche* Felix! ... Herrgott noch mal, Felix!

Speed *nimmt die Kasse vom Bücherregal, stellt sie auf den Tisch und wirft Geld hinein* Laß. Ich gehe.

Oscar Setz dich.

Speed Ich werde mir ein Buch kaufen und wieder anfangen zu lesen.

Oscar Willst du dich gefälligst setzen! *Schreit.* Felix!

Speed Es ist aus. An dem Tag, an dem seine Ehe in die Brüche ging, war es aus mit unserer Pokerpartie. *Nimmt seinen Rock von der Stuhllehne und geht zur Tür.* Wenn du für nächsten Freitag ein paar richtige Spieler findest, ruf mich an.

Oscar *folgt ihm* Du kannst jetzt nicht einfach weggehen. Ich bin der Hauptverlierer.

Speed *in der offenen Tür* Es ist alles deine Schuld. Du hast ihn davon abgehalten, sich umzubringen. *Geht ab und haut die Tür zu.*

Oscar *starrt die Tür an* Er hat recht ... Der Mann hat vollkommen recht. *Geht an den Tisch.*

Murray *zu Vinnie* Ißt du die saure Gurke?

Vinnie Warum? Willst du sie?

Murray Wenn du sie nicht willst. Es ist deine Gurke.

Vinnie Nein, nein. Nimm sie. Ich esse selten saure Gurken.

Vinnie hält den Teller mit der Gurke Murray hin. Oscar schlägt auf den Teller, so daß die Gurke durch die Luft fliegt.

Oscar Gib Karten.

Murray Was soll das heißen?

Oscar Gib Karten, sag ich dir. Wenn du hier bist, um Poker zu spielen, gib Karten. Wenn du essen willst, geh ins Restaurant. *Zu Vinnie.* Nimm dein Sandwich und deine Gurke mit nach Hause. Ich verliere zweiundneunzig Dollar, und hier wird nur noch gegessen. *Brüllt.* Felix ...

Felix erscheint in der Küchentür.

Felix Was gibt's?

Oscar Komm jetzt endlich und setz dich hin. Es ist drei Viertel zwölf. Ich habe nur noch anderthalb Stunden, um die Alimente für diesen Monat zu gewinnen.

Roy *schnüffelt* Wonach riecht es hier bloß die ganze Zeit? *Er riecht an den Karten.*

Oscar Desinfektionsmittel.

Roy ... Er hat sogar die Karten abgewaschen! *Wirft die Karten hin, nimmt seinen Rock von der Stuhllehne und kommt an den Tisch, wirft Geld in die Kasse.*

Felix *kommt an den Tisch mit Oscars Drink, den er ihm hinstellt, dann setzt er sich auf seinen Stuhl* Doppelter Gin mit Sodawasser. Hier ist mein Einsatz.

Oscar *eilt zu seinem Platz* Ich kann es nicht glauben. Wir spielen wieder. *Er sitzt.* Es hängt von Roy ab. Roy, mein Süßer, was sagst du?

Roy Ich nehme mir ein Taxi und fahr durch den Central Park. Wenn ich nicht sofort frische Luft kriege, hast du einen toten Steuerberater. *Geht zur Türe.*

Oscar *folgt ihm* Was heißt das? Es ist noch nicht mal zwölf.

Roy *wendet sich Oscar zu* Ich sitze hier seit vier Stunden und atme Lysol und Ammoniak. Wenn du nächste Woche spielen willst ... *Er deutet auf Felix.* ... dann soll Louis Pasteur aufwischen, nachdem wir gegangen sind, oder wir spielen in einem Hotel. Gute Nacht. *Er schlägt die Tür zu. Einen Augenblick Stille ...*
Oscar geht an den Tisch.

Felix War das meine Schuld?

Vinnie Nein, ich glaube, niemand hat in letzter Zeit wirklich Lust zu spielen.

Murray Ich weiß nicht, was es ist, aber irgend etwas stimmt nicht mehr mit der alten Bande. *Geht zu dem Seitenstuhl und zieht seine Schuhe an.*

Oscar Du weißt nicht, was mit der alten Bande nicht mehr stimmt? Sie löst sich auf. Alle lassen sich scheiden ... Das Spiel hat nur Spaß gemacht, als wir uns noch heimlich wegschleichen mußten.

Vinnie *steht auf und zieht sein Jackett an* Ich glaube, ich zieh auch ab! Kommst du mit, Murray?

Murray *steht auf, nimmt seinen Rock und geht zur Tür* Ja, ich muß wohl. Sonst kriege ich wieder Ärger ... Ihr zwei, habt's gut.

Felix Wer?

Murray *wendet sich um* Ihr zwei. Dick und Doof. Immer lustig, immer fidel! Ihr liegt richtig ... Ihr könnt hübsche Mädchen kennenlernen, wann und wo ihr wollt.

Felix Was soll denn das? Du bist doch glücklich verheiratet.

Murray *wendet sich an der Schwelle um* Ich spreche nicht von mir. *Zieht seinen Rock an.* Ich spreche von dir. Das Schicksal hat dir einen schweren Schlag versetzt ... nun amüsier dich damit! *Er geht, man sieht die PAL-Buchstaben auf seinem Rock (PAL ist eine Polizeiorganisation zur Rettung von Halbstarken).*

Komm, Vinnie.

Vinnie winkt um Abschied, beide gehen.

Vinnie Gute Nacht.

Felix *starrt auf die Tür* Komisch, was? ... Sie glauben, wir sind glücklich ... Sie glauben wirklich, dieses Leben macht uns Spaß. *Steht auf und beginnt die Stühle zurechtzustellen.* Sie wissen nicht, wie es wirklich ist, Oscar. Sie wissen es einfach nicht. *Er lacht ein kurzes, ironisches Lachen, nimmt die Servietten unter den Arm und beginnt die Teller vom Tisch zu nehmen.*

Oscar ... Ich wäre dir ungeheuer dankbar, Felix, wenn du nicht gerade jetzt aufräumen würdest.

Felix *stellt die Teller auf das Tablett* Nur ein paar Kleinigkeiten. *Hält inne und sieht zur Tür.* Ich glaube wirklich, sie beneiden uns. *Nimmt Dinge vom Tisch.*

Oscar Laß das. Ich mach doch gleich wieder Unordnung. *Wirft die Spielmarken auf den Boden.*

Felix *stellt Dinge aufs Tablett* ... Siehst du nicht die Ironie des Ganzen ... siehst du sie nicht?

Oscar *seufzt schwer* Ja, ich sehe sie.

Felix *räumt den Tisch* Nein, du siehst sie nicht. Ich glaube nicht, daß du sie siehst.

Oscar Felix, ich versichere dir, ich sehe die Ironie des Ganzen.

Pause.

Felix Schön. Dann sag's mir. Worin besteht die Ironie?

Oscar Wenn du hier noch lange so weitermachst, werde ich dich umbringen. – Darin besteht die Ironie.

Felix *nimmt den Rest der Teller, Gläser und Untersätze vom Tisch* Wovon sprichst du eigentlich? Ich will bloß die schmutzigen Teller in den Abwasch stellen. Willst du sie die ganze Nacht über hier im Zimmer lassen?

Oscar *nimmt sein Glas, das Felix bereits aufs Tablett gestellt hat, und geht zur Bar, um es wieder zu füllen* Meinetwegen kannst du sie mit ins Bett nehmen. Du kannst saubermachen bis morgen früh. Aber mach mir keine stummen Vorwürfe.

Felix *trägt das Tablett in die Küche. Läßt die Schwingtüre offen* Ich mach dir doch keine Vorwürfe, du mußt ja nicht aufräumen.

Oscar *geht zur Türe* Genau das nenne ich stumme Vorwürfe. Du bist immerzu in meinem Badezimmer und hängst meine Handtücher auf ... wenn ich rauche, verfolgst du mich mit einem Aschenbecher, und gestern nacht habe ich gesehen, wie du die Küche aufgewischt hast, und du hast den Kopf geschüttelt und gemurmelt „Fußspuren, Fußspuren ..." *Geht auf und ab.*

Felix *kommt an den Tisch zurück, leert die Aschenbecher aus, dann wischt er sie sorgfältig ab* Ich habe nicht gesagt, daß es deine Fußspuren waren.

Oscar *ärgerlich. Sitzt im rechten Armstuhl* Zum Teufel, es waren meine. Ich habe Füße, und sie hinterlassen Spuren. Was soll ich denn tun? Über die Schränke klettern?

Felix Nein, ich will, daß du auf dem Fußboden gehst.

Oscar Nett von dir. Wirklich nett von dir.

Felix Ich habe mich gleich gefragt, wie lange es dauern wird.

Oscar Wie lange was dauern wird.

Felix Bis ich dir auf die Nerven gehe.

Oscar Ich habe nicht gesagt, daß du mir auf die Nerven gehst.

Felix Es ist dasselbe. Du hast gesagt, ich irritiere dich.

Oscar Du hast gesagt, du irritierst mich. Ich habe es nicht gesagt.

Felix Und was hast du gesagt?

Oscar Ich weiß nicht mehr, was ich gesagt habe. Das ist doch auch ganz egal.

Felix Es ist nicht egal. Ich habe bloß wiederholt, was ich glaube, das du gesagt hast.

Oscar Wiederhole nicht, was du glaubst, das ich gesagt

habe. Wiederhole, was ich wirklich gesagt habe. Mein Gott, geht mir das auf die Nerven.

Felix Siehst du! Du hast es gesagt.

Oscar Diese Konversation ist nicht zu fassen. *Steht auf und geht am Tisch vorbei.*

Felix *spielt mit einer Tasse* Ich kann ja nichts dafür.

Oscar Und schmolle nicht! Wenn du dich mit mir streiten willst – schön, dann streiten wir. Beim Streiten kann ich gewinnen. Beim Schmollen gewinnst du.

Felix Du hast ja recht. Alles, was du über mich gesagt hast, ist vollkommen richtig.

Oscar *wendet sich wirklich ärgerlich gegen Felix* Und gib nicht so schnell nach. Ich habe nicht immer recht. Manchmal hast du recht.

Felix Nein, du hast recht. Ich glaube immer, daß ich unrecht habe.

Oscar Aber diesmal hast du wirklich unrecht. Und ich habe recht. Und sei nicht gleich gekränkt. Das ist dasselbe wie Schmollen.

Felix Ich weiß. *In seinem Ärger zerquetscht er fast eine Tasse in seiner Hand.* Warum kann ich nichts, aber auch gar nichts richtig machen? *Er steht plötzlich auf und hält den Arm mit der Tasse so, als wollte er sie gegen die Wand schmettern ... dann überlegt er es sich, stellt die Tasse ab und setzt sich.*

Oscar *beobachtet ihn* Warum hast du sie nicht an die Wand geschmissen?

Felix Ich hätte es beinahe getan. Manchmal werde ich wahnsinnig wütend über mich.

Oscar Wenn du so wütend bist, warum hast du sie dann nicht geschmissen?

Felix ... weil ich versuche, mich zu beherrschen.

Oscar Warum?

Felix Was meinst du – warum?

Oscar Warum mußt du dich beherrschen? Du bist wütend, du wolltest die Tasse gegen die Wand schmeißen, warum tust du es nicht?

Felix Was hätte ich davon? Ich wäre immer noch wütend, und du hättest eine zerbrochene Tasse.

Oscar Vielleicht würdest du dich großartig und erleichtert fühlen. Warum mußt du jeden Gedanken, der dir durch den Kopf geht, zerfasern? – Warum läßt du dich nicht einmal im Leben gehen? Tu etwas, wozu du Lust hast, und nicht, was du glaubst, tun zu müssen. Führe nicht immer Buch, Felix. Laß dich gehen. Besaufe dich. Sei wütend ... Komm, los. – Schmeiß diese verdammte Tasse an die Wand.

Felix steht plötzlich auf und schmeißt die Tasse gegen die Türe, an der sie zerschellt. Dann greift er an seine schmerzende Schulter.

Felix Au – mein Arm ... *Er sinkt auf die Couch und massiert seinen Arm.*

Oscar *hebt die Hände hoch* Dir ist nicht zu helfen. Du bist ein unheilbarer Irrer.

Felix *schmerzverzerrt* Ich darf mit diesem Arm nichts werfen. Es war idiotisch von mir.

Oscar Warum lebst du nicht in einem Schrank? Ich werde dir die Mahlzeiten vor die Tür stellen und dir die Zeitungen hineinschieben. Ist das sicher genug?

Felix *reibt seinen Arm* Ich hatte eine Schleimbeutelentzündung in diesem Arm. Ich hab sie gekriegt, weil ich mir die Haare zuviel gebürstet habe.

Oscar Ich glaube, für einen kräftigen, gesunden Mann habe ich genug Abende damit verbracht, deine Krankheiten und den Speisezettel für den nächsten Tag zu besprechen ... Die Nacht ist zu was anderm da.

Felix Zum Beispiel? *Stellt zwei Stühle ordentlich an den Tisch.*

Oscar Wenn ich in den nächsten zwei Wochen nicht etwas Weiches zu spüren bekomme, passiert was Entsetzliches mit mir.

Felix ... Du meinst Frauen? *Stellt zwei weitere Stühle ordentlich um den Tisch.*

Oscar Ja, ich meine Frauen.

Felix *nimmt zwei Küchenstühle und geht auf den Gang zu* Komisch, ich habe seit Wochen nicht einmal an Frauen gedacht.

Oscar Das finde ich nicht komisch.

Felix *bleibt stehen* Doch, es ist seltsam. Wie ich noch mit Betty verheiratet war, hat es kein Mädchen auf der Straße gegeben, das ich nicht angestarrt hätte. *Geht an die Küchentüre, öffnet sie mit dem Rücken.* Ich bin sogar manchmal mit dem falschen Bus gefahren, weil ich einem Paar Beine nachgelaufen bin ... Aber seit wir uns getrennt haben, weiß ich nicht einmal mehr, wie eine Frau aussieht.

Oscar Wir wollen uns jetzt mal endlich einen Abend lang mit Geschöpfen unterhalten, die höhere Stimmen haben als wir.

Felix Du meinst, wir sollen mit Mädchen ausgehen?

Oscar Ja.

Felix Ich glaube, ich kann nicht.

Oscar Warum nicht?

Felix Für dich ist das richtig. Aber ich bin immer noch verheiratet.

Oscar *geht zur Küchentüre* ... Du kannst sie ruhig mal betrügen, bis die Scheidung ausgesprochen ist.

Felix Das ist es nicht. Es ist bloß ... Ich habe ... Ich habe keine Lust dazu. Ich kann es nicht erklären.

Oscar Versuch's

Felix *kommt an die Türe, einen Teller und eine Bürste in der Hand* Ich bin nicht dagegen, auszugehen. Ich fühl mich selber einsam. Aber ich bin erst seit ein paar Wochen von Betty getrennt. Laß mir ein bißchen Zeit.

Oscar Wir haben keine Zeit. Ich habe das Fernsehprogramm gesehen, und in dieser Woche ist einfach nichts los. *Geht durch die Küchentür, durch die Küche und kommt zurück.* Was verlange ich von dir? Alles, was ich will, ist, daß wir ab und zu in weiblicher Gesellschaft abendessen. Alles, was du zu tun hast, ist essen und reden. Das ist nicht so schwer. Du hast schon öfter gegessen und geredet.

Felix *in der Küche* Kannst du nicht allein mit einem Mädchen ausgehen?

Oscar Aber ich will sie vielleicht nachher mit hierherbringen. Und wenn wir hier reinkommen und du bist dabei, die Fenster zu putzen, wirkt das ernüchternd.

Felix *steckt den Kopf aus der Küche* Ich werde eine Tablette nehmen und schlafen gehen. *Zurück in die Küche.*

Oscar Wozu eine Tablette, wenn du ein Mädchen nehmen kannst?

Felix *kommt zurück mit einem Luftreinigungsspray, den er über den Kopf hält, und geht spritzend durch den Raum* Weil ich mich schuldig fühlen würde. Vielleicht ist es blödsinnig, aber so empfinde ich es nun mal. *Stellt die Aerosolflasche auf die Bar und trägt Tuch und Aschbecher in die Küche. Stellt sie in den Abwasch und beginnt, den Eisschrank zu reinigen.*

Oscar Hör mal, meinetwegen kannst du sie mit in die Küche nehmen und Erdbeertorte machen. Ich arrangiere das jetzt. Hier im Haus wohnen zwei Schwestern. Eine ist Witwe, die andere geschieden. Die sind richtig.

Felix Woher weißt du das?

Oscar Ich bin letzte Woche mit ihnen im Fahrstuhl steckengeblieben. *Läuft zum Telefon, legt das Telefonbuch auf den Boden und kniet hin, um die Nummer zu suchen.* Ich hatte die Absicht, sie anzurufen, aber ich wußte nicht, mit welcher ich ausgehen soll. Zu zweit ist das kein Problem.

Felix Wie sehen sie aus?

Oscar Mach dir keine Sorgen. Deine ist sehr hübsch.

Felix ... Welche ist meine?

Oscar Die Geschiedene. *Schlägt im Telefonbuch nach.*

Felix *kommt zu Oscar* Warum krieg ich die Geschiedene?

Oscar Willst du lieber die Witwe? *Streicht die Nummer mit einem Bleistift an.*

Felix *sitzt auf der Couch* Ich will nicht die Witwe. Ich will nicht mal die Geschiedene.

Oscar Nimm, welche du willst. Wenn sie reinkommen, zeigst du auf die, die dir gefällt. *Reißt die Seite aus dem Telefonbuch, rennt zum Büchergestell und hängt sie auf.* Mir ist das ganz egal. Ich will bloß ein bißchen Spaß haben.

Felix In Ordnung.

Oscar *kommt zur Couch, sitzt neben Felix* Sag nicht „In Ordnung". Versprich mir, daß du alles tun wirst, um dich zu unterhalten. Bitte, Felix. Versprich es mir.

Felix *nickt* Ich verspreche es.

Oscar Noch einmal.

Felix Ich verspreche es dir.

Oscar Und du wirst nicht ins Buch einschreiben: ein Dollar dreißig für's Taxi.

Felix Nichts wird eingeschrieben.

Oscar Und nicht weinen, seufzen, wimmern oder stöhnen.

Felix Von sieben bis zwölf werde ich ausschließlich lächeln.

Oscar Und vor allem, sprich nicht über die Vergangenheit. Nur über die Gegenwart.

Felix Und die Zukunft.

Oscar Das ist der neue Felix, auf den ich gewartet habe. *Springt auf und läuft nach rechts.* Mensch, das wird eine Nacht ... Heh, wo sollen wir hingehen?

Felix Was heißt hingehen?

Oscar Zum Abendessen. Wo sollen wir essen?

Felix Du meinst ein Restaurant? Für uns vier? Das kostet ein Vermögen. Das können wir uns nicht leisten. Wir müssen Alimente zahlen.

Oscar Wir müssen aber auch essen.

Felix *kommt zu Oscar* Wir werden hier essen.

Oscar Hier??!

Felix Ich werde kochen. Wir werden vierzig bis fünfzig Dollar sparen. *Er geht zur Couch, setzt sich und nimmt das Telefon.*

Oscar Schönes Rendezvous! Du wirst den ganzen Abend in der Küche stecken.

Felix Keine Spur. Ich kann das Kochen am Nachmittag erledigen. Und wenn die Kartoffeln erst mal aufgesetzt sind, hab ich überhaupt nichts mehr zu tun. *Er wählt.*

Oscar Wen rufst du an?

Felix Betty. Sie muß mir ihr Rezept für Filet Wellington geben. Die Mädchen werden vor Begeisterung verrückt werden. *Während er weiterwählt, rennt Oscar wütend in sein Schlafzimmer.*

Vorhang

Zweite Szene

Ein paar Tage später. Ungefähr um acht Uhr abends. Niemand ist auf der Bühne. Der Eßtisch sieht aus wie ein Reklamebild aus einer Zeitschrift. Er ist für vier Personen gedeckt, mit Tischtuch, Kerzen und Weingläsern. In der Mitte eine Blumendekoration, und Blumen sind überall im Zimmer, und auf dem Kaffeetisch sind Vorspeisen. Aus der Küche hört man, daß gearbeitet wird.

Die Haupttür öffnet sich, und Oscar kommt herein, seinen Rock überm Arm und ein braunes Paket mit Wein in der Hand. Er übersieht das Ganze mit Zufriedenheit, hört auf die Geräusche in der Küche und stellt das braune Paket ab, hängt den Rock über den Stuhl rechts.

Oscar *ruft, in bester Laune* Ich bin da, mein Junge. *Er geht ins Schlafzimmer, legt sein Hemd ab und kommt zurück, rasiert sich, ein reines Hemd und eine Krawatte über dem Arm. Er singt fröhlich, während er den Tisch besieht.* Das sieht ja fabelhaft aus, fabelhaft. *Er schnuppert, offenbar riecht es gut aus der Küche.* ... in dieser Küche gehen große Dinge vor ... *Er reibt sich vergnügt die Hände.* Ich bin der glücklichste Mann auf der Welt. *Steckt den Rasierapparat in die Tasche, zieht sein Hemd an.*

Felix kommt langsam aus der Küche. Er trägt ein Geschirrtuch als Schürze. In einer Hand hat er einen Kochlöffel. Er sieht schweigend und düster auf Oscar, geht zum Lehnstuhl und setzt sich.

Oscar Ich habe den Wein mitgebracht. *Nimmt die Flasche aus dem braunen Papier und stellt sie auf den Tisch.* Sechs Dollar fünfundzwanzig die Flasche. Du bist nicht böse, Mäuschen, hm? Wir werden diese Woche zu Fuß ins Büro gehen.

Felix sitzt still und düster da.

Felix, das hast du wunderbar gemacht. Nur noch ein bißchen dunkler ... *Er knipst die Wandbeleuchtung aus.* ... und etwas sanfte Musik. *Er geht zum Grammophon und nimmt ein Album.* Was, glaubst du, macht sich besser zu Filet Wellington, Sinatra oder Montovani?

Felix starrt vor sich hin.

Felix! Was ist los?

Felix *ohne ihn anzusehen* Was los ist? Erstens – was glaubst du, wie spät es ist?

Oscar Wie spät? Ich weiß es nicht. Halb acht?

Felix Halb acht? Es ist gleich acht.

Oscar Schön, es ist gleich acht. Und wennschon?

Felix Wennschon? Du hast gesagt, du bist um sieben zu Hause.

Oscar Hab' ich das gesagt?

Felix Das hast du gesagt. „Um sieben bin ich zu Hause", hast du gesagt.

Oscar Okay. Ich habe gesagt, ich bin um sieben zu Hause. Und jetzt ist es acht. Ist das eine Katastrophe?

Felix Wenn du gewußt hast, du wirst dich verspäten, warum hast du nicht angerufen?

Oscar *Pause, während er seine Krawatte bindet* Ich konnte nicht anrufen. Ich war beschäftigt.

Felix Zu beschäftigt, um anzurufen? Wo warst du?

Oscar In meinem Büro. Ich habe gearbeitet.

Felix *geht nach links* Gearbeitet? Ha!

Oscar Ja. Ich habe gearbeitet.

Felix Ich habe in deinem Büro um sieben angerufen. Du warst weg.

Oscar *schiebt sein Hemd in die Hose* Ich habe eine Stunde gebraucht, um herzukommen. Ich konnte kein Taxi finden.

Felix Seit wann gibt es Taxis in Hannigan's Bar?

Oscar Moment mal. Ich will das auf einem Tonband festhalten ... weil mir's niemand glauben würde ... *Beherrscht sich.* Ach, Felix ... Jetzt ist nicht der Augenblick für einen Ehekrach. Unser Besuch kann jeden Moment hiersein.

Felix Hast du ihnen gesagt, sie sollen um halb acht kommen?

Oscar *nimmt seinen Rock und geht an die Couch, setzt sich und nimmt ein Hors d'oevre vom Kaffeetisch* Ich erinnere mich nicht mehr genau. Halb acht oder acht. Was ist der Unterschied?

Felix Ich werde dir den Unterschied erklären. Du hast mir gesagt, sie kommen um halb acht. Dann wollten wir ein paar Cocktails trinken und um acht Uhr essen.

Jetzt ist es acht, und wenn wir jetzt nicht sofort essen, ist mein Filet Wellington völlig verdorrt.

Oscar Vater im Himmel, steh mir bei!

Felix Dir beistehn? Bitte ihn lieber, das Fleisch zu retten. Neun Dollar vierunddreißig Cents stecken in der Röhre und vertrocknen. *Geht nach rechts.* Was soll ich denn jetzt tun?

Oscar Das weiß ich doch nicht. Schütte Sauce darüber.

Felix Was für Sauce?

Oscar Hast du denn keine Sauce?

Felix *stürmt zu Oscar* Sauce zu einem Filet Wellington?

Oscar *steht auf und geht nach rechts* Ich habe geglaubt, wenn Fleisch kocht, gibt es Sauce.

Felix *folgt ihm* Wenn man Fleisch kocht! Du hast keine Ahnung, wovon du sprichst.

Oscar Du hast mich um Rat gefragt, ich hab ihn dir gegeben.
Zieht den Rock an.

Felix Rat? *Wedelt mit dem Kochlöffel vor Oscars Gesicht.* Du hast nicht mal gewußt, wo die Küche ist, bevor ich hergekommen bin und sie dir gezeigt habe.

Oscar Leg die Schaufel weg, wenn du mit mir sprichst.

Felix *explodiert vor Wut, schwingt wieder den Kochlöffel* Schaufel? Das ist ein Kochlöffel. Du weißt nicht mal, wie ein Kochlöffel aussieht.

Oscar Felix, nimm dich zusammen.

Felix *nimmt sich zusammen, sitzt auf dem Armstuhl* Wenn du glaubst, daß es so leicht ist. Versuch's doch selber. Die Küche gehört dir. Versuch mal ein Filet Wellington für vier Leute zu machen, die eine halbe Stunde zu spät kommen.

Oscar *zu niemandem, vor sich hin* Wenn mir das jemand vorausgesagt hätte. Ich streite mit ihm über Sauce.
Die Eingangsglocke schellt.

Felix *springt auf* Da sind sie. Ich werde ein Beil nehmen und das Fleisch kleinhacken. *Er geht gegen die Küche.*

Oscar *stoppt ihn* Bleib hier und mach diese blöde Schürze ab, ich will die Tür aufmachen. Bist du fertig?

Felix Ja, ich bin fertig.

Oscar Dann lächle!
Oscar lächelt und öffnet die Tür. Die zwei Mädchen gucken

herein. Sie sind beide Anfang der Dreißig und ganz hübsch. Sie sind zweifelsohne britisch.
Willkommen!

Gwendolyn *zu Oscar* Guten Abend.

Cecily *zu Oscar* Guten Abend.

Gwendolyn Ich hoffe, wir haben uns nicht verspätet.

Oscar Nein, nein. Genau richtig. Bitte, kommen Sie herein. *Deutet auf sie, während sie eintreten.* ... Felix, das sind meine guten Freundinnen, Gwendolyn und Cecily.

Cecily *macht ihn auf seinen Irrtum aufmerksam* Cecily und Gwendolyn.

Oscar Ja, natürlich. Cecily und Gwendolyn ... ah ... ah ... *Versucht, sich an ihren Zunamen zu erinnern.* Nein, helfen Sie mir nicht ... Fink? ... nein ... Lerche ...?

Gwendolyn Beides falsch, Amsel.

Oscar Amsel, natürlich. Cecily and Gwendolyn Amsel. Cecily and Gwendolyn, darf ich Ihnen meinen Hausgenossen vorstellen ... und unsern Küchenchef für heute Abend ... Felix Ungar.

Cecily *hält ihm die Hand hin* Sehr erfreut.

Felix *zu ihr und nimmt ihre Hand* Ganz meinerseits.

Gwendolyn *hält die Hand hin* Sehr erfreut.

Felix *schüttelt ihre Hand* Ganz meinerseits.
Er steht jetzt Oscar genau gegenüber, und es entsteht eine kleine Pause, während sie einander ansehen.

Oscar Warum setzen wir uns nicht und machen's uns gemütlich?
Felix tritt zur Seite und lenkt die beiden Mädchen ins Zimmer. Alle ad libben, drängen sich zwischen den Armstuhl und die Couch, bis schließlich die Schwestern auf der Couch sitzen, Oscar im Armstuhl, und Felix schleicht an ihm vorbei zum Hocker. Endlich sitzen alle.

Cecily Wirklich hübsch hier, nicht wahr, Gwen?

Gwendolyn *sieht sich um* Reizend. Viel netter als unsere Wohnung. Haben Sie eine Hilfe?

Oscar Hm, ja. Ich habe einen Mann, der jeden Abend kommt.

Cecily Sie haben Glück.
Gwendolyn, Cecily und Oscar lachen darüber. Oscar sieht auf Felix, aber der reagiert nicht.

Oscar *reibt sich die Hände* Ich bin so froh, daß Sie da sind ...

Ich habe Felix gestern erzählt, wie wir uns kennengelernt haben.

Gwendolyn So, wer ist Felix?

Oscar *ein bißchen verlegen, er deutet auf Felix* Er ist Felix.

Gwendolyn O ja, natürlich. Entschuldigen Sie.

Felix nickt, daß es nichts macht.

Cecily Stellen Sie sich vor, es ist uns heute morgen wieder passiert.

Oscar Was?

Gwendolyn Wir sind wieder im Fahrstuhl steckengeblieben.

Oscar Nur Sie beide?

Cecily Und der alte Herr Kessler aus dem dritten Stock. Wir haben eine halbe Stunde festgesessen.

Oscar Wirklich? Und was ist passiert?

Gwendolyn Leider nicht viel.

Cecily und Gwendolyn lachen über diesen Scherz, Oscar stimmt ein. Wieder sieht er auf Felix, der nicht reagiert.

Oscar *reibt sich wieder die Hände* Es ist wirklich nett, daß Sie hier sind.

Cecily Es ist viel kühler hier als in unserer Wohnung.

Gwendolyn Auf unserer Hausseite ist es wie in Afrika.

Cecily Letzte Nacht war es so schlimm, daß wir uns vor den offenen Eisschrank gesetzt haben, ohne was an. Können Sie sich das vorstellen?

Oscar ... ich versuche es gerade.

Gwendolyn Man kann wirklich keine Nacht schlafen. Cec und ich wissen nicht mehr, was wir tun sollen.

Oscar Warum versuchen Sie nicht, mit einer Klimaanlage zu schlafen?

Gwendolyn Wir haben keine.

Oscar Aber wir haben eine.

Felix Es soll am Freitag regnen.

Gwendolyn So.

Cecily Das würde die Luft etwas abkühlen.

Oscar Wahrscheinlich.

Felix ... obwohl es manchmal nach einem Regen noch heißer wird.

Gwendolyn Allerdings. Manchmal.

Sie starren weiter auf Felix.

Felix *springt auf, ergreift den Kochlöffel und geht auf die Küche zu* ... Darf ich zu Tisch bitten!

Oscar *stoppt ihn* Nein, noch nicht.

Felix Doch. Das Essen ist fertig.

Oscar Nein, es ist nicht fertig. Die Damen wollen bestimmt zuerst einen Cocktail. *Zu den Mädchen.* Was sagen Sie, meine Damen?

Gwendolyn Ich würde mich überreden lassen.

Oscar Siehst du. *Zu Cecily.* Was nehmen Sie?

Cecily Einen großen Wodka.

Gwendolyn Cecily ... nicht vor dem Abendessen.

Cecily *zu den Männern* Meine Schwester ... paßt sehr auf mich auf. *Zu Oscar* Geben Sie mir einen kleinen großen Wodka.

Oscar Ein kleiner großer Wodka ... und für die schöne Aufpasserin?

Gwendolyn Ich möchte etwas Kaltes. Vielleicht einen großen Gimlet mit kleinen Eisstückchen ... Wenn Sie kleine Eisstückchen haben?

Oscar Ich habe die ganze Nacht mit einem Schmiedehammer daran gearbeitet ... Ich komme gleich wieder. *Geht an die Bar, nimmt die Wodka- und die Gimletflasche.*

Felix *geht zu ihm* Wo gehst du hin?

Oscar Die Drinks machen.

Felix *gerät in Panik* In der Küche??? Und was soll ich allein hier tun?

Oscar Du kannst weiter über das Wetter reden. *Ab in die Küche.*

Felix *ruft ihm nach* Sieh nach, wie's meinem Fleisch geht. *Er wendet sich um, zu den Mädchen. Geht zum Stuhl und sitzt. Er legt seine Beine übereinander, aber er fühlt sich keineswegs wohl und schlägt die Beine andersrum. Die Stille wird ihm bewußt, und es geht nicht länger an, bloß zu lächeln.*

Felix ... Oscar hat mir gesagt, Sie sind Schwestern.

Cecily ... Ja ... das stimmt. *Sie sieht auf Gwendolyn.*

Felix ... er hat Sie im Fahrstuhl kennengelernt.

Gwendolyn ... ja ... das stimmt. *Sie sieht auf Cecily.*

Felix Hmm ... *Stille, dann macht er einen kleinen Witz.* ... Wir sind keine Brüder.

Cecily Ja. Das wissen wir.

Felix Aber ich habe einen Bruder. Er ist Arzt. Er lebt in Buffalo, im Staat New York.

Gwendolyn nimmt eine Zigarette aus ihrer Handtasche.

Gwendolyn Ja, kennen wir.

Felix Sie kennen meinen Bruder?

Gwendolyn Nein. Wir kennen Buffalo.

Felix Ach so. *Steht auf, nimmt Zigarettenanzünder vom Tisch und gibt Gwendolyn Feuer.*

Gwendolyn Wir waren einmal dort. Und Sie?

Felix Nie ... Ist es hübsch?

Cecily Reizend.

Felix schnappt den Anzünder über der Zigarette zu und geht zu seinem Stuhl zurück. Die Zigarette hat sich im Feuerzeug verfangen, und er nimmt sie mit. Er bemerkt es und gibt sie schnell Gwendolyn zurück, zündet sie nochmals an. Er schnappt den Anzünder zu und setzt sich. Eine Pause.

Felix Wie interessant. Oh, Verzeihung. Wie lange sind Sie schon in New York?

Cecily Beinahe vier Jahre.

Felix *nickt* ... zu Besuch?

Gwendolyn *sieht auf Cecily* Nein ... für ständig.

Felix Sie arbeiten hier?

Cecily Ja. Bei Slenderama.

Gwendolyn Das Verjüngungsinstitut.

Cecily Die Kunden bringen uns ihre Körper, und wir vollbringen wahre Wunder an ihnen.

Felix *er lacht, sie alle lachen. Plötzlich schreit Felix zur Küche hin* Oscar, wo bleiben die Drinks?

Oscar *hinter der Bühne* Kommen schon. Kommen schon.

Cecily Und womit beschäftigen Sie sich?

Felix ... Ich schreibe Nachrichten für das Fernsehen.

Cecily Wie aufregend!

Gwendolyn Woher bekommen Sie Ihre Ideen?

Felix *er sieht auf sie, als wäre sie ein Mädchen vom Mars* ... von den Nachrichten.

Gwendolyn Ja, natürlich. Wie dumm von mir.

Cecily Vielleicht könnten Sie Gwen und mich mal in einer Ihrer Nachrichten erwähnen.

Felix Ja, vielleicht, wenn Sie etwas Sensationelles tun.

Cecily Oh, wir haben schon sensationelle Dinge getan, aber ich glaube, die würden sich nicht für das Fernsehen eignen, was, Gwen? *Beide lachen.*

Felix *lacht auch, dann schreit er fast um Hilfe* Oscar!

Oscar *hinter der Bühne* Ja, ja!

Felix *zu den Mädchen* Es ist eine so große Wohnung, manchmal muß man schreien.

Gwendolyn Und nur ihr zwei Junggesellen wohnt hier?

Felix Wir sind keine Junggesellen. Wir sind geschieden. Das heißt, Oscar ist geschieden. Ich lebe noch in Scheidung.

Cecily Nein, ist die Welt klein. Wir zwei haben auch das Beiboot losgemacht, wie man so sagt.

Gwendolyn Da passen wir vier ja glänzend zusammen, nicht?

Felix *lächelt schwach* Ja, das ist wahr.

Gwendolyn Obwohl ich eigentlich, technisch gesprochen, eine Witwe bin. Ich habe mich scheiden lassen, aber er starb, bevor ich das Urteil schriftlich bekam.

Felix Oh, mein Beileid. *Seufzt.* Ist eine Scheidung nicht etwas Furchtbares?

Gwendolyn Ja ... wenn man nicht den richtigen Anwalt hat.

Cecily Ja, das ist wahr. Manchmal ziehen sie es Monate lang hin. Also, ich hatte Glück. Schnipp, schnapp, und ich war frei.

Felix Für manche Leute ist es ganz furchtbar. Schließlich, was ist eine Scheidung? Sie reißt zwei glückliche Menschen völlig auseinander. Ist das nicht unmenschlich?

Cecily Ja, es kann furchtbar sein.

Gwendolyn Aber jetzt haben Sie doch wieder Land unter den Füßen, nicht wahr? Es tut mir schrecklich leid, aber ich habe Ihren Namen vergessen.

Felix Felix.

Gwendolyn Natürlich. Felix.

Cecily Wie der Kater.

Felix nimmt die Brieftasche aus seinem Jackett.

Gwendolyn Die Amseln müssen sich vor dem Kater in acht nehmen.

Cecily *nascht von den Hors d'oevres* Hmm, gebrannte Mandeln ... großartig.

Felix *nimmt ein Foto aus der Brieftasche* Das ist das Schlimmste, wenn man sich trennt. *Er gibt Cecily das Bild.*

Cecily *sieht es an* Es hat als Kinderfreundschaft angefangen, hm?

Felix Nein, das sind mein kleiner Sohn und meine Tochter. Er ist sieben, sie fünf.

Cecily gibt das Bild Gwendolyn, nimmt ihre Brille heraus und setzt sie auf.

Cecily *sieht das Bild nochmals an* Oh. Süß.

Felix Sie leben bei ihrer Mutter.

Gwendolyn Ich kann mir vorstellen, wie sie Ihnen fehlen.

Felix *nimmt das Bild zurück und sieht es sehnsüchtig an* Ich kann es ohne sie gar nicht aushalten. *Zuckt die Achseln.* Aber ... das ist eben so bei einer Scheidung.

Cecily Können Sie sie denn nicht sehen?

Felix Doch. Ich besuche sie jeden Abend auf meinem Heimweg vom Büro. Dann habe ich sie an jedem Wochenende und an den Feiertagen und im Juli und August.

Cecily ... wann fehlen sie Ihnen dann?

Felix Immer, wenn ich nicht dort bin. Wenn sie nicht so früh zur Schule müssen, gehe ich hin und mache ihnen Frühstück. Sie mögen mein Schinkenomelette so gern.

Gwendolyn Sie sind offenbar ein sehr zärtlicher Vater.

Felix Ich bin nichts gegen Betty.

Cecily Ist das das kleine Mädel?

Felix Nein. Das ist die Mutter.

Gwendolyn Von der Sie sich scheiden lassen?

Felix *nickt* Ja. Sie hat sie großartig erzogen. Sie sind immer höflich. Sie sprechen so schön. Niemals „Neeh", immer „Nein" ... Es sind so gute Kinder. Und das ist alles i h r Verdienst. Sie ist eine Frau, die ... Aber was rede ich da? Das interessiert Sie ja gar nicht. *Steckt das Bild in seine Brieftasche.*

Cecily Natürlich. Sie haben wirklich allen Grund, stolz zu sein. Sie haben zwei reizende Kinder und eine wunderbare ehemalige Frau.

Felix *beherrscht seine Gefühlsbewegung* Ich weiß. Ich weiß. *Gibt Cecily eine andere Fotografie.* Das ist sie, Betty.

Gwendolyn *sieht das Bild an* Oh, sie ist hübsch. Ist sie nicht hübsch, Cecily?

Cecily Ja, hübsch. Eine hübsche Frau. Sehr hübsch.

Felix *nimmt das Bild zurück* Danke. *Zeigt ihnen ein anderes Bild.* Ist das nicht nett?

Gwendolyn *schaut* Auf dem Bild ist ja niemand drauf.

Felix Das ist unser Wohnzimmer. Wir hatten eine sehr schöne Wohnung.

Gwendolyn O ja. Hübsch. Sehr hübsch.

Cecily Sehr schöne Lampen.

Felix Nicht wahr? *Nimmt das Bild.* ... Wir haben sie in Mexiko auf unserer Hochzeitsreise gekauft. *Sieht wieder auf das Bild.* Ich bin abends immer so gern nach Hause gekommen. *Tränen in der Stimme.* Das war mein ganzes Leben. Meine Frau, meine Kinder ... und meine Wohnung. *Er schluchzt.*

Cecily Hat sie jetzt auch die Lampen?

Felix *nickt* Ich habe ihr alles gegeben ... Es wird nie wieder so sein, wie es war ... nie wieder ... ich ... ich ... *Wendet den Kopf ab.* Bitte um Verzeihung. *Zieht ein Taschentuch heraus und wischt seine Augen.*

Gwendolyn und Cecily sehen einander bewegt an.

... bitte, verzeihen Sie mir. Ich wollte, meine Gefühle würden nicht mit mir durchgehen. *Er versucht sich zusammenzureißen. Er nimmt die Schüssel vom Seitentisch und bietet an.* Möchten Sie Brezeln?

Cecily nimmt die Schüssel.

Gwendolyn Sie müssen sich nicht schämen. Es gibt sehr wenige Männer, die weinen können.

Felix *Hand vor den Augen* Bitte. Wir wollen nicht darüber sprechen.

Cecily Ich finde es süß. Sehr, sehr süß. *Sie nimmt Brezeln.*

Felix Sie machen es noch schlimmer.

Gwendolyn *mit Tränen in den Augen* Es ist so schön, einen Mann so gut von der Frau sprechen zu hören, von der er sich scheiden läßt. *Sie nimmt ihr Taschentuch heraus.* ... Jetzt haben Sie mich dazu gebracht, daß ich an den armen Sidney denken muß.

Cecily Oh, Gwen. Bitte, nicht. *Sie stellt die Schüssel hin.*

Gwendolyn Am Anfang war es eine gute Ehe. Alle haben es gesagt. Nicht wahr, Cecy? Nicht wie du und George.

Cecily *die Vergangenheit kommt zurück, während sie Gwendolyn tröstet* Ja, das stimmt. George und ich waren nie glücklich ... nicht einen einzigen Tag. *Sie erinnert sich an ihr Unglück und nimmt ihr Taschentuch und wischt sich die Augen.*

Alle drei sitzen jetzt da, mit ihren Taschentüchern vor den Augen.

Felix Ist das nicht zum Lachen?

Gwendolyn Ich weiß nicht, wie das gekommen ist. Vor ein paar Minuten habe ich mich so wohl gefühlt.

Cecily Ich habe nicht mehr geweint, seit ich vierzehn war.

Felix Lassen Sie sich gehen. Es wird Ihnen guttun. Bei mir ist das immer so.

Gwendolyn O Gott, o Gott, o Gott.

Alle drei sitzen da und schluchzen in ihre Taschentücher. Plötzlich kommt Oscar fröhlich herein mit den Drinks auf einem Tablett. Er lächelt über das ganze Gesicht.

Oscar *wie ein Conférencier* Sind alle glücklich und zufrieden? *Dann sieht er die tränenreiche Szene. Felix und die Mädchen versuchen sich zusammenzureißen.*

Was ist denn hier inzwischen passiert?

Felix Nichts! Nichts! *Er steckt schnell das Taschentuch ein.*

Oscar Was heißt nichts? Drei Minuten bin ich draußen, und ihr sitzt da, wie bei einer Testamentseröffnung. Was hast du ihnen gesagt?

Felix Ich habe nichts gesagt. Fang nicht wieder an, Oscar.

Oscar Ich kann dich nicht einen Moment allein lassen. Wenn du einen Grund zum Weinen willst, geh in die Küche und guck dir dein Filet an.

Felix *stürzt in die Küche* O Gott, warum hast du mich nicht gerufen? Ich habe dir gesagt, du sollst mich rufen.

Oscar *gibt Gwendolyn ihren Drink* Es tut mir leid. Ich hätte Sie vor Felix warnen sollen.

Cecily Er ist der liebste, süßeste Mann, den ich jemals gesehen habe.

Gwendolyn Er ist so empfindsam, so zartfühlend. Ich möchte ihn am liebsten in Watte packen und mit nach Hause nehmen.

Oscar *hat Cecily ihren Drink hingehalten. Als er die letzten Worte hörte, stellte er das Glas ab, nimmt einen Schluck aus seinem eigenen Glas* Ich glaube, wenn er aus der Küche zurückkommt, wird Ihnen nichts anderes übrigbleiben.

Und Felix kommt jetzt wirklich aus der Küche. Er sieht aus wie ein verletzter Hund. Mit einem Küchenhandschuh hält er eine Pfanne und zeigt das Filet Wellington. Schwarz ist die Farbe.

Felix *sehr ruhig* ... ich gehe ins Delikatessengeschäft. Ich bin gleich zurück.

Oscar *geht zu ihm* Vielleicht ist es nicht so schlimm. Laß mich mal sehen.

Felix *zeigt ihm die Pfanne* Für neun Dollar vierunddreißig Cent Asche!

Gwendolyn *kommt zu ihm* Felix ... können wir es mal sehen?

Cecily *wendet sich zu ihm, kniet auf der Couch* Bitte!!

Felix bleibt in der Tür zur Küche stehen. Er zögert einen Augenblick. Dann dreht er sich um und zeigt ihnen die Pfanne.

Cecily sieht das Ding wortlos an, dann wendet sie sich ab, leise schluchzend.

Zu Oscar Warum gehen wir nicht chinesisch essen?

Oscar Eine großartige Idee.

Gwendolyn Ich habe eine bessere Idee. Warum gehen wir nicht in die Küche und kochen alles zusammen, was wir finden?

Oscar Eine viel bessere Idee.

Felix *er geht zum Armstuhl und sitzt, er hält noch immer die Pfanne* In der Küche ist nichts mehr zum Zusammenkochen.

Cecily Dann gehen wir zu uns. Wir haben Tonnen von Konserven.

Oscar *begeistert* Das ist die beste Idee, die ich jemals gehört habe.

Gwendolyn Es ist aber leider furchtbar heiß oben.

Oscar *lächelnd* Wir können ja den Eisschrank aufmachen.

Cecily *nimmt ihre Handtasche von der Couch* Laßt uns fünf Minuten Vorsprung, damit wir uns umziehen können.

Gwendolyn nimmt ihre Handtasche.

Oscar Geht's nicht in vier Minuten? Ich sterbe plötzlich vor Hunger.

Die Mädchen gehen zur Tür.

Gwendolyn Vergessen Sie den Wein nicht.

Oscar Bestimmt nicht.

Cecily Und einen Korkenzieher.

Oscar Und einen Korkenzieher.

Gwendolyn Und Felix.

Oscar Den kann man gar nicht vergessen.

Cecily Ta ta!

Oscar Ta ta!

Gwendolyn Ta ta!

Die Mädchen gehen ab.

Oscar *wirft eine Kußhand gegen die geschlossene Tür. Er wendet sich um und nimmt schnell den Korkenzieher von der Bar, den Wein und die Schallplatten.* Ta, ta, ta, ihr süßen kleinen Schnecken. Felix, du bist ein Schatz. Du hast uns in eine sensationelle Nacht hineingekocht. Komm – nimm den Eiskübel! Umgezogen oder nicht – wir sind im Anmarsch.

Felix *sitzt bewegungslos* Ich komme nicht mit.

Oscar Was?

Felix Ich habe gesagt, ich komme nicht mit.

Oscar *kommt zu Felix* Hast du den Verstand verloren? Weißt du, was uns dort oben erwartet? Was heißt das, du kommst nicht mit?

Felix Ich weiß nicht, was ich mit ihnen reden soll. Ich habe ihnen schon von meinem Bruder in Buffalo erzählt. Meine Gesprächsmöglichkeiten sind erschöpft.

Oscar Felix, sie sind verrückt nach dir. Sie haben es mir gesagt. Eine von ihnen möchte dich in Watte packen und mit nach Hause nehmen. Du hast mehr Erfolg als ich. Los, nimm den Eiskübel. *Geht zur Tür.*

Felix Begreifst du denn nicht? Ich habe geweint! Ich habe vor zwei Frauen geweint.

Oscar Und sie waren begeistert. Ich werde auch mal versuchen zu heulen. *Geht zur Tür.* Los, nimm den Eiskübel.

Felix Und warum habe ich geweint? Aus Schuldbewußtsein. Gefühlsmäßig bin ich noch immer an Betty und die Kinder gebunden. *Geht zur Küche.* Ich werde die Töpfe schrubben und mir die Haare waschen. *Geht in die Küche und tut die Pfanne in den Abwasch.*

Oscar *schreit* Du kommst jetzt mit mir rauf!

Felix Nein, ich komme n i c h t mit rauf!

Oscar Was soll ich mit z w e i Mädchen anfangen? Felix, tu mir das nicht an. Ich würde es dir niemals verzeihen!

Felix Ich kann nicht.

Oscar *schreit* Schön, dann gehe ich ohne dich! *Und er stürmt zur Tür hinaus und haut sie zu … dann öffnet er sie und kommt zurück.* Kommst du jetzt mit?

Felix *kommt aus der Küche, sieht in eine Zeitschrift* Nein, Oscar.

Oscar Du willst nicht einmal den Versuch machen, dich zu ändern? So, wie du bist, willst du bleiben ... bis zum letzten Atemzug.

Felix *sitzt auf der Couch* Wir sind, was wir sind.

Oscar *nickt ... dann geht er ans Fenster, schiebt die Vorhänge zurück an die Tür* ... dies ist der zwölfte Stock, und nicht der elfte. *Er geht ab, während Felix auf das offene Fenster starrt.*

Vorhang

Dritter Akt

Der nächste Abend, ungefähr um halb sieben.
Das Zimmer ist wieder einmal für die Pokerpartie hergerichtet, der Eßtisch rechts unten und die Stühle herum und der Hocker im Alkoven vor dem Fenster. Felix kommt aus dem Schlafzimmer mit dem Staubsauger. Er saugt den Teppich gründlich. Während er um den Tisch herumsaugt, tritt Oscar ein. Er trägt einen Sommerhut und eine Zeitung. Er starrt mit Verachtung auf Felix, schüttelt den Kopf, legt seinen Hut auf den Seitentisch und geht ins Schlafzimmer. Felix hat seine Anwesenheit nicht bemerkt, er saugt weiter, bis der Staubsauger plötzlich aussetzt – weil Oscar offenbar im Schlafzimmer den Stecker herausgezogen hat. Felix versucht ein paarmal, ihn wieder anzulassen, dann will er ins Schlafzimmer, bleibt stehen, weil Oscar zurückkommt. Oscar nimmt eine Zigarre aus der Tasche, und während er an Felix vorbei zur Couch geht, nimmt er sie aus dem Papier und läßt das Papier nachlässig zu Boden fallen. Dann steigt er auf die Couch und geht über die Kissen hin und her. Er steigt herunter, sitzt auf der Couch, einen Fuß im Armstuhl, er nimmt ein Küchenstreichholz vom Kaffeetisch, zündet es am Tisch an und zündet seine Zigarre an. Er schnippt das Streichholz auf den Fußboden und lehnt sich zurück, liest die Zeitung. Felix hat das alles schweigend beobachtet, jetzt hebt er das Streichholz und die Zigarrenhülle auf und wirft beides in Oscars Hut. Dann staubt er seine Hände ab, nimmt den Staubsauger in die Küche, die Schnur schleift er mit. Oscar nimmt die Zigarrenhülle aus seinem Hut, tut sie in den stummelgefüllten Aschbecher und leert ihn auf dem Boden aus. Felix kommt aus der Küche, mit einem Tablett, auf dem eine dampfende Schüssel Spaghetti ist. Während er an Oscar vorbeigeht, riecht er „großartig" und kommt so nahe an Oscar vorbei, daß es gewiß ist, daß Oscar riechen muß, was er versäumt. Als Felix sich nie-

dersetzt, um zu essen, nimmt Oscar eine Aerosolflasche von der Bar, und um den Tisch herumgehend, sprüht er Felix und sein Gericht an, dann stellt er die Flasche zurück und geht zu seiner Zeitung zurück.

Felix *schiebt die Spaghetti weg* … also, wie lange soll das so weitergehen?

Oscar *liest seine Zeitung* Sprichst du mit mir?

Felix Ja. Ich spreche mit dir.

Oscar Was willst du?

Felix Ich will wissen, ob du den Rest deines Lebens damit verbringen willst, mich anzuschweigen. Wenn ja, kaufe ich mir nämlich ein Radio. *Keine Antwort.* … nun? … *Keine Antwort.* … Ich verstehe. Du sprichst nicht mit mir. *Keine Antwort.* Na schön, dieses Spiel kann ich auch spielen. *Pause.* Wenn du nicht mit mir sprichst, werde ich nicht mit dir sprechen. *Keine Antwort.* … ich kann mich nämlich auch kindisch benehmen. *Keine Antwort.* Und kann genausolange nicht sprechen wie du.

Oscar Warum hältst du dann nicht den Mund?

Felix … Du sprichst mit mir?

Oscar Gestern nacht hattest du Gelegenheit zu sprechen. Von jetzt an will ich kein Wort mehr von dir hören, solange du lebst. Ich warne dich, Felix.

Felix *starrt ihn an* Ich bin gewarnt. Schluß der Sendung.

Oscar *steht auf, nimmt einen Schlüssel aus der Tasche und haut ihn auf den Tisch* Hier ist ein Schlüssel für die Hintertür. Wenn du in deinem Zimmer bleibst, bist du vor mir ziemlich sicher.

Felix Ich glaube, mir entgeht die volle Bedeutung dieser Botschaft.

Oscar Dann werde ich sie dir erklären. Komm mir nicht in den Weg.

Felix *nimmt den Schlüssel und geht zur Couch* Ich glaube, du meinst das im Ernst. Meinst du es wirklich im Ernst? Sprichst du im Ernst?

Oscar Das ist meine Wohnung. Alles in dieser Wohnung gehört mir. Das einzige hier, was dir gehört, bist du. Bleib in deinem Zimmer und sprich leise.

Felix Vielleicht darf ich dich daran erinnern, daß ich die Hälfte der Miete zahle und daß ich in jedes Zimmer gehen kann, wenn ich will. *Er steht ärgerlich auf und geht auf die Halle zu.*

Oscar Wohin gehst du?

Felix In dein Schlafzimmer.

Oscar *wirft die Zeitung hin* Du wirst draußen bleiben!

Felix *wütend* Erzähl mir nicht, was ich darf oder nicht darf. Ich zahle hundertzwanzig Dollar im Monat.

Oscar Das war in der Vorsaison. Von jetzt an kostet es zwölf Dollar pro Tag.

Felix Abgemacht. *Er nimmt ein paar Scheine aus der Tasche und wirft sie auf den Tisch.* Hier! Für heut hab ich gezahlt. Jetzt gehe ich in dein Zimmer. *Beginnt hinauszustürmen.*

Oscar Du bleibst draußen! Du gehst nicht in mein Zimmer! *Er jagt hinter Felix drein. Felix weicht hinter dem Tisch aus, und Oscar blockiert den Gang.*

Felix *weicht zurück, schaut, daß der Tisch zwischen ihnen ist* Nimm dich in acht, Oscar. Nimm dich bloß in acht.

Oscar *mit dem Finger weisend* Ich warne dich. Wenn du hier wohnen willst, wünsche ich dich nicht zu sehen, dich nicht zu hören und nicht zu riechen, was du kochst. Und jetzt räum deine Spaghetti von meinem Pokertisch.

Felix Ha! Haha!

Oscar Was findest du daran so komisch?

Felix Es sind keine Spaghetti. Es sind Makkaroni. *Oscar nimmt die Schüssel mit Makkaroni, geht zur Tür und wirft sie in die Küche.*

Oscar Jetzt ist es Abfall.

Felix Ich werde das nicht saubermachen.

Oscar Ehrenwort?

Felix Ich werde das nicht saubermachen. *Sieht wieder in die Küche.* Sieh dir das an. Die ganzen Wände kleben voll.

Oscar *geht und sieht durch die Küchentür* Ich finde, es sieht sehr gut aus. *Schließt die Tür und geht nach rechts.*

Felix *außer sich* ... Du würdest es einfach da kleben lassen – was? Ich werde es abwaschen. *Er geht in die Küche. Oscar jagt ihm nach. Man hört Geräusche eines Kampfes und fallende Töpfe.*

Oscar Laß es, wie es ist! Geh in dein Zimmer! Hast du gehört, was ich gesagt habe? Geh in dein Zimmer!

Felix Schön … Aber erst wollen wir uns mal beruhigen. *Er legt seine Hand auf Oscars Schulter, um ihn zu beruhigen, aber Oscar macht sich heftig los.*

Oscar Wenn du diese Nacht überleben willst, binde mich an und verbarrikadiere deine Tür.

Felix *sitzt am Tisch und zeigt größte Ruhe* Schön, Oscar. Alles, was ich wissen möchte, ist, was ist eigentlich passiert?

Oscar *geht auf ihn zu* Was passiert ist?

Felix *gleitet schnell auf den nächsten Stuhl* Ja. Irgend etwas muß dich doch total aus der Fassung gebracht haben. Was war es? Etwas, was ich gesagt habe? Etwas, was ich getan habe? Was?

Oscar *auf und ab gehend* Nichts, was du gesagt hast. Nichts, was du getan hast. Du.

Felix … das ist wenigstens aufrichtig.

Oscar Ich könnte noch aufrichtiger sein, aber ich will dir nicht weh tun.

Felix Aber was ist es? Das Kochen? Das Saubermachen? Das Weinen?

Oscar *auf ihn zu* Ich werde dir genau sagen, was es ist. Es ist das Kochen, das Saubermachen und das Weinen … Es ist dein Röhren um zwei Uhr morgens, um deine Ohren auszublasen! … Ich kann nicht mehr, Felix. Alles, was du tust, geht mir auf die Nerven. Und wenn du nicht da bist, geht es mir auf die Nerven, daß ich weiß, was du tun wirst, wenn du kommst … Du legst mir kleine Zettel auf das Kissen. Ich habe dir hundertmal gesagt, ich hasse kleine Zettel auf dem Kissen. „Wir haben kein Waschpulver mehr F. U.“ Ich habe drei Stunden gebraucht, um herauszufinden, daß F. U. Felix Ungar heißt … Es ist nicht deine Schuld, Felix. Wir passen einfach nicht zusammen.

Felix Ich bin im Bilde.

Oscar Und letzte Nacht, das war die Krone. Das hat dem Faß den Boden ausgeschlagen.

Felix Wovon sprichst du? Vom Filet?

Oscar Nein, nicht vom Filet. Ich spreche von den zwei Hühnern. *Er deutet nach oben.* Ich hatte alles bestens arrangiert, und es endete damit, daß ich die ganze Nacht Tee trinken und ihnen deine Lebensgeschichte erzählen mußte.

Felix *springt auf* Das wurmt dich also. Daß ich dir deinen Abend verdorben habe!

Oscar Du hast sie in eine Stimmung gebracht, daß ich sie nur mit Mühe davon abhalten konnte, aus dem Fenster zu springen.

Felix *kommt Oscar ganz nahe* Hör auf, Oscar.

Oscar Nein. Ich werde dir jetzt meine Meinung sagen … Sechs Monate habe ich allein in dieser Wohnung gelebt … Ganz allein in acht Zimmern – Ich war einsam – und verzweifelt … Dann bist du eingezogen. Mein bester Freund. Und nach drei Wochen mit dir bin ich einem Nervenzusammenbruch nahe – Tu mir einen Gefallen. Zieh in die Küche. Lebe mit deinen Töpfen und Pfannen, deinem Kochlöffel und deinem Fleischthermometer – und, wenn du mal raus willst, klingle mit deiner Eieruhr, damit ich in mein Schlafzimmer verschwinde. *Er bricht beinahe zusammen.* Ich bitte dich höflich, Felix … als Freund … geh mir aus dem Weg. *Und er geht ins Schlafzimmer.*

Felix *Oscars Worte haben ihn verletzt. Dann erinnert er sich an etwas. Ruft* Tret nicht auf den Teppich, ich hab ihn gerade gesaugt.

Oscar kommt durch die Tür. Er wirft irrsinnige Blicke auf Felix, als er durch den Gang kommt. Felix bringt schnell die Couch zwischen sich und Oscar.

Oscar *jagt Felix um die Couch* Komm her. Ich mach dich mit einem Schlag fertig.

Sie sind zu beiden Seiten der Couch. Felix ergreift eine Lampe, um sich zu verteidigen.

Felix Löst du deine Probleme immer auf diese Weise? Wie ein Tier?

Oscar Ich werd dir zeigen, wie ich meine Probleme löse. *Stürmt in Felix' Schlafzimmer. Geräusche fallender Gegenstände, dann kommt er mit einem Koffer zurück.* Ich werde dir zeigen, wie ich sie löse. *Wirft den Koffer auf den Tisch.* Hier. So löse ich sie.

Felix *sieht verblüfft auf den Koffer* Du ziehst aus?

Oscar *explodierend* Nicht ich, du, du Idiot! Du ziehst aus. Ich will, daß du diese Wohnung verläßt. Jetzt! Sofort! *Er öffnet den Koffer.*

Felix Was soll das heißen?

Oscar Es ist aus, Felix. Ich will, daß du deine Sachen packst und verschwindest.

Felix Du willst, daß ich ausziehe?

Oscar *kommt zurück mit einem Armvoll von Kochutensilien, die er in den Koffer wirft* Ja, und zwar sofort. Alles, was ich will, ist meine Freiheit. Ist das zuviel verlangt? *Schließt den Koffer.* Da. Du hast gepackt.

Felix Mit andern Worten, du wirfst mich hinaus.

Oscar Nicht mit andern Worten. Das sind die richtigen. *Hebt den Koffer auf und gibt ihn Felix.* Ich werfe dich hinaus.

Felix Schön … Ich will das nur festhalten. Aber es wird dein Gewissen belasten. *Er geht in sein Schlafzimmer.*

Oscar Was? … Was? *Folgt ihm zur Schlafzimmertür.* Was wird mein Gewissen belasten?

Felix *kommt heraus, zieht sein Jackett an, geht zu Oscar* Daß du mich hinauswirfst. *Stoppt und dreht sich nach Oscar um.* Ich bin bereit zu bleiben und die Atmosphäre von unseren Mißverständnissen zu reinigen …

Oscar Ich habe es gründlich satt, daß du die Atmosphäre reinigst, daß du alles reinigst. Deshalb will ich, daß du gehst.

Felix Gut … ich gehe. Aber vergiß nicht, was mir auch passiert, du wirst dein Leben lang die Verantwortung dafür tragen müssen. *Geht zur Tür.*

Oscar *an Felix vorbei, schließt die Tür. Er steht zwischen Felix und der Tür* Du gehst nicht, ehe du das zurückgenommen hast.

Felix Was?

Oscar Das mit der Verantwortung.

Felix Vergiß es, Oscar. Ich möchte jetzt gehen.

Oscar Also gut, Felix – du hast gewonnen. *Geht hinaus in die Halle.* Wir wollen versuchen, alles zu begraben. Du kannst machen, was du willst. Komm zurück, Felix … Felix … Felix …??

Aber Felix ist fort. Oscar kommt zurück, schließt die Tür. Er ist ganz schwach. Er sucht nach etwas, um seine enorme Erregung loszuwerden. Er wirft ein Kissen gegen die Tür, dann geht er auf und ab wie ein gefangenes Tier.

Oscar Er ist weg. Er ist wirklich weg. Oscar, nimm dich zusammen. *Er hält seinen schmerzenden Kopf.* Ich weiß nicht, wieso, aber ich hab die Verantwortung, ich hab die … *Die Glocke läutet, und er sieht hoffnungsvoll auf.* Bitte, laß es Felix sein. Bitte, gib mir noch eine Möglichkeit, ihn umzubringen.

Er stellt den Koffer auf das Sofa, rennt zur Tür und öffnet sie. Murray und Vinnie kommen herein.

Murray *legt sein Jackett über einen Stuhl* Was ist mit Felix los? Er ist einfach an uns vorbeigegangen und macht schon wieder so'n merkwürdiges Gesicht.

Vinnie Ja, was ist los mit ihm? Ich habe ihn gefragt, wo er hingeht, und er hat gesagt: „Nur Oscar weiß es. Nur Oscar weiß es." Wohin geht er, Oscar?

Oscar *sitzt am Tisch* Woher soll ich das wissen? Kommt, fangen wir an zu spielen. Nehmt eure Chips.

Murray Ich muß erst was essen. Ich hab wahnsinnigen Hunger … *Geht in die Küche.*

Vinnie Spielt er heute abend nicht? *Nimmt zwei Stühle vom Alkoven und stellt sie an den Tisch.*

Oscar Ich will nicht über ihn sprechen. Ich will nicht mal seinen Namen hören.

Vinnie Wen meinst du? Felix?

Oscar Ich habe dir gesagt, ich will seinen Namen nicht hören.

Vinnie Ich habe nicht gewußt, welchen Namen du meinst. *Macht Platz auf dem Tisch, stellt den Rest von Felix' Essen auf das Bücherregal.*

Murray *kommt aus der Küche* Weißt du, daß die Küche voller Spaghetti ist, auf dem Boden, an den Wänden?

Oscar Ja, das weiß ich, und es sind keine Spaghetti, sondern Makkaroni.

Murray Ich dachte, es sind Spaghetti. *Er geht zurück in die Küche.*

Vinnie *nimmt die Pokersachen vom Bücherregal und tut sie auf den Tisch* Warum soll ich seinen Namen nicht nennen?

Oscar Welchen Namen?

Vinnie Felix. Was ist passiert? Ist etwas mit Felix passiert? *Speed und Roy kommen durch die offene Tür.*

Speed Ja, was ist denn mit Felix passiert?

Speed hängt seinen Rock über einen Stuhl. Roy sitzt im Armstuhl. Murray kommt aus der Küche mit sechs Flaschen Bier und Brezeln. Alle starren auf Oscar und warten auf Antwort. Lange Pause, dann steht er auf.

Oscar ... Wir haben uns getrennt. Ich hab ihn rausgeworfen. Es ging nicht länger. Zufrieden? ... Ich gebe es zu. Ich hab die Verantwortung.

Vinnie Welche Verantwortung?

Oscar Woher soll ich das wissen? Felix hat sich das ausgedacht. Frag ihn.

Murray Ich kenne Felix. Er wird irgendwas Wahnsinniges anstellen.

Oscar *zu den Männern* Was glaubt ihr, warum ich es getan habe? Glaubt ihr, ich bin egoistisch? Glaubt ihr, daß ich hartherzig bin ... Ich habe es für uns alle getan.

Murray Wir wissen, daß er unmöglich ist, aber trotzdem ist er unser Freund, und trotzdem ist er draußen auf der Straße, und ich mach mir trotzdem Sorgen um ihn.

Speed Betty war die Erste, die ihn rausgeworfen hat. Du warst der Zweite. Und mit wem er auch leben wird, der wird der Dritte sein ... Kannst du das nicht verstehen? Es ist Felix. Er selbst tut sich das an.

Oscar Warum?

Murray Ich weiß nicht, warum. Es gibt solche Leute. In Afrika gibt es einen ganzen Stamm, Männer und Frauen, die schlagen sich den ganzen Tag selber mit Keulen auf den Kopf.

Oscar Versuchst du, witzig zu sein?

Murray Was habe ich denn gesagt?

Oscar *wirft die Karten in die Luft* Okay, die Partie ist aus. Ich will nicht mehr spielen. *Geht rechts auf und ab.*

Speed Wir haben ja noch nicht mal angefangen.

Oscar Ist das alles, was du kannst ... dich beschweren? Machst du dir denn gar keine Gedanken, was mit Felix los ist?

Speed Ich denke, du machst dir keine Sorgen um ihn.

Oscar *schreit* Ich mach mir keine Sorgen, zum Teufel! Natürlich mach ich mir keine Sorgen. *Die Türglocke schellt. Ein seliger Ausdruck kommt in Oscars Gesicht.* Das ist er. Todsicher, das ist er!

Die Männer sind im Begriff, zur Tür zu gehen, aber Oscar hält sie davon ab.

Nein, laßt ihn nicht herein. Ich will ihn nicht mehr in der Wohnung haben.

Murray *geht zur Tür* Oscar, sei nicht kindisch. Wir müssen ihn reinlassen.

Oscar *stoppt ihn und führt ihn zum Tisch* Ich will ihm nicht die Genugtuung geben, daß wir uns Sorgen um ihn gemacht haben. Setzt euch. Spielen wir. Als ob nichts passiert wäre.

Murray Aber Oscar …

Oscar Setzt euch … los … setzt euch und spielt.

Sie sitzen und Speed beginnt zu teilen.

Vinnie *geht an die Tür* Oscar!

Oscar Also gut, Vinnie, mach schon auf.

Vinnie öffnet die Tür. Es ist Gwendolyn, die draußen steht.

Gwendolyn Guten Abend.

Vinnie *überrascht* Oh … guten Abend. *Zu Oscar.* Es ist nicht Felix.

Gwendolyn Guten Abend. *Sie kommt herein.*

Oscar *geht zu ihr* Oh, Cecily … Herrschaften, das ist Cecily Amsel.

Gwendolyn Gwendolyn Amsel. Bitte, bleiben Sie sitzen. *Zu Oscar.* Kann ich Sie ein paar Minuten sprechen, Herr Madison?

Oscar Natürlich, Gwen. Was gibt's?

Gwendolyn Ich dachte, Sie wissen es. Ich möchte die Sachen von Felix holen.

Oscar sieht sie schockiert und ungläubig an. Dann sieht er auf die Männer und dann wieder auf Gwendolyn.

Oscar Felix? … Mein Felix?

Gwendolyn Ja. Felix Ungar. Er ist oben in unserer Wohnung, und meine Schwester versucht ihn zu beruhigen.

Oscar *zu den Männern* Habt ihr das gehört? Ich sterbe vor Sorge, und er ist oben und wird zärtlich getröstet.

Cecily stürzt herein und bringt den widerstrebenden Felix mit.

Cecily Gwen, Felix will nicht bleiben. Bitte, sag du ihm, daß er bleiben soll.

Felix Wirklich, Kinder, mir ist das alles wahnsinnig peinlich. Ich kann doch in ein Hotel gehen. *Zu den Männern.* Guten Abend, Jungs.

Gwendolyn Aber Unsinn. Ich habe Ihnen gesagt, wir haben

Platz genug, und es ist ein sehr bequemes Sofa. Nicht wahr, Cecy?

Cecily *zustimmend* Enorm bequem. Und wir haben auch eine Klimaanlage gemietet.

Gwendolyn Wir können es nicht ertragen, daß Sie durch die Straßen irren, um sich irgendein Zimmer zu suchen.

Felix Aber ich wäre Ihnen doch nur im Weg. Oder nicht?

Gwendolyn Wem könnte ein Mann wie Sie im Weg sein?

Oscar Wollen Sie eine ausführliche Liste?

Gwendolyn *wendet sich gegen ihn* Haben Sie noch nicht genug angestellt, Herr Madison? *Zu Felix.* Sie müssen bei uns bleiben. Bloß für ein paar Tage, Felix.

Cecily Bis Sie eine richtige Bleibe gefunden haben.

Gwendolyn Bitte. Bitte sagen sie „ja", Felix.

Cecily O bitte ... wir wären so glücklich.

Felix *zieht es in Erwägung* ... Nun ... schön ... für ein paar Tage.

Gwendolyn *springt vor Freude* O wunderbar.

Cecily *exstatisch* Herrlich!

Gwendolyn *geht an die Tür* Holen Sie Ihre Sachen und kommen Sie gleich mit.

Cecily Hoffentlich haben Sie Hunger. Das Abendessen ist fast fertig.

Gwendolyn *zu den Männern* Gute Nacht, meine Herren, und verzeihen Sie, daß wir Ihr Bridge unterbrochen haben.

Cecily Wenn Sie wollen, können Sie Ihre Freunde einladen, bei uns zu spielen.

Gwendolyn *zu Felix* Und verspäten Sie sich nicht. Cocktails in fünfzehn Minuten.

Felix Ich werde pünktlich sein.

Gwendolyn Ta ta.

Cecily Ta ta.

Felix Ta ta.

Die Frauen gehen ab. Felix dreht sich um, sieht auf die Männer und lächelt, als er durch das Zimmer und zu seinem Schlafzimmer geht. Die fünf Männer starren sprachlos, ohne sich zu rühren, auf die Tür. Endlich geht Murray durchs Zimmer.

Speed *zu den andern* ... was ich euch sage. Es sind immer die stillen Wasser.

Murray Was für nette Mädchen. *Er schließt die Tür.*

Felix kommt aus dem Schlafzimmer. Er trägt zwei Anzüge in Plasthüllen über dem Arm.

Roy Sag mal, willst du wirklich bei ihnen einziehen?

Felix Bloß ein paar Tage. Bis ich eine eigene Wohnung finde. So – machts's gut, Jungs. Jetzt könnt ihr wieder die Krümel auf den Teppich werfen.

Oscar Heh, Felix ... willst du mir nicht danken?

Felix Wofür?

Oscar Für die zwei besten Dinge, die ich je für dich getan habe. Dich bei mir aufzunehmen und Dich rauszuwerfen.

Felix *legt die Anzüge übers Geländer und kommt zu Oscar* Du hast recht, Oscar. Ich danke dir ... Zweimal rausgeworfen werden, das ist mehr, als man verlangen kann.

Oscar *lächelt. Sie schütteln einander die Hände. Das Telefon klingelt.*

Felix Sie werden es übelnehmen, wenn sie mit den Cocktails warten müssen. Auf Wiedersehen, Jungs!

Alle Auf Wiedersehen.

Murray Hallo? Deine Frau.

Felix *zu Murray* Sag ihr, ich hab jetzt keine Zeit, aber ich werde sie in ein paar Tagen anrufen. Wenn meine Stimme anders klingt als früher, so kommt das daher, weil ich nicht mehr derselbe Mann bin, den sie vor drei Wochen hinausgeworfen hat. Sag's ihr, Murray, bitte sag's ihr.

Murray Gern, wenn ich sie sehen sollte. Das hier ist Oscars Frau.

Felix Oh!

Murray *ins Telefon* Augenblick, Blanche.

Oscar *ins Telefon* Hallo? Ja, Blanche. Ich kann mir vorstellen, warum du anrufst. Du hast meine Schecks bekommen, stimmt's? Gut ...

Felix stoppt an der Tür, überhört Oscars Konversation. Er kommt langsam zurück ins Zimmer, um zu hören, hängt die Anzüge wieder übers Geländer und sitzt auf einem Arm des Armstuhls.

Jetzt habe ich also alles bezahlt, was ich dir schulde ... nein, nein, ich habe nicht beim Rennen gewonnen. Ich habe bloß ein bißchen sparsam gelebt … Ich habe in letzter Zeit meistens zu Hause gegessen. *Nimmt ein Kissen von der Couch und wirft damit nach Felix.* … Hör mal, Blanche, du brauchst mir nicht zu danken. Ich tue bloß, was sich gehört … Die Wohnung? Nein, ich glaube, du wärst gar nicht entsetzt. Sie ist erstaunlich sauber …

Felix wirft das Kissen auf Oscar zurück.

Sag mal, Blanche, hat Brucey die Goldfische bekommen, die ich ihm geschickt habe? Ja, wir sprechen uns bald wieder, was? Wann immer du willst … Ich gehe nicht mehr oft aus …

Felix *steht auf, nimmt seine Anzüge und geht zur Tür* Gute Nacht, Herr Madison. Wenn Sie mich wieder brauchen, ich bekomme einen Dollar fünfzig pro Stunde.

Oscar *macht eine Bewegung, Felix zu stoppen, während er ins Telefon spricht* Küß die Kinder von mir. Gute Nacht, Blanche. *Hängt ab. Zu Felix.* Felix?

Felix Ja?

Oscar Wie ist's mit nächsten Freitag? Du wirst doch unsere Pokerpartie nicht im Stich lassen?

Felix Ich? Auf keinen Fall. Ehen werden geschlossen und geschieden, aber das Spiel geht weiter. Leb wohl, Betty. *Ab, schließt die Tür.*

Oscar *ruft ihm nach* Leb wohl, Blanche.

Felix Also bis nächsten Freitag, Jungs.

Alle Wiedersehen, Felix!

Oscar Also, sitzen wir hier nur rum, oder wollen wir pokern?

Roy Wir wollen pokern.

Oscar Also dann pokern wir endlich. *Scharf zu den Männern.* Und paßt auf eure Zigaretten auf, Herrschaften. Das ist meine Wohnung und kein Schweinestall.

Er nimmt den Aschbecher vom Seitentisch, bückt sich und nimmt die Stummel auf. Die Männer setzen sich und beginnen, Poker zu spielen.

Vorhang

Pfefferkuchen und Gin

Personen

Evy
Polly, ihre Tochter
Jimmy, ihr Freund
Toby, ihre Freundin
Lou, ihr Geliebter
Botenjunge

Erster Akt

Eine Wohnung im 2. Stock eines ehemals feudalen Wohnhauses zwischen der achtzigsten und neunzigsten Straße im Westen New Yorks. Sie besteht aus einem Wohnzimmer, einem Schlafzimmer und, links von der Bühne, einer Küche. Die Zimmer sind sehr geräumig, mit hohen Decken. An den Wänden Holztäfelungen, die einmal sehr schön gewesen sein müssen, jetzt aber überstrichen sind. Mitte der dreißiger und in den vierziger Jahren muß man hier herrlich gewohnt haben. Die Möbel sind gediegen und wahrscheinlich sogar elegant, aber davon ist nicht mehr sehr viel zu sehen. Mittlerweile sind sie in einem hoffnungslosen Zustand des Verfalls. An der Wand steht ein ramponiertes Klavier, überladen mit Bühnenfotos, auf dem Tisch liegt ein Stapel Post. Über einem Stuhl hängt ein Herrenlammfellmantel. Man hört in der Küche den Wasserhahn laufen und einen Mann vor sich hin summen. James Perry kommt mit einer Vase, die er eben mit Blumen gefüllt hat, ins Wohnzimmer. Er ist Anfang Vierzig, untersetzt und wahrscheinlich homosexuell – wahrscheinlich, aber nicht offensichtlich. Er trägt enge Hosen und einen dunkelblauen Rollkragenpullover. Zunächst geht er zum Fenster und sieht auf die Straße hinunter, als ob er jemanden erwarte, dann wendet er sich ins Zimmer zurück und schaut sich nach einem geeigneten Platz für die Blumen um. Er stellt sie probeweise aufs Klavier, überlegt es sich anders und stellt sie endlich auf den Kaffeetisch. Es gefällt ihm immer noch nicht.

Jimmy Das sieht ja beschissen aus.
Es klingelt. Er sieht nervös auf seine Armbanduhr, geht zur Tür und fragt, ohne zu öffnen.
Wer ist da?

Stimme Die Lebensmittel.

Jimmy macht die Tür auf und starrt den Botenjungen, einen etwa zwanzigjährigen Spanier, an, der in jedem Arm eine große Lebensmitteltüte hält. Er spricht gebrochen deutsch.

Jimmy Wo bleiben Sie denn? Ich dachte schon, Sie hätten sich zur Ruhe gesetzt … Stellen Sie die Sachen bitte in die Küche.

Botenjunge *in der Tür* Mrs. Meara wohnen hier?

Jimmy Ja, Mrs. Meara wohnt hier. Würden Sie das bitte in die Küche stellen.

Botenjunge *rührt sich nicht von der Stelle* Macht vierzehn Dollar, achtundzwanzig Cents.

Jimmy Prima. Ausgezeichnet. Das geht auf Rechnung. Und die Sachen stellen Sie nur einfach in die Küche.
Jimmy will sich abwenden und weggehen, als er bemerkt, daß der junge Mann sich nicht von der Stelle rührt.

Botenjunge Mr. D'Allessandro sagen mir, ich muß bringen vierzehn Dollar, achtundzwanzig Cents.

Jimmy Nein, Sie haben mich nicht richtig verstanden. Mrs. Meara hat ein Kundenkonto bei Ihnen. Ein Kundenkonto! Wissen Sie, was das ist?

Botenjunge *nickt* Das is ein Kundenkonto.

Jimmy Genau. Ein Konto, das man belasten kann. Ich wohne nicht hier. Ich bin ein Freund von Mrs. Meara. Die Rechnung schreiben Sie auf ihr Konto.

Botenjunge Mr. D'Allessandro sagen mir, wenn sie sagen, da ist Kundenkonto, du sagen, macht vierzehn Dollar, achtundzwanzig Cents.

Jimmy Wenn Sie wollen, kann ich Mr. D'Allessandro ja anrufen … Wie ist die Nummer?

Botenjunge Die Nummer? Die Telefonnummer? Is sieben, sechs, sechs, noch was, ich weiß nich, ich ruf da nie an … Aber wenn Sie sprechen mit Mr. D'Allessandro, er wird sagen zu Ihnen, macht vierzehn Dollar, achtundzwanzig Cents.

Jimmy *gereizt* Hören Sie mal, ich muß nicht unbedingt im Delikatessengeschäft bestellen, Konserven kann ich auch im Supermarkt kaufen.

Botenjunge Supermarkt is prima. Vetter von mir arbeiten bei Supermarkt. Wissen Sie, das is' doch alles dasselbe.

Jimmy *wirft ihm einen wütenden Blick zu* Ich habe keine vierzehn Dollar, achtundzwanzig Cents. Ich habe im Augenblick kein Geld bei mir.

Botenjunge Ah, das macht nix. Tut mir leid. *Er wendet sich zum Gehen.*

Jimmy Wo wollen Sie denn hin?

Botenjunge Zu Mr. D'Allessandro.

Jimmy Warten Sie. Ich schaue mal nach.

Er zieht sein Portemonnaie aus der hinteren Hosentasche. Der Botenjunge grinst ihn an. Jimmy dreht sich um, damit er ihm nicht ins Portemonnaie sehen kann.

Jimmy Zehn Dollar habe ich.

Botenjunge *zuckt die Achseln* Dann laß ich Ihn' eine Tüte da.

Jimmy *starrt ihn mit wachsendem Ärger an* Warten Sie da.

Er läuft zu seinem Lammfellmantel und bemerkt dann, daß der junge Mann ihm ein oder zwei Schritte nachgekommen ist.

Nun bleiben Sie mal, wo Sie sind.

Botenjunge Hei, was' los, Mister? Haben Sie Angst, ich komm rein und raub Ihren Wohnung aus? Ich raub keinen Wohnung aus.

Jimmy Das ist mir vollkommen egal, warten Sie bitte draußen.

Botenjunge Ich habe guten Job. Ich brauchen nicht Wohnung ausrauben.

Jimmy *halb zu sich selbst, während er seine Taschen durchsucht.* Ja-ja, am hellichten Tag vielleicht nicht. *Er zieht eine Stempelkarte und ein paar einzelne Dollarscheine aus einer Tasche. Er hält die Stempelkarte in der einen Hand und zählt das Geld, während er wieder auf den Botenjungen zugeht.* Wieviel war das noch gleich? Stellen Sie doch die Tüten hin.

Botenjunge Soviel wie vorhin. Vierzehn Dollar, achtundzwanzig Cents.

Er stellt die Tüten hin. Jimmy nimmt vier einzelne Dollarscheine und gibt sie dem Botenjungen. Dabei fällt ihm die Stempelkarte auf den Tisch. Der Botenjunge nimmt sie in die Hand und mustert sie. Ah, das hab ich auch gehabt. Stempelkarte für Arbeitslosen. Sie arbeitslos, Mister?

Jimmy *reißt ihm die Karte aus der Hand* Das geht Sie'n Scheißdreck an. Kein Mensch hat Sie um Ihre Meinung gebeten. Sie haben Ihre vierzehn Dollar, also verschwinden Sie gefälligst.

Botenjunge *streckt die Hand aus* Und achtundzwanzig Cents.

Jimmy *greift in die Tasche und holt Kleingeld heraus, das er dem Botenjungen in die Hand zählt* Zehn ... Fünfzehn, fünfundzwanzig, sechsundzwanzig, siebenundzwanzig, achtundzwanzig.

Der Botenjunge wirft einen prüfenden Blick auf das Geld in seiner Hand und nickt zustimmend mit dem Kopf.

Jimmy So, das wär's. Trinkgeld gibt's nicht. Ich wohne nicht hier. Und wo ich nicht wohne, gebe ich auch keine Trinkgelder.

Botenjunge Will auch gar kein Trinkgeld. Sie haben noch nicht mal Job. Von Ihnen ich nich brauchen Trinkgeld.

Jimmy Und ich brauche Ihr beschissenes Mitleid nicht. Sie sind ziemlich frech für einen Botenjungen.

Botenjunge Hei, was haben Sie, mögen Sie nicht Spanier?

Jimmy Wer zum Teufel spricht hier von Spaniern? Sie ganz persönlich mag ich nicht. Würden Sie jetzt bitte verschwinden?

Botenjunge *an der Tür* Ich weiß, was für Leute Sie mögen, Mister. *Er ahmt mit gespitzten Lippen zweimal ein Kußgeräusch nach.*

Jimmy Scheren Sie sich raus.

Der Botenjunge grinst, läuft schnell hinaus und macht die Tür hinter sich zu ... Jimmy verriegelt die Tür, dann geht er, noch immer voller Wut, zu den Lebensmitteltüten ...

... In dieser Gegend würde ich nicht wohnen, und wenn ich noch Geld dazu bekäme ... *Er nimmt die Tüten und geht damit zur Küche.* Hier kann man überhaupt nicht mehr den Mund aufmachen, hier hat jeder einen Rassentick ... Drecksspanier, lausiger.

Er verschwindet in der Küche. Man hört ihn mit den Tüten rascheln, dann klingelt das Telefon. Jimmy kommt mit einer halb geöffneten Kaffeedose in der Hand aus der Küche und geht ans Telefon ...

Hallo? Nein, aber sie muß jeden Moment kommen. Mit wem spreche ich bitte? ... Ja, und in welcher Angelegenheit? ... Ach Gott! Hören Sie, ich bin sicher, Mrs. Meara hat keine Ahnung, daß ihre Telefonrechnung noch nicht bezahlt ist. Sie ist krank gewesen und war in den vergangenen zehn Wochen gar nicht zu Hause ... Aber Sie stellen es doch nicht ab, oder?

Sie bezahlt das sofort, wenn sie nach Hause kommt … Was, schon die vierte Mahnung, ach du liebes bißchen … Aber Sie müssen doch wissen, daß Sie um ihr Geld keine Angst zu haben brauchen, schließlich handelt es sich um Evelyn Meara, die Sängerin … Dienstag letzter Termin, gut, das werde ich ihr sagen. Habe Sie vielen Dank. Sehr freundlich von Ihnen. *Er hängt ein. Zum Telefon.* Auf einen Anschluß lassen sie einen drei Jahre warten, aber mit dem Abstellen kann's ihnen gar nicht schnell genug gehen.

Er macht sich wieder an der Kaffeedose zu schaffen … An der Wohnungstür wird geklingelt. Jimmy dreht sich um und sieht zur Tür hin. Er ist aufs äußerste erregt. Er stellt die Kaffeedose auf einen Stuhl, wischt sich die Hände an der Hose ab und geht dann zur Tür. Er ruft durch die geschlossene Tür. Wer ist da?

Weibliche Stimme Wir sind's. Da sind wir.

Jimmy will die Tür aufmachen, aber es geht nicht, weil er nicht mehr daran denkt, daß er sie vorher verriegelt hat. Er versucht, den Riegel zurückzudrehen, aber das gelingt ihm nicht sofort.

Jimmy *ruft laut* Augenblick. Ich bin so wahnsinnig nervös.

Endlich hat er die Tür offen. Toby Landau kommt herein. Sie ist eine sehr hübsche Frau Anfang Vierzig, der man ihr Alter nicht glauben würde. Das liegt daran, daß sie den größten Teil ihrer Zeit darauf verwendet, diesen Effekt zu erzielen. Sie hat ein schickes Schneiderkostüm an und trägt einen großen, schweren, nicht übermäßig eleganten Koffer.

Hier, sieh mich mal an, ich zittere am ganzen Körper.

Toby *kommt herein* Was erzählst du mir das. Ich habe grade vier Stunden im Taxi auf der Long-Island-Autobahn hinter mir. Schau mal aus dem Fenster, da kannst du einen reichen Taxifahrer sehen. *Sie sieht sich in der Wohnung um.*

Jimmy Wo ist sie? *Er sieht zur Tür hinaus.* Evy? Wo ist Evy?

Toby Sie sagt einer Nachbarin guten Tag … Ich dachte, du wolltest hier saubermachen. Hast du nicht gesagt, du wolltest Evy die Wohnung saubermachen?

Jimmy Ich habe versucht, die Möbel umzustellen, aber es sah jedesmal wieder aus wie im Wartesaal. Wo ist sie denn? Geht's ihr gut?

Toby Ja, aber du wirst einen Schreck kriegen, wenn du sie siehst. Sie hat achtunddreißig Pfund abgenommen.

Jimmy Um Gottes willen.

Toby Also, das kann ich dir schriftlich geben, eine Trinkerheilanstalt ist so ziemlich das Trostloseste, was es auf der Welt gibt.

Jimmy Ich hätte nie gedacht, daß sie das durchhält. Ich bin so schrecklich nervös. Was sage ich bloß zu ihr? Was mache ich, wenn sie reinkommt?

Toby Nimm sie in den Arm, sei nett mit ihr und vor allem, hab Vertrauen zu ihr.

Jimmy Ich bringe sie um, wenn sie jemals wieder ein Glas anrührt ... Wo zum Teufel bleibt sie eigentlich?

Man hört Evys Stimme unmittelbar vor der Tür.

Evy *hinter der Bühne* Ich bin hier draußen auf dem Flur. Bist du soweit?

Jimmy Ich bin soweit.

Evy kommt im Nerzmantel mit Büchern unter dem Arm herein.

Evy Na, sag's schon, ich sehe hinreißend aus, was?

Jimmy Nein, das glaube ich nicht. Wer ist das? Wer ist diese wunderschöne Frau?

Evy Hoffen wir, daß ich's bin, sonst wären meine zweitausendsiebenhundert Eier für die Katz.

Jimmy Darf man Gnädigste umarmen?

Evy Man darf.

Jimmy fällt ihr um den Hals und umarmt sie. Er tastet sie ab.

Jimmy Wahrhaftig. Alles weg. Achtunddreißig Pfund einfach weg. Wo sind die hin?

Evy Willst du sie? Ich hab sie im Koffer.

Jimmy Ich kann's einfach nicht fassen. Es kommt mir vor, als spräche ich mit einem völlig fremden Menschen. Willst du sie mir nicht vorstellen?

Toby Jimmy, das ist Evelyn Meara. Du erinnerst dich doch noch? Sie trat früher in Nachtklubs auf.

Jimmy Was, die fette Person mit der ordinären Ausdrucksweise, die gesoffen hat wie ein Loch? Nein. Das hier ist doch eine entzückende, spindeldürre Dame. Wenn man der ein Kleid anzieht, kann man sie überallhin mitnehmen.

Evy Ich will gar nicht überallhin. Hier will ich sein, in meinen eigenen vier Wänden. Ach, ist das schön, wieder zu Hause zu sein. *Schaut sich um.* Liebe Zeit, nüchtern sieht sich das alles ganz anders an. Ich dachte, ich hätte doppelt so viele Möbel.

Toby Willst du dich nicht setzen? Sie setzt sich nicht, sie hat auch im Taxi die ganze Zeit gestanden.

Jimmy Du mußt doch völlig verhungert sein. Wann hast du denn zuletzt was gegessen?

Evy Vor einem Vierteljahr einen Geflügelsalat. Ich bin nicht hungrig.

Toby Die Ärzte haben mir gesagt, sie hätte sich ganz große Mühe gegeben, mehr als alle andern Patienten. Sogar die Schwestern waren stolz auf sie.

Evy Das stimmt. Ich war die beste Säuferin auf meiner Station … *Mustert ihre Möbel.* Mensch, jetzt fällt's mir wieder ein. Die andere Hälfte von dem Zeug habe ich ja aus dem Fenster geworfen.

Jimmy Ich würde Dir gerne irgendwas machen. Wie wär's mit einem Schinkenbrot mit Ei und einer Tasse Kaffee? Komm, setz dich. Das habe ich in fünf Minuten fertig.

Evy Ich dachte, meine Mutter wohnt in Ohio. Laß mich in Ruhe. Ich habe mir mit Mühe und Not achtunddreißig Pfund runtergehungert.

Toby Jimmy, hör auf, du machst Evy nervös.

Jimmy Ich mache mir Sorgen um sie. Wenn man ihr nichts hinstellt, dann ißt sie doch nichts.

Evy Zum Essen habe ich nächstes Jahr noch Zeit genug. Mir geht's gut. Ich bin zu Hause. Das laßt mich nun mal genießen.

Jimmy Es hindert dich ja keiner daran. *Zu Toby … mit gesenkter Stimme.* Macht sie auf dich einen guten Eindruck? *Toby nickt.*
Muß sie noch irgendwas nehmen? Tabletten oder so?

Toby Nur ein Beruhigungsmittel. Sie hat es in ihrer Handtasche.

Jimmy Aber doch kein schweres? Nichts Gefährliches?

Toby Nein, irgendwelche leichten Beruhigungstabletten, damit sie besser schläft.

Evy *an der Küchentür* Wenn die Damen und Herren Ärzte

unter sich sein wollen, kann ich ja zurückfahren ins Haus Lebensglück ... Was flüstert ihr denn da?

Jimmy Wir flüstern nicht, wir sprechen leise.

Evy Nein, ihr habt geflüstert.

Jimmy Wir haben nicht geflüstert, wir haben leise gesprochen.

Evy Und warum habt ihr leise gesprochen?

Jimmy Weil wir nicht wollten, daß du hörst, was wir sagen ...

Toby Jimmy macht sich Sorgen um dich, das ist alles.

Evy Wenn er sich Sorgen macht, dann soll er das ein bißchen lauter tun. Ich kann es nicht leiden, wenn jemand flüstert. Jedesmal, wenn im Krankenhaus ein Arzt flüstert, gibt's am nächsten Tag garantiert eine Beerdigung.

Jimmy Es tut mir leid. Entschuldige bitte.

Evy Ich habe zehn Wochen gebraucht, um gesund zu werden, und ihr schafft es in fünf Minuten, mich zum Wahnsinn zu treiben.

Toby Jimmy hat es doch nicht so gemeint, Liebling.

Evy Wieso gibst du ihm jetzt die Schuld? Du hast doch selber geflüstert.

Toby Ich mußte ja, weil er damit angefangen hat.

Jimmy Sagt mal, können wir jetzt vielleicht das Thema wechseln?

Toby Ja, ich habe es doch nicht aufs Tapet gebracht.

Evy Lieber Gott, da bin ich ja mit den Verrückten in Long Island besser zurechtgekommen.

Jimmy Verzeih mir, Evy. Ich habe einfach Angst, daß ich was Falsches sage. Ich weiß nicht, wie man mit jemandem umgeht, der grade von einer Entziehungskur nach Hause kommt.

Evy Ganz natürlich. Wie du immer mit mir umgegangen bist.

Jimmy Aber so bin ich immer mit dir umgegangen.

Evy Ah ja? Vielleicht habe ich deshalb angefangen zu saufen.

Toby Lieber Himmel, was für eine Heimkehr.

Evy *mit einem Anflug von Niedergeschlagenheit* Kommt, ihr beiden, es tut mir leid. Wahrscheinlich bin ich nervös ... Am besten kümmert ihr euch gar nicht um mich. Jimmy, weißt du, wofür ich meine Seligkeit hergeben würde? Für ein Schinkenbrot mit Ei und eine Tasse Kaffee.

Jimmy Im Ernst?

Evy Ich habe jede Nacht davon geträumt. Zuerst von Sex und dann von Schinkenbrot mit Ei.

Jimmy Das Brot will ich dir gerne machen. Aber mit dem andern kann ich dir leider nicht dienen. *Er geht in die Küche.*

Toby *betrachtet sich im Spiegel* Und was kann ich für dich tun, Evy?

Evy Du kannst aufhören, in den Spiegel zu sehen, und mir eine Zigarette geben.

Toby Du bist aber w i r k l i c h nervös.

Evy Ich habe das Haus so gehaßt, daß ich angefangen habe, Streichhölzer zu sammeln, um es anzuzünden. Es war ein ganz beschissenes Gefängnis. Und als es dann so weit war, daß ich entlassen werden sollte, hatte ich Angst, zu gehen … Ich habe mich plötzlich wohl gefühlt. Kann ich bitte eine Zigarette haben.

Toby Das ist jetzt schon fast eine ganze Packung, seit wir aus dem Krankenhaus raus sind. Sind die auch wirklich damit einverstanden, daß du rauchst?

Evy Wenn du dich erst mal abgemeldet und deine Rechnung bezahlt hast, kannst du auch mit einem Liliputaner pennen, das ist denen egal. *Nimmt sich eine Zigarette und raucht.*
Ich dachte, ich hätte tausend Dinge zu tun, wenn ich erst mal zu Hause wäre. Jetzt bin ich sechs Minuten hier und langweile mich zu Tode.

Toby Du mußt dir ein bißchen Zeit lassen, Evy. Und dann fängst du dein Leben noch mal ganz von vorne an. Sollst mal sehen, wenn du dann erwachsen bist, bist du genau so eine schöne, bewundernswerte Frau wie ich.

Evy Was ist denn das? Was hast'n du dir da für ein Zeug ins Gesicht geschmiert?

Toby Das? Das ist eine Spezialhautschutzcreme. Ist dir schon mal aufgefallen, daß ich überhaupt keine Poren habe? Oder hast du jemals in meinem Gesicht eine einzige Pore gesehen, solange wir uns kennen?

Evy Ich habe noch nie dein Gesicht gesehen … Wer bist du eigentlich?

Toby Eine Frau kann gar nicht hübsch genug sein. Das ist ihre Pflicht als Frau. Ich finde, daß ich fabelhaft aussehe, findest du nicht auch?

Evy Du bist hinreißend. Selbst wenn du eine Glatze hättest und keinen Zahn mehr im Mund, sähest du immer noch hübsch aus. Hör doch mal endlich auf, an dir herumzubasteln.

Toby Das kann ich nicht. Ist das nicht schrecklich? Ich kann's einfach nicht lassen.

Evy Du erinnerst mich an die Irre bei mir nebenan. Die hat sich jeden Abend die Wimpern frottiert. Sie glaubte, alle Ärzte wären in sie verliebt. Eine sechsundachtzigjährige verrückte alte Jungfer.

Toby Was für eine entzückende Geschichte. Sag mal, willst du da Wurzeln schlagen? Willst du nicht lieber mal auspacken?

Evy Was soll ich denn auspacken? Einen Schlafanzug und 'ne Flasche Lebertran? Davon mal abgesehen, in das Schlafzimmer gehe ich nie wieder rein. Da drin habe ich mir die eine Hälfte meines Lebens ruiniert, bei der andern gehe ich auf Nummer sicher.

Toby Das kann ich vollkommen verstehen. Aber wie willst du ins Badezimmer kommen?

Evy Übers Dach und an der Regenrinne runter. Du kümmer dich nur um dein Gesicht.

Toby Darum kümmere ich mich außerdem. Ich wünschte, ich könnte heute abend bei dir bleiben.

Evy Warum bleibst du dann heute abend nicht bei mir?

Toby Ich bin mit Martin zum Essen verabredet. Geschäftlich, ich muß den Kunden ablenken.

Evy Du bist mir eine schöne Freundin.

Toby Das brauchst du gar nicht so zu sagen. Ich bin eine fabelhafte Freundin. Ich bin da nämlich empfindlich. Oder willst du mich unbedingt kränken?

Evy Fang bloß nicht an zu schmollen. Sonst kriegt dein Make-up Risse, und es gibt einen Erdrutsch.

Toby Na, ganz egal, Jimmy kann ja heute abend bei dir bleiben.

Jimmy Jimmy muß um Viertel vor sechs zum Vorsprechen.

Toby Du hast gesagt, du hättest Zeit heute abend.

Jimmy Hatte ich auch. Bis diese Sache mit dem Vorsprechen kam. Ich muß schließlich leben, verstehst du.

Toby Kannst du nicht absagen? Evy zuliebe?

Jimmy Das würde ich nicht mal Paul Newman zuliebe.

Toby Ach Gott, Evy, das tut mir aber leid. Was machst du denn nun heute abend?

Evy Ich stell das Fernsehen an, zieh mich splitternackt aus und verführe Dr. Kimble. Was soll ich schon machen, mutterseelenalleine.

Toby Ruf doch Polly an. Jetzt ist sie wahrscheinlich von der Schule zu Hause.

Evy Vielen Dank für den Rat. Aber so weit, daß ich meine Tochter sehen könnte, bin ich noch nicht. Am liebsten würde ich ausziehen aus dieser gottverdammten Bruchbude.

Toby Warum tust du's dann nicht?

Evy Du bist gut, Mensch, weil ich die dreieinhalb Zimmer hier immer noch für'n Appel und 'n Ei habe.

Toby Marty und ich können dir was leihen, bis du wieder anfängst zu arbeiten.

Evy Arbeiten? Du meinst, ich soll wieder singen? Mein letztes Engagement in Pittsburgh liegt zwei Jahre zurück. Und da habe ich einen neuen Rekord aufgestellt. Ich bin in einer Show siebzehnmal vom Stuhl gefallen.

Toby Die Geschichte kenne ich, und ich will sie nicht noch mal hören.

Evy Ich saß damals mit einem Damenimitator in einer Garderobe, der war scharf auf mich wie ein Rettich. Wir haben's auch miteinander getrieben. Ich weiß bloß nicht mehr wie.

Toby Du mußt doch nicht unbedingt im Nachtklub singen. Das Fernsehen wäre doch auch eine Möglichkeit. Marty kennt ein paar Leute vom Werbefernsehen. Wenn du in einem Werbespot für Thunfisch als Katze auftrittst, kannst du ein Vermögen verdienen … Ich muß jetzt gehen.

Evy Schon?

Toby Ja, es tut mir leid. Marty wartet auf mich.

Evy Du hast mich nur schnell hier abgestellt wie einen

Sack Mehl, was? Und ich dachte, du würdest bei mir bleiben und mit mir alt und grau werden.

Toby Rede keinen Unsinn. Ich werde nicht alt und grau ... Aber wenn du wirklich verzweifelt bist, gehe ich natürlich nicht weg.

Evy Hast du jemals erlebt, daß ich nicht verzweifelt gewesen wäre?

Toby Nein, nie. Falls du mich brauchst, ich bin erst in Martins Büro und anschließend im Pavillon. Soll ich dir noch irgendwas rüberschicken?

Evy Vielleicht den Oberkellner?

Toby Armand? Der macht sich nichts aus Frauen.

Jimmy *kommt mit einem Tablett herein* Schick ihn trotzdem her, wir werden ihn schon beschäftigen.

Toby Evy, vielleicht ist dies einer der schönsten Tage in unserem Leben.

Evy Toby, wenn du mich heute nicht da draußen abgeholt hättest ...

Toby Ich habe dir doch gesagt, Donnerstag morgens bin ich immer da draußen. Sag mir noch mal, wie schön ich bin.

Evy Die schöne Helena könnte dir nicht die Puderdose reichen.

Toby Ich glaube dir, Evelyn. Ich glaube dir aufs Wort. Ich rufe dich nachher vom Restaurant aus noch mal an. *Sie geht zur Tür und bleibt dort plötzlich stehen.* Evy ... kannst du es mir noch einmal sagen?

Evy Was?

Toby Das, was du mir im Taxi versprochen hast.

Evy Ich will ein braves Mädchen sein und will es nie mehr wieder tun.

Toby O Gott, ich fange auf der Stelle an zu weinen. Lieber Himmel, mein Make-up! *Sie geht schnell hinaus.*

Evy dreht sich um zu Jimmy.

Jimmy Na, du dürre Ziege, ich bin unheimlich stolz auf dich.

Evy Hast du mich deshalb nicht ein einziges Mal besucht in den ganzen zehn Wochen?

Jimmy Du weißt doch, daß ich nicht in Krankenhäuser gehen kann. Ich falle regelmäßig um, wenn ich in ein Krankenhaus komme. Sollte ich jemals von einem Auto überfahren werden, dann werde ich denen sagen: „Schafft mich in die nächste Kneipe, aber ja nicht ins Krankenhaus."

Evy Das war kein Krankenhaus. Das war eine Trinkerheilanstalt.

Jimmy Die haben weiße Kittel und Drei-Minuten-Eier, das reicht mir schon. *Er gibt ihr eine Tasse Kaffee.* Habe ich dich nicht fast täglich angerufen? Habe ich dir nicht jede Menge Schmöker geschickt?

Evy Königin Alexandra und ihr haemophiler Sohn? Du hättest mir lieber ein erotisches Lexikon schicken sollen, Mann.

Jimmy Tut mir leid, daß ich mich so um dich gekümmert habe. Nächstes Mal kriegst du nur ein Telegramm von mir mit dem Text: „Gute Ausnüchterung".

Evy Was hast du für die Lebensmittel bezahlt?

Jimmy Nichts. Die haben wir umsonst gekriegt. Ich habe den Botenjungen verführt.

Evy Nächstes Mal gehe i c h an die Tür. Gib mir die Rechnung.

Jimmy Sei nicht albern. Wo soll ich Geld her haben?

Evy Du hast gerade Theater gespielt.

Jimmy Das war im Oktober und auch nur zwei Abende, dann hat uns die Polizei den Laden zugemacht. Frag mich bloß nicht, was ich splitternackt mit sechs andern Leuten auf der Bühne machen mußte.

Evy Was Unanständiges?

Jimmy Ich kann's nicht sagen, ich habe die Augen zugemacht. Es war jedenfalls das letzte Mal, daß ich mich in der Öffentlichkeit ausgezogen habe. Nicht nur, daß ich überhaupt nichts mehr zu tun kriege seitdem, ich habe auch kein einziges beschissenes Rendezvous mehr gehabt. Weißt du, was ich gemacht habe, um zu leben? Der Herr ist mein Zeuge, ich habe bei Tiffany's schlangenlederne Klosettdeckelbezüge verkauft, so wahr ich hier sitze.

Evy *am Fenster, sieht hinaus* Es gibt überhaupt keine Männer mehr auf der Straße. Kleine Jungs, Schwule, Hippies, aber keine Männer.

Jimmy Ich bin immer wieder erschlagen, wie gut ich bin. Ich bin so ein fabelhafter Schauspieler, daß es mich selber immer wieder umhaut. Aber ich komme zu spät. Mit dem Theater geht es zu Ende in diesem Jahr. Ab Juli will sich offenbar kein Mensch auf der Welt mehr amüsieren. Vielleicht sieht man noch mal jemanden auf der Straße pfeifen und singen, aber damit hat sich's auch schon. ich bin mit zuviel Talent zu spät auf die Welt gekommen. Was machst du denn da am Fenster? Erwartest du jemand?

Evy Nein.

Jimmy Du siehst müde aus. Warum legst du dich nicht ein bißchen hin.

Evy Ich möchte mich nicht hinlegen.

Jimmy Irgendwann mußt du dich ja mal hinlegen.

Evy Das halte ich für ein Gerücht. Ich kenne Leute, die haben jahrelang gestanden …

Jimmy *in seine eigenen Probleme vertieft* Ich kriege die Rolle nicht heute abend. Die schicken mich bestimmt wieder weg. Da muß man nun einem schnöseligen neunzehnjährigen Produzenten vorsprechen, nur weil er fünfundsiebzigtausend Dollar in der Tasche und keine Ahnung hat … Als er zum erstenmal ins Theater kam, ist er gleich von der Bühne gefallen und hat sich zwei Rippen gebrochen … schöne Aussichten sind das heutzutage für einen intelligenten Schauspieler … O Gott, wäre ich gerne ein Star. Aber nicht irgend so eine Lokalgröße. Ich möchte ein ganz großer Star sein. Einer mit drei Agenten, zwei Anwälten, einem Geschäftsführer und einem Pressemann. Und dann würde ich sie allesamt rausschmeißen und mir neue engagieren, weil ich so ein großer Star bin. Und ich würde alle um mich herum bluten lassen für die zweiundzwanzig Jahre, die ich in dieses Geschäft investiert habe. Ich würde keine milden Gaben verteilen, ich würde kein Geld an Wohltätigkeitsvereine verschenken. Aus mir würde einer der größten Scheißkerle aller Zeiten. Mensch, Evy, ist das nicht eine herrliche Vorstellung?

Evy *sieht sich um* Jetzt hat sie doch nicht eine einzige Zigarette dagelassen, die blöde Kuh.

Jimmy *zieht ein verknautschtes Päckchen aus der Tasche* Hier. Nimm alles, was ich habe. Mein Geld, mein Blut, was du willst, aber beruhige dich um Gottes willen. Ich trau dir nicht, wenn du nervös wirst.

Evy Ich habe es mir endgültig überlegt, ich kann dich doch nicht leiden.

Jimmy Du hast mich noch nie leiden können. Unsere Freundschaft ist schon seit fünfzehn Jahren völlig einseitig. Ich habe mich immer nur um dich gekümmert, ich habe dich vom Fußboden aufgelesen, ich habe dich ins Bett gebracht, ich habe dich gefüttert ... und wofür? Zu Weihnachten hast du mir die eine beschissene Langspielplatte geschenkt, die du 1933 gemacht hast ... Ich habe die Nase voll. Ich kann das nicht länger aushalten. Du bist jetzt dürr und nüchtern, nun sorg für dich selber.

Evy Wie wär's mit einem anständigen feuchten Kuß auf den Mund?

Jimmy Wie wär's mit einem Rührei auf Toast? Setz dich hin, es ist fertig. *Er will in die Küche gehen.*

Evy *schreit* Jimmy, bitte bleib hier und rede mit mir.

Jimmy *bleibt stehen* Worüber denn?

Evy Über irgendwas, zum Teufel, laß dir was einfallen.

Jimmy Warum fragst du mich nicht, Evy? Na komm schon, frag mich doch endlich ... Nein, ich habe ihn nicht gesehen, und ich habe ihn auch nicht gesprochen. Bist du jetzt zufrieden?

Evy *Pause ... dann nickt sie* Ja.

Jimmy Warte mal, das stimmt nicht. Ich habe ihn letzte Woche in der Kneipe sitzen sehen. Ich glaube nicht, daß es ihm besonders rosig geht, er hat nur ein einziges Bier getrunken und die ganze Schüssel Salzbrezeln leergefressen ...

Evy War er allein?

Jimmy Ja. Das weiß ich genau, weil ich ihn durchs Fenster beobachtet habe, als er wegging. Ich hab noch im stillen gehofft, daß ihn der achtziger Bus überfährt. Willst du sonst noch was wissen?

Evy Nein. Das war übrigens reine Neugier, nicht etwa Interesse.

Jimmy Tatsächlich? Starrst du deshalb die ganze Zeit aus dem Fenster? Willst du deshalb nicht mehr in dein Schlafzimmer? Wovor hast du eigentlich Angst?

Glaubst du, sein beschissener Geist hockt auf dem Klo und löst Kreuzworträtsel? ... Los, Mensch, geh rüber ins Schlafzimmer und werd jetzt endlich mal fertig mit der Sache.

Evy sieht ihn an, dann geht sie ins Schlafzimmer. Einen Augenblick ist es still, dann hört man ihre Stimme aus dem Schlafzimmer.

Evy Wie hast du bloß die Bloody-Mary-Flecken von der Tapete abgekriegt?

Jimmy Indem ich deinen Bademantel drübergehängt habe.

Evy Weißt du, was ich mache? Ich streiche das Zimmer weiß. Das ganze Schlafzimmer weiß von oben bis unten. Wände, Fußboden, Bettvorleger, Schuhe, Strümpfe, alles weiß. Und dann vergesse ich, was da drin passiert ist, und werde eine glückliche, fernsehsüchtige, protestantische, quadratärschige Kuh. Was sagst du dazu?

Jimmy Nixon wird außer sich sein vor Begeisterung.

Es klingelt. Evy fährt erschrocken zusammen.

Evy Erwartest du irgend jemand?

Jimmy Wieso ich? Ich wohne doch gar nicht hier. Soll ich aufmachen? Gleich klingelt's noch mal.

Es klingelt wieder.

Was habe ich gesagt?

Evy nickt. Er öffnet die Tür. Es ist der spanische Botenjunge mit einer Tüte im Arm.

Botenjunge Ich haben vergessen Getränke. Sechs Flaschen Cola, sechs Flaschen Ginger Ale. Macht zwei Dollar, vierzig Cents.

Jimmy Bezahlt ist es ja schon. *Versucht, ihm das Paket zu entreißen.*

Botenjunge Sie haben bezahlt für letztes Mal, Sie nicht haben bezahlt für diesen Mal. Macht zwei Dollar, vierzig Cents, bitte.

Jimmy *wütend* Haben Sie D'Allessandro gesagt, daß Mrs. Meara das Geschäft wechseln wird?

Botenjunge Das is ihm egal. Er sagen: „Macht nix, dann wir wechseln die Kundschaft."

Evy *geht ein paar Schritte vor* Was ist denn los?

Jimmy Gar nichts ist los. *Zum Botenjungen.* Warten Sie da, ich hole Ihnen Ihr Geld.

Jimmy nimmt die Tüte und geht damit in die Küche.

Botenjunge Keine Angst, ich will gar nicht kommen in Ihr Wohnung.

Evy geht in die Mitte des Zimmers, den Botenjungen kann sie jetzt zum erstenmal sehen.

Evy Jimmy, du kannst ihn doch nicht draußen auf der Treppe stehen lassen. *Zum Botenjungen.* Schon gut. Kommen Sie herein.

Der junge Mann sieht sie an und lächelt zurück.

Botenjunge Oh, okay. *Er kommt herein.*

Evy *lächelt den Botenjungen an* Ich bin Mrs. Meara.

Botenjunge Ach, ja? Tag, Mrs. Meara, freut mich, Sie kennenzulernen. *Er nickt ein paarmal mit dem Kopf und mustert sie von oben bis unten.* Ich haben gebracht sechs Flaschen Cola, sechs Flaschen Ginger Ale. Is das okay?

Evy Ja. Warum nicht? Setzen Sie es nur auf meine Rechnung. Und schreiben Sie für sich fünfzig Cents dazu.

Botenjunge Oh, vielen Dank.

Evy Bitte, bitte.

Botenjunge Aber ich brauchen die zwei Dollar, vierzig Cents. Mr. D'Allessandro sagen zu mir – –

Evy Ich weiß, was Mr. D'Allessandro zu Ihnen gesagt hat. Das geht schon in Ordnung. Richten Sie ihm aus, daß Mrs. Meara wieder zu Hause ist und daß von jetzt an wieder alles per Scheck erledigt wird. Würden Sie das tun?

Botenjunge Ja. Ich werde ihm ausrichten. Aber dann wird er mir sagen, ich soll ihm nicht ausrichten so was.

Evy Wie heißen Sie?

Botenjunge Mr. D'Allessandro.

Evy Nein, Sie.

Botenjunge Ich? Sie wollen wissen, wie ich heißen? Manuel.

Evy Manuel?

Botenjunge *nickt* Manuel. Ja, mein Name. Manuel. Is spanisch.

Jimmy kommt aus der Küche.

Evy Ich habe Sie noch nie gesehen, Manuel. Was ist denn aus dem andern jungen Mann geworden?

Botenjunge Pablo? Pablo heiraten und arbeiten jetzt in besseren Job. Bei Bloomingdales.

Evy Ach ja? Er war aber doch noch sehr jung.

Botenjunge Is denen egal bei Bloomingdales, wie alt man is.

Evy Nein, ich meine, um zu heiraten.

Botenjunge Oh. Pablo is zwanzig, genau wie ich.

Evy Was, Sie sind zwanzig?

Jimmy hat die Unterhaltung der beiden mit wachsender Bestürzung verfolgt.

Botenjunge Bin ich. Zwanzig.

Evy Na, dann wollen wir mal hoffen, daß Sie auch bald heiraten und einen besseren Job finden, Manuel.

Botenjunge Wenn ich finde besseren Job, is okay, aber ich nicht wollen heiraten. Ich mich fühlen ganz okay so, Sie verstehn, wie ich meine?

Evy *lächelt* Sie meinen sicher, daß Sie viele Freundinnen haben.

Botenjunge Klar. Warum auch nicht.

Evy Na schön, sagen Sie Mr. D'Allessandro, daß ich ihm seinen Scheck pünktlich an jedem Ersten zuschicken werde. Wollen Sie das für mich tun?

Botenjunge Pünktlich an jedem Ersten. Das werden ich ihm sagen.

Evy Und setzen Sie fünfzig Cents für sich mit auf die Rechnung. Ich habe im Augenblick kein Kleingeld.

Botenjunge Das geht schon in Ordnung … ich kommen wieder – – wir machen das ein anderen Mal – – Sie verstehn, wie ich meine?

Jimmy und Evy entgeht nicht die leichte Anzüglichkeit seiner Worte.

Wiedersehn, Mrs. Meara. *Zu Jimmy.* Na, Mister, jetzt alles in Ordnung, wir können wieder sein Freunde, okay? *Er winkt Jimmy zu, geht hinaus und macht die Tür hinter sich zu.*

Jimmy *schreit* Himmel, Arsch und Zwirn, warum hast du ihn nicht gleich aufgefordert, sich deine Rumba-Platten anzuhören? Bist du verrückt geworden?

Evy Oh, jetzt komm aber, der Kerl liefert mir die Lebensmittel.

Jimmy Ich habe gesehn, wie er dich angestarrt hat, ich weiß, was der bei dir abliefern möchte.

Evy Die Sorgen habe ich im Augenblick noch nicht … Vielleicht ist es in ein paar Wochen soweit, aber im Augenblick noch nicht.

Jimmy Ich trau dir nicht. Dich kann man keine fünf Minuten alleine lassen.

Evy Doch, fünf Minuten schon.

Jimmy Ich kenne dich, Evy. Ich würde dich nicht mal mit dem Papst in der Karwoche alleine lassen ... Hast du dieses Jahr noch nicht genug Ärger gehabt?

Evy Genug für den Rest meines Lebens. Jetzt hör aber endlich auf, ich penne doch nicht mit einem Botenjungen. Ich kann ihm ja noch nicht mal ein Trinkgeld geben.

Jimmy Dann machst du's auf Pump, wie alles andere auch.

Evy Ach Jimmy, ich liebe dich. Du weißt ja nicht, wie schön es ist, wenn man jemanden hat, der sich um einen kümmert.

Jimmy Und mich kotzt es an. Ich habe genug damit zu tun, mich um meine eigenen Probleme zu kümmern. Ich bin jetzt vierzig Jahre alt und kann ums Verrecken keinen Job mehr finden, ganz egal ob mit oder ohne Kleider. Wenn du's unbedingt mit diesem Don Juan treiben willst, bitte, das ist deine Sache.

Evy *legt die Arme um Jimmy* ... Unter all den Arschlöchern auf dieser Welt bist du der einzige Vernünftige.

Jimmy Bin ich aber froh, daß du endlich merkst, was die andern für Arschlöcher sind.

Evy Warum heiratest du mich nicht?

Jimmy Du bist mannstoll und versoffen, und ich bin homosexuell. Wir dürften Schwierigkeiten haben, unsere Kinder auf eine anständige Schule zu schicken.

Evy Gib mir einen Kuß.
Er küßt sie flüchtig.
Komm, gib mir mal einen richtigen Kuß. Davon erfährt doch kein Schwein was.
Er küßt sie zärtlich.

Jimmy Für dieses zuchtlose Treiben wird uns der Himmel bestrafen.

Evy Ich hoffe, du nimmst es nicht tragisch, aber du machst mich ganz schön verrückt.

Jimmy Kein Mensch kann von mir verlangen, daß ich hierbleibe und mir dieses gottlose Geschwätz anhöre. *Er macht sich los von ihr.* Ich muß gehen. Wenn du versprichst, schön brav zu sein, bin ich vielleicht auch nett zu dir, wenn ich ein Star bin.

Evy Wir könnten doch zusammen nach Kanada gehen. In Kanada gibt es keinen Sex.

Jimmy *zieht seinen Mantel an* Jetzt hör aber auf, Evy, du verwechselt meine Hormone. Außerdem komme ich zu spät.

Evy Jimmy!

Jimmy *bleibt stehen* Was ist?

Evy Nichts. Ich liebe dich, und ich danke dir, daß du heute gekommen bist.

Jimmy Hör auf, dich zu bedanken, bete lieber für mich. Bete, daß ich drin bin in diesem Stück.

Evy Ruf mich doch bitte gleich an, wenn du was Genaues weißt.

Jimmy Das ist off-Broadway, da gibt's kein Telefon. *Auf dem Weg nach draußen.* Ich habe dir ein Stück Käse-Sahne-Torte gekauft und die grünen Nudeln, die du so gerne ißt. Und der Kaffee, den ich gekocht habe, reicht mindestens vier Wochen ... Nun vergiß nicht, ihn zu trinken.

Evy Trinken vergesse ich nie.

Jimmy Und schlaf ein bißchen.

Evy Das verspreche ich dir.

Jimmy Und falls Jose Ferrer noch mal hier auftauchen sollte, geh nicht an die Tür. Nächstes Mal bringt er dir nämlich nichts, da will er was von dir. *Er geht hinaus und macht die Tür hinter sich zu.*

Evy dreht sich um und mustert die leere Wohnung in dem klaren Bewußtsein, daß sie alleine ist, und zwar zum erstenmal seit Monaten. Sie nimmt ihren Koffer und wirft ihn ins Schlafzimmer.

Evy So, und jetzt bloß nicht die Nerven verlieren, immer schön eins nach dem andern. *Sie sieht sich um, schüttelt die Kissen, die auf der Couch liegen, auf und setzt sich dann auf die Couch.* ... Und das wär's für diese Woche! *Sie geht ans Klavier, schlägt ein paar Töne von „Close to You" an und singt dann die erste Zeile.* ... Danke, danke ... In der nächsten Nummer werden Ed Sullivan und ich es zusammen auf der Bühne machen ... *Sie seufzt niedergeschlagen und versucht verzweifelt, ihre Selbstbeherrschung nicht zu verlieren. Sie sieht das Telefon an, geht schnell hin, setzt sich und wählt ... Ins Telefon.* Hallo? ... Ist Miss

Meara zu Hause? … Nein, nicht Mrs. Meara, Miss … Ja? Wann ungefähr? … Ach, würden Sie ihr bitte sagen, wenn sie kommt – –

Plötzlich wird die Wohnungstür mit einem Schlüssel geöffnet. Auf der Schwelle steht Polly Meara mit einem großen, schweren Koffer. Polly ist siebzehn, hübsch, unprätentiös, mit langen, glatten Haaren. Sie trägt Blue Jeans, einen Pullover und eine Jacke. Die beiden sehen einander schweigend, mit einem langen, gefühlsbeladenen Blick über die ganze Breite des Zimmers hinweg an. Dann sagt Evy ins Telefon Schon gut, es hat sich erledigt. *Sie hängt ein und sieht Polly an.*

Polly Ich möchte Ihnen keine falschen Hoffnungen machen, aber wenn mich nicht alles täuscht, bin ich Ihre Tochter!

Evy Ausgeschlossen. Meine Tochter hätte erst angerufen … *Unfähig, sich länger zu beherrschen.*
… Miststück, elendes, willst du, daß ich einen Herzschlag kriege?

Sie stürzen aufeinander zu, fallen sich um den Hals und umarmen sich lange und herzlich.

Evy *drückt sie fest an sich* … Ach, Polly, Polly …

Polly Ich habe so gehofft, daß ich's schaffen würde, vor dir hier zu sein. Aber ich bin so spät aus der Schule weggekommen. Ausgerechnet heute …

Sie lösen sich voneinander, Evy wischt sich die Augen.

Evy Da hast du's, ich heule. Bist du nun zufrieden? Einer hilflosen alten Frau so mitzuspielen. Sag mal, zum Teufel, wieso weinst du eigentlich nicht?

Polly Dazu bin ich viel zu glücklich. Nein, ich kann's noch nicht fassen. Mensch, wie du aussiehst.

Evy … Ja, was sagst du?

Polly Hinreißend. Die dürrste Mutter, die ich je hatte. Jetzt kann ich deine Kleider tragen.

Evy Was hast'n du für eine Größe?

Polly Vierzig.

Evy Pech gehabt, mein Schatz, ich habe achtunddreißig. *Wischt sich wieder die Tränen aus den Augen.* Junge, Junge, als ob ich's nicht geahnt hätte. Dabei solltest du noch gar nicht wissen, daß ich wieder zu Hause bin. Ich wollte mich erst mal drei Tage seelisch vorbereiten auf das Wiedersehen mit dir.

Polly Ich habe heute morgen im Krankenhaus angerufen. Du glaubst doch nicht im Ernst, daß ich's so lange ausgehalten hätte.

Evy Na, ich doch auch nicht. Komm, nimm mich schnell noch mal in den Arm, ich kann keine Sekunde länger warten. *Sie umarmen sich.* Aber bevor wir jetzt zu Zärtlichkeiten übergehen, wollen wir lieber die Tür zumachen. Im Haus wird schon genug über mich geredet. *Evy macht die Wohnungstür zu. Polly geht durchs Zimmer und nimmt den Koffer vor der Tür weg.*

Polly Ich nehme mal das Ding da weg. *Sie hebt den Koffer an.*

Evy Hast du schon zu Abend gegessen?

Polly Nicht mal zu Mittag. Ich war viel zu aufgeregt.

Evy Ich hab mir gerade einen Wintervorrat angelegt. Wir können eine richtige Freßorgie veranstalten. Komm, zieh deine Jacke aus und laß dich erst mal anschaun. Hei, was hast du denn mit deinen Haaren gemacht?

Polly Nichts.

Evy Das merke ich. Die sahen vor drei Monaten schon genauso aus.

Polly Nun kritisier bloß nicht an meinem Aussehen herum. Soviel Selbstbewußtsein hab ich noch nicht. *Sie hebt den Koffer hoch und steuert damit aufs Schlafzimmer los.*

Evy Deine Probleme möchte ich haben. Wo willst du denn mit dem Ding hin?

Polly Ins Schlafzimmer.

Evy Was ist denn das überhaupt?

Polly *betrachtet den Koffer* Sieht aus wie ein Koffer.

Evy Vielen Dank, das wollte ich nur wissen. Und was ist in dem Koffer?

Polly *zuckt die Achseln* Kleider, Schuhe, Bücher, lauter so'n Zeug.

Evy Und warum hast du dieses Zeug im Koffer?

Polly Weil es sonst auf die Erde fällt.

Evy Würdest du dich vielleicht ein bißchen klarer ausdrücken? Was soll das eigentlich bedeuten?

Polly Gar nichts soll das bedeuten. Kann ich nicht hierbleiben?

Evy Heute nacht? Natürlich kannst du das.

Polly Schön, dann bleibe ich hier. *Will wieder in Richtung Schlafzimmer gehen.*

Evy Was, mit all dem Kram? Wie lange willst du denn schlafen?

Polly Also gut, sagen wir zwei Nächte. Darüber wollen wir uns doch nicht streiten.

Evy Hei, hei, hei. Moment mal. Stell den Koffer hin.
Polly sieht sie an und stellt den Koffer hin.
... Und jetzt sieh mich an.

Polly Das tue ich doch.

Evy Ich weiß, was du vorhast. O nein, mein Kind, das kommt überhaupt nicht in Frage.

Polly Warum nicht?

Evy Weil ich keinen Zimmergenossen brauche, vielen Dank ... wenn du einen Bart hättest, wäre das etwas anderes.

Polly Ich will nicht dein Zimmergenosse sein, ich will mit dir zusammen leben.

Evy Wenn du dich einsam fühlst, kann ich dich ja in ein Ferienlager schicken. Außerdem hast du ein Zuhause, warum fällst du mir damit auf den Wecker.

Polly Du kannst mich nicht einfach rausschmeißen, ich bin schließlich dein eigenes Fleisch und Blut.

Evy Achtunddreißig Pfund habe ich grade verloren, ich bin da nicht so anhänglich.

Polly Ich habe mich entschlossen, hier einzuziehen, und du hast da gar nicht mehr mitzureden.

Evy Dummkopf, erstens darfst du nicht bei mir wohnen. Das hängt nicht von dir oder von mir ab.

Polly Und zweitens?

Evy Das Zweitens brauchen wir nicht mehr, weil das Erstens vollkommen ausreicht. Du wohnst da, wo es dein Vater für richtig hält.

Polly Eben. Wo soll ich den Koffer hinstellen?

Evy Willst du mir erzählen, daß dir dein Vater erlaubt hat, bei mir zu bleiben?

Polly Ja.

Evy Dein Vater?

Polly Genau der.

Evy So ein großer, grauhaariger Mann, der immer dunkelblaue Anzüge trägt und ein bißchen spuckt, wenn er redet?

Polly Möchtest du selber mit ihm sprechen?

Evy Nein, danke. Und nüchtern schon gar nicht. Was sagt denn deine Stiefmutter dazu? Wie heißt sie noch gleich, Lucretia?

Polly Felicia.

Evy Felicia, das ist vielleicht ein Name. Er muß doch ganz nett spucken, wenn er das sagt. Hat sie sich eigentlich ihr Gebiß richten lassen, oder klappert sie immer noch so mit den Zähnen.

Polly Nee nee, sie klappert noch munter mit den Zähnen.

Evy Mensch, das muß ja herrlich sein, mit den beiden zusammen zu leben, er spuckt, und sie klappert mit den Zähnen. Was für ein Glück, daß er nicht auch noch für mich das Sorgerecht zugesprochen bekommen hat.

Polly Deshalb frage ich dich ja, ob ich nicht zu dir ziehen kann. Bei dem Lärm kann ich nämlich nicht arbeiten.

Evy Hand aufs Herz, Polly. Hat er wirklich ja gesagt?

Polly Er hat mich gern. Und er würde mir nie in mein Leben reinpfuschen.

Evy Ich glaube es einfach nicht.

Murray Wir reden schon seit Monaten darüber. Er weiß, wieviel Mühe du dir gegeben hast, er hat mit deinem Arzt gesprochen, er weiß, daß es dir gut geht … Und er findet, daß du mich jetzt brauchst.

Evy Daß ich dich jetzt brauche? Was glaubt er denn, wo ich die vergangenen sieben Jahre gewesen bin? Auf dem Mond?

Polly Er weiß, wo du warst.

Evy Und wie steht's mit dir? Möchtest du das denn wirklich?

Polly Ich habe seit drei Jahren einen gepackten Koffer in meinem Zimmer stehen. Und jedes Jahr im Juni tue ich alle Sachen eine Nummer größer rein.

Evy Ich will dir mal was sagen, ich zittere am ganzen Körper. Ich bin halbtot vor Schreck. Ich wüßte gar nicht, wie ich's anfangen soll, für dich zu sorgen.

Polly Ich bin siebzehn Jahre alt. Da kann es doch so schwer nicht mehr sein.

Evy Ich will ganz offen mit dir reden, obwohl's wahrscheinlich nicht richtig ist. Irgendwann früher habe ich mal angefangen, mütterliche Gefühle zu entwikkeln, da habe ich mir ein Schildkrötenpärchen gekauft, Irving und Sam, beide für fünfundachtzig Cents. Ich habe sie ein einziges Mal gefüttert, und am nächsten Morgen lagen sie mit dem Bauch nach oben im Wasser. Ich glaube kaum, daß ich so was noch mal aushalte.

Polly Ich kann aber fabelhaft schwimmen.

Evy Lieber Gott, ich hatte immer gehofft, daß ich mal nicht mit einer begriffsstutzigen Tochter geschlagen wäre. Stell dir bitte vor, was ich für einen miserablen Einfluß auf dich haben würde. Ich habe nun mal ein ungewaschenes Maul. Ich hatte immer ein ungewaschenes Maul. Ich bin schon mit einem ungewaschenen Maul zur Welt gekommen.

Polly Arschloch, Scheiße, dumme Sau.

Evy Das finde ich nicht komisch.

Polly Na schön, jetzt bin ich mal hier, gib mir eine Chance.

Evy Himmel noch mal, was ist denn eigentlich so aufregend hier? Ich finde, wir sind mit den Besuchstagen bis jetzt ganz gut ausgekommen.

Polly Weißt du noch, was du mir zu Weihnachten geschenkt hast, als ich neun Jahre alt war?

Evy Eine leere Schnapsflasche? Keine Ahnung, ich kann mich nicht mal an gestern erinnern.

Polly Kannst du dich nicht mehr an das Pfefferkuchenhaus erinnern mit der kleinen Pfefferkuchenfrau am Fenster?

Evy Nein. Aber wenn du es sagst, dann wird's wohl stimmen.

Polly Ich habe es immer aufgehoben zur Erinnerung an dich. Heute ist natürlich nicht mehr viel davon übrig, dafür besitze ich jetzt den größten Krümelhaufen in unserem Viertel. Sei nett, schenk mir zu Weihnachten ein neues.

Evy Ich weiß nicht, ob ich mir das leisten kann.

Polly Wovor hast du eigentlich Angst?

Evy Daß ich dich auf den Krümeln sitzen lasse ... Du weißt, wie ich bin.

Polly Ich habe dich betrunken gesehen. Meistens fand ich's widerlich. Aber ein- oder zweimal warst du richtig goldig.

Evy Das waren nur Kostümproben. In deiner Gegenwart habe ich mich immer unheimlich zusammengerissen. Als Mutter säuft man sich vor der eigenen Tochter nicht gern die Kutteln ab. Kann ich so was wie „Kutteln absaufen“ überhaupt in deiner Gegenwart sagen?

Polly Wenn du's tun kannst, kannst du's auch sagen.

Evy Aber es gibt da noch andere Dinge, die ich dir nicht erzählen kann ... Ach was, Scheiße, das kann ich dir genausogut erzählen. Du weißt doch von Lou Tanner?

Murray Ich habe ihn ein paarmal hier getroffen.

Evy Wußtest du auch, daß wir acht Monate hier zusammen gelebt haben?

Polly Daß er in dem Schlafanzug, den er anhatte, grade aus dem Autobus ausgestiegen wäre, habe ich eigentlich nicht angenommen.

Evy Nun sei wenigstens anstandshalber ein bißchen schockiert.

Polly Bei uns in der Schule ist grade ein sechzehnjähriges Mädchen abgegangen, weil es ein Kind erwartet. Du bist dreiundvierzig. Wenn du nicht machen kannst, was du willst, wer dann?

Evy Wieso werde ich jetzt plötzlich zur Mutter des Jahres gekürt?

Polly Ich will nicht über dich urteilen, Evy. Ich will mit dir zusammen leben.

Evy Du bist jetzt siebzehn Jahre alt. Es wird Zeit, daß du dir mal klar wirst über mich. Ich möchte nicht, daß du den Eindruck hast, ich hätte mir die hundertdreiundachtzig Pfund reinen Alkohol, die ich am Leibe hatte, aus purem Glück rangesoffen. Manche Nacht wäre ich aus dem Fenster gesprungen, wenn ich mich hätte durchzwängen können ... Ich bin nicht das, was man einen gefestigten Menschen nennt. Weißt du, wie oft ich wirklich verliebt war, seitdem dein Vater und ich uns getrennt haben? Ich bin dem Mann meines Lebens ungefähr sieben- bis achtmal begegnet. Ich begegne dem Richtigen mindestens zweimal pro Woche. Ich erkenne die wahre Liebe, wo immer ich sie sehe. Und ich sehe sie, wo immer ich hingucke.

Polly Du brauchst mir das alles nicht zu erzählen.

Evy Ich erzähle es dir aber, verdammt noch mal ... Ich

möchte, daß du alles weißt, Polly, ehe du dich entscheidest. Ich habe hier mit diesem Gitarrespieler die acht glücklichsten Monate meines Lebens verbracht. Und warum auch nicht? Er war schön, unterhaltsam und zehn Jahre jünger als ich, was kann man sich als Frau mehr wünschen ... Den ganzen Tag saß er da drüben in dem Stuhl und hat gearbeitet und geschrieben, und ich habe ihn gefüttert, gekleidet und geliebt acht unbeschreibliche Monate lang ... Und dann hat mich dieses miese Schwein – entschuldige bitte, ich will versuchen, es nicht wieder zu tun.

Polly Gut.

Evy Ach was, verdammte Scheiße. Dieses miese Schwein. Mitten in der Nacht hat er mich sitzenlassen wegen einem achtzehnjährigen indianischen Hippie-Mädchen. „Prinzessin Jetzt-vögel-mich-mal" ... Aber wart's ab, wenn die erst mal alt wird und aussieht wie eine Kräuterhexe. Und er hat keinen Penny in der Tasche, nicht einen Cent. Eins ist jedenfalls sicher, deren Mokassins sind auch mal ausgelatscht, und dann werden wir ja sehen, wie lange die Geschichte hält ... Ich habe sechs Wochen lang hier am Fenster gehockt und habe gewartet und gehofft und habe dabei die beiden Schnapsläden in der Gegend leergesoffen ... Schließlich hat mich Toby eines Tages mit dem Gesicht nach unten in der Badewanne gefunden ... Und dann bin ich in einer Trinkerheilanstalt auf Long Island wieder zu mir gekommen, der Rest ist nicht besonders interessant, es sei denn, du magst Geschichten über Tierquälerei ... Na ja, ich hab's überstanden, und jetzt bin ich hier. Aber eins kann ich mir an den fünf Fingern abzählen, mein Schatz, daß ich nur noch eine Chance habe, ins sogenannte Menschenleben zurückzukehren ... und wenn ich es diesmal vermassele, dann wird man mich vermutlich in einer Schnapsbrennerei von Kentucky begraben ... Und wenn du mit so einer Person unter einem Dach leben möchtest, dann hat mich der liebe Gott mit der verrücktesten Tochter aller Zeiten gestraft.

Polly *lächelt* Wie wär's, wenn du bei uns in der Schule mal einen Vortrag halten würdest?

Evy *hingerissen über diese Bemerkung* Du gefällst mir noch besser als ein Hut mit 'ner Feder. *Sie umarmt Polly.* Willst du's immer noch versuchen?

Polly Nach der Geschichte würde ich sogar noch Eintritt dafür bezahlen.

Evy O nein. Wenn du hier einziehst, dann gibt's eine völlig neue Hausordnung. Dann wohnen wir hier wie bei Saubermanns. Weiße Bettücher, Deckchen auf den Möbeln und eine Fernsehzeitung, wie eine richtige Musterfamilie.

Polly Und am Sonntag gehen wir in die Kirche. Übrigens, was für eine Konfession haben wir eigentlich?

Evy Ich sehe gleich mal nach. Ich hab's hier irgendwo schwarz auf weiß ... Und ich werde mir einen Job suchen. Nicht im Showgeschäft, sondern einen anständigen Job. *Sie fängt an, auf und ab zu gehen.*

Polly Ich komme um vier aus der Schule, da könnte ich das Essen vorbereiten.

Evy Kannst du kochen?

Polly Nein, aber ich kann alles vorbereiten.

Evy Ist das alles, was du kannst?

Polly Reiten kann ich auch noch.

Evy Na prima. Wenn wir dann am Verhungern sind, reitest du los und holst Hilfe.

Polly Darf ich jetzt auspacken?

Evy Ja, jetzt darfst du auspacken! ... Lieber Gott, Polly, ich bin plötzlich ganz aufgeregt. Wieso habe ich auf einmal so viel Glück?

Polly *zuckt die Achseln* Manchen Leuten fällt's eben in den Schoß. *Geht mit dem Koffer ins Schlafzimmer.*

Evy ... Sieh mal nach in der Küche, was dir schmecken würde, ich räume inzwischen deine Sachen ein.

Evy geht zum Schlafzimmer, Polly kommt aus dem Schlafzimmer und geht in Richtung Küche. Die beiden treffen einander auf halbem Wege.

Polly ... Na, bis jetzt klappt's doch phantastisch.

Evy verschwindet im Schlafzimmer, Polly in der Küche. Beide sind hinter der Bühne.

Evy *hinter der Bühne* Mensch, sag mal, was hast'n du hier drin, die Freiheitsstatue?

Polly *hinter der Bühne* Das ist meine Plattensammlung.

An der Wohnungstür wird geklingelt.

Evy *hinter der Bühne* Ich finde hier lauter Höschen, aber keinen einzigen Büstenhalter. Trägst du keinen Büstenhalter?

Polly *hinter der Bühne* Nein. Entgeht mir da 'ne große Sensation?

Polly kommt aus der Küche. Sie sieht einen Moment zum Schlafzimmer hinüber, aber Evy hat offenbar das Klingeln nicht gehört. Sie geht an die Tür und macht auf.

Draußen steht Lou Tanner. Er ist Mitte Dreißig, hat unordentliches, widerborstiges Haar und einen vollen, buschigen Schnurrbart. Er trägt einen schmutzigen Rollkragenpullover und hellbraune, sehr zerrissene Wildlederstiefel. Er ist ausgesprochen attraktiv, wenn man von seinem äußeren Aufzug absieht. Polly ist entsetzt darüber, daß er zu einem so ungünstigen Zeitpunkt erscheint.

Polly Tag, Lou!

Lou *sieht sie an und schaut dann an ihr vorbei ins Zimmer* Tag, Polly.

Evy *hinter der Bühne* ... Ich will lieber nicht fragen, wofür du diese Pillen nimmst. Ich will's gar nicht wissen, und ich will's auch gar nicht von dir hören.

Lou Geht's ihr gut?

Polly *immer noch entsetzt* Was? ... Ja. Ausgezeichnet.

Lou Darf ich reinkommen?

Polly *sieht ängstlich zum Schlafzimmer hinüber* Ja, sicher.

Er kommt herein, sie macht die Tür hinter ihm zu. Wie geht's?

Lou Ich dachte, sie wäre alleine ... Vielleicht komme ich doch lieber später noch mal wieder.

Polly Nein, nein. Sie möchte Sie bestimmt gern sehen. *Ruft.* Mutter! ... Hier ist jemand für dich.

Lou starrt zur Schlafzimmertür hinüber, während Polly ihn nervös betrachtet ... Evy erscheint in der Schlafzimmertür. Wahrscheinlich hat sie Lous Stimme schon erkannt. Sie kommt ins Zimmer und sieht Lou dabei ins Gesicht.

Lou Tag, Evy.

Evy *versucht, kühl zu bleiben* Guten Tag, Lou ...

Einen Augenblick lang herrscht betretenes Schweigen.

Lou Du siehst ja fabelhaft aus.

Evy Vielen Dank.

Lou Wie hast du's denn geschafft, soviel abzunehmen?

Evy Aus purer Glückseligkeit.

Polly *wird es langsam ungemütlich* Ich packe mal weiter aus. Bis nachher, Lou.

Evy Schon gut, du kannst ruhig hierbleiben.

Polly Ich möchte aber nicht, wenn's dir nichts ausmacht. *Sie nickt Lou zu.* Also, bis später. *Sie geht schnell ins Schlafzimmer.*

Evy und Lou stehen da und sehen sich an.

Lou Ich hab' im Krankenhaus nach dir gefragt, sie haben mir gesagt, daß du heute nach Hause kommst. Ziemlich unfreundlicher Laden, was?

Evy Nein, ich fand's herrlich. Samstag abends wurden immer Filme gezeigt. Wie geht's deiner Pocahontas?

Lou Wir haben uns vor einem Monat getrennt.

Evy Ach, das ist aber traurig ... Und, woran lag's? Konnte sie keinen Regen machen?

Lou Sie konnte *es* nicht machen, Punkt. Sind sexuell ziemlich verklemmt, diese Tscherokesen. *Er sieht sich um* Willst du mir nicht eine Zigarette anbieten?

Evy Nein, aber du kannst gerne ein Bad nehmen. Du siehst aus wie eine Mülltonne nach zwei Wochen Streik. Hast du irgendwo eine feste Adresse?

Lou Eddie Valendo ist auf Tournee, ich wohne in seiner Wohnung.

Evy Hoffentlich hat er dir was zu essen dagelassen. Du siehst ein bißchen klapprig aus.

Lou Künstler essen nichts, Evy, das weißt du doch. Wir leben von Luft und Liebe.

Evy Von wessen Liebe?

Lou Aber zu 'ner kühlen Flasche Bier würde ich nicht nein sagen.

Evy War das eine Frage oder eine Bitte?

Lou Ach so, ist es das, was du hören möchtest. Na schön, ich bitte dich sogar inständig darum.

Evy Ich habe doch immer gewußt, daß aus dir noch mal was wird. *Gibt ihm eine Zigarette.* Hier. Meine letzte. Rauch sie, wenn du draußen bist.

Lou *versucht sie zu packen* Immer noch die alte Evy!

Evy *weicht ihm aus* Du bist doch ein Dreckschwein allererster Güte. Du mußtest heute hier aufkreuzen, was? Du mußtest dir genau den Zeitpunkt aussuchen, wo ich krampfhaft versuche, meine Nerven mit Kaffee und Spucke zusammenzuhalten.

Lou Was hast du denn von mir erwartet, daß ich dich aus 'ner öffentlichen Telefonzelle anrufe? „Hallo, Evy, rate mal, wer hier ist?"

Evy Dazu haben dir nur die Groschen gefehlt.

Lou Evy, ich bin eine geschlagene Stunde in geborgten Schuhen hierhergelaufen. Sei ein bißchen nett zu mir.

Evy So als ob nichts passiert wäre, was?

Lou Nein, es ist passiert. Und wir wollen darüber reden. Aber das ist etwas schwierig, wenn du mich nicht ansiehst. Ich habe das Gefühl, als wäre ich ganz alleine hier im Zimmer.

Evy *dreht sich um und sieht ihn an* ... Das Gefühl kenne ich gut.

Lou Eins muß ich den Indianern zugute halten, nachtragend sind sie nicht.

Evy Ach, wirklich, Lou? Was hat sie denn gemacht, als du sie hast sitzenlassen? Ist sie da in den Sonnenuntergang hinausgeritten und hat einen kleinen Sonnentanz aufgeführt? Oder ist sie vor Freude gehüpft und gesprungen mit ihrem straffen kleinen Körper? Wolltest du mir von ihrem schnuckligen kleinen achtzehnjährigen Körper erzählen?

Lou Nicht unbedingt.

Evy Leg ruhig los. Rede deinen blumigen Hippie-Jargon, den du so herrlich findest. Erzähl mir deine Probleme. Ich habe jede Menge Verständnis für dich.

Lou Ich habe keine Probleme, Ev. Jedenfalls nichts, womit ich nicht selber fertig werden könnte.

Evy Lou, ich bin dreiundvierzig Jahre alt. Und ich versuche, eine erwachsene Frau zu sein. Die Ärzte haben mir verboten, jemals wieder was zu trinken oder mit dreiunddreißigjährigen Gitarristen Amouren zu haben ... Ich danke dir für deinen Besuch. Geh jetzt nach Hause, such dir jemand, der im Alter zu dir paßt, und inhalier dein Seegras oder was du im Moment grade rauchst.

Lou *lächelt* Eins muß man dir lassen, Evy, du hast 'ne ganz spezielle Art, mit Worten umzugehen. Ich habe dich oft zitiert. Wort für Wort. Natürlich hat dieses blöde kleine indianische Huhn nie den Witz dabei kapiert. Wir haben uns auf andere Weise verständigt. Aber immer, wenn ich mal richtig herzlich lachen wollte, mußte ich dich zitieren, Ev. Du warst nicht im Zimmer, aber du warst trotzdem da, verstehst du, was ich meine?

Evy Dafür bin ich dir weniger dankbar ... Und jetzt hör mir mal zu, Polly ist da, und ich finde, wir sollten es kurz machen.

Lou Ich möchte zurückkommen, Ev. *Pause.* ... Heute, morgen, nächste Woche ... aber ich möchte zurückkommen.

Evy Ah ja! ... Wie hattest du's dir denn gedacht, mit Halb- oder mit Vollpension?

Lou Vielleicht ein bißchen bescheidener das Ganze. Ich würde jedenfalls zusammenkratzen, was ich kann.

Evy Ich möchte nicht, daß du meinetwegen stiehlst.

Lou Das ist es, Ev. Deswegen möchte ich zurückkommen zu dir. Ich brauche jemanden, der mich anregt.

Evy Probier's doch mal mit einem Massagegerät!

Lou Nun laß es doch mal zwei Minuten gut sein. Zeig mal ein bißchen Interesse, Ev, frag mich, was meine Arbeit macht.

Evy Was macht deine Arbeit, Lou?

Lou Mann, das ist aber toll von dir, daß du dich dafür interessierst. Ich schreibe. Ich verkaufe zwar nichts, aber ich schreibe wenigstens.

Evy *ungerührt* Das freut mich aber e n o r m für dich.

Lou Es ist dir scheißegal, was? Es war dir schon immer scheißegal.

Evy Auf so einen hysterischen Ton kann ich mich nicht einlassen.

Lou Oh, für m i c h hast du dich schon interessiert. Das habe ich nie bezweifelt. Zuneigung, Liebe, Leidenschaft, davon hattest du 'ne ganze Schiffsladung parat. Ich brauchte dich ja nur ein bißchen freundlicher anzusehen, schon warst du bereit, in voller Montur ins Bett zu springen.

Evy Verzeih mir. Gefühlskälte ist nicht grade mein Hauptproblem.

Lou Und wenn ich irgendwo Ladenschwengel gewesen wäre, das hätte dir nichts ausgemacht.

Evy Nichts hätte mir etwas ausgemacht, außer daß du du bist.

Lou Es war dir doch vollkommen wurscht, ob das Zeug, was ich geschrieben habe, gut war oder schlecht. Hauptsache, es war fertig. „Das ist großartig, Lou, und jetzt komm ins Bett."

Evy Du hast es geschrieben, du hast es mir vorgespielt, und ich habe dir zugehört. Was hätte ich denn noch tun sollen, es verlegen?

Lou Es hat dir doch nicht wirklich gefallen, oder? Und du hast mich auch nicht wirklich für begabt gehalten.

Evy Ich fand's großartig. Alles, was du geschrieben hast, fand ich großartig.

Lou Scheißdreck!

Evy So kann man's natürlich noch besser bezeichnen.

Lou Zum Teufel, warum hast du das dann nicht gesagt?

Evy Ich war genug damit beschäftigt, dir ein bißchen Zuneigung zu entlocken, ohne dir auch noch schlechte Kritiken zu geben.

Lou Ich kann's einfach nicht fassen. Du fandst alles, was ich geschrieben habe, zum Kotzen und hast mir bis heute kein Wort davon gesagt.

Evy Tut mir leid, daß deine kostbare Person sozusagen postum noch angekratzt wird. Na gut, ich finde dich sehr vielversprechend. Und ich werde eine ganzseitige Reklame für dich in die Zeitung setzen. Aber jetzt laß mich in Ruhe.

Lou Weißt du was, Evy, du bist das größte, nervtötendste, unerträglichste Arschloch von einer Frau, das mir je über den Weg gelaufen ist ... und dabei stehe ich hier und find's herrlich ... Du hast mich total auseinandergenommen, ich blute förmlich vor Schmach und Erniedrigung, aber ich weiß wenigstens, daß ich mich mit einem lebendigen Menschen in einem Zimmer befinde. *Ruhiger.* Ich habe in den vergangenen drei Monaten keinen einzigen anständigen Krach gehabt ... Und ich habe in der ganzen Zeit keine einzige Note geschrieben, die das Geld fürs Papier wert gewesen wäre ... Wahrscheinlich hast du recht, und ich bin bestenfalls mittelmäßig. Aber mittelmäßig zu sein ist immer noch besser, als gutes, teures Notenpapier zu verschwenden … Na, komm schon, Evy. Die Wahrheit ist doch, daß ich gespurt habe, solange ich hier war. Und als ich gespurt habe, hast du auch gespurt.

Evy Evy und Lou oder wie sie miteinander spurten, eine der größten Liebesgeschichten aller Zeiten.

Lou *mit einem Anflug von Humor* Na ja, es ist vielleicht nicht die größte, aber sicher die originellste … Wie steht's, Ev? Leiste deinen Beitrag zur Musik der Welt.

Evy Das habe ich bereits getan.

Lou Mein Gott, Evy, wenn du unbedingt willst, daß ich es dir sage, dann werde ich es dir eben sagen. Ich brauche dich unbedingt.

Evy Und wie lange, Lou? Bis du mit dem nächsten Garderobenfräulein abhaust?

Lou Evy, ich schwöre dir – –

Evy Mach mir bitte keine Versprechungen. Ich komme grade aus einem Krankenhaus, das bis unters Dach gestopft voll ist mit Leuten, die auf Versprechungen warten.

Nun mach aber mal 'n Punkt, das Problem hast du doch schon seit zwanzig Jahren und nicht erst, seitdem wir uns kennen.

Evy Das ist kein Argument. Ich will es nicht auch noch zwanzig Jahre danach haben.

Lou Was versuchst du mir eigentlich weiszumachen, daß du geheilt bist? Du hast jetzt drei Monate lang Buttermilch getrunken, und von nun an lebst du glücklich und in Freuden? … Du hast noch ein ganzes Leben durchzustehen, Evy … Ich bin nicht hergekommen, um dir leere Versprechungen zu machen. Klar, vielleicht finde ich in sechs Wochen irgend 'ne andere flotte Biene, und sie finden dich in acht Wochen mit einer Kiste Wermut unterm Klavier.

Das ist drin, es muß aber nicht unbedingt sein.

Wenn man uns beide zusammen nimmt, Evy, kommt immer noch kein starker Charakter heraus. Aber ich glaube, daß wir zusammen eine bessere Chance haben.

Evy Im Augenblick brauche ich eine Verwandte und kein Verhältnis. Und da drin packt grade eine ihren Koffer aus.

Lou Wem willst du hier eigentlich was vormachen?

Evy Sie wird von jetzt an morgens bei mir sein. Das ist für mich die Hauptsache.

Lou Also, der Morgen war doch noch nie dein Problem.

Evy Wir wollten grade zu Abend essen. Ich würde dich gerne bitten, zu bleiben, aber es soll im engsten Familienkreis stattfinden.

Lou Auch gut, ich dachte mir, schaust mal vorbei ... Es freut mich aber wirklich, daß es dir so gut geht, Evy ... Paß gut auf dich auf.

Evy Eben, das hatte ich vor.

Lou *an der Tür* Ich gebe dir noch zehn Sekunden, deine Meinung zu ändern. *Er wartet, es kommt keine Antwort.* Junge, wie die Zeit vergeht. *Er öffnet die Tür, um zu gehen.*

Evy Lou!

Er bleibt stehen und dreht sich um.

... Rufst du mich mal an? Nur so, guten Tag sagen?

Lou *sieht sie an* Kaum. *Er dreht sich um, geht hinaus und macht die Tür hinter sich zu.*

Evy steht einen Moment unbewegt ... Dann wird die Schlafzimmertür geöffnet, Polly kommt heraus.

Polly Ich habe kein Wort verstanden ... Aber darf ich mal was sagen?

Evy Nur, wenn es mich zum Lachen bringt ... Bist du fertig mit dem Auspacken?

Polly Ich habe die Sachen in zwei Minuten wieder im Koffer.

Evy Wenn du fertig bist, wasch dir die Hände, deck den Tisch und verschwinde in die Küche. Wir wollen essen.

Polly *fröhlich* Zu Befehl, Evy.

Evy Und nichts mehr hier mit Evy, verstanden ... Ich bin deine Mutter. Ich verlange ein bißchen mehr Respekt, Himmel, Arsch und Zwirn.

Evy nimmt die Tischdecke vom Tisch, während Polly strahlend hinausgeht in die Küche.

Vorhang

Zweiter Akt

Drei Wochen später gegen neun Uhr abends.
Der Vorhang öffnet sich: Polly blättert in einem Notizbuch. Sie findet die gesuchte Nummer und wählt. Sie schaut beunruhigt auf die Uhr.

Polly *ins Telefon* ... Hallo? ... Ist dort die Joe Allen Bar? ... Könnten Sie mir bitte sagen, ob Evelyn Meara da ist? ... Evy Meara, ganz recht ... Ja ... Ist sie heute schon mal dagewesen? ...
Die Wohnungstür wird geöffnet. Polly merkt es nicht. Evy kommt herein mit einer Einkaufstüte von Saks, Fifth Avenue, in der Hand.

Evy Da bin ich. Da bin ich doch schon. So ist es recht, meine Tochter hat Vertrauen zu mir. *Sie macht die Tür hinter sich zu.*

Polly *ins Telefon* Es hat sich erledigt. Vielen Dank.
Sie hängt ein und dreht sich um zu Evy. Evy stellt die Tüte hin.

Evy Wenn du wüßtest, was ich heute für einen herrlichen Tag gehabt habe, würdest du dir keine Sorgen um mich machen ... Ich habe sensationelle Neuigkeiten für dich ... Ich bin heute angequatscht worden ... Er war sechsundachtzig, hinkte und ging am Stock, aber er war vollkommen weg von mir. Ich glaube nicht, daß er mich besonders gut sehen oder hören konnte, aber wir haben so richtig auf die Pauke gehauen ... Wenn ich diese Woche keine besseren Angebote kriege, besuche ich ihn mal im Altersheim. Tag, mein Schatz, gib deiner Mutter einen Kuß. *Sie küßt Polly auf die Backe.*
Polly nimmt den Kuß reserviert entgegen.
Was ist denn los?

Polly Es ist gleich neun Uhr.

Evy Mach keine Witze.

Polly *zeigt zur Uhr auf dem Kaminsims* Ich mache keine Witze. Es ist gleich neun Uhr.

Evy Na schön, nun reg dich bloß nicht auf. Hab' ich vielleicht was versäumt? Gab's inzwischen eine Sonnenfinsternis, oder was ist los?

Polly Du rufst nicht an, du legst keinen Zettel hin, du sagst mir nicht, wo du bist. Ich erwarte dich um halb sieben Uhr zum Essen, aber du erscheinst nicht, und ich ängstige mich halb zu Tode. Was ist passiert? Wo bist du gewesen?

Evy Im Hauptbahnhof, in den Männerklos ... Ich hatte einen fabelhaften Tag heute. Willst du jetzt die Einzelheiten hören, oder willst du mich weiter anschreien?

Polly Ich will dich weiter anschreien.

Evy Du kannst mich aber nicht anschreien, ich bin schließlich deine Mutter. Ich habe dein Essen verbummelt. Ach Gott, Polly, entschuldige bitte. Was hast du denn gemacht?

Polly Ich weiß nicht. Irgendwas aus dem Kochbuch. Was Braunes, Heißes ... Wenn du noch was davon willst, draußen in der Küche steht's. Aber jetzt ist es gelb und kalt.

Evy *umarmt sie* Sei mir bitte nicht böse? Du bist alles, was ich habe auf der Welt, außer diesem sechsundachtzigjährigen alten Knacker, also sei mir bitte nicht böse. Komm, ich will dir erzählen, was ich heute erlebt habe.

Polly Hast du was gegessen?

Evy Ja, ich glaube ... Nun hör doch mal, was ich erlebt habe. Also, erst bin ich einer alten Freundin in die Arme gelaufen, die früher im selben Nachtklub gearbeitet hat ...

Polly Was heißt, du glaubst? Weißt du nicht, ob du was gegessen hast oder nicht?

Evy Doch, ich habe was gegessen! Ich habe heute mittag einen angemachten Gervais gegessen. Aber ich laufe gern ins nächste Kaufhaus und lasse mich röntgen, wenn es dich beruhigt ... Willst du mir jetzt zuhören?

Polly Aber das ist doch kein Mittagessen!

Evy Wo steht geschrieben, daß man mittags keinen angemachten Gervais essen darf? Sag mal, was nehmt ihr diese Woche in der Schule durch? Wie man Leute quält? Nun laß mich doch endlich meine Geschichte erzählen.

Polly Du schläfst nicht gut, und ich sehe dich nie etwas essen, darum mache ich mir Sorgen um dich.

Evy Wer sagt, daß ich nicht gut schlafe?

Polly Ich beobachte dich nachts.

Evy Dann bist du doch diejenige, die nicht gut schläft.

Polly Du bleibst bis morgens um vier, fünf Uhr hier im Wohnzimmer und läufst hustend und rauchend auf und ab. Ich höre dich ganz genau.

Evy Das ist das Fernsehen. Ich höre mir die Krebswarnungen an.

Polly Und telefonieren tust du auch mitten in der Nacht. Wen hast du denn heute morgen um vier Uhr angerufen?

Evy Die Wettervorhersage.

Polly Um vier Uhr früh?

Evy Ich wollte eben wissen, wie um fünf das Wetter ist ... Mein lieber Mann, wenn wir dieses Spiel noch zwei Jahre so weiterspielen, hast du dich zu einer berufsmäßigen Nervensäge entwickelt.

Polly Schön, das soll mir recht sein. Wenn es dir scheißegal ist, dann ist es mir auch scheißegal.

Evy Achte mal ein bißchen auf dein Vokabular, verdammt noch mal.

Polly Wenn du's nicht tust, warum soll ich's dann tun?

Evy Ich rede nun mal so. Bei mir ist das eine Art Sprachfehler. Willst du vielleicht, daß ich mir ein Schloß vors Maul hänge?

Polly Das könntest du ruhig machen. Essen tust du ja sowieso nichts, außer 'ner Tasse Kaffee zum Frühstück.

Evy Himmel noch mal, was macht das schon aus?

Polly Wenn du dich nicht für deinen Körper interessierst, wird er sich auch bald nicht mehr für dich interessieren.

Evy Ich will mich aber nicht für meinen Körper interessieren. Ich will, daß das jemand anders tut. Was glaubst du, warum ich mit sechsundachtzigjährigen Männern spreche.

Polly Du machst mich wirklich rasend. Das ist ja, als ob man mit einem kleinen Kind redet.

Evy *dreht sich um* Ich werde hier überhaupt nicht respektiert. Wie, zum Teufel, soll man eine anständige Mutter sein, wenn man kein bißchen respektiert wird?

Polly Wie soll ich dich respektieren, wenn du dich selber nicht respektierst?

Evy *wirft einen verzweifelten Blick zur Decke* Oh, lieber Gott, als Mutter bin ich ein glatter Versager. Drei Wochen und ich habe alles vermasselt. Sei nicht böse, Polly. Sei bitte nicht wütend auf mich.

Polly Hör auf, dich zu entschuldigen. Du bist meine Mutter. Sorg lieber dafür, daß ich mich bei dir entschuldige, für alles, was ich gesagt habe.

Evy Es kommt bestimmt nicht wieder vor, Liebling, ich verspreche es dir.

Polly *heftig* Das mußt du dir versprechen und nicht mir! Ich kann nicht mein Leben leben und deins.
Du mußt den Ton angeben, du mußt hier die Verantwortung übernehmen für den Laden.

Evy Hör mal, jetzt bringst du mich aber allmählich auf die Palme. Warum schreibst du nicht all deine Regeln und Vorschriften fein säuberlich auf ein Blatt Papier, damit ich mich brav danach richten kann. Auf der einen Seite steht, wann ich dich anschreie, und auf der anderen, wann du mich anschreist ... Willst du jetzt hören, was ich heute nachmittag erlebt habe oder nicht?

Polly *kann Evy einfach nicht lange böse sein, lächelt sie an* Was hast du denn heute nachmittag erlebt?

Evy Ich glaube, ich habe einen Job gefunden.

Polly Du machst Sachen! Wo?

Evy Also ... *Sie geht auf und ab.* Ich marschiere ins Kaufhaus, um mich nach einem Geburtstagsgeschenk für Toby umzusehen ... und da treffe ich plötzlich eine alte Freundin von mir, die früher in einer Gesangsgruppe gearbeitet hat ... Vier Pieps und ein Pups oder irgend so was Idiotisches ... Na, wie auch immer, sie kann sich gar nicht lassen über meine fabelhafte neue Figur und fragt mich, was ich zur Zeit mache, und ich erzähle ihr so ein bißchen ... daß ich eine anständige, ehrliche Arbeit suche, am liebsten irgendwo, wo's viele alleinstehende Männer auf einem Haufen gibt, wie z. B. auf einem Flugzeugträger oder irgendwas in der Art ... Du guckst mich so komisch an. Falls du dran gedacht hast, dieses kalte, gelbe Zeug aufzuwärmen, das kannst du lassen.

Polly Ich höre dir zu.

Evy Na gut ... Also, sie erzählt mir, daß sie jetzt nicht mehr in der Branche arbeitet und daß sie mit einem Italiener verheiratet ist, der auf Long Island vier Restaurants besitzt. Und ich denke mir sofort, der Kerl muß ein Gangster sein. Verstehst du, mit einem Restaurant bist du'n Geschäftsmann, aber mit vier Restaurant gehörst du zur Mafia ... Na, ist ja auch egal, jedenfalls hat er auch eins in Garden City, und für das sucht er grade eine attraktive Empfangsdame, die „Guten Abend, hier lang bitte" sagt, mit dem Hintern wackelt und hundertneunzig Piepen pro Woche verdient ... Also habe ich mich gar nicht aus der Ruhe bringen lassen, bin ganz nonchalant auf die Knie gefallen, habe ihr die Schuhe geküßt und die Schenkel geleckt und habe ihr die Pakete aus dem Kaufhaus getragen.

Polly Empfangsdame in einem Restaurant? Würde dir das denn Spaß machen?

Evy Nein, Spaß machen würde es mir, in einem Spezialsalon als Masseuse zu arbeiten, aber da sind leider keine Stellen frei ... Kann ich jetzt meine Geschichte zu Ende erzählen?

Polly Bitte, erzähl sie zu Ende.

Evy Vielen Dank ... Also sind wir um die Ecke gegangen zu Schrafft's, und sie hat mir einen Sherry spendiert. Und dann haben wir da gesessen und geschwatzt wie zwei höhere Töchter – – ich, 'ne ehemalige Säuferin, und sie, eine Nutte, die jetzt mit einem Makkaroni-Joe verheiratet ist ... dann hat sie mir die Adresse aufgeschrieben, und nun soll ich morgen früh um zehn – – *sieht auf einem Stück Papier in ihrer Handtasche nach* – – im Blauen Kakadu in Garden City sein, wo

Lucky Lucianos Neffe sich mit mir unterhalten will. Das alles an einem Tag plus Tätschelung meiner Knie im Omnibus von einem sechsundachtzigjährigen alten Schwachkopf ... Und du sitzt da und willst mir weismachen, daß kein Schwein ...
Sie sieht Polly erwartungsvoll an, in der Hoffnung, daß Polly genauso begeistert und überschwenglich auf ihre Zukunftsaussichten reagiert wie sie selber. Aber Polly starrt sie nur an.
... Was ist los?

Polly ... Du hast einen Sherry getrunken?

Evy *dreht sich um* Oh, Gott.

Polly Warum hast du einen Sherry getrunken?

Evy Weil ihn mir die Kellnerin hingestellt hat.

Polly Niemand stellt einem einen Sherry hin, ohne daß man ihn bestellt hat. Ich verstehe dich nicht.

Evy Ich verstehe dich nicht. Ich komme glücklich und aufgeregt nach Hause gestürzt mit einem ganzen Sack voll guter Nachrichten, und was finde ich hier vor, einen siebzehnjährigen Polizisten! Ich bin nicht blau, und ich bin nicht angesoffen, ich freue mir die Beine aus, daß ich den ganzen Tag aus der Wohnung war und heil wieder hier angekommen bin und außerdem noch die Erfahrung gemacht habe, daß man von mir Notiz nimmt, ja, daß man mich sogar brauchen kann.

Polly Mußt du was trinken, um das zu merken?

Evy Ich war schrecklich verkrampft. Ich hatte Angst, daß ich mir die Sache mit dem Job vermaßle. Also habe ich diesen einen lächerlichen kleinen Sherry getrunken. Hast du jemals bei Schrafft's einen Cocktail getrunken? Die Hälfte davon ist aufs Glas gemalt.

Polly Darum geht es nicht. Du hättest Kaffee trinken können oder Tee oder Milch.

Evy Besten Dank, Herr Doktor, aber Fleisch darf ich essen? ... Ich möcht jetzt nicht mehr darüber reden. Geh nach drüben und arbeite. Wenn du deine Französischprüfung gemacht hast, können wir uns auf französisch darüber weiter unterhalten. Bis dahin bring dich in Form oder auf Trab, oder wie immer man das nennt.

Polly ... Nein, warte mal. *Sieht sie einen Augenblick schweigend an.* Ich find's großartig.

Evy Was findest du großartig?

Polly Na, das von heute. Daß man dir den Job angeboten hat. Wirklich. Wann willst du denn anfangen?

Evy Erstens weiß ich noch gar nicht, ob ich ihn kriege. Und zweitens bin ich mir noch nicht klar darüber, ob ich ihn überhaupt nehme.

Polly *verwirrt* Wozu dann die ganze Aufregung?

Evy ... Weil man mich gefragt hat ... Weil man mich brauchen kann ...

Polly Entschuldige, aber das verstehe ich nicht.

Evy *geht zu Polly und nimmt ihren Kopf in ihre Arme* ... So Gott will, wirst du das hoffentlich nie verstehen ... *Lächelt sie an und bemüht sich darum, etwas liebevoller zu sein.* Paß auf, wie wär's, wenn ich es als Mutter noch einmal versuchen würde. Wenn's wieder schiefgeht, kannst du mich mit hundert Dollar auszahlen, und ich suche mir eine andere Wohnung.

Polly *nimmt Evys Hand* Und wer zieht mich groß?

Evy *zuckt die Achseln* Dann schalte ich dich auf Automatik ... *Geht zurück zu ihrer Einkaufstüte.* Hei, du mußt dich anziehen, aber schnell. Wir geben heute abend eine Party, und die hat schon vor 'ner Viertelstunde angefangen.

Polly Was für eine Party?

Evy Tobys Geburtstag. *Sie holt ein Geschenk aus der Einkaufstüte.* Sie wird heute vierzig. Sie hat versprochen, ihr Make-up runterzukratzen und ihr wahres Gesicht zu enthüllen.

Polly Ich muß arbeiten. Ich habe am Montag eine Chemieprüfung.

Evy Laß sie sausen. Die Männer mögen es sowieso nicht, wenn eine Frau zu gescheit ist.
Sie holt eine Flasche Sekt aus der Tüte. Dabei wirft sie Polly, die sie bedeutungsvoll ansieht, einen Blick zu.
Ich schenke ein! Das ist alles, was ich tue, einschenken!

Polly Und wer kommt?

Evy Jimmy, Marty und Toby.
Evy geht mit der Sektflasche in Richtung Küche, Polly in Richtung Schlafzimmer.

Polly Wie soll ich denn erscheinen? In blauem Chiffon?

Evy Von mir aus in schwarzem Crêpe, solange dein Busen nicht im Freien hängt. *Geht weiter in Richtung Küche.*

Polly *an der Schlafzimmertür* Mutter?

Evy Ja?

Polly Nimm diesen Job nicht an. Dafür bist du zu schade. Warte lieber, bis sich was Besseres findet.

Evy Ich bin froh, daß du das sagst. Außerdem, wer, zum Teufel, weiß schon, wo Garden City ist? ... Mensch, heute abend wollen wir aber richtig feiern. Ich fühle mich allmählich wieder wie in alten Zeiten.

Polly Du, hör mal, das habe ich ja ganz vergessen, dir zu sagen. Wir sind morgen mittag zum Essen verabredet.

Evy *in der Küche, mit den Flaschen beschäftigt* Wer ist zum Essen verabredet?

Polly Wir. Du und ich mit Vater.

Evy läßt in der Küche alles stehn und liegen und erscheint in der Küchentür.

Evy Was für ein Vater?

Polly Mein Vater. Na, du weißt doch, Felicias Mann ... Um zwölf Uhr im Rumpelmayer.

Evy Warum hast du mir das nicht gesagt?

Polly Weil ich dich nie sehe. Jetzt sehe ich dich. Er will mit uns essen, ein bißchen klönen und sehen, wie wir zurechtkommen.

Evy Wir kommen prima zurecht.

Polly Das weiß er. Aber er möchte es eben sehen.

Evy Aha, er will also nachprüfen, in was für einem Zustand ich bin. Lieber Gott, der mustert bestimmt meine Ohren und meine Fingernägel. Die Prüfung bestehe ich nie.

Polly Er will sich nur ein bißchen mit uns unterhalten.

Evy Am Ende will er mir irgendwelche dämlichen Fragen stellen, nach dem Motto, welches ist die Hauptstadt von Bulgarien.

Polly Mach dir deswegen keine Sorgen. Das geht schon klar. Ich muß mich jetzt anziehen. Ach, und sollte er es wirklich tun, die Hauptstadt von Bulgarien ist Sofia. *Sie geht ins Schlafzimmer.*

Evy *bleibt noch einen Augenblick stehen* Das hat mir grade noch gefehlt, eine ärztliche Untersuchung im Rumpelmayer. *Auf dem Weg in die Küche.* Ich hätte heute zwei Sherrys trinken sollen.

Kurze Pause, dann wird an der Wohnungstür geklingelt.

Polly Kannst du sie reinlassen?

Evy *kommt aus der Küche* Wenn ich einen reinlassen könnte, würde ich nicht den ganzen Tag nach einem Job suchen ... Zieh dich an.

Evy geht an die Tür und macht auf. Draußen steht Jimmy, mißgelaunt und mit ausdruckslosem Gesicht. Er geht an ihr vorbei ins Zimmer. Evy macht die Tür zu.

Keinen Kuß? ... Keine Begrüßung? ... Willst du nicht mal einen Blick riskieren? Vielleicht bist du in der falschen Wohnung.

Jimmy setzt sich, ohne den Mantel auszuziehen. Er kaut an seinem Daumennagel. Sein eines Bein fängt an zu zittern.

Evy Wenn du so'n Hunger hast, iß ein paar Erdnüsse.

Er reagiert nicht.

Was ist los? Was ist passiert?

Jimmy *sein Bein zittert weiter* Alles in Ordnung, ich bin nicht mehr aufgeregt, mir geht's ausgezeichnet. ... Ich weiß, mein Bein zittert, aber sonst geht's mir ganz ausgezeichnet.

Evy Warum? Was ist denn?

Jimmy Sie haben die Premiere um einen Tag verschoben. Sie ist jetzt am Dienstag statt am Montag.

Evy Na schön, dann ist sie eben am Dienstag statt am Montag. Was ist daran so tragisch?

Jimmy Und meine Rolle spielt ein anderer Schauspieler. Sie haben mich rausgeschmissen. Dieser kleine Scheißer hat mich rausgeschmissen, drei Tage vor der Premiere.

Evy O Gott!

Jimmy Einfach rausgeschmissen von einem neunzehnjährigen Produzenten, der keine Ahnung hat ... Sieh dir dieses Bein an. Ist dir klar, in was für einem Spannungszustand sich mein Körper im Augenblick befindet?

Evy Oh, Jimmy, nein, das kann nicht wahr sein.

Jimmy Wenn er mich nicht mochte, warum hat er mich dann überhaupt erst genommen? ... Das ganze Ensemble ist erschüttert. Erschüttert, Evy. Drei Tage vor der Premiere.

Evy Es wäre schlimm, wenn sie nicht erschüttert wären.

Jimmy Er hat nicht etwa jemanden beauftragt, es mir zu sagen. O nein, das wollte er selber tun ... Er stand da mit einem albernen Grinsen auf seinem dämlichen Babygesicht und sagte: „Tut mit leid, Jimmy, aber das wird nichts" ... Ein neunzehnjähriger Schnösel, kannst du dir das vorstellen, Evy? ... Zehntausend solcher Kerle ziehen sie jeden Monat ein, und ausgerechnet diesen einen lassen sie da, damit er mein Stück produziert.

Evy Ich bin sprachlos. Wenn ich dir nur helfen könnte.

Jimmy Drei Tage vor der Premiere. Mein Name hat bereits in der Zeitung gestanden. Achtzehn Verwandte von mir rücken zur Premiere hier an. Sechs davon haben mir bereits ein Telegramm geschickt ... Von meiner Tante Rosario ist ein Päckchen mit Süßigkeiten gekommen, und ich habe die Scheißpralinen schon aufgefressen.

Evy O Gott, das halte ich nicht aus. Gibt es denn gar nichts, womit man dir helfen könnte?

Jimmy Das ganze Ensemble wollte aussteigen aus dem Stück, aber das habe ich natürlich nicht zugelassen. Sogar der Regisseur war ganz aus dem Häuschen meinetwegen ... O Gott, ich kriege überhaupt keine Luft mehr vor Aufregung. Ich muß mich erst mal beruhigen, Evy, dann wird's schon wieder.

Evy Ich weiß, wie dir zumute ist. Das schwöre ich dir. Ich weiß genau, wie dir zumute ist.

Jimmy Wirklich, Evy? Weißt du, wie einem als erwachsener Mann zumute ist, wenn man ein Kind anbetteln muß? Ein Kind, verstehst du! ... Ich habe zu ihm gesagt: „Sie sind nicht zufrieden mit mir, okay, ich spiel's Ihnen, wie Sie wollen. Schneller, langsamer, lauter, ich zieh mir ein Kleid an oder rasier mir den Schädel, ich pinkle vor meiner eigenen Familie sogar auf die Bühne, ich bin Schauspieler, geben Sie mir eine Chance, Theater zu spielen" ... Er hat mir einfach den Rücken zugedreht und sich eine Stange Lakritzen ins Maul gestopft.

Evy Jetzt paß mal auf, vielleicht wird das Stück gar kein Erfolg. Vielleicht wird es sogar ein Reinfall, und die müssen nach einer Aufführung den Laden zumachen, dann bist du froh, daß du da raus bist.

Jimmy Was heißt hier vielleicht? Das Stück hat überhaupt keine Chancen. Das ist der ärgste Scheißhaufen, der je auf einer Bühne geraucht hat. Deswegen fühle ich mich ja so gedemütigt. Wenn man mich schon aus so einem Dreckstück rausschmeißt, wer wird mich dann noch für etwas Anständiges haben wollen.

Evy Der soll dich am Arsch lecken, Schätzchen, auf den bist du nicht angewiesen. *Sie umarmt ihn.* Da wird dir bestimmt bald was Besseres angeboten.

Jimmy Wann? Zu Weihnachten? Als Nikolaus im Kaufhaus? *Er macht sich los von ihr.* Weißt du, wem sie meine Rolle gegeben haben? Der zweiten Besetzung. Das ist noch nicht mal ein richtiger Schauspieler, der fährt ein Taxi tagsüber ... Ein puertoricanischer Taxifahrer. Englisch kann er auch nicht. Erst hat er mir vierzehn Tage den Kaffee geholt, und jetzt holt er sich meine Rolle ... Sieh dir bloß meinen Hals an, wie die Schlagader zuckt. Das ist alles Blut, was in den Kopf gepumpt wird. Ich kriege bestimmt eine Gehirnblutung.

Evy Unsinn, du kriegst keine Gehirnblutung.

Jimmy Was soll ich meiner Familie in Jersey erzählen? Meine Schwester bringt meine zwölfjährige Nichte mit. Die geht zum erstenmal ins Theater und hat mich noch nie auf der Bühne gesehen. Die muß ja denken, ihr Onkel ist Puertoricaner. Ich habe mir schon überlegt, ob ich es einfach keinem Menschen sage. Bei der Premiere erscheine ich dann im Theater, marschiere raus auf die Bühne, und wir spielen beide die Rolle. Der eine auf spanisch, der andere auf englisch. Die Kritiker werden begeistert sein.

Evy Du brauchst es mir nur zu sagen. Willst du, daß das Theater in die Luft fliegt, oder willst du, daß der Säugling kaltgemacht wird? Ich habe einen direkten Draht zur Mafia, es wird denen ein Vergnügen sein. *Jimmy hat immer noch seinen Mantel an.*
... Aber ich möchte nicht, daß du so außer dir bist, je-

denfalls nicht heute abend. Heute ist Tobys Geburtstag, und ich brauche dich als Stimmungskanone.

Jimmy *betrachtet seine Hände* Sieh dir bloß meine Finger an. Die Nägel sind ganz blau. Das ist eindeutig eine Gehirnblutung. Da ist irgendwo eine Scheißader geplatzt in meinem Kopf, und ich weiß nicht, wo.

Evy *geht zu ihm und versucht ihm den Mantel auszuziehen* Gib mir deinen Mantel. Los, gib mir deinen Mantel, verdammt noch mal. Oder willst du dir eine Lungenentzündung holen?

Jimmy Das ist mir scheißegal. *Plötzlich verbirgt er das Gesicht in seinen Händen und fängt bitterlich und hemmungslos an zu schluchzen.*

Evy *bricht bei dem Anblick fast zusammen* O Gott, Jimmy, nein, bitte nicht. *Sie ringt vor Hilflosigkeit die Hände.* Jimmy, bitte, das kannst du mir nicht antun ... Hör auf, Jimmy, hast du mich verstanden. Ich kann das nicht aushalten.

Jimmy *schluchzend* Was soll ich denn bloß machen?

Evy Du kannst jetzt hier nicht zusammenbrechen. Ich habe keine Lust, daß mir die ganze Party in die Hose geht. Los, Jimmy ...

Jimmy *immer noch schluchzend* Wem mache ich eigentlich noch was vor, Evy? Aus mir wird nichts, aus mir wird nie was in diesem Beruf.

Evy Mach nur so weiter. Willst du mich ruinieren? Willst du mir das Herz rumdrehen im Leibe? Du weißt, daß ich das nicht verkrafte.

Jimmy Zweiundzwanzig Jahre, und ich warte immer noch darauf, entdeckt zu werden. Ich bin das älteste Nachwuchstalent im ganzen Showgeschäft.

Evy *den Tränen nahe* Jetzt hör mir mal zu, du Stinker, wenn ich anfange zu weinen, dann ist alles aus. Wenn du unbedingt sehen willst, wie es ist, wenn jemand richtig weint, bitte, das kannst du haben. Aber dann kriegst du kein Bein mehr auf die Erde.

Jimmy Wäre ich doch bloß bei meinen Klosettdeckelbezügen geblieben. Ich wäre sicher schon Abteilungsleiter.

Evy Nein, das wärst du nicht. Weil du auf dem besten Wege bist, ein Star zu werden. Und zwar ein ganz großer Star! Bis zum Scheißkerl hast du es doch schon gebracht, es wäre doch jammerschade, wenn man daraus nichts machen würde.

Jimmy *packt Evy und klammert sich an sie* Sag bloß nichts. Sag bloß nichts zu Toby.

Evy Natürlich nicht. Ich verspreche es dir, kein Sterbenswort.

Jimmy Evy, du hast mich auf der Bühne gesehen, du weißt, wie gut ich sein kann. War ich nicht gut, Evy? Sag es mir, ich muß es unbedingt wissen.

Evy Du bist einsame Klasse. Es gibt keinen Besseren. Wenn du auftrittst, wackeln die Wände … Jetzt hole ich dir erst mal was zu trinken. Sollst mal sehen, wenn du was getrunken hast, geht's dir gleich viel besser.

Jimmy Ich bin natürlich nicht Olivier. Aber das habe ich auch nie behauptet.

Evy Ich mag Olivier noch nicht mal. Ich kann ihn die meiste Zeit nicht verstehen.

Jimmy *spricht in die Küche* Kannst du dich noch an die Tournee mit „Barfuß im Park" erinnern oder an die „Heiratsvermittlerin"? Noch nie in meinem Leben habe ich die Leute so lachen hören … Du schon? Sag mal ehrlich, du schon?

Evy *hinter der Bühne* Noch nie in meinem Leben habe ich die Leute so lachen hören.

Jimmy In meinem ganzen Leben habe ich die Leute noch nicht derartig lachen hören … Und ich bin wirklich kein Schauspieler, der nur auf Lacher aus ist. Meine Güte, in was für Stücken habe ich mitgespielt … In „Phädra", „Mutter Courage", den „Nashörnern", im „Balkon", in „Polizeirevier 21" … Mensch, kannst du dich noch an „Polizeirevier 21" erinnern? An den einen Ganoven? Da war ich doch unbeschreiblich.

Evy *hinter der Bühne* Grandios warst du da.

Man hört einen Sektkorken knallen.

Jimmy Wann hast du mich eigentlich in „Polizeirevier" gesehen? Das habe ich doch hier gar nicht gespielt.

Evy *kommt mit einer einer Sektflasche und zwei Gläsern aus der Küche* Du warst so grandios, daß ich es gar nicht zu sehen brauchte.

Sie gibt Jimmy ein Glas. Er nimmt es, ohne mitzukriegen, was er in der Hand hält.

Jimmy Ich habe den Dauphin in der „Heiligen Johanna" gespielt, drei Jahre bevor dieser reiche, neunzehnjährige Knallkopf überhaupt geboren wurde

Evy schenkt erst ihm, dann sich selber ein Glas Sekt ein.

Evy Laß gut sein, der ist das doch gar nicht wert.

Jimmy Ich habe ihn richtiggehend angefleht. Ich habe mich vor dem ganzen Ensemble erniedrigt. Ich hatte plötzlich kein Schamgefühl mehr. Überhaupt kein Schamgefühl, Evy. *Er trinkt.* Meine Mutter wirft sich vor einen Rolls Royce am Premierenabend.

Evy Das ist das Beste, was deiner Mutter passieren kann. *Sie nippt wieder an ihrem Glas.*

Jimmy Ich wünsche keinem Menschen auf der Welt etwas Böses. Ich verfluche auch niemanden. Von mir aus sollen alle Leute glücklich und zufrieden leben ... aber diesem kleinen Scheißer, dem wünsche ich, daß ihm sein Dauerlutscher im Halse steckenbleibt und daß er daran krepiert.

Er trinkt wieder. Evy schenkt ihm nach. Plötzlich fällt sein Blick auf sie, und er begreift, was vorgeht.

... Um Gottes willen, was mache ich da? Ich sitze hier und trinke mit dir. Bist du verrückt geworden? Hast du vollkommen den Verstand verloren? Stell sofort das Glas hin. *Er greift nach dem Glas, aber sie zieht es weg.*

Evy Ich trinke nicht, ich nippe.

Jimmy Du hast bereits ein ganzes Glas leergenippt. Los, gib es her.

Evy Glaubst du, ich stehe hier und sehe zu, wie du einen Nervenzusammenbruch hast, bei einem Glas Sprudelwasser. Ich brauche auch Hilfe.

Jimmy Wenn du es wagst, das Glas noch einmal in die Nähe deines Mundes zu bringen, brauchst du mehr als Hilfe.

Evy *hält das Glas in die Höhe* Gut, ich höre ja auf. Ich hör ja schon auf. *Sie setzt das Glas an die Lippen und trinkt es in einem Zug leer.* Hier! Zufrieden?

Jimmy Warum tust du mir das an? Ich habe heute doch weiß Gott schon genug Kummer gehabt.

Evy Da fängst du als erwachsener Mann an zu weinen und

erwartest von mir, daß ich mich hinsetze und die Zeitung lese? Es tut mir leid, aber ich habe durchgedreht.

Jimmy Du hast nicht durchgedreht, du hast getrunken. Wenn jemand durchdreht, tobt er rum und schreit wie verrückt.

Evy Das tue ich. Ich verspreche es dir. Nächstes Mal, wenn ich wieder durchdrehe. Oder noch besser, erzähl mir deine Sorgen gar nicht erst. Du hast doch eine zwölfjährige Nichte, sag der, was dich bedrückt. Kinder weinen gern.

Jimmy *wendet sich von ihr ab* Ich stehe hier ganz gemütlich und trinke mit ihr. Ich sehe, daß sie ein Glas in der Hand hat, und trinke mit ihr.

Evy *geht um ihn herum, bis sie vor ihm steht, um seine Aufmerksamkeit auf sich zu lenken* Sei nicht böse auf mich. Alle sind sie heute böse auf mich. Sei ein bißchen nett zu mir, dann sollst du mal sehen, was für ein fabelhafter Mensch ich bin.

Jimmy *sieht sie an … gibt nach* Wie kann ich dir böse sein? Du fandst mich grandios in „Polizeirevier 21", obwohl du mich da drin nie gesehen hast. *Er umarmt sie.*

Es klingelt.

Evy *mit gesenkter Stimme* Sag bloß nichts zu Polly. Sag ihr nicht, daß ich was getrunken habe, sag ihr, ich hätte durchgedreht.

Jimmy Mein lieber Mann, in der Laune, in der ich bin, hat mir eine Party grade noch gefehlt!

Evy *ruft laut* Hei, Polly, beeil dich, sie sind da.

Polly *hinter der Bühne* Ich komme mit dem Büstenhalter nicht zurecht.

Evy *an der Tür. Zu Jimmy* Versuch bitte, ein bißchen vergnügt zu sein heute abend. Du brauchst es dann das ganze Jahr nicht mehr.

Jimmy nickt ihr traurig zu. Evy macht die Tür auf. Draußen steht Toby. Sie sieht in ihrem neuen Kleid einfach hinreißend aus. Sie lächelt Evy an.

Donnerwetter, was für eine schöne Frau. Sieh nur, Jimmy. Sieh dir diese schöne Frau an.

Jimmy *lächelt* O ja. Das ist aber wirklich mal eine schöne Frau.

Evy *zu Jimmy* Komm, mein Schatz, geh hin und gib der entzückenden Person einen Kuß.

Jimmy geht an Evy vorbei auf Toby zu und küßt sie auf die Wange.

Jimmy Herzlichen Glückwunsch zum Geburtstag, mein Schätzchen.

Toby *lächelt* Danke. *Sie spricht leise.*

Evy geht auf Toby zu.

Evy Herzlichen Glückwunsch, schöne Frau. *Sie umarmt Toby.*

Toby Danke, Evelyn. *Sie geht zur Couch, setzt sich und öffnet ihre Handtasche.*

Evy *sieht hinaus auf die Treppe* Ist Marty nicht mitgekommen?

Toby Nein.

Jimmy schließt die Tür.

Evy … Kommt er später?

Toby *damit beschäftigt, ihr Gesicht zu pudern* Ich glaube nicht.

Evy *sieht erst Jimmy an, dann Toby* Was heißt, du glaubst nicht? Weißt du es nicht?

Toby Doch, ich weiß es. Er kommt auch nicht später. *Schaut sich um.* Ist Polly nicht da?

Evy Was, er kommt nicht zu deiner Geburtstagsparty? … Willst du mir erzählen, daß er heute Abend arbeitet?

Toby Nein, er arbeitet nicht. Er konnte einfach nicht kommen zu meiner Geburtstagsparty. *Sie holt ihre Puderdose aus der Tasche und fängt wieder an, ihr bereits stark gepudertes Gesicht zu pudern.*

Evy Warum nicht?

Toby … Ja, Gott, ich habe nicht alles mitgekriegt, was er gesagt hat … weil er so beschäftigt war mit Packen … aber es sieht ganz so aus, als ob sich Marty scheiden lassen wollte.

Sie lächelt die beiden an, als ob sie ihnen nichts Aufregenderes erzählt hätte, als daß es draußen regnet … Jimmy und Evy starren sie entgeistert an. Plötzlich legt Toby eine Hand auf die Augen, um den Tränenstrom, der hervorzubrechen droht, aufzuhalten, aber man hört einen schwachen Seufzer von ihr.

… Ist da noch irgendwas zu essen im Eisschrank? Sie steht auf und geht schnell in die Küche, um dort ihren Tränen freien Lauf zu lassen.

Jimmy *wirft einen Blick zur Decke und schlägt die Hände zusammen* Ach, du lieber Gott! Was stehst du da herum? Sag irgendwas zu ihr. Tu doch irgendwas.

Aber Evy rührt sich nicht vom Fleck.

Toby! Toby!

Er stürzt Toby nach in die Küche. Evy dreht sich um und wirft einen raschen Blick durchs Zimmer. Als sie sieht, daß sie unbeobachtet ist, schenkt sie sich schnell ein Glas Sekt ein. Sie leert das Glas hastig und stellt es dann wieder hin. Polly kommt aus dem Schlafzimmer. Sie sieht reizend und weiblich aus.

Polly *mit ausgebreiteten Armen* Herzlichen Glückwunsch zum Geburtstag! *Schaut sich um.* Wo ist denn das Geburtstagskind?

Evy *macht eine Bewegung zur Küche hin* Da drin mit dem großen amerikanischen Schauspieler.

Polly Kann ich so bleiben?

Evy *niedergeschlagen* Rechne bloß nicht mit großem Applaus.

Jimmy kommt aus der Küche.

Jimmy Es geht schon wieder. Laß ihr noch einen Augenblick Zeit. *Zu Polly.* Hallo, mein Engel. Mensch, was bist du schick.

Polly *strahlend*

Das will ich zu deiner Premiere anziehen, genehmigt?

Jimmy wirft Evy einen Blick zu und wendet sich dann ab. Polly sieht die beiden an, dann zu Evy.

Ich spüre eine gewisse Nervosität hier. Gehe ich recht in der Annahme, daß man auf dieser Party nervös ist?

Evy Und jetzt ist es erst zehn nach neun.

Toby kommt aus der Küche, sie wirkt gefaßt.

Toby Ich bin ganz entzückt von dem Kuchen, Evy. Das ist ja ein himmlischer Kuchen … Oh, Polly, wie goldig. Wie goldig und hübsch siehst du aus. Genau wie ich früher.

Polly *geht auf sie zu* Herzlichen Glückwunsch, Toby.

Sie küssen einander.

Toby Danke, mein Liebling. Wie schön, dich mal wiederzusehen. Man sieht dich ja nie mehr. Ich habe mich ganz schrecklich darauf gefreut, dich heute abend zu sehen und mich mal wieder ein bißchen mit dir zu unterhalten. Wir kommen ja nie mehr dazu, uns miteinander zu unterhalten. Würdest du uns entschuldigen, Liebling, ich muß unbedingt mit deiner Mutter sprechen.

Polly *verwirrt* Jetzt?

Evy Ja, jetzt.

Polly *zuckt die Achseln* Also gut, dann lerne ich eben weiter Französisch. Ruft mich, wenn die Feier beginnt. *Sie geht ins Schlafzimmer.*

Toby Sie wird eine richtige Schönheit, Evy. Nichts ist wichtiger im Leben einer Frau als ihre Schönheit …
Pause, keiner sagt etwas.
… Interessiert euch meine Scheidung?

Jimmy Das ist nicht dein Ernst. Ihr habt euch gestritten. Ihr hattet eine kleine Auseinandersetzung, aber mehr auch nicht, habe ich recht?

Toby Nein, wir wollen uns scheiden lassen. Jetzt, im Augenblick, wo wir hier miteinander sprechen, ist er bei seinem Bruder, einem Rechtsanwalt, um sich von ihm beraten und von seiner verständnisvollen Schwägerin bemitleiden zu lassen. Sie ist ziemlich erfahren in puncto Mitleid, weil sie nämlich zwei riesige Warzen auf der Nase sitzen hat … Mir geht's ausgezeichnet. Ganz ausgezeichnet sogar. Wirklich.

Evy Was ist passiert heute abend? Aber erzähl mir jetzt nicht, was du anhattest, sondern nur die Einzelheiten.

Toby Es gibt keine Einzelheiten. Er will sich schlicht und einfach scheiden lassen … Hast du vielleicht ein paar belegte Brote für mich, ich habe in der Aufregung ganz vergessen, etwas zu essen.

Evy Hast du ihn im Flughafenhotel mit einer schwedischen Stewardeß erwischt?

Toby Das wäre mir doch egal. Und wenn ich ihn im Haus seines Bruders mit seiner Schwägerin erwischt hätte … oder mit seinem Schwager im Haus seiner Schwester … Es ist keine andere Frau.

Jimmy Was ist es dann?

Toby … Ich muß unbedingt etwas trinken.

Evy *zu Jimmy* Die Damen brauchen einen Drink.

Jimmy *rasch* Ich mache das.

Er geht schnell dahin, wo Evy die Sektflasche hat stehenlassen, holt sie und schenkt Toby ein Glas ein.

Toby *holt tief Luft* Er ist gewöhnt an mein Gesicht. *Sie ist sichtlich verwundet, versucht aber krampfhaft, nicht zu zeigen, wie tief verletzt sie ist.*
... Mein Gang, mein Blick,
mein Leid, mein Glück ...
Das ist ihm alles so vertraut ... und ich glaube beinah, auch mein Haar langweilt ihn ein bißchen. *Sie sieht die beiden an, zwingt sich zu einem Lächeln und trinkt einen kleinen Schluck Sekt.* ... Er ist mir zugetan ... Er ist mir ergeben ... Er ist mir auch sehr verbunden ... aber er hat große Schwierigkeiten, mit mir zu schlafen. Aus einem unerklärlichen Grunde ... „unerklärlich", so nannte er es ... hat er überhaupt kein Verlangen, mir sexuelle Avancen zu machen ... Er tut es, aber er hat kein Verlangen danach ... Er kommt sich dabei vor, als ob er von hinten „geschoben" würde ... Er ist nicht müde ... er ist nicht überarbeitet ... er hat keine Sorgen ... er hat mich ganz einfach – – „satt". So möchte ich es nennen.

Jimmy *möchte ihr etwas Tröstliches sagen* Toby, aber um Gottes willen – –

Toby Wußtet ihr, daß man mich 1950 an der Universität von Michigan zur Schönheitskönigin gewählt hat? ... Ein vielumschwärmter Nationalspieler wollte damals sein Pokalspiel sausenlassen für eine einzige Nacht in meinen Armen ... Und als ich 1951 an der Uni von Süd-Californien weiterstudierte, haben sie mich sofort wieder zur Schönheitskönigin gewählt ... Ich kriegte durchschnittlich fünfzehn Anträge pro Woche ... darunter mindestens zwei vom Lehrkörper ...

Evy Toby, bitte ...

Toby Als ich sechzehn war, hat mir die Paramount einen Sieben-Jahres-Vertrag angeboten. Sie wußten genau, daß ich unbegabt bin, das hat sie überhaupt nicht gestört. Sie sagten, so wie ich aussähe, spielte das gar keine Rolle ... Als ich siebzehn war, ist ein verheirateter Psychiater aus Los Angeles mit seinem Auto gegen einen Baum gefahren, nur weil ich keine Lust hatte, mit ihm zu telefonieren. Das könnt ihr alles in meinen Tagebüchern nachlesen.

Evy Toby, bitte hör auf.

Toby Als ich neunzehn war, hatte ich eine Liaison mit dem Sohn des größten Buchverlegers der Welt --- Mit zwanzig hatte ich die Liaison mit dem Verleger selber ... Der Sohn hat gedroht, seinen Vater umzubringen, aber da hatte ich schon längst eine Liaison mit dem jüngsten Dirigenten der Welt.

Evy Um Gottes willen, Jimmy, sag du doch mal etwas zu ihr.

Toby *steigert das Tempo* Als ich dreiundzwanzig war, habe ich mit einem Mitglied des englischen Königshauses geschlafen. Versteht ihr, geschlafen, und zwar im englischen Königshaus ... Dann gibt's da noch einen Senator, der lebt heute in Washington, der stimmt, wie ich will, wenn ich nur einen einzigen Vormittag bei ihm in Washington verbringe. Mich haben mehr Männer umschwärmt, geliebt und begehrt, und zwar die einflußreichsten Männer der Welt, darunter Künstler, Politiker und Wissenschaftler, als jede andere Frau, der ich in meinem Leben begegnet bin ... und dieser Scheißfernsehhändler mit seinen lumpigen sechzehnhundert Dollar im Monat erzählt mir, daß er nicht mehr an mir interessiert ist?? ... Dann soll er abhauen, ich brauche ihn nicht!! *Sie fängt hemmungslos an zu schluchzen.* Evy ... Evy ...! *Evy ist außer sich darüber, daß sie Toby nicht helfen kann.*

Evy *geht auf und ab* Jimmy, tu irgend etwas, oder ich bringe mich um.

Jimmy geht schnell zu Toby, setzt sich zu ihr auf die Sessellehne und legt tröstend den Arm um sie.

Jimmy Schon gut, Toby, ist ja schon gut.

Toby *sieht hoch zu Jimmy* Ich bin immer noch schön, und ich bin immer noch begehrenswert, ganz gleich, wie alt ich bin.

Jimmy Lieber Gott, natürlich bist du das! ... Evy, gib ihr noch etwas zu trinken.

Toby *zu Evy* Das mußt du doch zugeben, Evy, keine Frau hat sich so gepflegt wie ich.

Evy holt die Sektflasche.

Gut, ich werde heute vierzig, aber meine Haut ist noch so zart und weiß wie mit sechzehn.

Jimmy Komm, trink das mal, Toby, dann wird's dir gleich besser gehen.

Toby Als wir letzten Sommer zwei Monate an der Küste waren, hat die Sonne nicht ein einziges Mal meinen Körper berührt … Ich hatte am Strand mehr an als im Januar hier in New York … Und in Acapulco letztes Jahr haben mich die Mexikaner für eine Art weiße Göttin gehalten. Sie haben sich auf der Straße vor mir verbeugt. Erinnerst du dich noch, Jimmy, daß ich dir die Geschichte erzählt habe?

Jimmy Jaja, ich erinnere mich an die Geschichte.

Toby *wieder zu Evy gewandt* Vergangenen Dezember in Los Angeles hat mich der Verlegersohn, mit dem ich damals die Liaison hatte, im Beverly Hill Hotel angerufen. Er konnte es gar nicht abwarten, mich wiederzusehen. Dann besuchte er mich, und wir haben in der Bar ein paar Cocktails miteinander getrunken … Er sah aus wie mein Vater. Wie mein Vater, Evy … Und dann kam der Ober an unseren Tisch, und dieser Ober – ich schwöre euch, das ist die Wahrheit, sonst will ich hier auf der Stelle tot umfallen –, dieser Ober fragte mich nach meinem Personalausweis … dabei liegt die Grenze in Californien noch nicht mal bei einundzwanzig, sondern bei achtzehn Jahren … gut, ich weiß, es ist dunkel da in der Bar, aber so dunkel nun auch wieder nicht.

Jimmy *zu Evy, als ob er damit Toby helfen wollte* Das stimmt, das kann ich bezeugen, ich bin selber schon da gewesen.

Toby *trinkt noch einen kleinen Schluck Sekt* Ich bin bestimmt nicht dumm, das weiß ich. Ich bin viel gereist, belesen, gebildet und habe an zwei Universitäten studiert … Ich habe phantastische Gespräche geführt mit einigen der brillantesten Männer der Welt … aber was Männer an einer Frau am meisten bewundern, ist Schönheit und Weiblichkeit. Das ist wahr, Evy, du kannst es mir glauben. *Zu Jimmy.* Jimmy, ist das nicht das erste, worauf ihr Männer bei einer Frau achtet?

Jimmy *zögernd* Ja, ich glaube schon.

Toby *wieder zu Evy* Ich weiß, daß ich eitel bin, Evy, ich habe nie einen Hehl daraus gemacht. Ich beschäftige mich den ganzen Tag über mit mir selber, mit meinem Gesicht und meinem Körper. Ich schlafe morgens lange, damit ich keine roten Augen bekomme ... ich bade zweimal täglich in Regenwasser, ich kaufe die teuersten Cremes der Welt, und zweimal die Woche kommt vom anderen Ende der Stadt ein Japaner zu mir, um mir die Füße zu pflegen. Hast du das gewußt, Evy?

Evy nickt. Toby wendet sich an Jimmy.

Du?

Jimmy Ich wußte nicht, daß er Japaner ist.

Toby Ich schwöre es dir. Er sagt, ich hätte Füße wie eine orientalische Frau. Kannst du dir vorstellen, Evy, daß man in einem Provinznest zur Welt kommt mit den Füßen einer orientalischen Frau? Aber ich habe das alles nie für mich selber getan ... Martin hat es von mir erwartet, wenn er spätabends nach Hause kam, so wie es alle Männer von einer Frau erwarten ... daß sie schön ist und weiblich ... Aber das kann ich dir schriftlich geben, Evy, wenn Martin nicht mehr daran interessiert ist ... dann wird irgendwo, und zwar bald, irgend jemand anders daran sehr ... sehr ... sehr interessiert sein!

Ihre Stimme ist immer langsamer und zum Schluß fast unhörbar geworden ... Im Zimmer herrscht ein langes, angestrengtes Schweigen.

Evy *unterbricht die Stille* ... Aus rein medizinischen Gründen muß ich jetzt ein Glas trinken. *Sie will sich die Flasche nehmen.*

Jimmy *warnend* Evy!

Evy Ich wiege zur Zeit nur noch hundertfünfundzwanzig Pfund, aber solltest du den Versuch machen, mich daran zu hindern, bringe ich dich um ... Himmel noch mal, ich will ja nur ein Glas.

Jimmy Du hattest bereits ein Glas.

Evy Das war für deine Geschichte. Jetzt brauche ich eins für ihre. *Sie schenkt sich ein Glas Sekt ein.*

Toby *sieht sich im Zimmer um, als ob sie ihre Umgebung zum erstenmal wahrnähme* Was ist los? Was geht hier vor?

Evy Gar nichts ist los, aber jetzt soll es gleich losgehen … Jeder von uns hat eins aufs Dach gekriegt, trotzdem wird jetzt Geburtstag gefeiert … und es ist mir scheißegal, ob das Haus abbrennt, heute wird ein Faß aufgemacht. *Sie trinkt schnell ihr Glas leer, dann hält sie die Flasche hoch und mustert sie.* Wir brauchen eine neue Flasche. *Ruft laut.* Hei, Polly, das Fest beginnt!

Toby *nimmt ihre Sachen*
Ich bleibe nicht, ich wollte nur mal mit jemandem reden.

Evy Keiner verläßt das Lokal, bis wir allesamt glücklich sind. Setz dich hin, verdammt noch mal, und sauf dein Glas leer. *Trinkt wieder. Der Sekt tut allmählich bei Evy seine Wirkung. Da sie Alkoholikerin ist, braucht sie nicht viel davon zu trinken, und die Wirkung ist um so stärker.* Mensch, was seid ihr für trübe Tassen.

Polly kommt aus dem Schlafzimmer.

Polly *mit einem strahlenden Lächeln* Na, dann mal los. Mit wem tanze ich?

Evy *zeigt auf Polly* Bitte, so jemanden müßt ihr zu einer Party einladen. *Zu Polly.* Bis jetzt sind wir beiden die einzigen Tänzer, mein Schatz, aber wir werden den Laden schon in Schwung bringen. Leg mal eine von deinen Platten auf, ich hole uns inzwischen noch was zu trinken. *Auf dem Weg in die Küche.* Aber bitte nicht diese dämlichen Volkslieder, ich will richtige Musik hören, verstanden, mein Engel. *Sie geht in die Küche.*

Polly *sieht ihr nach* Was ist denn nun los? Fehlt ihr irgendwas?

Jimmy Nein, gar nichts. Alles in Ordnung.

Toby Ich muß sie irgendwie durcheinandergebracht haben. Meinst du, ich habe sie durcheinandergebracht, Jimmy?

Jimmy Nicht du alleine. Jeder von uns. Wir bringen uns alle gegenseitig durcheinander. Schöne Freundschaft ist das …

Polly Heute nachmittag hat sie bei Schrafft's einen Sherry getrunken. Hat sie euch das erzählt?

Jimmy Bei Schrafft's? Wer zum Teufel fängt schon bei Schrafft's an zu saufen?

Toby Ich hätte ihr das alles nicht erzählen sollen. Ich hätte sehen müssen, wie aufgeregt sie ist.

Die beiden sehen besorgt zur Küche hinüber. In der Küche knallt ein Korken. Evy kommt mit einer geöffneten Sektflasche heraus.

Evy Mistsekt, billiger. Das Geräusch habe ich mit der Zunge machen müssen ... So, und nun mal alle die Gläser hoch ... *Sie sieht erst den stummen Plattenspieler, dann Polly an.* Möchtest du das nicht etwas lauter stellen?

Polly *will ihr die Flasche wegnehmen* Komm, laß mich einschenken, Mutter.

Evy Ooh, habt ihr das gehört? Mutter sagt sie zu mir. Wenn ich mir eins zu verschaffen weiß, dann ist es Respekt.

Toby Evy, mach dir bitte keine Gedanken mehr über das, was ich vorhin gesagt habe. Das wird schon alles wieder gut, ganz bestimmt.

Evy Nein, nein, du hast ein echtes Problem, das besteht darin, daß Marty nur zweimal am Tag mit dir pennt. Wenn ich du wäre, würde ich mich umbringen. *Sie schenkt Toby ein Glas Sekt ein.*

Toby *verlegen* Evy, bitte, können wir das nicht später erörtern?

Evy Nanu, was ist denn los? Bist du besorgt um Polly? Um meine Polly? Du hast ja keine Ahnung von der heutigen Jugend. *Sie legt den Arm um Polly.* Die könnte dir jetzt eine Vorlesung über Sex halten, daß dir die Haare einzeln ausfallen würden. *Zu Polly.* Habe ich recht, Polly? Das ist doch wahr, nicht?

Polly zwingt sich zu einem Lächeln und zuckt die Achseln.

Jimmy Dürfte ich bitte die Flasche haben?

Evy Meinst du, die Jugendlichen verschaffen sich heute ihre sexuellen Erfahrungen noch so wie wir früher? Im Auto auf dem Rücksitz? Nein, meine Liebe, heute macht man das mit Schulfernsehen --- *Zu Polly.* -- hab ich recht? Demonstrationen am lebenden Objekt. Ein Hilfslehrer und eine Hilfslehrerin führen es im Turnsaal vor, und die Kinder machen sich Notizen. Stimmt doch, nicht?

Polly *lächelt verlegen* Ja, das stimmt.

Evy Bitte, es stimmt. Polly hat eine sechzehnjährige Schulfreundin, die hat sich als Hausaufgabe anbuffen lassen. Erzähl ich was Falsches? He, du?

Polly *schwach* Nee.

Evy *schenkt sich ein und trinkt. Sie lacht* Mensch, ist das komisch. *Keiner außer ihr lacht.* Nun guck bloß mal an, wie komisch ihr das findet ... Das ist vielleicht 'ne umwerfende Party. Nachher holen wir uns ein Konservierungsmittel und balsamieren uns gegenseitig ein. Nimm dir ein Glas, Polly, du mußt mit Toby anstoßen.

Polly *will ihr die Flasche wegnehmen* Kann ich mir bitte selber einschenken?

Evy *hält die Flasche fest* Was ist denn los, traust du mir nicht? Ein Glas, mehr will ich ja gar nicht trinken ... Meine Tochter macht sich Sorgen um mich. *Sie legt wieder einen Arm um Polly.* Wißt ihr überhaupt, wie das ist, wenn man eine Tochter hat, die sich Sorgen um einen macht? Das ist die größte und einzige Freude, die es gibt auf der Welt ... Jaja, auf der Welt ... *Zu Toby.* Laß du dir nur von einem Japs die Zehen kitzeln, mir ist eine Tochter, die sich Sorgen um mich macht, tausendmal lieber. *Sie trinkt wieder und fängt nun allmählich an, Gleichgewicht und Kontrolle zu verlieren.* Dabei verdiene ich das noch nicht mal. Sei ehrlich, Polly, ich verdiene es nicht. Als Kind hast du den Fahrer von euerm Schulbus öfters als mich, stimmt's?

Jimmy Polly, willst du nicht den Kuchen holen?

Evy Laß gut sein, Polly und ich, wir verstehen uns. Wir beide haben ein Abkommen miteinander. Sie löchert mich nicht mit der Vergangenheit, und ich löchere sie nicht, weil sie keine Unterwäsche trägt.

Toby Evy, hör auf, du machst sie ja ganz verlegen.

Evy Aber nein. Mache ich dich verlegen, mein Herz? Ich mache dich doch nicht verlegen?

Polly *gutmütig* Du kannst mich gern verlegen machen, wenn ich dafür dein Glas haben darf.

Evy *bringt ihr Glas vor Polly in Sicherheit, überhört aber ihre Bemerkung* Siehst du, ich mache sie nicht verlegen. Ich wollte damit auch nur sagen, daß sie ein schönes Mädchen ist. Wenn du sie nackt schlafen gesehen hättest, dann würdest du dich umbringen, Toby. Alles an ihr ist straff. Kannst du dich noch daran erinnern, was „straff“ ist? Nee, das kannst du nicht!

Polly *mit einem gezwungenen Lächeln* Also, jetzt machst du mich verlegen.

Evy *redet unbeirrt weiter* Der Körper einer jungen Frau ist das größte Werk unseres Schöpfers. Sicher, er hätte ihn so machen können, daß er sich länger hält, aber man kann eben nicht alles haben.

Toby Evy, heute ist mein Geburtstag, und du machst mich nicht besonders glücklich. Wir wollen jetzt lieber nichts mehr trinken.

Evy Nun seid mal ein bißchen ausgelassen, Kinder. Das ist hier ja wie auf 'ner Beerdigung. Los, jetzt wird eine Rede gehalten. Eine Rede auf meine Freundin Toby. Jimmy, das machst du. Du bist der Festredner ... Alle mal herhören, jetzt wird eine Rede gehalten.

Jimmy Evy, ich glaube nicht, daß hier jemand für so was in Stimmung ist.

Evy Na, los doch, dann bring sie in Stimmung. Du hast doch sonst nichts zu tun. Du arbeitest doch nicht.
Er läßt sich widerstrebend von ihr in die Mitte des Zimmers schieben.

Jimmy Ich eigne mich für so was nicht besonders. Ich weiß immer nicht, was ich sagen soll.

Evy So, und jetzt mal alle hoch die Gläser.
Sie steht neben Polly. Evy ist sich der Spannung, die im Raum herrscht und die sie selbst verursacht, nicht bewußt. Unter dem Einfluß des Alkohols bewegt sie sich jetzt in ihrer eigenen Welt.

Jimmy *hält sein Glas hoch* Unserer Toby ... die wir alle lieben und verehren, alles Gute zum Geburtstag.

Polly Alles Gute, Toby.
Alle trinken.

Toby Vielen Dank.

Evy ... War das etwa die ganze Rede? Das klingt ja, als ob sie an Leukämie gestorben wäre. „Unsere teure Entschlafene, Toby Landau, die wir alle liebten und verehrten, möge sie ruhen in Frieden.“ ... Sie lebt, verdammt noch mal, sag ihr, was für'n tolles Weib sie ist.

Toby Es war eine schöne Rede, Evy ... und ich bin sehr gerührt.

Evy ... Du bist ein ganz tolles Weib, Toby, ich möchte, daß du das weißt. Die einzige, die mich im Krankenhaus besucht hat. Das werde ich dir nie vergessen ...

Toby Evy, hör auf, sonst fange ich wieder an zu weinen.

Evy Das ist mir egal, und wenn du durch den Hintern Dixie pfeifst, ich sage dir, daß ich dich liebe ...
Toby sieht Polly an.
Ach Gott, ach Gott, entschuldige, Polly, Mutter ist unartig gewesen. *Sie schenkt sich wieder Sekt nach.*

Jimmy Evy, würdest du mir bitte die Flasche geben?

Evy Wenn sie leer ist, mein Engel.

Polly Mutter, soll ich jetzt den Kuchen holen?

Evy Ich sag's dir schon, wann du den Kuchen holen sollst. Im Augenblick habe ich noch keine Lust darauf. Warum, zum Teufel, habt ihr es mit dem Kuchen so eilig. Der ist nicht gemietet. Ich habe ihn richtiggehend gekauft ... Im Augenblick bin ich dabei, Toby zu sagen, wie sehr ich sie liebe. *Sie deutet mit der Hand, in der sie ihr Sektglas hält, auf Toby. Der Sekt schwappt über auf Tobys Kleid.* Ach du lieber Gott, entschuldige bitte ... *Sie versucht, den Sekt mit der Hand wegzuwischen.* Jetzt habe ich dir die Muschi begossen, ausgerechnet an deinem Geburtstag muß mir das passieren. Polly, holt mal schnell ein Kleenex oder sonst irgendwas.

Toby Laß doch, das trocknet wieder.

Evy Das ist ruiniert. Dein Zweihundertfünfzig-Dollar-Kleid ist ruiniert. Weißt du was, ich gebe dir dafür meinen Nerzmantel. Für den habe ich 1941 dreitausendzweihundert Piepen hinlegen müssen, vier Dollar kannst du heute bestimmt noch dafür kriegen, und den Rest zahle ich dir in wöchentlichen Raten. *Sie reibt immer noch an Tobys Kleid herum.*

Toby Nun laß es doch gut sein, Evy, das ist ein altes Kleid.

Evy Im Ernst? Dann kaufe ich es dir ab. Was willst du dafür haben? Zwanzig Dollar? Mehr ist es schließlich nicht wert mit dem Sektfleck vorne drauf.

Jimmy Polly, warum holst du uns nicht den Kuchen?

Evy *schreit* Keiner rührt mir den Kuchen an! Auf dieser Party bin ich Protokollchef ...

Toby Evy, bitte, hör auf zu trinken.

Jimmy Evy, zum letzten Mal in aller Freundschaft, stell das Glas weg.

Evy Das tue ich doch. Das tue ich doch schon die ganze Zeit. *Sie geht auf Toby zu.* ... Hör mal, du, ich habe eine erstklassige Idee. Warum zieht ihr beiden nicht zu uns? Wir brauchen doch sonst niemand ... Dann wären wir vier Mädchen ganz unter uns. Was hältst du davon?

Toby *kurz vor dem Zusammenbruch* Ich muß jetzt gehen, Evy. *Sie geht durchs Zimmer.* Vielen Dank für die Party.

Evy Was für eine Party? Nennst du die zwei gesalzenen Erdnüsse und eure Heulerei, nach der du mich jetzt hier sitzenläßt, vielleicht eine Party?

Toby Evy, ich kann hier nicht bleiben und zuschauen, was passiert. *An der Tür.* Polly, paß auf sie auf. Ich rufe dich morgen früh an ... *Zu Evy.* Evy, wenn ich hier an allem schuld bin, dann tut es mir leid. *Sie bringt kein Wort mehr heraus, sondern dreht sich um und läuft hinaus.*

Evy *ruft ihr nach* Warte doch einen Moment. Dein Geschenk. Ich habe dir dein Geschenk noch gar nicht gegeben. *Sieht auf.* Polly, los, hol sie zurück.

Polly Sie ist weg, Mutter.

Evy *geht ausgelassen auf Jimmy zu* Ich glaube, das ist Ihr Tanz, Mr. Wienerwald, und ganz nebenbei könnte ich mir die Finger schlecken nach Ihrem Hähnchen.

Jimmy Evy, Evy, du blöde Nutte.

Evy Hei, hei, paß mal ein bißchen auf, was du redest. Ich hab hier eine Tochter irgendwo.

Jimmy Warum führst du dich dann so auf in ihrer Gegenwart?

Polly Jimmy, ist ja schon gut.

Jimmy Das ist eben nicht gut. Sie ist betrunken und widerlich, und alles ist ihr scheißegal jetzt. Dann geh doch zum Teufel, mir soll es recht sein. Los, mach weiter. Sauf die Flasche leer. Von mir aus kannst du die ganze Scheißkiste leersaufen.

Evy Na schön, Dicker, mit deinem Gequatsche hast du dich grade um eine Premierenparty gebracht.

Jimmy Und du hast dich mit deiner Sauferei grade um zwei Freunde gebracht. Ich will dich nicht mehr sehen,

Evy. Das schwöre ich bei Gott. Ich habe es satt. Jetzt langt's mir ein für alle Male, ich habe die Nase voll ... Gute Nacht, Polly, entschuldige bitte. *Er geht schnell zur Tür.*

Evy Wie wär's mit einem kleinen Abschiedskuß? *Sie packt ihn am Arm.* Komm her, einen kleinen Kuß auf den Mund. Das kommt in alle Zeitungen.

Jimmy Laß mich los, verdammt noch mal!

Er reißt sich los von Evy und läuft hinaus, die Tür bleibt offen. Evy stürzt zur Tür und schreit ihm nach.

Evy *flehend* Jimmy! ... Jimmy, komm zurück, es tut mir leid ... Jimmy, verlaß mich nicht, du bist der einzige Mann in meinem Leben.

Aber er ist weg ... Sie kommt zurück in die Wohnung und versucht, sich vor Polly zusammenzunehmen.

Wie wär's, wenn wir jetzt den Kuchen holen?

Polly Ich habe keinen Hunger. Ich muß noch was arbeiten. Aufräumen tue ich dann später.

Evy Ach so, du bist wütend auf mich. Ich weiß zwar nicht, was ich gemacht habe, aber du bist wütend auf mich, stimmt's?

Polly Ich bin nicht wütend auf dich, Mutter.

Evy Was dann? Schämst du dich? Schämst du dich deiner süßen, kleinen, alten Mutter, weil sie zwei winzige Gläschen billigen Sekt getrunken hat?

Polly Ich schäme mich auch nicht.

Evy Was ist dann mit dir los?

Polly Du tust mir leid ... Du tust mir ganz einfach leid.

Sie sieht Evy an, dann geht sie langsam ins Schlafzimmer und macht die Tür hinter sich zu.

Evy steht da.

Evy *laut* Ich tue dir leid? Wieso? Du brauchst mich nicht zu bedauern. Dein beschissenes Backfischmitleid habe ich nicht nötig. Mir geht es phantastisch, Baby, falls du das noch nicht gemerkt hast. Ich habe es mich zweitausendsiebenhundert Piepen kosten lassen, daß ich jetzt so mager bin und so prima in Form, daß ich jeden alten Drecksack hier in der Gegend haben kann. *Spricht auf einmal leiser.* Oh, mein Gott, Polly, es tut mir leid ... *Geht an die Schlafzimmertür.* Polly, sei mir bitte nicht böse ... Los, komm raus, dann feiern wir eben alleine weiter ... Paß auf, ich mache uns ein bißchen Musik. *Sie geht zum Plattenspieler.* Auf Wunsch einer einzelnen Dame spiele ich jetzt eine von meinen alten Nummern. *Sie zieht ihre Langspielplatte heraus.* Komm, Schätzchen, komm her und hör dir an, wie deine Mutter gesungen hat, als sie noch ein großer Star war. *Sie legt die Platte auf den Plattenteller.* Na ja, vielleicht nicht grade ein großer Star ... Aber immerhin haben sie in der Theaterkantine mal einen Sandwich nach mir genannt ...

Die Musik beginnt ... Man hört Evy singen ... Sie steht da, hört zu und trinkt Sekt.

Nicht übel, was? ... Gar nicht übel ... Es ist nicht grade umwerfend, aber es ist auch nicht übel ... *Sie singt mit und schaut sich dabei im Zimmer um.* Soviel Publikum hab' ich früher ungefähr auch gehabt. *Sie geht wieder zur Schlafzimmertür.* Polly, bitte komm raus ... Ich hab keine Lust, mir ganz allein zuzuhören ... Polly? *Keine Antwort. Sie sieht das Telefon an.* Und ich werde mir auch nicht ganz alleine zuhören ... *Sie geht zum Telefon ... holt tief Luft und wählt. Ins Telefon.* ... Hallo? Lou? Bist du allein? ... Rate mal, wer dich besuchen möchte.

Der Vorhang fällt

Dritter Akt

Am folgenden Morgen gegen elf Uhr. Es ist Samstag. Polly sitzt auf der Klavierbank und sieht blicklos und besorgt vor sich hin. Toby hat einen Kamelhaarmantel über den Schlafanzug gezogen und sitzt, nervös rauchend, auf einem Stuhl.

Toby Ich bin nicht im geringsten beunruhigt.

Polly Das erzählst du mir jetzt seit heute morgen um acht, Toby.

Toby *stößt wieder heftig den Rauch aus* Ihr ist nichts passiert. Das hat sie schon öfter gemacht. Deshalb bin ich auch nicht beunruhigt.

Polly Und warum hast du dann neun Zigaretten geraucht, seit du hier bist?

Toby Ich habe andere Sorgen als das Verschwinden deiner Mutter. *Stößt den Rauch aus.* Wenn ich Nikotinflecken auf die Zähne kriege, verzeihe ich ihr das nie.

Polly Verschwindet einfach und bleibt die ganze Nacht weg, ohne ein Wort zu sagen. Verdammt noch mal, wo kann sie denn nur sein?

Toby Bitte nicht fluchen. Das würde deiner Mutter gar nicht gefallen ... Du solltest jetzt lieber ein bißchen schlafen, mein Herz. Sonst kriegst du am Ende noch so kleine, häßliche, verschwollene Ringe unter die Augen.

Polly Entschuldige, Toby, aber das habe ich noch nie erlebt.

Toby Das erlebe ich mit ihr seit zwölf Jahren. Deswegen nehme ich so ein schweres Make-up. Unten drunter sehe ich aus wie meine eigene Großmutter.

Polly *bestimmt* Aber diesmal verzeihe ich ihr nicht, Toby, das schwöre ich dir ... Diese Geschichte verzeihe ich ihr nicht, sowie ich höre, daß alles mit ihr in Ordnung ist.

Sie fängt an zu weinen, läuft schnell ins Schlafzimmer und macht die Tür hinter sich zu. Toby nimmt ihre Kaffeetasse und will damit in die Küche gehen. Im selben Moment wird die Wohnungstür geöffnet. Es ist Evy. Sie versteckt ihr Gesicht.

Toby Ah, guten Morgen.

Evy Hoffentlich.

Toby Weißt du, wie spät es ist?

Evy November?

Toby Evy!

Evy Gleich, Toby, ich muß erst mal aufs Klo.

Toby Ich lehne es ab, mich den ganzen Vormittag mit deinen ungekämmten Haaren zu unterhalten. Bitte dreh dich um und sieh mich an.

Evy dreht sich um. Ein veilchenblaues Auge kommt zum Vorschein. Ihr Kleid ist nicht schmutzig und nicht zerrissen. Sie hat offenbar lediglich eins aufs Auge gekriegt.

O Gott, das Auge. Evy, was hast du gemacht?

Evy Wenn wir Freunde bleiben wollen, Toby, dann bitte keine Fragen und kein Mitleid. Mir geht es gut.

Toby Ich glaube nicht, daß ich überhaupt etwas darüber erfahren will.

Evy Wo ist Polly?

Toby Sie hat die ganze Nacht herumtelefoniert. Ich habe erst mal dafür gesorgt, daß sie sich hinlegt.

Evy Um so besser. Wenn sie drei Wochen schläft, komme ich vielleicht ungeschoren davon.

Toby Du benimmst dich nicht wie eine Frau, die grade verprügelt worden ist.

Evy Ich bin nicht verprügelt worden, Toby, ich habe lediglich eins aufs Auge gekriegt. Einen einzigen, sauberen, kleinen Schlag, ich hab's noch nicht mal gemerkt.

Toby Wirklich? Weißt du überhaupt, wie du aussiehst?

Evy Nein, wozu auch ... Mir geht es gut, ich verspreche es dir.

Toby Komm, setz dich hin, ich will dir erst mal ein Stück Eis drauflegen.

Evy Ich habe schon Erste Hilfe gehabt. Ein Hund hat mir das Gesicht geleckt, als ich auf der Erde lag.

Toby Wer hat das getan?

Evy Das ist doch egal.

Toby Ich fühle mich dafür verantwortlich.

Evy Jetzt hör aber auf, Toby. Ich habe nur das gekriegt, was ich verdient habe, heute nacht, wenn ich schon sonst nichts gekriegt habe. *Sie setzt sich.* So, ich sitze. Bist du jetzt glücklich?

Toby Wie kann ich glücklich sein, wenn dir jemand das Auge blauschlägt. Wie viele Lokalitäten mußtest du denn aufsuchen, bis du gefunden hast, was du wolltest?

Evy Nur eine. Wenn ich mich auf eine Sache verstehe, dann darauf, wo ich mir was aufreißen kann.

Toby *wendet sich ab* O Gott, Evy, manchmal widerst du mich an.

Evy Das scheint in bezug auf mich ein allgemeines Gefühl zu sein hier in der Stadt.

Toby Es war Lou Tanner, nicht?

Evy Genau. Der Mann, den ich liebe.

Toby Meine Güte, das wußte ich doch. Der hatte schon immer was an sich, wovor ich mich gefürchtet habe. Man konnte ihm so was an den Augen ansehen.

Evy Die Augen sind unwichtig, aber vor seinen großen Pranken muß man sich in acht nehmen ... Ich wäre dir nicht böse, wenn du mich jetzt alleine lassen würdest, Toby.

Toby Warum bist du hingegangen, Evy?

Evy Er spielt auf Wunsch einzelner Damen, und ich war einsam.

Toby Warum hast du gestern wieder angefangen zu trinken? Es lief doch alles so prima bei dir. Warum, Evy?

Evy Erwartest du jetzt von mir eine nette, klare Antwort? Als ich sechs Jahre alt war, hat mich mein Vater nicht mit in den Zirkus genommen ... Woher soll ich wissen, warum ich irgendwas tue, verdammt noch mal.

Toby Hast du aus den zehn Wochen im Krankenhaus nichts gelernt?

Evy Der Doktor hat versucht, mir was zu erklären, aber ich war viel zu beschäftigt damit, bei ihm zu landen ... Und wenn ich es wüßte, Toby, was würde das für einen Unterschied machen?

Toby Es würde dir helfen.

Evy Wenn man drei Monate nichts gegessen hat, dann will man keine Beschreibung von was Eßbarem, dann will man was Anständiges zwischen den Zähnen haben.

Toby Und, hast du den Hals vollgekriegt heute nacht? Hast du was Anständiges zwischen den Zähnen gehabt, Evy?

Evy Nein, aber wir haben eine Weile miteinander verhandelt …

Toby Mit so jemand verhandelst du? Mit so einem miesen Schnorrer, der sich nichts daraus macht, eine betrunkene Frau zu schlagen.

Evy Man wird selten grundlos geschlagen, so was fordert man meistens heraus … Ich habe einen schlechten Einfall gehabt. Ich habe ihm seine Gitarre zerschlagen. Ich habe sie auf den Eisschrank gehauen, habe ihm die einzelnen Teile in die Hand gedrückt und gesagt: „Jetzt kannst du dich an die Arbeit machen, für die dir die Spezialausrüstung zwischen den Beinen gewachsen ist." Ich fand das komisch, aber der Mann hat überhaupt keinen Sinn für Humor.

Toby Sei mal ehrlich, Evy. Hat es dir gefallen, als er dich geschlagen hat?

Evy Na ja, einen Moment lang habe ich mir gesagt, es tut zwar höllisch weh – – aber es ist immer noch besser als Gleichgültigkeit. *Sie steht auf.* Ist noch was zu essen in der Küche? Nach so einer Auseinandersetzung bin ich immer hungrig.

Toby *wütend* Was für eine Auseinandersetzung? Das war doch keine Auseinandersetzung. Du hast dagestanden und hast dich von ihm vermöbeln lassen.

Evy Das ist wahr, mein Engel.

Toby So wie du dich von jedem vermöbeln läßt.

Evy Genau wie du. Nur, daß Marty dich nicht schlägt, er läßt dich einfach sitzen. Auf deine eigene, verehrungswürdige Weise bist du kein bißchen besser dran als ich.

Toby *immer noch wütend* Wenigstens habe ich kein zermatschtes Gesicht.

Evy Na großartig. Du hast vierzig Jahre lang nur für deine Schönheit gelebt, und alles, was du jetzt davon hast, ist, daß du die Nase hoch tragen kannst … Gestern haben wir deinetwegen geweint, heute bin ich an der Reihe.

Toby Ich habe wenigstens versucht, die Sache hinzukriegen. Ich habe mir wenigstens die Mühe gemacht.

Evy Die einzige Mühe, die du dir jemals gemacht hast, war die, deine Puderdose zu öffnen. Wenn du Marty ab und zu mal gepudert hättest, statt immer nur dein Gesicht, würdest du jetzt seine Schlafanzüge tragen anstatt deine.

Toby Ich habe meine dämliche Visage gepudert, weil ich jedesmal Angst hatte, wenn er mich genauer ansah. Angst davor, daß er sehen könnte, was aus mir wird.

Evy Das ist ja großartig. Warum verbringst du nicht den Rest deines Lebens in der Bar vom Beverly Hills Hotel? Da kannst du dir ein Flügelkleid anziehen und an einem Lolli lutschen ... Und nächstes Jahr hast du dann eine Liaison mit dem Enkel des größten Buchverlegers der Welt ...

Toby Leck mich am Arsch.

Evy Toby, du weißt, daß ich dich liebe. Wir sind dieselben Schlampen. Wir haben beide das Talent, in die Scheiße zu greifen ... Der einzige Unterschied ist, daß du dabei besser angezogen bist als ich.

Toby Ach, geh doch zum Teufel, Evy. Geh zum Teufel mit deiner ganzen beschissenen Aufrichtigkeit. Was nützt einem die Wahrheit, wenn das dabei herauskommt.

Evy Ich will dir was sagen, ich bin bereit, mit einer Lüge zu leben. Wenn's nach mir geht, bin ich zweiundzwanzig und habe einen schnuckligen kleinen Hintern. Jetzt muß ich nur noch einen Kerl finden, der mir das abnimmt.

Toby Du bist nicht zweiundzwanzig, du bist dreiundvierzig. Und du bist eine Säuferin ohne Gefühl für Moral und Verantwortung. Du hast noch nie eine längere Bindung an jemanden gehabt, der nicht genauso schwach und hilflos gewesen wäre wie du selber. Darum hast du solche Freunde wie Jimmy und mich. Versager, die zu nichts anderem taugen als deine herumfliegenden Kleider und deine leeren Gläser aufzusammeln. Wir stützen uns alle gegenseitig, weil keiner von uns die Kraft hat, allein zu stehen. Darum hast du Liebhaber wie diesen Lou Tanner, dessen einzige Fähigkeit darin besteht, dir das Gesicht blutig zu schlagen und dich sitzenzulassen, wenn ihm was Besseres über den Weg läuft. Ich weiß, wie ich bin, Evy. Und ich kann mich nicht ausstehen, das habe ich noch nie gekonnt.

Darum verdecke ich die Fassade mit Helena Rubinstein. Ich tröste mich mit meinen Kosmetiktöpfen, du tröstest dich mit der Schnapsflasche ... Und der arme Jimmy tröstet sich mit beidem ein bißchen ... Wir sind schon erhebende Geschöpfe ... Und ganz unglaublicherweise ist da drin – – *Sie deutet in Richtung Schlafzimmer.*

– – ein Mädchen, daß dich ganz schrecklich liebt, weil es zu jung ist, um es besser zu verstehen ... Aber wenn du so weitermachst, Evy, dann wird ihr schneller ein Licht aufgehen, als du bis drei zählen kannst ... Wie ich es sehe, bleiben dir nur zwei Möglichkeiten ... Entweder besorgst du dir ein Buch darüber, wie man ein reifer, verantwortungsbewußter Mensch wird, oder du schaffst sie hier weg, bevor du ihr die Chance nimmst, selber einer zu werden ... So sieht die Wahrheit aus und die Aufrichtigkeit, Evy ... Das paßt doch wie angegossen, findest du nicht auch?

Evy Eigentlich hatte ich mehr etwas in Blau gesucht.

Toby Das ist das erste Mal in meinem Leben, daß ich jemandem die Meinung gesagt habe. Ich glaube, jetzt wird mir schlecht.

Evy Nun sieh mal, wer hier erwachsen wird. *Sie geht zu Toby und legt die Arme um sie.* Wenn wir Glück haben, wirfst du nächste Woche deine falschen Wimpern in den Mülleimer.

Toby Sei mir nicht böse, Evy. Ich brauche von meinen Freunden noch ein bißchen Hilfe. Sag mir, daß du nicht böse bist.

Evy Wie soll ich dir b ö s e sein? Ich kann dich ja kaum sehen.

Toby Genau so geht's mir. Aber das Bild wird allmählich klarer ... Jetzt will ich dir aber endlich was auf dein scheußliches Auge tun.

Evy Ich habe noch eine große Szene mit Polly vor mir, dabei brauche ich keine Zuschauer. Geh nach Hause.

Toby Das kann ich nicht, Marty ist noch da und sucht sich seine Sachen und seine Papiere zusammen.

Evy Läßt du dir von einer Säuferin einen guten Rat geben? Geh nach Hause, wasch dir das Zeug vom Gesicht, zieh dir was Gemütliches an und koch ihm ein anständiges Essen. Was kannst du dabei schon verlieren?

Toby Nichts ... Es wäre ja zu komisch, wenn du recht hättest.

Evy Na, sicher habe ich recht. Ich habe immer recht. Deswegen habe ich's auch so weit gebracht.

Toby Lieber Gott, plötzlich hängt mir mein Gesicht zum Hals heraus ... Am liebsten würde ich das Scheißding auf den Müll werfen.

Evy Nein, das wirst du nicht tun. Schick's mir nachher mit einem Boten vorbei. Ich kann es im Augenblick gut gebrauchen.

Toby So, ich gehe jetzt. *Sie geht zur Tür.* Mir sitzt zwar das Herz in der Hose vor Angst, aber ich gehe jetzt trotzdem ... Ich fühle mich plötzlich zehn Jahre älter. Schau mal, Evy. Schau dir mal diese nette alte Dame an.

Evy Sollst mal sehen, das wird dir noch Spaß machen. Wenn dir die kleinen Jungs erst mal über die Straße helfen.

Toby *öffnet die Tür* ... Evy, erzähl Polly nicht, was passiert ist. Erfinde eine kleine Notlüge. Du mußt sie ein bißchen beschützen. Dazu ist eine Mutter da.

Evy Ich werde ihr sagen, ich wäre auf der West End Avenue mit einem Linienflugzeug nach Boston zusammengestoßen.

Toby Ein bißchen mehr Mühe mußt du dir schon geben. Ich ruf dich nachher von zu Hause aus an. Ich muß auf dem Heimweg noch mal kurz anhalten und meinen Schönheitssalon in die Luft jagen. *Sie geht hinaus und macht die Tür hinter sich zu.*

Evy sitzt einen Augenblick da, dann kommt Polly aus dem Schlafzimmer herein.

Polly Guten Morgen.

Evy *mit dem Rücken zu ihr* Ah, du bist auf. Hast du ein bißchen geschlafen?

Polly Nein. Ich habe etwas Schreckliches im Radio gehört. Irgend jemand ist mit einem Linienflugzeug nach Boston zusammengestoßen.

Evy dreht sich um und zeigt Polly ihr Gesicht.

Evy Das war ich ... Was sagst du dazu?

Polly Uih. Das ist ja doll. Das paßt genau hier in die Gegend. Mensch, und ich habe noch nicht mal ein Steak da zum Drauflegen. Meinst du, man kann Rührei mit Schinken nehmen?

Evy Soll das heißen, daß du mich nicht anschreist deswegen?

Polly Ich dachte, du würdest mich anschreien. Ich habe die letzte Nacht nicht geschlafen. *Plötzlich stürzt Polly Evy in die Arme.* Oh, Evy, Evy, bin ich froh, daß du wieder da bist.

Evy *zuckt zusammen* Mein Auge, au, mein Auge. Gib acht auf mein Auge.

Polly Du, hör mal, erzähl das bloß nicht Toby. Ich habe ihr hoch und heilig versprochen, daß ich dir nie verzeihe.

Evy Sie ist sowieso nicht mehr meine Freundin. Sie ist zu alt für mich.

Polly Ab morgen spreche ich nicht mehr mit dir. Aber heute bin ich einfach zu glücklich darüber, daß ich dich wiederhabe.

Evy *zieht sie auf die Couch* Eins mußt du doch zugeben, langweilig ist es hier nicht.

Polly Weißt du was, wir wollen gar nicht mehr darüber reden. Die ganze Geschichte ist einfach nicht passiert. Kann ich dir irgend etwas holen?

Evy Wenn du dich hier wegrührst von mir, dann passiert dir noch was Schlimmeres, als mir passiert ist. *Sie umarmt Polly ... einen Augenblick lang schweigen sie beide.*

Polly Ich habe mir was zu trinken gemacht.

Evy Was?

Polly Heute nacht um zwei habe ich mir einen Whisky gemacht. Das Schlafmittel hat nicht gewirkt, und ich mußte irgendwas tun, damit das Dröhnen in meinem Kopf aufhört.

Evy Und, hat es aufgehört?

Polly Nein, aber es wurde erträglicher. Ist das die Wirkung, Evy? Trinkt man, damit die Dinge erträglicher werden?

Evy *nickt* Mmhm. Und wenn du genug getankt hast, hört auch das Dröhnen im Kopf auf … Junge, Junge, drei Wochen und ich habe aus meiner Tochter eine Säuferin gemacht.

Polly Ich fand's scheußlich. In meinem ganzen Leben rühre ich nie wieder einen Tropfen an. Von jetzt an bleibe ich bei Hasch.

Evy Du bist Mammis braves Mädchen.

Polly *rückt zur Seite* Du, wir müssen uns jetzt aber beeilen. Wir sind in einer halben Stunde zum Mittagessen verabredet.

Evy Zu was für einem Mittagessen?

Polly Das habe ich dir doch gestern abend gesagt. Mit Vater im Rumpelmayer.

Evy Das ist nicht dein Ernst. Wo ich aussehe wie Rocky Graziano? Der schickt dich sofort ins Kloster.

Polly Vielleicht können wir irgendwas drauftun. Ein bißchen Puder oder so. Oder du setzt einen Hut auf, mit einem kleinen Schleier dran.

Evy Ich kann mich auch hinter einen Wandschirm setzen und durch ein Mikrophon sprechen. So, wie ich aussehe, kann ich unmöglich ins Rumpelmayer gehen.

Polly Irgendwas wird uns schon einfallen … Wie wär's, wenn wir sagen, daß du jetzt einmal in der Woche zum Damenboxen gehst?

Evy Wie wär's, wenn wir's einfach vergessen?

Polly Das geht nicht. Er erwartet dich. Wie wär's mit einer Sonnenbrille?

Evy Es ist ja nicht nur das Auge, mein Schatz. Ich habe einen Kater, und mir zittern die Hände. Spätestens, wenn ich ihm Wasser über die Hose gieße, riecht er Lunte.

Polly Aber wenn du überhaupt nicht erscheinst, denkt er erst recht, es ist irgendwas los.

Evy Meinst du, es wird dadurch besser, daß du mit einer lädierten Mutter da auftauchst? … Kommt Melissa auch?

Polly Felicia.

Evy Felicia ... Stell dir das nur mal bildlich vor. Ich marschiere ins Rumpelmayer mit einem Gesicht wie ein toter Fisch, sie klickt in ihren Kaffee, und er spuckt in sein Sorbet.

Polly Sie kommt nicht. Wir drei sind ganz unter uns. Er möchte nur ein bißchen mit uns reden. Das habe ich ihm damals zugesagt, als ich zu dir kam.

Evy Na schön, dann sag's eben wieder ab. Ich gehe nicht mit.

Polly *gibt sich geschlagen* Also gut ... ich sage ihm, daß es dir nicht gut geht. Irgendwas wird mir schon einfallen. Dann holen wir es eben nächste Woche nach. *Polly holt sich ihren Mantel.* Willst du inzwischen zum Arzt gehen?

Evy Ja, mein Schatz.

Polly Wann?

Evy Sowie ich wieder besser aussehe.

Polly Ich bringe dir ein Schokoladeneis mit und was zum Spielen ... Leg dich ein bißchen hin, ich bin in einer Stunde wieder da. *Sie öffnet die Wohnungstür, um zu gehen.*

Evy Polly!

Polly *bleibt stehen und dreht sich um* Ja?

Evy Vielleicht verabredest du besser noch nichts für die nächste Woche. Jedenfalls heute noch nicht.

Polly Bis nächsten Samstag ist das wieder in Ordnung. So schlimm ist es nun auch wieder nicht.

Evy Das Auge macht mir weniger Kummer als die ganze übrige Person.

Polly *macht die Tür wieder zu* Was sagst du, Mutter?

Evy Nichts, mein Herz ... Ich weiß einfach nicht, ob ich mich schon wieder ganz gefangen habe ... Du hast ja gesehen, wie schnell gestern abend wieder alles ins Rutschen gekommen ist ... Sie haben mich gewarnt im Krankenhaus, nach einer gewissen Zeit müßte ich auf einen Rückfall gefaßt sein.

Polly Na und, du hattest einen kleinen Rückfall ... Es geht eben auf und ab.

Evy Hast du schon mal was von abwärts gehört?

Polly Sicher habe ich das. Aber da unten würde es dir nicht gefallen. Da ist es schlimmer als in Garden City.

Evy Polly, ich glaube, ich bin noch nicht so weit, daß ich dich hier bei mir haben kann. Ich schaffe das einfach nicht.

Polly Was schaffst du denn nicht? Ich habe drei Pfund zugenommen, seit ich hier bin.

Evy Das war hauptsächlich die Käse-Sahne-Torte ...

Polly Ich lebe, ich bin gesund, ich schwimme nicht mit dem Bauch nach oben im Wasser. Was ist los, Mutter?

Evy Mutter? Schöne Mutter das ... Wann bin ich denn schon hier? Ich bin den ganzen Tag unterwegs, tue absolut nichts und schaffe es trotzdem, spätabends nach Hause zu kommen. Ich habe dich öfter gesehen, als du noch nicht bei mir gewohnt hast.

Polly Ich beklage mich ja gar nicht.

Evy Du sollst dich aber beklagen, verdammt noch mal! Wieso bist du so nachsichtig mit mir? Ich habe mich benommen wie ein Schwein gestern abend. Wie ein Schwein.

Polly Das ist doch nur einmal passiert.

Evy Wart's ab, es ist noch früh am Tage, darüber ist das letzte Wort noch nicht gefallen ... Außerdem ist es nicht nur einmal passiert. Da gab's schon vorher gelegentlich ein Bierchen an einem einsamen regnerischen Nachmittag, ein paar Gläser Wein an einem einsamen sonnigen Nachmittag ... und einmal, nach einem ganz beschissenen schwedischen Film, einen doppelten Wodka.

Polly Na schön, dann lassen wir's eben gut sein mit dem Auf und Ab und versuchen es mal eine Weile seitwärts.

Evy Weißt du, was wir versuchen, daß du mal für ein paar Wochen nach Hause gehst, bis ich mich wieder gefangen habe. Ich meine ja nur für ein paar Wochen, mein Schatz. Und wenn du dann zurückkommst, bin ich eine richtige Supermutter. So was wie Doris Day mit Sommersprossen und allem Drum und Dran.

Polly Du weißt genau, wo du in vierzehn Tagen bist, wenn ich jetzt weggehe. Du hast immer noch ein Auge übrig.

Evy Polly, bitte – –

Polly Und in vierzehn Tagen findest du einen Grund, noch

mal vierzehn Tage dranzuhängen. Und ehe du dich versiehst, Evy, bin ich erwachsen und brauche dich nicht mehr.

Evy Also so schlecht warst du nun auch wieder nicht dran, als du hierherkamst.

Polly *aufgebracht* Himmel noch mal, ist es denn so etwas Außergewöhnliches, wenn man einen Menschen braucht? Kannst du mich nicht mal brauchen statt einer Flasche Schnaps oder einem Lou Tanner?

Evy Das tue ich ja, Kindchen. Ich möchte dich aber nicht ausnutzen, wie alle anderen um mich herum … Wart's ab, in ein paar Wochen kennst du die alte Leier … Erst kriegst du eine Sturmwarnung, dann wartest du im Schlafzimmer, bis alle Flaschen leer sind und alle Gläser zertrümmert, und am nächsten Morgen geht es dann weiter mit Alka Seltzer, schwarzem Kaffee, Tränen und Verzeihung und Versprechungen, und danach leben wir glücklich und in Freuden für weitere vierzehn Tage. Und in einem Jahr oder so, da wird es dir nicht mal mehr auffallen … So wie Jimmy und Toby. Aber die wissen nichts Besseres mit ihrem Leben anzufangen. Du bist schließlich erst siebzehn.

Polly Das sind doch nur Freunde, ich bin deine Tochter.

Evy Verstehst du denn nicht, was ich meine?

Polly Nein! … Was ist es denn nun wirklich, Evy? Schmeißt du mich raus, weil du Angst hast, aus mir könnte ein Krückstock werden statt ein vernünftiger Mensch? Oder tust du es nur, weil du alleine sein willst, damit es hier keinen mehr gibt, der dir den Schnaps wegschließt?

Evy Du kommst zu spät ins Rumpelmayer.

Polly Ach, scheiß aufs Rumpelmayer.

Evy *sieht Polly an und lächelt* … Junge, Junge … Nun sieh mal an, wie schnell das sitzt, wenn du die Ohren aufmachst.

Polly Entschuldige bitte.

Evy Komm, Polly, bitte geh jetzt.

Polly Darf ich meinen Standpunkt nicht mehr vortragen?

Evy Heute nicht. Mutter hat 'nen Kater.

Polly Na schön … ich verstehe … Wenn hier kein Zimmer

frei ist, dann ist eben keins frei ... Wann willst du mich raushaben?

Evy Wir wollen jetzt nicht dramatisch werden. Du ziehst ja nicht auf die Philippinen, sondern nur in die sechsundachtzigste Straße.

Polly *nickt* Ich hole mir später meine Sachen.

Evy Ich mache dir alles fertig. Wenn ich sonst auch nichts kann, packen kann ich vorzüglich.

Polly Freut mich, daß du endlich was gefunden hast, womit du dich beschäftigen kannst. *Sie sieht Evy an, dann geht sie zur Tür. Dort dreht sie sich noch einmal um und wirft Evy einen Blick zu.*

Evy Was ist?

Polly Es würde mich interessieren, ob du mir noch auf Wiedersehen sagst.

Evy Nur, wenn du unbedingt einen Zusammenbruch miterleben willst.

Polly Schon gut. Es kam mir nur auf die gute Absicht an.

Das Telefon läutet. Polly geht hinaus und macht die Tür hinter sich zu. Evy ist auf dem absoluten Tiefpunkt angekommen. Sie geht an ihren Nerzmantel und holt sich eine Flasche Schnaps aus der Tasche. Sie schenkt sich ein Glas voll, geht damit zu einem Stuhl, setzt sich und legt die Beine auf einen Hocker. Das Telefon hört auf zu läuten. Sie trinkt ... An der Wohnungstür wird geklingelt. Sie reagiert nicht darauf. Man hört Jimmys Stimme.

Jimmy Evy? ... Evy, hier ist Jimmy ... Evy, ich weiß, daß du da drin bist, ich bin grade eben Polly auf der Treppe begegnet.

Sie trinkt.

Verdammt noch mal, Evy, antworte mir.

Evy Evy ist nicht mehr hier, die ist ausgezogen. Hier ist der automatische Anrufbeantworter.

Jimmy *hämmert gegen die Tür* Evy, ich schlage die Tür ein, da kannst du Gift drauf nehmen ... ich weiß, was du da drin machst. *Pause.* Ich gebe dir noch zwei Sekunden, wenn die Tür in zwei Sekunden nicht offen ist, schlage ich sie ein.

Sie trinkt. Plötzlich springt die Tür krachend auf, und Jimmys Körper fliegt ins Zimmer auf den Fußboden. Evy sieht ihn an.

Evy Mein lieber Mann, ich hätte nicht gedacht, daß du das fertigbringst.

Jimmy *steht auf und geht auf sie zu* Ich wußte es doch. Ich wußte, daß du hier drin hockst mit einem Glas in der Hand und dir den Kanal vollaufen – – *Er bemerkt ihr Auge.* Um Gottes willen. Wie siehst du aus. Was hast du mit deinem Gesicht gemacht?

Evy Wenn du kotzen mußt, geh rüber ins Badezimmer.

Jimmy Er hat dich geschlagen. Der Scheißkerl hat dich geschlagen.

Evy Falls du versuchen solltest, mir das hier wegzunehmen, zeige ich dir, wie man so was macht.

Jimmy Es war Lou Tanner, nicht? Toby hat mich eben angerufen. Aber den finde ich, und wenn ich bis an mein Lebensende suchen muß, den Scheißkerl mache ich ausfindig. Und dann bringe ich ihn um.

Evy Oh, wenn er das hört, wird er aber kein Auge mehr zumachen. Würdest du bitte die Vorhänge vorziehen, Jimmy? Und dann sei ein braver Junge und laß mich allein.

Jimmy *zieht die Vorhänge zu* Na sicher. Ich lasse dich allein. Ich brauche dir nur zwei Sekunden den Rücken zu kehren, und schon bist du reif für den Krankenwagen … Was ist passiert? Wie hat er dich geschlagen?

Evy Na, was gibt es da schon für Möglichkeiten? Man kriegt eins drüber und fällt um.

Jimmy Mensch, wie sieht das Auge aus. Womit hat er dich denn geschlagen, mit seiner Gitarre?

Evy Nein, die Gitarre war nur der Auftakt.

Jimmy Evy, ich möchte gern die Einzelheiten wissen. Wie hat er dich geschlagen?

Evy Seit wann interessierst du dich für Sport?

Jimmy *in einem plötzlichen Wutanfall schubst er sie* Wenn du das so irrsinnig komisch findest, dann sieh dich bitte mal an.

Evy Wieso wird hier neuerdings jeder handgreiflich gegen mich? Wo wart ihr denn alle, als ich euch gebraucht habe?

Jimmy Hast du die Polizei gerufen? Bist du beim Arzt gewesen? Was hast du gemacht?

Evy Außer bluten nicht sehr viel. Ich schildere dir gern den Tatverlauf, wenn du ihn unbedingt wissen willst. Aber wenn dir mein Wohlergehen am Herzen liegt, schenk mir noch mal das Glas voll, mach das Licht aus und verschwinde. Laß mich jetzt in Ruhe, Jimmy, bitte …

Jimmy … Daß ich gestern abend abgehauen bin, verzeihe ich mir nie. Nie. *Er macht eine Wandlampe an. Dann geht er zurück zu Evy, setzt sich neben sie auf die Couch und legt den Arm um sie.* Ist ja gut, mein Schätzchen … wir haben's ja schon öfter durchgestanden, wir werden's auch diesmal durchstehen.

Evy … Und das nächste Mal … und das übernächste Mal.

Jimmy Geht's dir besser?

Evy Viel … Da gab's doch mal einen Film mit Jean Simmons.

Jimmy Einen englischen oder einen amerikanischen?

Evy Einen englischen. Sie war verliebt in den einen jungen Mann.

Jimmy Stewart Granger? David Niven? Michael Wilding?

Evy Er war ziemlich klein und hatte blonde Haare.

Jimmy Ein kleiner englischer Schauspieler mit blonden Haaren. Alec Guiness? Michael Caine?

Evy Miles? Mills?

Jimmy Mills. John Mills. „Große Erwartungen" unter der Regie von David Lean mit Valerie Hobson, John Mills, Francis Sullivan und zum erstenmal mit Jean Simmons. Wie kommst du darauf?

Evy Sie hatte so eine verrückte alte Tante, die zog vierzig Jahre ihr Hochzeitskleid nicht mehr aus. Der Mann, den sie liebte, war zur Hochzeit nicht erschienen. Sie hat ihn nie wiedergesehen, trotzdem hat sie vierzig Jahre lang um sich rum alles so gelassen, wie es war. Der Hochzeitskuchen war voller Spinnweben … Und sie selber rührte sich überhaupt nicht mehr aus dem Haus, sondern sie machte alle Läden zu und ließ keinen Lichtstrahl mehr rein. Sie war schon völlig zugestaubt, die verrückte alte Schachtel … Saß da im Dunkeln und verrottete still vor sich hin … Die Mäuse fraßen inzwischen die Hochzeitsgeschenke auf …

Und während ich mir das ansah, kann ich mich erinnern, daß ich zu mir sagte: „So verrückt kommt sie mir gar nicht mal vor."

Jimmy Martita Hunt spielte die Tante. Ihr Kleid fing Feuer, und sie verbrannte unter gräßlichem Geschrei auf dem Fußboden. Denk lieber nicht daran.

Evy Oh, ich bin ganz munter. Außerdem habe ich keine Spinnweben an mir hängen.

Jimmy Was kann ich denn für dich tun? Soll ich dir nicht irgend etwas machen? Einen Kaffee? Ein Brot? Irgendwas zu trinken? Ich würde dir sogar was Anständiges zu trinken genehmigen, wie wär's damit?

Evy Nee, so macht das keinen Spaß. Wennschon, dann muß ich's heimlich tun.

Jimmy Wenn ich jetzt weggehe und dich allein lasse, schläfst du dann ein bißchen?

Evy Für dich tue ich alles.

Jimmy Nicht für mich. Für dich.

Evy Na schön, dann teilen wir's auf. Erst schlafe ich eine Runde für dich und dann eine Runde für mich ... Machst du das andere Licht auch noch aus?

Jimmy geht zur nächsten Lampe und macht sie aus.

Ich kann dich immer noch sehen, Charley.

Er knipst auch noch die letzten Lampen aus. Das Zimmer ist jetzt fast dunkel, nur von der Küche her fällt noch ein schwarzer Lichtschein herein.

So ist es besser.

Jimmy bewegt sich im Dunkeln und stößt dabei gegen einen Hocker.

Jimmy Scheiße, jetzt kann ich die Tür nicht mehr finden.

Evy Ärgere dich nicht, Liebling. Komm ins Bett.

Jimmy Schlaf endlich, geile Ziege. *Er hat jetzt die Tür gefunden und öffnet sie.*

... Ich geh ein bißchen im Central Park spazieren. Wenn ich in einer Stunde nicht zurück bin, habe ich das große Glück gefunden. *Er geht hinaus und macht die Tür hinter sich zu.*

Evy Dann gib mir was ab, du Scheißkerl. *Sie ist allein. Sie steht auf, geht zum Plattenspieler und stellt ihn wieder an. Man hört ihre Stimme das Lied vom vergangenen Abend singen. Sie schenkt sich noch einmal das Glas voll, geht damit*

zurück zum Klavier, trinkt und hört zu. Es klingelt. Sie geht zur Tür, inzwischen läuft die Platte weiter.
Wer ist da?
Von draußen hört man die Stimme des spanischen Botenjungen.

Botenjunge Die Lebensmittel!

Evy Die Lebensmittel ... Ach ja ... Einen Moment.
Evy nimmt Haltung an, dann macht sie die Tür auf.
Draußen steht der Botenjunge mit ein paar Tüten im Arm und sieht überrascht ins dunkle Zimmer.

Botenjunge Hallo. Wie geht's? Soll ich Ihnen das reintragen? Wohin?
Manuel setzt sich, Evy steht mit der Schallplatte in der Hand da und hört ihrer melancholischen Stimme zu ... Manuel lehnt sich bequem zurück ... während

der Vorhang langsam fällt.

Dachlawine

Personen

Mel Edison
Edna, seine Frau
Pearl | *Pauline* | *Jessie* — *seine Schwestern*
Harry, sein Bruder
Eine Stimme

Zeit: Gegenwart
Ort: Mel Edisons Wohnung im 14. Stockwerk an der Second Avenue, New York

Erster Akt

Erstes Bild

Das 14. Stockwerk in einem jener neuen Apartment-Häuser, die auf der viel zu teuren New-Yorker Eastside (in Manhattan) wie die Pilze aus dem Boden schießen. Dieses Haus steht in der 88. Straße Ost, an der Second Avenue. Die Immobilien-Verwalter nennen so eine Wohnung „fünfeinhalb Zimmer".

Auf der Bühne, für den Zuschauer sichtbar, ist ein kombiniertes Wohn- und Eßzimmer, ferner eine kleine Küche ohne Fenster und auch ohne Luft, von der Eßnische erreichbar; eine Schiebetür zu einem winzigen Balkon und ein kleiner Korridor, der die Bühne von den beiden – unsichtbaren – Schlafzimmern und Badezimmern trennt. In dieser Wohnung leben Mel und Edna Edison, seit sechs Jahren. Sie hofften natürlich, den ganzen modernen Luxus und Komfort fashionablen, schicken, eleganten East Side Manhattans mitzubekommen. Statt dessen haben sie papierdünne Wände und die Aussicht auf fünf noch höhere Wolkenkratzer.

Wenn der Vorhang aufgeht, ist die Bühne dunkel. Es ist halb drei Uhr nachts, und ein heißer Hochsommertag hat bereits begonnen …

Und alles ist still …

Mel Edison sitzt allein auf dem schmalen Sofa. Er trägt einen Schlafanzug, einen Morgenmantel und Pantoffel und raucht eine Zigarette. Reibt sich eifrig das Gesicht und hustet dann …

Mel Ohhh … Herrgott … Allmächtiger …

Im Schlafzimmer wird Licht gemacht. Edna, Mels Frau, kommt. Sie ist im Nachthemd.

Edna Fehlt dir was?

Mel Nichts.

Edna Was sagst du?

Mel Nichts fehlt mir. Geh wieder schlafen!

Edna Fehlt dir wirklich nichts?

Mel Bestimmt nicht. Geh schlafen.

Edna macht kehrt und geht zurück ins Schlafzimmer.

Herrdumeingott ... ach du lieber Gott ...

Edna kommt zurück, zieht ihren Morgenrock an. Geht zum Lichtschalter im Wohnzimmer, knipst das Licht an. Es wird hell im Zimmer.

Edna Was ist mit dir los? Kannst du nicht schlafen?

Mel Wenn ich schlafen könnte, würde ich dann hier sitzen und um halb drei in der Nacht Gott anrufen?

Edna Was fehlt dir?

Mel Weißt du, daß hier drin eine Temperatur unter Null herrscht? Am 23. Juli, mitten in einer Hitzewelle, unter Null Grad????

Edna Ich hab dir schon gesagt, stell die Klimaanlage ab.

Mel Und wie sollen wir dann atmen? *Er zeigt zum Fenster hinaus.* Draußen haben wir 40 Grad ... und hier drinnen unter Null. So oder so – es erwischt mich.

Edna Wir könnten doch die Klimaanlage angestellt lassen und das Fenster öffnen. *Sie geht in die Küche.*

Mel So geht es nicht. Wenn die heiße Luft nämlich ein Fenster entdeckt, schon ist sie drin.

Edna Aber wir könnten die Klimaanlage für eine Stunde abschalten. Und wenn's drinnen zu heiß ist, stellen wir sie wieder an. *Edna kommt aus der Küche. Sie nascht aus einem Glas Apfelkompott.*

Mel Und das jede Stunde? Siebenmal in der Nacht? Eine prima Idee. Dann kann ich zwischen dem Herumgefummel an der Klimaanlage immer ganze acht Minuten schlafen.

Edna Ich werde das Ding für dich an- und abstellen. Ich werde aufstehen!

Mel Hab ich dich nicht schon millionenmal gebeten, diese Firma anzurufen? Die Klimaanlage funktioniert seit Jahren nicht mehr richtig.

Edna Ich habe bei der Firma angerufen. Und sie hat einen Mann geschickt. Er konnte keinen Fehler entdekken.

Mel Was soll das heißen: keinen Fehler?? Ich hab es schwach eingestellt, und wir frieren ein.

Edna *setzt sich. Sie seufzt* Es ist nicht unter Null, Mel. Es mag kalt sein – aber es ist nicht unter Null!

Mel Na schön. Dann haben wir hier drinnen zwei Grad über Null. Oder fünf. Aber nicht zwanzig oder dreißig Grad. Das sind Temperaturen für einen normalen Menschen.

Edna *setzt sich aufs Sofa* Also gut. Ich ruf morgen wieder bei der Firma an.

Mel Warum machen sich die Leute überhaupt die Mühe und teilen die Skala in schwach, mittel und stark ein? Alles ist stark. Schwach ist stark, mittel ist stark und stark ist stark. Eines Nachts werde ich die Klimaanlage auf stark stellen, und dann braucht man am Morgen einen Flammenwerfer, um uns aufzutauen.

Edna Was soll ich jetzt tun, Mel? Willst du, daß ich die Klimaanlage abstelle? Oder soll ich sie anlassen? Was soll ich tun?

Mel Leg dich wieder schlafen.

Edna Ich kann nicht schlafen, wenn du so geladen bist.

Mel Ich bin nicht geladen. Ich bin steifgefroren. Am 23. Juli. *Er setzt sich aufs Sofa.*

Edna Doch. Du bist geladen. Und du warst schon hochgradig nervös, als du heute abend nach Hause kamst. Seit einer Woche bist du hochgradig nervös. – Möchtest du lieber hier drinnen schlafen? Ich kann dir das Sofa zurechtmachen!

Mel Auf diesem Ding kann man nicht mal richtig sitzen. *Er greift nach den kleinen Zierkissen, an die er sich bisher gelehnt hatte.* Warum legst du diese scheußlichen kleinen Kissen aufs Sofa? Du hast 800 Dollar für die Sessel ausgegeben, und dann kann man weder auf dem Sessel noch auf dem Sofa sitzen, ohne daß man ein so häßliches kleines Kissen hinter dem Rücken entdeckt! *Er wirft eines der Kissen auf den Fußboden.*

Edna Ich tue sie weg.

Mel Edna, bitte, geh ins Schlafzimmer. Ich komm bald nach.

Edna Du … es ist nicht die Klimaanlage. Es sind auch nicht die Kissen. Es ist etwas anderes. Du hast Kummer. Ich kenne dich. Wenn du dich so benimmst … Was ist los, Mel?

Mel *reibt sich das Gesicht mit den Händen* Nichts. Ich bin nur müde. *Er steht auf. Geht zur Balkontür.*

Edna Jetzt bin ich wach, jetzt kannst du es mir sagen.

Mel Es ist nichts. Ich sagte es doch schon ... Ich weiß nicht ... Und es ist alles. Diese Wohnung. Dieses Haus. Diese Stadt. Hör doch. Hör dir das an! *Er öffnet die Schiebetür. Man hört Verkehrslärm, Autohupen, Motorgeräusche usw.*

Um halb drei Uhr morgens fährt ein einziges Auto durch irgendeine Vorstadt, und wir hören es hier im Herzen der Stadt ... Im vierzehnten Stock, dachte ich früher einmal, wird alles still sein. Und jetzt kann ich hier oben die U-Bahn besser hören als unten, in der U-Bahn ... Wir funktionieren hier oben wie eine Art gottverfluchte Antenne ... Der ganze Lärm geht hier durch unsere Wohnung.

Edna Sechs Jahre leben wir hier. Und es hat dich früher nie gestört.

Mel Jetzt ist alles schlimmer. Ich weiß nicht, warum. Ich werde älter. Ich werde anfälliger für Geräusche, für Lärm. Für alles. *Er schließt die Tür. Schaut an sich herunter.* Siehst du das? Ganze zehn Sekunden war die Tür offen, und jetzt mußt du meinen Schlafanzug waschen.

Edna *will um jeden Preis lieb zu ihm sein* Gib ihn mir. Ich hole dir einen frischen.

Mel *geht auf und ab* Um halb drei Uhr morgens. Sollte man es für möglich halten, daß das noch immer kein Ende nimmt? *Er zeigt auf die Zimmerwand.*

Edna Was nimmt kein Ende?

Mel Bei dir piept's wohl? Willst du mir einreden, daß du's nicht hörst?

Edna *verblüfft* Daß ich was nicht höre?

Mel *tritt näher an die Wand, die Mels und Ednas Wohnung von der benachbarten Wohnung trennt. Zeigt auf die Wand* Das! Das! Bist du taub? Hörst du wirklich nichts?

Edna Vielleicht bin ich taub. – Ich höre nichts.

Mel Hör doch zu, um Himmels willen ...! Hörst du nicht? *Er singt, Regentropfen, die an mein Fenster klopfen ...* Kannst du's wirklich nicht hören?

Edna Wenn du singst, kann ich's nicht hören. – Ich höre nichts.

Mel *starrt die Wand an* Diese zwei gottverdammten Lufthansa-Hostessen. Jede Nacht bedienen sie ein anderes Team. Zwei Korbballspieler. Zwei Hockeyspieler ... jede Mannschaft, die New York besucht, landet in der Wohnung drüben – ob nach einem Sieg oder einer Niederlage –, sie landet drüben! Jede gottverdammte Nacht! Und irgendwo im All fliegt eine führerlose 747 durch die Lüfte wie ein Schiff ohne Ruder, weil diese beiden Weiber ihre Wohnung niemals verlassen! *Er packt Edna und zieht sie näher an sich heran.* Stell dich her. Willst du wirklich behaupten, daß du nichts hören kannst?

Edna *drückt das Ohr an die Wand* Doch. Jetzt hör ich's.

Mel Siehst du? Wundert es dich immer noch, daß ich keine Nacht ein Auge zutue?

Edna *macht ein paar Schritte weg von der Wand* Schlaf nicht mit dem Kopf an der Wand. Schlaf im Bett!

Mel Hört ihr, dort drinnen? Schluß! Zum Teufel noch einmal, es ist halb drei Uhr morgens! Lausige halb drei Uhr morgens! *Und er klopft wieder an die Wand. Schaltet eine Pause ein. Starrt auf die Wand und sagt dann.* Nun sieh dir das an! Jetzt hab ich einen Riß in die Wand gemacht! Ich hab es kaum berührt – schon hat das verfluchte Mistvieh einen Riß!

Edna Dort war schon immer ein ganz feiner Riß. Und über uns ist ein Rohr geplatzt.

Mel Dieses Haus hat zwei Millionen Dollar gekostet. Aber die Wände darf man nicht berühren. Gut, daß ich keinen Nagel einschlagen wollte, sonst lägen wir jetzt unter den Trümmern.

Edna Der Hausverwalter weiß Bescheid. Man will am Montag mit den Reparaturen beginnen.

Mel *setzt sich auf* Nicht am Montag. Sondern morgen. Ich fordere, daß die Wand morgen repariert wird! Unser Leben ist in Gefahr! Und ich werde darauf bestehen, daß die ganze Wand hier neu gemalt wird. Und wenn die Farbe nicht zu den anderen Wänden paßt, dann werde ich darauf bestehen, daß auch die übrigen Zimmerwände gemalt werden. Und ich werde keinen Cent dafür bezahlen, verstehst du?

Edna Ich sag's den Leuten.

Mel Und sag ihnen auch das mit der Klimaanlage ... und mit dem Fenster im Schlafzimmer, das wir nur öffnen können, wenn im Zimmer schon eine Sintflut herrscht ... Und sag ihnen auch Bescheid wegen der Toilette. Daß das Wasser ununterbrochen läuft.

Edna Es hört auf, wenn du am Knopf rüttelst.

Mel Warum muß ich am Knopf rütteln? Für das Geld, das mich diese Wohnung kostet, soll ich mich auch noch nachts über die Toilette beugen und am Knopf rütteln? Jedesmal, wenn ich hinaus muß?

Edna Wenn du fertig bist, geh zurück ins Bett. Sag mir Bescheid, und ich rüttele am Knopf.

Mel *dreht sich um, starrt Edna an* Geh schlafen, Edna. Ich möchte mich jetzt nicht mit dir unterhalten. Bitte, geh schlafen.

Edna Ich kann nicht schlafen, wenn ich weiß, daß du hier im Kreis herumläufst und Zustände hast.

Mel Ich habe keine Zustände. Ich bin nur ein bißchen überreizt.

Edna Dann nimm Valium.

Mel Hab ich schon.

Edna Dann nimm noch eine.

Mel Ich hab schon zwei Tabletten genommen. Sie wirken nicht mehr. *Er setzt sich auf einen Stuhl.*

Edna Zwei Valium? Sie müssen wirken!

Mel Und ich sage dir, daß sie nicht mehr wirken. Das Zeug soll einen beruhigen, nicht wahr? Also schön. Bin ich vielleicht ruhig? Die Tabletten wirken nicht mehr. Wahrscheinlich enthalten sie überhaupt nichts. Und man bezahlt nur den Namen. *Er klopft wieder an die Wand.* Sie ... fliegen Sie überhaupt niemals weg? Warum muß ganz Amerika wachbleiben? Warum kann nicht Europa erwachen? *Er hämmert jetzt mit der Faust an die Wand.*

Edna Mel ... hör doch auf? Jetzt drehst du aber wirklich durch! Was ist denn los mit dir? Ist etwas passiert?

Mel Warum leben wir so, wie wir leben? Warum bezahlen wir jemandem Hunderte von Dollars, um in einer Apfelsinenkiste zu wohnen, die dann auch noch ein Leck hat?

Edna Ich finde wirklich, du siehst nicht gut aus, Mel. Du bist blaß. Übernächtigt.

Mel Ich wollte ja auch nicht wach herumlaufen. *Er reibt sich den Magen.*

Edna Warum reibst du deinen Magen?

Mel Ich reibe ihn nicht. Ich halte ihn.

Edna Warum hältst du ihn?

Mel Es ist nichts. Eine kleine Magenverstimmung. Weil ich diesen Mist zum Lunch gegessen habe.

Edna Wo hast du gegessen?

Mel In einem vegetarischen Restaurant. Mit lauter organisch gezogenem Gemüse. Wenn man nicht einmal mehr vegetarisch essen kann, was kann man dann noch essen?

Edna Wahrscheinlich hast du bloß Hunger. Soll ich dir etwas zurechtmachen?

Mel Nichts ist heutzutage mehr ungefährlich. In der Zeitung stand heute, daß zwei weiße Mäuse an der Columbia-Universität Krebs bekommen haben, weil sie Grahambrot gefressen haben. Stand in der New York Times.

Edna Machst du dir darum Sorgen? Hast du vielleicht heute Grahambrot gegessen?

Mel Früher schmeckte das Essen so gut. Und ich hab's so gern gegessen. Und ich habe keins mehr gegessen, seit ich dreizehn Jahre alt war.

Edna Willst du etwas essen? Ich koch dir was – Ich weiß noch, wie's gemacht wird.

Mel Seit dreißig Jahren hab ich kein richtiges Stück Brot gegessen ... Hätte ich das gewußt, hätte ich mir als Junge ein paar Brötchen weggesteckt ... Ich krieg hier drinnen keine Luft. *Er geht zum Balkon, kommt zurück.* Herrgott, wie das stinkt. Hoch über der Stadt, im vierzehnten Stock, riecht man den Müll. Warum stellen die den Müll bei 40 Grad Hitze überhaupt raus? Edna, komm mal her. Ich will, daß du den Müll riechst.

Edna Ich riech ihn ja. Ich riech ihn.

Mel Dort kannst du ihn nicht riechen. Komm hierher, wo du ihn riechen kannst.

Edna *geht zum Balkon, bleibt davor stehen und zieht die Luft ein* Du hast recht. Wer den Mist wirklich riechen will, muß hier stehen.

Mel Unser Land erstickt in seinem eigenen Mist. Er türmt sich höher und höher. In drei Jahren liegt unsere Wohnung im zweiten Stock.

Edna Was sollen die Menschen tun, Mel? Sollen sie den Mist vielleicht sammeln und erst im Winter hinaustragen? Irgendwann müssen sie ihn hinauswerfen! Darum heißt der Mist – Müll.

Mel Ich kann nicht mehr mit dir reden, Edna. Ich kann überhaupt mit keinem Menschen mehr reden.

Edna Mel. Ich bin ein Mensch wie du. Auch mir wird heiß, mir wird kalt, ich rieche den Mist und höre den Lärm. Man gewöhnt sich entweder dran, oder man haut ab.

Plötzlich jault ein Hund auf. Dann beginnt er zu bellen.

Mel Wenn man ein Mensch ist, so hat man auch das Recht, zu klagen und zu protestieren. Wenn man auf dieses Recht verzichtet, so hört man auf, zu existieren. Ich protestiere gegen den stinkenden Müll und gegen Toilettenknöpfe, die man rütteln muß ... und gegen bellende Hunde! *Er brüllt vom Balkon.* Halt die Schnauze!

Edna Willst du hierbleiben und den Hund anbrüllen? Ich gehe nämlich schlafen.

Der Hund heult.

Mel *geht auf den Balkon und schreit hinunter* Wie soll man schlafen, wenn ein Hund so heult? Halt die Schnauze! Hier oben wohnen nämliche Menschen! Und die wollen schlafen!

Stimme *von oben* Werden Sie wohl den Mund halten. Hier oben schlafen Kinder!

Mel *schreit hinauf* Sind Sie von allen guten Geistern verlassen, daß Sie mich jetzt auch noch anbrüllen? Wenn Sie sich richtig amüsieren wollen, gehn Sie doch runter und leisten Sie dem Hund Gesellschaft!

Edna Mel, hör doch bitte auf! Hör auf, um Gottes willen!

Mel *kommt vom Balkon. Schreit Edna an* Befiehl nicht mir, aufzuhören! Sag nicht mir, daß ich aufhören soll!

Edna Ich weiß nicht, was in dich gefahren ist. Aber ich

werde nicht länger hier herumstehen und dulden, daß du deine Wut an mir austobst. Wenn das alles mehr ist, als du verkraften kannst, dann miete dir doch ein Zimmer in der Städtischen Bibliothek. Aber laß deine Wut nicht an mir aus! Ich gehe schlafen. Gute Nacht! *Sie dreht sich wütend um und geht zum Schlafzimmer. Hat die Tür beinahe erreicht, als Mel sie zurückruft.*

Mel Edna!

Edna dreht sich um. Bleibt stehen.

Mel Geh nicht ... Unterhalte dich ein paar Minuten mit mir. Ich glaube nämlich, ich verliere den Verstand.

Sie bleibt stehen, blickt ihn an und geht dann quer durchs Zimmer, zu ihm.

Edna Was ist los?

Mel Ich bin völlig durcheinander. Ich verstehe die Welt nicht mehr.

Edna Du schläfst in der letzten Zeit zuwenig.

Mel Ich weiß meistens überhaupt nicht, wo ich bin. Ich geh die Fifth Avenue entlang und glaube, in einem fremden Land zu sein ...

Edna Ich kenne das Gefühl, Mel ...

Mel Es ist mehr als ein Gefühl ... mit mir ist was los ... ich verliere die Kontrolle. Ich werde mit den Dingen nicht mehr fertig. Das Telefon auf meinem Schreibtisch läutet sieben- oder achtmal, bevor ich abhebe ... Heute wußte ich plötzlich nicht mehr, wie der Eiswasserbehälter im Büro funktioniert. Da stand ich, einen leeren Pappbecher in der Hand, und das Wasser lief mir über beide Schuhe ...

Edna Das geht nicht nur dir so, Mel. Das passiert auch allen anderen Menschen. Jeder Mensch leidet unter dieser Spannung.

Mel Spannung? Wenn's nur Spannung wäre ... Ich würde 1000 Dollar dafür geben, wenn ich sie wirklich empfinden könnte. Wenn man überanstrengt und überreizt ist, klammert man sich an etwas. Dann hält man sich an irgend etwas fest. Ich weiß aber nicht, woran ich mich klammern soll. Edna – – ich verliere den Boden unter den Füßen. Und ich fürchte mich!

Edna So darfst du nicht sprechen. Willst du nicht wieder deinen Analytiker aufsuchen?

Mel Wen? Den Doktor Pike? Der ist doch tot. Der Doktor Pike, das waren sechs Jahre meines Lebens und außerdem 23000 Dollar. Mein Geld hat er ja. Also geht er hin und kriegt einen Herzschlag.

Edna Es gibt noch andere gute Ärzte. Du kannst zu einem andern gehen.

Mel Und wieder alles von vorn anfangen? „Guten Tag. Bitte nehmen Sie Platz. Schildern Sie mir bitte Ihre Beschwerden ...“ Und dann kostet es noch einmal 23000 Dollar, wenn ich diesem Arzt dieselbe Geschichte erzähle, die ich dem verstorbenen Arzt auch erzählt habe.

Edna Was hältst du von ein bißchen Therapie? Vielleicht brauchst du nur jemanden, der dir eine Zeitlang zuhört?

Mel Ich weiß nicht mehr, wo ich bin und wer ich bin, Edna, ich ... bin verloren. Ich brauche keinen Analytiker. Ich brauche das Fundbüro.

Edna Hör doch ... so hör doch zu, Mel ... Wie wär's, wenn wir eine kleine Reise machen würden? Zwei Wochen? Zwei Wochen Ferien, du? Wir könnten irgendwohin fahren ... wo die Sonne scheint. Nur weg aus der Stadt. Sie geben dir doch im Büro bestimmt zwei Wochen Urlaub.

Mel *schweigt. Geht ans Fenster und starrt hinaus auf den Balkon, wo eine Topfpflanze steht* Sogar der Kaktus geht ein. Der Kaktus ist die zäheste Pflanze der Welt. Braucht bloß zweimal im Jahr Wasser. Aber diesem Haus ist selbst der Kaktus nicht gewachsen.

Edna Mel, so antworte doch! Wie wär's, wenn wir beide losfahren würden? Kannst du nicht zwei Wochen Urlaub nehmen?

Mel *mischt einen Scotch* Doch, natürlich. Die Schwierigkeit ist nur die, daß man mich dann auffordern wird, auch die restlichen 50 Wochen zu nehmen! *Er trinkt.*

Edna Wieso? Was redest du da! Du bist seit 22 Jahren bei der Firma ... Ach, das ist es? Du machst dir Sorgen, daß du deinen Job verlieren könntest?

Mel Ich mache mir keine Sorgen, daß ich meinen Job verlieren könnte. Ich mache mir Sorgen, wie ich ihn *behalten* könnte. Verlieren kann man so einen Job sehr leicht.

Edna War denn was im Büro? Hat man dir etwas gesagt?

Mel Mir braucht man nichts zu sagen. – Die Firma hat in diesem Jahr drei Millionen Dollar verloren. Und plötzlich bemüht man sich bei uns, Pennies einzusparen. Mein Chef benutzt seit drei Wochen dieselbe Aktenklammer. Stell dir das vor ... ein 62 Jahre alter Mann mit einer Luxuswohnung in New York und einer Villa am Meer rennt im Büro herum und schreit: „Wo ist meine Aktenklammer?"

Edna Aber man hat nichts Bestimmtes zu dir gesagt?

Mel Die Firma hat das Kasino fürs Präsidium schließen lassen. Und zu Mittag verläßt keiner mehr das Büro, um auswärts zu essen. Alle Chefs bringen sich belegte Brote mit. Die Konzernspitze ... die Chefs mit 80 000 Dollar Jahreseinkommen verspeisen jetzt Sandwiches mit Schinken und harten Eiern, über den Papierkorb gebückt ...

Edna Aber es ist doch noch gar nichts passiert, Mel. Es hat doch keinen Sinn, sich schon jetzt aufzuregen.

Mel Kein Angestellter kommt mehr zu spät ins Büro. Jeder hat Angst, daß man seinen Schreibtisch verkaufen könnte, wenn man zu spät zur Arbeit auftaucht.

Edna Und *wenn* es passiert? Wir könnten auch dann weiterleben. Wir könnten damit fertig werden. Du würdest einen anderen Job finden – – irgendwo.

Mel Wo? Ich werde im Januar fünfzig Jahre. Fünfzig Jahre! Die Chefs können für die Hälfte des Gehalts, das sie mir bezahlen, zwei junge Männer von je fünfundzwanzig Jahren kriegen.

Edna Also gut. Nehmen wir an, daß etwas passiert. Nehmen wir an, du verlierst deinen Job. Daran geht die Welt auch nicht zugrunde. Wir müssen nicht unbedingt in der Stadt leben. Wir könnten aufs Land ziehen ...

Mel Und wovon soll ich dort leben? Soll ich vielleicht ein Cowboy mit grauen Schläfen werden? Dem man das Vieh mit grauen Borsten anvertraut? ... Bist du von allen guten Geistern verlassen?

Edna Unsere beiden Töchter sind schon im College ... und wir haben genügend Geld für ihr Studium. – Wir beide brauchen nicht viel.

Mel Aber wir brauchen ein Dach über dem Kopf, wir brauchen Kleider, und essen müssen wir auch. Eine Dose mit vergiftetem Thunfisch kostet schon 85 Cent.

Edna Wir könnten nach Europa ziehen. Nach Spanien. In Spanien können zwei Personen ein ganzes Jahr von 1500 Dollar leben.

Mel *nickt* Spanier. – Ich bin fünfzig Jahre alt, ich hab Gelenkrheumatismus in der Schulter und außerdem zu hohen Blutdruck. Und du mutest mir zu, Ziegen zu züchten und in einer Höhle zu hausen?

Edna Du könntest dort arbeiten. Irgendeinen Job würdest du schon finden.

Mel Als Prokurist für eine Werbe-Firma? In Barcelona? Ich kann förmlich sehen, wie die Leute an den Docks Schlange stehen – – auf einen Mann wie mich haben sie seit Jahren gewartet!

Edna *wütend* Sag mir mal, wovon du dich hier nicht losreißen kannst? Was würdest du vermissen, Herrgott noch einmal?

Mel Ich hab noch keinen Strich unter mein Leben gemacht ... ich bin noch etwas wert ... ich kann noch etwas leisten ...

Edna Und was für ein Leben ist das hier? Du lebst wie ein Tier im Käfig, und der Käfig steht in einem Zoo auf der Second Avenue. In einem Zimmer ist es zu heiß, im anderen zu kalt. Man zieht dir Geld aus der Tasche, weil das Haus an der Seite einen Auswuchs hat, Balkon genannt. Und auf diesem Balkon bleibt nicht einmal ein Kaktus am Leben – – geschweige denn ein Mann und eine Frau. Nennst du das ein sinnvolles Leben? An die Wände donnern – und Toilettenknöpfe rütteln?

Mel *schreit* Und glaubst du, daß es im sonnigen Spanien besser ist? Einmal gebadet, und du brauchst den ganzen Sommer, um das Öl vom Leib zu kriegen!

Edna Vergiß Spanien. Es gibt noch andere Orte, wo man leben kann.

Mel Nördlich von New York? In Maine oder Vermont? Glaubst du wirklich, daß diese Landschaft nur aus lieblichen Hügeln und Ahornbäumen besteht, aus denen süßer Sirup tropft? Dort oben gibt's mehr Menschen, die von der öffentlichen Wohlfahrt leben, als Pfannkuchen mit Sirup. – Oder der Nordwesten? Dort lungern die arbeitslosen Holzfäller herum. Sie sägen in ihrer Not die Beine von den Stühlen, damit sie nicht aus der Übung kommen.

Edna Ich geh mit dir überall hin – in die ganze Welt – wohin du willst, Mel, in eine Höhle, eine Hütte oder auf einen Baum, und wenn du willst, auch auf ein Floß im Dschungel des Amazonas …

Mel Na schön. Ruf ein Reisebüro an. Und buche bitte zwei verbilligte Flüge nach Bolivien. Morgen gehen wir in ein Sport-Geschäft und besorgen Tropenhelme und ein Jagdgewehr und eine Harpune.

Edna Sprich nicht mit mir, als wäre ich total übergeschnappt.

Mel Ich bin schon halb übergeschnappt. Warum soll es dir besser gehen.

Edna Ich will dir doch nur vernünftige Vorschläge machen! Bin ich etwa schuld? Hab ich dir das alles angetan?

Mel Das behaupte ich ja auch nicht, Edna.

Edna Was willst du dann von mir oder von irgend jemand?

Mel *bedeckt sein Gesicht mit den Händen* Nur ein bißchen Raum zum Atmen … nur eine kleine Weile.

Das Telefon klingelt.

Mel *schaut Edna an* Wer kann das sein?

Edna schüttelt den Kopf – sie weiß es auch nicht.

Mel … das kann doch nicht mein Büro sein. Oder doch?

Edna Um drei Viertel drei Uhr morgens????

Mel Vielleicht hat man den Nachtwächter beauftragt, mir zu kündigen. Dann sparen sie das Gehalt für morgen.

Das Telefon hört nicht auf zu klingeln.

Hebt den Hörer ab. Hallo? … Ja, hier Wohnung 14/a … na und?? Waaas? Ich habe Sie geweckt? Was bilden Sie sich ein? Wer hat erstens mich geweckt, damit ich zweitens Sie wecken kann? Erzählen Sie mir bitte nicht, daß Sie in aller Herrgottsfrüh nach Stuttgart abfliegen wollen … Ich spreche so laut, wie es mir paßt. Hier spricht kein Untermieter. Hier spricht ein regelrechter amerikanischer Bürger und Wohnungsmieter. Einverstanden. Los. Tun Sie sich keinen Zwang an, und bummern Sie an die Wand. Sie werden sich wundern, wie wir zurückbummern. *Er hält die Muschel zu. Zu Edna.* Wenn sie bummern, dann befehle ich dir, zurückzubummern.

Edna Mel, warum fängst du Streit mit denen an?

Von der anderen Seite der Wand hört man ein lautes Klopfen.

Mel Okay. Los, Edna. Jetzt du!

Edna Mel … es ist ein Viertel vor drei. Laß sie doch in Frieden – dann gehen sie schlafen.

Mel Wirst du jetzt zurückbummern – ja oder nein??

Edna Wenn ich zurückbummere, wird auch sie zurückbummern!

Mel Bummerst du jetzt, ja oder nein?

Mel Ich bummer ja schon … ich bummer ja schon … *Sie klopft dröhnend an die Wand.*

Mel *spricht in die Telefonmuschel* Naaa?

Von der anderen Seite der Wand hört man, wie die Mädchen dröhnend an die Wand schlagen.

Mel *zu Edna* Los, bummern!

Edna schlägt wieder an die Wand.

Auch auf der anderen Seite wird wieder gebummert.

Mel Achtung – fertig – los: bummern!

Edna schlägt an die Wand. Es wird dunkel auf der Bühne – und dann fällt der Vorhang.

Bühne und Zuschauerraum bleiben dunkel. Wir hören den Nachrichtensprecher mit den Sechs-Uhr-Abendnachrichten des täglichen Fernsehprogramms.

Stimme Roger Keatings *während es dunkel bleibt* Es ist achtzehn Uhr – es folgen die Nachrichten. Diesmal traten die städtischen Angestellten in 37 New-Yorker Krankenhäusern um drei Uhr nachmittags in den Ausstand. Das Bürgermeisteramt wird mit Telefonanrufen überschwemmt, weil Hunderte von Patienten und ältere Kranke über die Zustände klagen … Sie haben weder genügend Verpflegung noch saubere Bettwäsche oder

Medikamente. – Ein 79jähriger Patient fiel im Lennox Hospital auf dem Korridor hin und brach sich das Bein ... er wurde von einem 73 Jahre alten Patienten ärztlich versorgt, der soeben eine Gallenblasen-Operation überstanden hatte. – Zwei der herzlosesten Räuber in der Geschichte der Stadt New York konnten mit 4 000 Dollar entkommen, die sie im New-Yorker Blindenheim gestohlen hatten ... Die Polizei glaubt, daß es sich um dieselben Männer handelt, die am Dienstag aus dem Hospital des New-Yorker Tierschutzvereins mit 3600 Dollar entkommen konnten ... Und morgen steht New York vielleicht ohne Wasser da. Dies gab der Direktor für das Öffentliche Gesundheitswesen der Stadt New York bekannt. Schuld ist ein anonymer Telefonanrufer, der heute morgen im Büro der Gesundheitsbehörden anrief und damit drohte, 50 Pfund schädliche Chemikalien ins städtische Wasserreservoir zu werfen. Der anonyme Anrufer schloß seine Drohung mit den Worten: Baby, morgen sitzt ihr alle auf dem Trockenen! – Und aus dem Amt des Polizeipräsidenten Murphy liegt eine Statistik vor, die besagt, daß die Zahl der Einbrüche in New Yorks Apartment-Häusern im August dieses Jahres um 7,2 Prozent gestiegen ist ...

Ende des ersten Bildes

Zweites Bild

Es ist spät am Nachmittag, einige Tage nach dem ersten Bild. Wenn der Vorhang aufgeht, herrscht heillose Unordnung im Zimmer. Alle Stühle sind umgeworfen, die Schubladen herausgezogen und ihr Inhalt über den Teppich verstreut. Aus dem Bücherschrank fehlt die Hälfte der Bücher, und überall im Zimmer liegen Sachen herum. – Darüber, was hier passiert ist, kann kein Zweifel herrschen.

Edna *am Telefon. Sie telefoniert und zittert am ganzen Körper* Edison ... Frau Edna Edison ... bei uns hat man eben eingebrochen ... Ich bin gerade nach Hause gekommen ... die Einbrecher haben alles gestohlen, was sie stehlen konnten ... ja, Edison ... Als ich nach Hause kam, stand die Wohnungstür offen ... die Diebe sind wohl gerade mit der Arbeit fertig geworden ... 385 Ost 88. Straße ... Wäre ich zwei Minuten früher hier gewesen, so hätten sie mich vielleicht ermordet. Wohnung 14/a. – Ich weiß noch nicht genau ... Den Fernseher, das Tonbandgerät ... Bücher ... und Kleider ... Sie haben eine Unmenge Kleider gestohlen ... Meine Kleider, meine Mäntel und sämtliche Anzüge meines Mannes. In den Schubladen hab ich noch nicht nachgesehen ... Ja, bitte! Unbedingt. Schicken Sie bitte sofort jemand. Ich bin ganz allein. Mein Mann ist noch nicht vom Büro zurück. Frau Edna Edison. Die Kerle hätten mich ermorden können. Ermorden können! Ja, danke. *Sie legt auf. Dreht sich herum und betrachtet die Bescherung im Zimmer. Dann geht sie quer über die Bühne und hebt einen Stuhl auf und stellt ihn sofort wieder nieder. Geht dann zum Schreibtisch und beginnt die Schubladen zu durchsuchen. Sooft sie entdeckt, daß irgend etwas fehlt, wird ihr Weinen lauter.* Ruhig ... ruhig ... nimm dich zusammen ... einen Drink ... ich brauche einen Drink ... *Sie geht schnell in die Küche. Holt ein Glas und Eis und kommt dann schnell zurück ins Wohnzimmer. Eilt an die Hausbar und schaut ... und sieht, daß alle Flaschen weg sind.* Der Schnaps ist weg ... sie haben den Schnaps mitgehen lassen ... *Stellt die Gläser ab und schluchzt.* Ein Mittel ... ich muß mich beruhigen ...

ich brauche ein Valium ... *Sie steht auf und läuft schnell in den kleinen Vorraum hinaus, der zwischen Wohn- und Schlafzimmer liegt, und verschwindet im Schlafzimmer. Wir hören ein Geräusch. Offenbar durchstöbert Edna das geplünderte Arzneischränkchen. Ein paar Sekunden Stille. Edna ließ sich offenbar dort drinnen aufs Bett fallen ... man hat den Eindruck, daß sie drinnen weint.*

Jemand öffnet die Vorzimmertür mit einem Schlüssel. Mel betritt die Bühne. Er trägt sein Jackett über dem Arm und hält eine Zeitung in der Hand. Mel hat die Hemdsärmel aufgerollt. Er sieht erhitzt aus. Scheint die Unordnung im Zimmer nicht sofort zu bemerken, weil er so sehr mit seinen eigenen Gedanken beschäftigt ist. Geht quer über die Bühne zu einem Sessel und läßt sich erschöpft darein fallen. Wirft den Kopf zurück und seufzt. Öffnet dann die Augen und erfaßt plötzlich die Situation – läßt die Augen durchs Zimmer wandern. Ist baff.

Ednas Stimme *von drinnen* Mel? Bist du's, Mel?

Mel Hat Mildred heute nicht saubergemacht?

Edna *kommt. Hält eine Vase in der Hand* Heute nicht. Sie kommt nur montags und donnerstags.

Mel Was ist hier passiert? Warum herrscht hier ein solches Tohuwabohu?

Edna Die Einbrecher waren da ...

Mel starrt sie entgeistert an. Er steht langsam auf und schaut sich jetzt im Zimmer um – anders als vorhin, denn jetzt überblickt er die Lage.

Mel Was willst du damit sagen: die Einbrecher waren da?

Edna *bricht in Tränen aus* Man hat bei uns eingebrochen! Man hat uns ausgeraubt! Und was bedeutet ausgeraubt? Die Einbrecher kommen und rauben einen aus. Man hat uns ausgeraubt!

Mel *dreht sich unentwegt um seine eigene Achse, starrt ungläubig ins Zimmer ... er weiß nicht, wohin er zuerst schauen soll* Ich versteh' kein Wort ... Was willst du damit sagen? – Irgend jemand ist einfach hereinspaziert und hat uns ausgeraubt?

Edna Wie stellst du dir das vor? Daß die Einbrecher vorher bei uns anrufen und um eine Besuchszeit bitten? Man hat uns ausgeraubt!

Mel Ruhig … ruhig … reg dich ab. Nimm dich zusammen, Edna. Ich stelle eine einzige, ganz einfache Frage. Was ist geschehen? Was haben die Kerle mitgehen lassen?

Edna Ich weiß es noch nicht genau. Ich war einkaufen. So ungefähr fünf Minuten blieb ich weg. Und als ich wiederkam, fand ich diese Bescherung.

Mel Du kannst doch unmöglich bloß fünf Minuten weg gewesen sein. Schau dir die Wohnung an …

Edna Fünf Minuten. Länger war ich nicht weg.

Mel Fünf Minuten? So? Na, dann telefoniere ich lieber mit dem FBI. Denn dann müssen sich sämtliche New-Yorker Gauner hier bei uns getroffen haben.

Edna Das glaub ich auch. Denn ich war bloß fünf Minuten weg.

Mel Und als du zurück ins Haus kamst … fiel dir irgendein Mensch auf, der verdächtig aussah?

Edna In diesem Haus sehen alle Menschen verdächtig aus.

Mel Und du bist auch keinem Menschen begegnet, der mit Bündeln oder Päckchen beladen war?

Edna Ich hab nichts bemerkt. Glaubst du, ich halte Ausschau nach Menschen, die das Haus mit meinem Fernseher verlassen?

Mel Sie haben den Fernseher geklaut? *Er ist im Begriff, ins Schlafzimmer zu gehen. Bleibt dann stehen.* Einen funkelnagelneuen Fernseher?

Edna Auf einen alten Kasten, Jahrgang 1948, sind die Einbrecher nicht scharf! – Dort drüben stand er. Ja, sie haben ihn geklaut. Du, ich krieg keine Luft mehr!

Mel So beruhige dich doch … Ich hol dir einen Drink.

Edna Ich will keinen Drink.

Mel Ein bißchen Scotch. Das wird deine Nerven beruhigen.

Edna Das wird meine Nerven nicht beruhigen, weil wir keinen Scotch haben! Die Einbrecher haben nämlich auch den Scotch gestohlen!

Mel Alle Flaschen Scotch?

Edna Alle Flaschen.

Mel Auch den Chivas Regal für 20 Dollar?

Edna Was glaubst du? Sie werden den billigen Scotch

stehlen und den teuren Chivas Regal stehenlassen? Ich sage dir, sie haben alles geklaut ... sie haben uns total ausgeraubt!

Mel *fletscht die Zähne* Schweinehunde! *Er läuft auf den Balkon und brüllt.* Schweinehunde! *Schiebt die Tür zu und kommt ins Zimmer.* Und das alles innerhalb von fünf Minuten, wie? Die Einbrecher müssen Gorillas gewesen sein, wenn sie das ganze Zeug in fünf Minuten abtransportieren konnten!

Edna Laß mich in Ruh ...

Mel *fletscht wieder die Zähne* Die Schweinehunde!

Edna Und hör auf zu fluchen. Die Polizei wird gleich dasein. Ich hab vorhin mit der Polizei telefoniert.

Mel Hast du die Polizei angerufen?

Edna Hab ich doch eben gesagt.

Mel Hast du den Einbruch gemeldet?

Edna Worüber hätte ich mich sonst mit der Polizei unterhalten sollen? So intim sind wir nicht miteinander! Stellst du Fragen! Was ist überhaupt los mit dir?

Mel Also ruhig Blut ... reg dich ab ... Du bist nämlich ganz hysterisch.

Edna Ich bin nicht hysterisch.

Mel Doch, du bist hysterisch.

Edna Du machst mich hysterisch. Begreifst du nicht, daß meine Wohnung soeben total ausgeplündert wurde?

Mel Wie sprichst du mit mir? Bin ich vielleicht ein Untermieter? Auch meine Wohnung wurde ausgeplündert. Mein Farbfernseher und mein teurer Chivas-Regal-Scotch fehlt genauso wie deiner.

Edna Aber du hast nicht die Bescherung entdeckt. Ich war diejenige.

Mel Ist das nicht völlig wurscht – wer's entdeckt hat? Wir haben ja doch nichts zum Trinken und zum Fernsehen.

Edna Brüll mich nicht an. Ich bin genauso wütend wie du!

Mel Verzeih. Ich bin wirklich sehr wütend. Aber ich wollte dich nicht anbrüllen. *Er will ins Schlafzimmer gehen.* Ich hol dir ein Valium. Das wird dich beruhigen.

Edna Ich will kein Valium.

Mel Nimm eins. Dann fühlst du dich gleich besser.

Edna Ich mag kein Valium.

Mel Warum bist du so störrisch?

Edna Ich bin nicht störrisch. – Wir haben kein Valium. Die Einbrecher haben auch die Beruhigungstabletten mitgehen lassen.

Mel *bleibt stehen* Sie haben das Valium geklaut?

Edna Und das ganze Arzneischränkchen obendrein. Mit Valium und Aspirin und Rasiercreme und Zahnpasta und Rasierklingen. Deine Zahnbürste haben sie dir gelassen. Falls du vielleicht ins Badezimmer gehen und dir die Zähne putzen willst – das Vergnügen kannst du dir noch leisten.

Mel *lächelt ungläubig* Ich glaube dir nicht. Ich glaube dir nicht! *Mel starrt sie an, stürmt dann aus dem Zimmer und verschwindet im Badezimmer …*

Edna steht auf und hebt ein Buch vom Fußboden auf. Aus einiger Entfernung – aus dem Badezimmer – hören wir Mel brüllen.

Diese dreckigen Saukerle!

Edna hält das Buch verkehrt in der Hand. Sie schüttelt es, offenbar in der Hoffnung, daß irgend etwas Verstecktes herausfällt. Aber es fällt nichts heraus … Mel stürmt ins Wohnzimmer.

Hoffentlich krepieren sie. Hoffentlich rast das Auto, in dem sie geflohen sind, gegen einen Baum und stürzt um und verbrennt, und die Kerle krepieren.

Edna Jeden Tag liest man's in der Zeitung. Und wenn's einem selbst passiert, kann man's nicht fassen.

Mel Daß sie den Fernseher gestohlen haben, kann ich noch verstehen. Und auch den Schnaps. Aber die Rasiercreme! Und den Haarspray. Und was kriegen sie für ein Päckchen Zahnstocher?

Edna Wahrscheinlich raubten sie ohne Sinn und Verstand. Sie nahmen alles mit, was sie schleppen konnten. *Sie schüttelt das Buch zum letztenmal.* Und sie haben sogar mein Wirtschaftsgeld gefunden.

Mel Welches Wirtschaftsgeld?

Edna Hier drin hab ich mein Wirtschaftsgeld aufbewahrt. Fünfundachtzig Dollar.

Mel Bargeld? Du steckst Bargeld in ein Buch?

Edna Damit es keiner findet! Wo soll ich's sonst hintun?

Mel In eine Büchse. In die Zuckerbüchse. Irgendwo, wo niemand nachschaut.

Edna Sie haben das Arzneischränkchen durchgewühlt. Glaubst du, sie würden vor der Zuckerbüchse haltmachen?

Mel Kein Mensch sucht in einer Zuckerbüchse!

Edna Und kein Mensch stiehlt Zahnstocher und Mundwasser. Nur kranke Menschen. Und alle Menschen, die's heute auf der Welt gibt, sind krank. Sie sind krank, krank, krank! *Sie setzt sich, total ausgepumpt.*

Mel *geht zu ihr hinüber, legt seinen Arm um ihre Schultern und tröstet sie* Ruhig, ruhig, Edna ... Sie haben dir doch nichts zuleide getan ... und das ist die Hauptsache. *Er durchsucht die Papiere auf dem Tisch.*

Edna Kannst du dir ausmalen, was passiert wäre, wenn ich ganz arglos die Tür geöffnet und die Kerle hier ertappt hätte? Was wäre dann gewesen, Mel?

Mel Du hattest noch Glück, Edna. Großes Glück.

Edna Aber was wäre passiert, wenn ich sie ertappt hätte?

Mel Ist das nicht wurscht? Du hast sie ja nicht ertappt.

Edna Aber wenn ich sie ertappt hätte! Was hätte ich dann getan?

Mel Du hättest bestimmt gesagt: „Pardon, meine Herren!" und hättest die Tür hinter dir ins Schloß fallen lassen und wärst erst später wiedergekommen. Oder hättest du dich anders verhalten? Hättest du Platz genommen und zugeschaut? Warum stellst du solche Fragen? Es ist nichts passiert – also!

Edna Aber beinahe wäre es passiert. Wenn ich fünf Minuten früher hereingekommen wäre.

Mel *macht ein paar Schritte von ihr weg* Unmöglich – daß du bloß fünf Minuten weg warst. Die Spediteurfirma Gebrüder Santini brauchte zwei Tage für unseren Umzug. Und das sind sieben Brüder! Wie kannst du bloß annehmen, daß drei Hascher unsere gesamte Habe innerhalb von fünf Minuten ausräumen!

Edna Dann waren's sieben Minuten ... oder acht Minuten ... ist das nicht völlig gleichgültig?

Mel *öffnet die Tür, untersucht das Schloß* Das Schloß ist weder aufgebrochen noch verbogen. Ich habe keine blasse Ahnung, wie die Kerle überhaupt reingekommen sind.

Edna Vielleicht haben sie meinen Schlüssel auf der Straße gefunden.

Mel *schließt die Wohnungstür. Schaut Edna an* Was willst du damit sagen: deinen Schlüssel gefunden? Hast du etwa deinen Schlüssel nicht?

Edna Nein. Ich habe ihn verloren. Ich dachte, daß ich ihn zu Hause irgendwo verlegt habe. Vielleicht hab ich ihn aber auf der Straße verloren.

Mel Wenn du aber keinen Schlüssel hattest ... wie wolltest du dann nach dem Einkauf zurück in die Wohnung kommen?

Edna Ich habe die Tür offenstehen lassen.

Mel Du ... hast ... die Tür ... offenstehen lassen?

Edna Ich hatte doch keinen Schlüssel ... wie sollte ich sonst zurück in die Wohnung kommen?

Mel Und da hast du einfach die Tür offenstehen lassen? In New York, einer Stadt mit den meisten Verbrechen. In dieser Stadt hast du die Tür offenstehen lassen?

Edna Was hätte ich sonst tun sollen? Vielleicht die Möbel mitnehmen? Ich bin doch nur fünf Minuten weggeblieben. Wieso wußten die Kerle, daß ich die Tür offen lassen würde?

Mel Weil sie's wußten! Die wissen alles! Wenn eine Tür aufgeht und nicht zugeschlossen wird, so flammt das Signallicht in der Unterwelt auf. „Im 14. Stock des Hauses Ecke 88. Straße und Second Avenue steht die Tür offen", meldet das Signal. Die wissen alles!

Edna Gar nichts wissen sie! Sie können doch nicht herumjagen und alle Türen ausprobieren.

Mel Was stellst du dir eigentlich vor? Daß sie an jeder Tür in diesem Haus herumfummeln, bloß nicht an deiner Wohnungstür? „Die Wohnung 14/a wollen wir verschonen, Kinder ... die haben eine so sympathische Wohnungstür ..."

Edna Wenn die Kerle von Tür zu Tür laufen und jede Tür ausprobieren, dann brauchen sie täglich 23 Stunden und 55 Minuten zum Herumfummeln. Und ich glaube nicht, daß sie gerade in den fünf Minuten, die ich zum Einkauf brauchte, an unserer Tür herumgefummelt haben. – Ich habe Hasard gespielt! Und ich habe verloren!

Mel Schönes Risiko. Wenn du verlierst, kriegen die Einbrecher alles. Und wenn du gewinnst, rauben sie einen anderen aus.

Edna Ich mußte einkaufen gehen. Wir hatten nichts zum Abendessen im Haus.

Mel Großartig. Jetzt hast du was zu essen, aber nichts, womit du's essen kannst ... Sag, warum hast du es nicht telefonisch bestellt? Man hätte dir alles ins Haus geschickt.

Edna Weil ich meine Einkäufe in einem billigen Laden mache, der nicht ins Haus liefert. Weil ich versuche, Geld zu sparen ... und weil du mir neulich in der Nacht einen solchen Schrecken eingejagt hast ... Jetzt siehst du, wieviel Geld ich gespart habe!

Edna fängt an, die Sachen vom Teppich zu sammeln.

Mel Was machst du?

Edna Wir können doch nicht alles so herumliegen lassen. Ich will ein bißchen Ordnung machen.

Mel Ausgerechnet jetzt?

Edna Die Wohnung ist in einem schauderhaften Zustand. Und in ein paar Minuten kommen Leute ...

Mel Meinst du die Polizei? Du richtest die Wohnung für die Polizei hübsch her? Fürchtest du etwa, daß der Polizist in sein Dienstbüchlein die Bemerkung einträgt: „Frau Edison ist eine schlechte Hausfrau!"? – Laß doch alles, wie's ist. Vielleicht findet die Polizei einen Hinweis ...

Edna Ich kann unmöglich feststellen, was fehlt, solange ich nicht alles zurück auf seinen Platz stelle.

Mel Was soll das heißen? Du weißt doch, was fehlt. Der Fernseher, der Schnaps, das Wirtschaftsgeld, das Arzneischränkchen und die Hi-Fi-Stereo-Anlage. Oder sonst noch etwas? *Pause.* Ist das nicht alles?

Edna schaut in eine andere Richtung.

... okay. Heraus mit der Sprache. Was haben die Kerle sonst noch erwischt?

Edna Bin ich ein Detektiv? Schau selbst nach. Du wirst es schon feststellen.

Er starrt sie an, schaut sich im Zimmer um, weiß nicht, wo er beginnen soll. Entschließt sich, das Schlafzimmer zu inspizieren. Stürmt durch den Vorraum und verschwindet im rückwärtigen Teil der Wohnung. – Edna, die genau weiß, was sie zu erwarten hat, setzt sich auf einen Stuhl in der Eßnische und starrt zum Fenster hinaus. Nimmt ein Taschentuch und wischt etwas Staub von den Scheiben. Mel kommt zurück. Er ist ruhig. Zumindest nach außen hin. Holt tief Luft.

Mel Wo sind meine Anzüge?

Edna Heute morgen waren sie noch da. Und jetzt sind sie nicht mehr da. Also müssen sie auch deine Anzüge geklaut haben.

Mel *zwingt sich noch immer zur Ruhe* Sieben Anzüge? Drei Sport-Jacketts? Acht Paar Hosen?

Edna Wenn du soviel hattest, müssen sie wohl soviel gestohlen haben.

Mel Ich kann noch von Glück sagen, daß mein Smoking in der Reinigung ist.

Edna *starrt noch immer zum Fenster hinaus* Die Reinigung hat ihn heute wieder abgeliefert. Sauber.

Mel ... Na. Die haben ganze Arbeit geleistet. Mich gründlich ausgeraubt. Eine Paar Khaki-Hosen und meine Golfmütze haben sie mir gelassen ... Wenn uns jemand diese Woche zum Abendessen einlädt, so vergiß bitte nicht zu fragen, ob ich in Khaki-Hosen und Golfmütze kommen kann. Diese elenden Schweinehunde! *Und nun erleidet Mel einen Tobsuchtsanfall, der sich offenbar nicht unterdrücken läßt. Er fegt alle Aschenbecher von den Wandregalen auf den Küchenfußboden ... und er beherrscht sich erst, als er seine ganze Energie aufgebraucht hat und das kochende Vitriol in seinen Adern verdampft ist. Dann steht er da und keucht ...*

Edna Es sind doch nur Sachen, Mel. Nur ein paar alte Anzüge und Jacken. Wir können sie ersetzen. Wir werden neue kaufen. Können wir das nicht, Mel?

Mel Wovon ... Wovon? Sie haben mich entlassen. *Er setzt sich, der Wand zugekehrt.*

Edna Du lieber Gott. Sag das nicht noch einmal.

Mel Ich sag's aber noch einmal. Sie haben mich entlassen! Mich und den Hal Chesterman und Mike Ambrozi und Dave Polichek und Arnold Strauss ... und zwei andere, an deren Namen ich mich nicht einmal erinnern kann. Insgesamt sieben. Alles in einem Aufwaschen. Gefeuert!

Edna *ist so verzweifelt, daß sie sich kaum auf ihrem Stuhl bewegen kann* Oh, Mel ... Das tut mir so schrecklich leid!

Mel Man hat uns nacheinander einzeln zum Personalchef geholt. Die hätten gar nichts sagen müssen. Wir wußten's ja auch so. Wir sahen es kommen. Sogar die Sekretärinnen wußten Bescheid. Konnten uns nicht mehr ins Gesicht sehen, wenn wir ihnen guten Morgen wünschten. Und diese Mädchen mit 85 Dollar in der Woche brachten mir Kaffee und Kuchen und nahmen kein Geld dafür. Das sprach Bände.

Edna O Mel ... Mel ... Mel ...

Mel Dann sagten uns die Chefs, daß ihnen nichts anderes übrigblieb. Sie müßten Einsparungen machen, hieß es ... an der ganzen Front, von oben bis unten ... sieben führende Angestellte, zwölf Handelsvertreter, vierundzwanzig Leute aus dem Büro ... 43 Menschen an einem einzigen Nachmittag. Und drei Fahrstühle mußten zweimal hinunterfahren, um alle Abgesägten ins Parterre zu befördern ... Und was sich erst morgen abspielen wird. Wenn der Mensch mit Kaffee und Kuchen auftaucht und seine Kunden sucht? Der springt todsicher aus dem Fenster.

Edna Und dann kommst du nach Hause und findest diese Bescherung vor. Zuerst wirst du entlassen – und dann findest du noch eine ausgeraubte Wohnung vor.

Mel Das mit der Entlassung ... das ist nicht heute passiert. Sondern schon am Montag.

Edna Am Montag? Willst du damit sagen, daß du's seit vier Tagen weißt und mir kein Sterbenswort verraten hast?

Mel Ich wußte nicht, wie ich dir's sagen soll. Ich konnte einfach den Mut nicht aufbringen ... Ich dachte, daß ich vielleicht einen neuen Job finden werde ... daß ein Wunder geschieht. Aber es geschehen keine Wunder, wenn man fünfzig Jahre alt ist. Als Moses den brennenden Dornbusch sah, muß er dreiundzwanzig oder höchstens vierundzwanzig Jahre alt gewesen sein. Und bestimmt nicht fünfzig. *Er geht in die Küche und holt eine Dose Bier.*

Edna Was hast du bloß seit Montag getrieben? Wo warst du? Was hast du den ganzen Tag gemacht?

Mel *kommt aus der Küche, setzt sich, trinkt sein Bier* Am Montag rief ich bei ein paar Leuten an und versuchte mich mit ihnen zu verabreden. Aber wenn du Hilfe brauchst, so würdest du staunen, wie viele Menschen schon um halb elf Uhr vormittags „eben zum Mittagessen ausgegangen sind". Und am Nachmittag? ... *Er zuckt die Schultern.* Ich besuchte Museen ... Auktionen ... die Ausstellung für Büromöbel ... Und ich schaute mir einen italienischen Film an und einen polnischen Film ... ich hab auch zwei Pornofilme gesehen ... und in einem Pornofilm traf ich den Dave Polichek. Wir flunkerten einander etwas vor. Jeder wollte dem andern weismachen, daß wir irgendwo wegen eines Jobs vorsprechen müssen und bis zu dem Termin die Zeit totschlagen wollen ... Ein unerhört wichtiger Termin! – I c h ging in den Central Park, und e r ging in Ripleys Wachsfigurenkabinett.

Edna Du hättest nach Hause kommen sollen, Mel.

Mel Wozu? Ich hatte eine sehr hübsche Parkbank in der Nähe des Eisplatzes. Zum Mittagessen verspeiste ich meinen kandierten Apfel und trank dazu meine Kinderlimonade.

Edna O Mel, ich halte das nicht aus.

Mel Um ein Haar hätte ich ein Verhältnis mit einer 73jährigen britischen Kinderfrau begonnen. Mit uns beiden hätte es wunderschön geklappt, aber das Baby mochte mich nicht.

Bei diesen Worten steht Edna auf und geht schnell zu Mel hinüber, der noch auf seinem Stuhl sitzt.

Er streckt den Arm nach ihr aus und umarmt ihre Taille ... der Ertrinkende greift nach einem Strohhalm.

Ich komm schon wieder zurecht, Edna. Ich will nicht, daß du dich um mich sorgst. Ich schaff es schon wieder.

Edna Ich weiß, daß du's schaffen wirst, Mel. Ich weiß es.

Mel Und ich finde auch einen neuen Job. Du wirst sehen.

Edna Bestimmt. Ganz bestimmt.

Mel Du nimmst eben die Gardinen im Wohnzimmer ab und nähst mir daraus einen neuen Anzug, und ich suche einen neuen Job.

Edna *küßt ihn* O Mel ... wir werden es schaffen! Ganz gewiß!

Sie lassen einander los.

Mel ... Gestern hab ich zwei Handballspiele mitgemacht.

Edna Wahrhaftig?

Er setzt sich aufs Sofa. Sie beginnt wieder, die Sachen einzusammeln.

Mel *nickt* Jawohl. Mit den Zöglingen eines Ferienlagers ... vierzehnjährigen Jungen ... Harvey, der rechte Außenstürmer, mußte später in die Geigenstunde, und ich übernahm seinen Platz in den beiden letzten Spielen ...

Edna Hast du ein Tor geworfen?

Mel Beinahe. Leider prallte mein Ball vom Torpfosten ab, und wir verloren das Spiel. Die Jungen wollten mich erwürgen.

Edna Schade, daß ich nicht dabei war.

Mel Und dabei weiß ich, daß ich gut in diese Mannschaft passe ... ich muß nur mein Fingerspitzengefühl zurückbekommen ... Wenn ich keinen Job finde, so verbringe ich den Sommer vielleicht im Ferienlager ...

Edna Ich brauche keine zwei Minuten, um die Namensschildchen in deine Kleider zu nähen ... Denk darüber nach, und ich mache uns eine Tasse Kaffee. *Sie geht auf die Küche zu.*

Mel Haben die Einbrecher uns wirklich den Kaffee gelassen? Wie ist das möglich?

Edna Einbrecher gehen nie in die Küche.

Mel Warum hast du dann dein Geld nicht in der Zuckerbüchse versteckt?

Edna Mel ... wir sind doch versichert. Wir kriegen das ganze Geld zurück.

Mel Wir können uns gratulieren, wenn wir die Hälfte zurückbekommen. Oder glaubst du, daß man dir

200 Dollar für einen Mantel gibt, der 200 Dollar gekostet hat? Die Sachen verlieren an Wert. Wenn du so ein Kleidungsstück einmal anziehst und einmal zuknöpfst, ist der Mantel nur noch 40 Dollar wert.

Edna Dann bekommen wir die Hälfte des Geldes zurück.

Mel Und dann werden die Prämien erhöht. Wer einmal ausgeraubt wurde, muß nachher doppelt soviel zahlen, um die Hälfte davon zu versichern, was er früher hatte.

Edna *kommt aus der Küche* Mel, bitte, mach dir keine Sorgen um das Geld. Wir haben doch etwas zurückgelegt. Wir sind nicht anspruchsvoll. Wir können ein Weilchen ganz bequem leben.

Mel Mit zwei Töchtern im College? Mit unserer hohen Miete und den Lebensmittelrechnungen … wenn kein Geld ins Haus kommt? Wir müssen raus, Edna. Wir müssen raus – aus allem raus. *Er geht im Zimmer auf und ab.*

Edna Ich gehe, wohin du willst, Mel.

Mel Ich meine, nicht raus aus dieser Wohnung. Raus aus unseren Verpflichtungen. Los von den Dingen, die uns erwürgen. Ich werde aus dem Turn- und Schwimmklub austreten. Ich brauche keinen Gymnastiksaal für 250 Dollar im Jahr. Statt dessen kann ich ja im Zimmer rumlaufen … im Schlafzimmer rumlaufen … das ist ohnehin die einzige Methode, um dort drinnen nicht zu erfrieren … Und wir können auch auf unsere Mitgliedschaft im Museum für Moderne Kunst verzichten. Surrealistische Filme gibt's auch im Fernsehen. *Er greift nach ein paar Zeitschriften, die auf dem Tisch liegen.* Und diese dämlichen Zeitschriften. Ich brauche weder Time noch Life, noch Newsweek. Hörst du? Ich werde nicht meinen letzten Dollar dafür ausgeben, damit ich lese, daß die Arbeitslosigkeit in diesem Jahr gestiegen ist. *Er wirft die Magazine in den Papierkorb.*

Edna Wir brauchen k e i n e i n z i g e s Magazin. Wir haben's nie gebraucht, Mel.

Mel *schaut sich um, wirft noch mehr Zeug in den Papierkorb* Dieses Zeugs! Dieser Abfall, den wir jedes Jahr kaufen! Unnützer, überflüssiger Müll, der die Wohnung verstopft, bis man ihn hinauswirft und er wieder zu Müll wird und die ganze Wohnung mit Gestank erfüllt. Wozu? Wozu, Edna?

Edna Ich weiß nicht, Mel.

Mel Lebensmittel für zwei Dollar in einer Verpackung, die drei Dollar wert ist. Telefonanrufe, um festzustellen, wie spät es ist, weil man zu faul ist, selber auf die Uhr zu schauen. Die nieverspeisten Speisen ... die niegelesenen Bücher ... die niegespielten Schallplatten ... *Er hebt einen kleinen Gegenstand auf, der auf der Hausbar lag.* Schau dir das an! Achteinhalb Dollar für einen Whisky-Korken, der Musik macht ... achteinhalb Dollar! Damit wir uns, Gott behüte, nicht langweilen, wenn wir unsern Whisky einschenken ... Spielereien ... Spielereien ... Tand, Schund, Ramsch, Kitsch ... Müll ... Scheiße! *Er schmeißt den Korken auf den Boden.*

Edna Wir tun's aber nie mehr. Wir werden nichts mehr kaufen. Das verspreche ich dir. Du hast mein Wort.

Mel *faucht vor Wut* Zweiundzwanzig Jahre meines Lebens hab ich diesen Leuten geschenkt. Und wofür hab ich ihnen zweiundzwanzig Jahre geschenkt? Für einen Whisky-Korken, der Musik macht? Mein ganzes Leben ist durch diesen Korken geronnen. Mein ganzes Leben ist im Eimer. Und wer macht Musik dazu? Wo ist die herzinnige kleine Melodie geblieben? Wenn sie einen nach zweiundzwanzig Jahren an die Luft setzen, sollte wenigstens eine gottverdammte Blaskapelle bereitstehen, die einen Marsch zum Abgang bläst.

Edna Ruhig, ruhig ... reg dich doch nicht wieder auf! Du wirst noch krank!

Mel Weißt du, wo meine Musik geblieben ist? *Er geht zur Wand und zeigt darauf.* Dort! Dort ist sie ... dort spielt man sie ... auf der anderen Seite der Wand! *Er schreit.* Das ist meine Musik, nach zweiundzwanzig Jahren meines Lebens! *Er greift sich an die Brust, schneidet eine Grimasse.*

Edna Was ist los, Mel? Was fehlt dir?

Mel Ich hab Stiche in der Brust ... aber es ist nichts. Mach dir keine Sorgen. Es ist kein Herzanfall.

Edna *nervös* Was willst du damit sagen? Warum sagst du: es ist kein Herzanfall?

Mel Weil es kein Herzanfall ist. Ich hab nur Stiche in der Brust.

Edna Warum hast du Stiche in der Brust?

Mel Weil ich keinen Job habe. Und weil ich keinen Anzug zum Anziehen habe. Weil ich einen gottverdammten Nervenzusammenbruch habe und mir diese Diebesbande nicht einmal ein Valium gelassen hat, um mich zu beruhigen! *Er stürzt hinaus auf den Balkon und brüllt.* Ihr Schweinehunde! ... Ihr dreckigen Schweinehunde!!!

Plötzlich hört man eine Stimme – vermutlich von dem Balkon einen Stock höher.

Stimme Ruhe da unten. Hier oben wohnen Kinder.

Mel *draußen auf dem Balkon. Beugt sich zurück und ruft hinauf* Brüllen Sie mich nicht an, hören Sie? Man hat mir alles gestohlen! Alles! Und die Diebe haben mich mit einem verfluchten Paar Hosen und einer Golfmütze zurückgelassen.

Stimme Hier oben wohnen Kinder! Sind Sie besoffen oder sonstwas?

Mel Besoffen? Wovon? Die Einbrecher haben auch meinen Schnaps gestohlen, hören Sie? Und wenn Sie Ihre Kinder behalten wollen, schließen Sie sie gut ein. Erzählen Sie mir nicht von Ihren Kindern dort oben ...

Edna Mel, bitte ... Du machst dich noch krank.

Stimme Nehmen Sie denn gar keine Rücksicht auf andere Menschen?

Mel *schreit hinauf* Rücksicht? Ich nehme Rücksicht auf meinen Arsch! Darauf nehme ich Rücksicht, hören Sie? Denn das ist alles, worauf auch die anderen Menschen Rücksicht nehmen.

Und plötzlich passiert's – ein Wasserschwall ergießt sich in Mels Gesicht – der Segen kommt von oben und offenbar aus einem großen Eimer. Mel ist völlig durchnäßt ... naß wie ein Pudel. Er trieft wie eine Dachtraufe und sieht schrecklich gedemütigt aus. Er ist viel zu verblüfft und entsetzt, um überhaupt Worte zu finden.

Edna Du lieber Gott ... Mel, Mel ...

Mel *sehr ruhig und gefaßt, beinahe wie ein Kind, dem man weh getan hat* Aber das kann man doch nicht ... das kann man einem doch nicht antun ... Das ist gemein ... eine Niedertracht ... *Und er läßt sich auf einen Stuhl fallen und beginnt zu schluchzen. Er sitzt ganz still da und weint.*

Edna *läuft auf den Balkon und schreit hinauf* Dafür wird Gott Sie strafen! Entschuldigen Sie bitte die Ausdrucksweise meines Mannes ... aber Gott wird Sie dafür strafen! *Sie weint. Sie läuft zurück zu Mel und hebt ein Wäschestück vom Fußboden und beginnt, sein Gesicht und seinen Kopf abzutrocknen.* Ist schon gut, Mel ... Ist schon gut, mein Junge ...

Mel So was Gemeines ... das kann man doch nicht ... das kann man doch keinem Menschen antun ... Ich würde das nie einem Menschen antun ... niemals!

Edna *trocknet ihn ab* Nie ... ich weiß ... Du bist zu gut, Mel. Zu anständig. Du wärest zu so was nie imstande ... Alles wird wieder gut, Mel ... ich verspreche es dir ... Du findest einen anderen Job ... Du wirst schon sehen ... Und wir ziehen weg von hier. Irgendwohin ... ganz weit weg ... Weißt du, was wir anfangen könnten? Du kannst doch so gut mit Kindern umgehen ... Du bist so gern mit Kindern zusammen ... Wir könnten ein Ferienheim gründen ... Du wärst der Direktor, und ich könnte kochen, und die beiden Mädchen könnten Reit- und Schwimmunterricht geben ... Dazu hättest du doch Lust, Mel, nicht wahr?? Wir müßten nur noch ein bißchen Geld dafür zusammensparen. Und wenn du nicht gleich einen Job findest, so kann ich wieder eine Stelle als Sekretärin annehmen. Ich kann arbeiten, Mel ... Ich bin stark ... Aber du darfst nicht krank werden. Du darfst nicht krank werden und sterben, denn ohne dich will ich nicht in dieser Welt leben ... Es gefällt mir hier nicht! Du darfst mich hier nicht allein zurücklassen ... Mel ... wir werden's ihnen schon zeigen, Mel ... wir werden es ihnen allen zeigen ... *Und sie wischt ihm die Ohren trocken, während langsam der Vorhang fällt.*

Ende des ersten Aktes

Zweiter Akt

Erstes Bild

Etwa sechs Wochen später. Es ist Mitte September, ungefähr ein Uhr nachmittags.
Aus dem Radio ertönt Musik.
Aus dem Schlafzimmer kommt ein dumpfer, rhythmischer Schall, der sich alle paar Sekunden wiederholt. Dann taucht Mel aus dem Schlafzimmer auf. Er trägt Khaki-Hosen, die Jacke eines Pyjamas und außerdem einen halboffenen Bademantel, dessen Gürtel herunterbaumelt.
Seine Füße stecken in Pantoffeln, über die linke Hand hat er einen Baseball-Handschuh gestreift. In der Rechten hält er einen Baseball. Er wirft den Ball mit der Linken in die Rechte: daher kommt das dumpfe Geräusch, das Pam-Pam-Pam.
Sechs Wochen ohne Arbeit haben einen anderen Menschen aus Mel gemacht. Seine Augen liegen tief in den Höhlen, sie haben Ringe. Mel rasiert sich offenbar nur noch ab und zu. Er scheint sehr verbittert und zornig – er wirkt wie ein Mensch, der an einer starken Depression mit paranoidem Einschlag leidet.
Mel betritt das Wohnzimmer ziel- und planlos. Er weiß einfach nicht, wo er sonst hingehen soll – – und er will überhaupt nirgends hingehen. Wandert ohne Sinn und Verstand durchs Zimmer, als sähe er die Gegenstände überhaupt nicht. Er durchmißt im Wohnzimmer und in der Eßnische jeden Meter, der ihm zur Verfügung steht, wie ein Gefangener während seines täglichen Spaziergangs. Dabei wirft er unentwegt den Baseball aus der Linken in die Rechte, und diese Würfe werden immer heftiger, es ist ein lautes, dumpfes Pam-Pam-Pam.
Jetzt wirft er den Ball gegen die Wand. Sie gibt einen dumpfen Ton her. Geht dann quer über die Bühne in die Küche und sucht offenbar etwas Eßbares.

Ein Schlüssel wird im Schloß der Wohnungstür umgedreht. Die Tür geht auf. Edna eilt auf die Bühne. Sie ist sehr chic angezogen, sie trägt ein Kostüm.
Edna hält eine braune Einkaufstüte mit Lebensmitteln in der Hand und auch ein Magazin, das sie auf einen Stuhl wirft. Sie ruft.

Edna Mel, Mel, da bin ich! *Sie schließt die Wohnungstür, geht durchs Wohnzimmer, stellt das Radio ab und geht dann hinüber in die Küche.* Du bist sicher schon am Verhungern. Ich hab das Essen in einer Sekunde fertig! *Sie packt die Tüte aus.* Ich konnte einfach nicht vor drei Viertel eins aus dem Büro loskommen, und dann mußte ich noch fünfzehn Minuten auf den Bus warten … Herrgott, ist da was los auf der Third Avenue während der Mittagspause … Du, ich hab ein Käse-Soufflé für dich besorgt … das ißt du doch gern? Heute hab ich einfach nicht die Zeit, was Richtiges zu kochen … Mr. Cooperman will, daß ich noch vor zwei zurück im Büro bin … Plötzlich sind wir diese Woche mit einer Lawine von Aufträgen überschwemmt … Er fragte auch, ob ich bis Weihnachten auch samstags arbeiten könnte, aber ich sagte, daß es wohl kaum gehen wird … *Sie geht in die Küche und holt das Kochgeschirr aus dem Schrank.* Ich meine … wir könnten das Extrageld natürlich sehr gut brauchen, aber ich hab wirklich keine Lust, auch noch die Samstage im Büro zu verbringen … Wir sehen uns doch in der letzten Zeit ohnehin selten genug … Komm doch in die Küche, Mel, unterhalte dich mit mir, während ich das Essen koche … ich hab heut nur fünfunddreißig Minuten Mittagspause … *Edna hat das tiefgekühlte Soufflé in den Backofen geschoben und kommt nun in die Eßnische. Sie deckt den Tisch, stellt die Teller hin und legt Besteck daneben.* Meine Füße brennen wie Feuer … Ich weiß wirklich nicht, warum man mir im Büro einen Schreibtisch zugeteilt hat … Seit einem Monat hatte ich keinen Augenblick Zeit, daran zu sitzen … Hi, mein Schatz. – Ich hab dir das illustrierte Sportmagazin mitgebracht … Mr. Cooperman sagt, da steht 'ne phantastische Story über deinen Fußballklub drin … Er dachte, sie würde dich interessieren …

Mel schiebt das Magazin mit einiger Verachtung beiseite. Man kommt auf der Third Avenue einfach nicht weiter, weil's auf der Fifth Avenue wieder einen Protestmarsch gibt … sie marschieren die Fifth Avenue rauf oder die Fifth Avenue runter … weiß der Deibel, wo im Augenblick gerade protestiert wird … Fünfzehntausend Frauen brüllen: „Rettet die Umwelt!" – und dabei tragen alle Leopardenmäntel … Mein Gott, sind das Heuchler … Komm, setz dich, trink zuerst ein Glas Tomatensaft!

Mel tritt wortlos an den Tisch und setzt sich.

Ist das nicht eine schauderhafte Geschichte mit dem Polizeipräsidenten? Ich meine, daß sie den Polizeipräsidenten gekidnappt haben! Ist das nicht völliger Irrsinn? Wenn ihn die Polizei nicht findet – wer soll ihn dann finden? *Sie setzt sich, führt ihr Glas Tomatensaft an den Mund und trinkt einen Schluck.* Ach, das schmeckt. Der erste Schluck seit acht Uhr morgens. Wir haben im Büro so viel Arbeit, daß wir uns nicht mal die Zeit zur Kaffeepause nehmen können. Ich seh's schon kommen … Mr. Cooperman wird mich bitten, auch noch abends zu arbeiten … Ich weiß nicht, was ich ihm antworten soll … Ich meine, er ist wirklich so nett zu mir … kauft mir mindestens zwei- oder dreimal die Woche Sandwiches … natürlich verdien ich's auch, ich habe ja im vorigen Monat in einem Riesentempo geschuftet … Aber ich will nicht auch noch die Abende im Büro verbringen … dann hätte ich nicht mal mehr die Kraft, ein Wort zu sagen, wenn ich hier zu Hause eintrudle … Du, Mel, ich weiß wirklich nicht, wo ich meinen Mumm hernehme … *Sie trinkt wieder einen Schluck.* Und jetzt muß ich 'nen Punkt machen. Ich bin ganz aufgedreht und hör überhaupt nicht mehr auf … Wie geht es dir, Liebling? Alles in Ordnung?

Mel sitzt da und starrt auf seinen Tomatensaft.

Edna Mel … ist bei dir alles in Ordnung?

Mel *brummt etwas, das ein „Ja" sein könnte* Mhm.

Edna Hast wohl nicht viel Lust zu reden?

Mel Mhm.

Edna Du, Mel … komm! Ich muß in etwa 30 Minuten wieder aus dem Haus und bin wahrscheinlich nicht vor sieben Uhr abends wieder da. Mach doch den Mund auf ... Was hast du heute getrieben?

Mel *schaut sie an. Läßt sich lange Zeit zur Antwort ...* Ich hab einen Spaziergang gemacht.

Edna Wie nett. Wohin?

Mel Vom Schlafzimmer ins Wohnzimmer.

Edna *seine geistige Verfassung macht sie nervös. Sie beherrscht sich aber, um keine Szene heraufzubeschwören* Und das ist alles?

Mel Nein. Ich bin dann wieder zurück ins Schlafzimmer gegangen. Und einmal hab ich auch 'nen Abstecher in die Küche gemacht, um mir ein Glas Wasser zu holen. – Was möchtest du sonst noch wissen?

Edna Nichts. Wenn du keine Lust hast zu reden, soll es mir recht sein.

Mel Doch. Ich habe Lust zu reden. Willst du auch noch hören, wie ich den restlichen Teil des Vormittags verbracht habe?

Edna *spürt die Spannung seiner Nerven* Ich hab doch schon gesagt, daß es mir reicht.

Mel Ich hab dreimal zum Fenster hinausgeschaut und dann der Martha Dean im Fernsehen zugehört, und dann bin ich auf die Toilette gegangen, wo das Wasser immer noch läuft. Ich hab aber nicht am Knopf gerüttelt, weil ich weiß, daß du gern daran rüttelst, wenn du nach Hause kommst.

Edna *seufzt auf. Stellt ihr Glas ab* Also gut. Heraus mit der Sprache, Mel – wo fehlt's?

Mel Nirgends. Ich schildere dir ja nur meinen großartigen Vormittag. Und bist du imstande, eine wirklich sensationelle Nachricht zu verkraften? In Martha Deans Sendung gastiert morgen der „Forsche Feinschmekker". Ist das nicht wahnsinnig aufregend? Der junge Mann wird uns die sorgfältig gehüteten Geheimrezepte von fünf berühmten Personen mitteilen, und wir müssen erraten, welcher Eintopf zu welcher Berühmtheit gehört ... Ein Jammer, daß du diese Sendung versäumst.

Edna Du hast gestern nacht wieder schlecht geschlafen, nicht wahr?

Mel Gestern nacht? War gestern nacht die Nacht vor diesem Morgen? – Ich werfe die Dinge durcheinander. Mein Leben nimmt mich so stark in Anspruch.

Edna Ich dachte, du wolltest heute morgen einen Spaziergang in den Park machen.

Mel Ich weiß nicht mehr, in welchem Teil des Parks ich spazierengehen soll. Ich bin über jeden Weg, über jede Brücke und jeden Stein spaziert. Ich kenne jedes Eichhörnchen im Park und weiß auch, wo sie alle ihre Nüsse verstecken.

Edna Und ich weiß, daß du dich wie in einen Käfig eingesperrt fühlst, wenn du den ganzen Tag zu Hause sitzt. Vielleicht können wir beide morgen im Zoo zu Mittag essen?

Mel Ich gehe nicht in den Zoo. Einen Monat lang war ich jeden Tag dort. Und wenn ich vorübergehe, so stößt ein Affe den andern in die Rippen und sagt: „Siehste – da ist der Kerl schon wieder!"

Edna Ich dachte nur … ein bißchen Bewegung täte dir gut. Kannst du nicht Handball spielen – oder was Ähnliches?

Mel Mit dem Handballspiel ist's jetzt aus. Wir schreiben September, und mein ganzes Team geht zur Schule.

Edna Um drei ist die Schule aus. Du könntest auf die Jungen warten.

Mel Ich bin sieben Jahre älter als der Vater des Mittelstürmers. Ich werde nicht warten, bis die Kinder aus der Schule kommen, damit ich Partner zum Handballspiel habe.

Edna Du hast keine Ursache, mich anzubrüllen, Mel.

Mel Verzeih. Ich bin so viel allein, daß ich vergessen habe, wie laut ein normaler Mensch mit dem andern spricht. – Ist es so besser?

Edna Schon gut, Mel. – Hat jemand telefoniert?

Mel Deine Mutter. Wir haben Kochrezepte ausgetauscht.

Edna *trommelt mit den Fingern auf der Tischplatte, bemüht sich, ruhig zu bleiben* … Und sonst noch jemand?

Mel Ich bin doch kein Antwort-Dienst. Wenn du willst, daß ich Telefonanrufe beantworte, so stelle mich bitte an. Ich könnte die Arbeit wahrhaftig brauchen.

Edna Dann … stand heute wohl auch nichts in der Zeitung?

Mel Worüber?

Edna Du weißt schon, worüber. Über eine Stelle.

Mel Doch. Das Mount-Sinai-Krankenhaus sucht technische Mitarbeiter für seine chirurgische Abteilung. Leider haben meine Hosen Khaki-Farbe. Und die suchen Männer in weißen Hosen.

Edna Ich hab doch nur gefragt, Mel!

Mel Und ich hab' nur geantwortet. – In East Harlem gibt's eine portoricanische Schnellimbiß-Stube. Dort suchen sie einen Kellner, der auch Spanisch spricht. Und Delta Airlines sucht Hostessen – aber ich will nicht immer so lange von zu Hause wegbleiben. Hab ich nicht recht?

Edna Mel, bitte, hör auf.

Mel Weißt du, was sich noch am besten anhört? Maurice le Peu, ein Beauty Parlor in Queens, sucht einen Damenfriseur. Ich hatte vor, heute abend an dir zu üben. Wenn du von meinen Kunststücken nicht kahl wirst, so könnte ich morgen bei Maurice anrufen.

Edna *wirft ihre Serviette verärgert auf den Tisch* Was ist dir heute über die Leber gelaufen? W a s i s t d i r h e u t e ü b e r d i e L e b e r g e l a u f e n?

Mel *wirft seinerseits die Serviette wütend auf den Tisch* Heute? Sagtest du heute? Und wo bleiben die gesamten sieben Wochen? Beinahe zwei Monate ... die ich damit verbringe, durch die Wohnung zu tigern wie ein verdammter Gefangener? Früher ging ich von einem Zimmer ins andre. Jetzt gehe ich die Wände entlang, damit ich einen längeren Spaziergang habe. Ich habe jede Seite in jedem Buch gelesen, das wir besitzen. Ich habe jedes Schildchen auf jeder Konservendose gelesen, die wir in der Küche haben ... von A bis Z. Morgen fang ich an, die Etiketts in meiner Unterwäsche zu lesen. Und dann bin ich mit allem fertig. Dann hab ich nichts mehr, was mein Leben ausfüllt.

Edna *steht auf* Du tust mir leid, Mel. Ich weiß, daß du dich langweilst. Daß du unglücklich bist. Sag mir, was ich tun kann, um dir zu helfen.

Mel Ich bin fünfzig Jahre alt. Mußt du nach Hause kommen, um das Mittagessen für mich zu kochen?

Edna Ich w i l l aber dein Mittagessen kochen, Mel. Weil ich arbeite und einen Job habe, sehe ich dich nie. Auf diese Weise können wir wenigstens jeden Tag eine Stunde miteinander verbringen.

Mel Siehst du nicht, wie demütigend das ist? Alle Mieter im Hause wissen, daß du nach Hause kommst, um mein Mittagessen zu kochen. In diesem Haus wird nur für zwei Menschen gekocht: für mich und ein sechsjähriges Mädchen im vierten Stock.

Edna Was die Leute im Hause denken, ist mir völlig wurscht.

Mel Aber mir ist es nicht völlig wurscht! Mir ist es nicht wurscht! Wahrscheinlich glauben die Leute auch, daß du mich nach dem Essen zum Mittagsschläfchen aufs Sofa bettest! … Ich kann mir mein Essen selbst machen. Oder ich kann auswärts essen.

Edna Ich wollte doch nur, daß wir Geld sparen!

Mel Und was willst du im Winter tun, wenn's schneit? Kommst du dann nach Hause, um mir die Überschuhe anzuziehen?

Edna Füllt das deinen ganzen Vormittag aus? An den Zimmerwänden entlangzugehen … und dir über solche Dinge Gedanken zu machen? Diese Selbstquälerei!

Mel Ich brauche mich nicht selbst zu bemühen, wenn ich gequält werden will … da sind noch die Hunde … die Toilette mit ihrer Wasserspülung … und die beiden fliegenden Störenfriede von der Lufthansa dort drüben …

Edna Also gut, Was hast du heute den ganzen Tag getrieben, Mel. Erzähl mir's!

Mel Nein. Ich möchte dir nicht auf die Nerven gehen. Ich weiß, du hast deine eigenen Sorgen. Du mußt deinen Lebensunterhalt verdienen. Also mach dir keine Sorgen um die Wohnung. Das ist meine Sache.

Edna Ich dachte, wir hätten es abgemacht – und sind beide der Ansicht, daß es ganz vernünftig für mich ist, so lange zu arbeiten, bis du etwas findest.

Mel Ich beklage mich ja auch nicht. Du bist so gut zu mir. Du bezahlst die Miete. Du kaufst das Essen, und du hast mir auch ein hübsches neues Sportjackett gekauft. Vielleicht nimmst du mich im nächsten Jahr sogar mit nach Hawaii?

Edna Oder soll ich kündigen, Mel? Willst du, daß ich den Job aufgebe? Ich geh weg – ich kündige, wenn du's von mir verlangst. Das weißt du doch!

Mel Bitte nicht in dieser Woche. Am Freitag ist eine wichtige Sendung, die möchte ich nicht versäumen.

Edna steht auf und läuft in die Küche. Sie steht dort, über den Herd gebeugt, und schlägt vor Wut und Verzweiflung mit der Faust auf die Herdplatte.

Endlich, nach langer Pause.

Mel Glaubst du etwa, ich suche keinen Job? Glaubst du, ich hab's nicht versucht? Glaubst du das?

Edna *aus der Küche* Nein, Mel. Ich schwöre es dir. Das dachte ich nie. Ich weiß, wie sehr du dich bemühst …

Mel Es gibt keine Jobs für einen fünfzigjährigen Mann. Es gibt n i c h t s! *Er hebt die New York Times vom Tisch auf.* Hier, lies! In der New York Times steht's … Ich bin auf den Korridor gegangen und hab die Zeitung von unsern Nachbarn gestohlen … Ja, ich stehle Zeitungen, Edna!

Edna *bringt eine Schüssel mit einem heißen Gericht aus der Küche* Bitte … Schluß damit!

Mel Möchtest du vielleicht Milch haben? Ich kann jeden Morgen zwei Liter Milch besorgen. Wenn ich Pantoffel anzieh, hören mich die Nachbarn nicht.

Edna Hör auf, Mel. Darüber kann ich nicht lachen.

Mel Ich versuche ja nur, etwas zum Haushalt beizusteuern … ich möchte auch meinen Beitrag leisten.

Edna *legt ihm seine Portion vor* Bitte, iß. Es ist das letzte Mal. Ich verspreche dir, nicht mehr für dich zu kochen.

Mel Wozu auch? Du könntest ja in einem entzückenden japanischen Restaurant Sukiyaki essen … mit Mr. Cooperman. Ganz japanisch – ohne Schuhe.

Edna Ich hab noch nie mit Mr. Cooperman Sukiyaki gegessen.

Mel Aber vielleicht wäre dir ein Kuskus mit Mr. Feidelson lieber? Ich weiß, was sich in einem Büro abspielt. Ich kenne mich aus mit den Männern im Büro.

Edna Aber ich bin keine von diesen Frauen im Büro.

Mel Wie kommt es dann, daß du erst abends um sieben nach Hause kommst, wo jeder weiß, daß niemand länger als bis fünf Uhr nachmittags arbeitet?

Edna Ich arbeite bis nach fünf.

Mel Wo? Im Café oder in der Bar. Siehst du … ich kann dich ja verstehn. Ein kleiner Drink zur Aufheiterung, bevor man nach Hause geht, um dem lieben Ehemann ins Auge zu schauen …

Edna Ich hör wohl nicht richtig? Du glaubst …

Mel Und du hast es auch geglaubt, wenn ich erst um sieben Uhr abends nach Hause kam … Oder bist du der Ansicht, daß es ein Freudenfest ist, allein den lieben langen Tag hier herumzusitzen und sich den Kopf zu zerbrechen, was im Büro passiert? Versuch's doch mal.

Edna Ich komme mir vor, als wäre ich im Kino und sähe mein eigenes Leben als Film.

Mel Vielleicht krieg ich darum keinen Job. Vielleicht sollte ich eine Perücke aufsetzen und Schuhe mit hohen Absätzen und heiße Höschen anziehen. Dann würde man mich vom Fleck weg anstellen.

Edna *setzt die Schüssel auf den Tisch* So, ich lasse das Soufflé hier stehen. Iß es, oder iß es nicht. Tu, was du willst. Ich gehe. Ich kann nicht mit dir reden, wenn du dich so benimmst.

Mel *spöttisch* Hoffentlich verbringst du den Tag angenehm, Darling. Arbeite nicht zu viel. Und laß mir ein bißchen Kleingeld für die Waschmaschine.

Edna *geht auf die Tür zu, bleibt stehen* Weißt du, was ich vorschlagen möchte, Mel?

Mel Nun? Laß hören.

Edna Ich schlage vor, daß du dich entweder zusammenreißt … oder daß du jemand suchst, der dir helfen kann.

Mel Ich brauche keine Hilfe … Ich lebe im Ruhestand. Ich hab's geschafft.

Edna Du weißt genau, was ich meine. Ich meine ärztliche Hilfe. Einen Arzt. Einen Arzt, der auf dich einreden und dich in Ordnung bringen kann, denn ich bin am Ende meiner Kraft und meiner Geduld!

Mel *schaut sie an. Lächelt* Du glaubst wirklich, daß ich mir all das nur einbilde, Edna? Alles, was rings um uns in der Welt vorgeht?

Edna Wovon sprichst du? Was geht in der Welt vor?

Mel Glaubst du wirklich, es ist ein Zufall, daß ich keine Arbeit finden kann? Daß nur die Chance fehlt? Daß ich nur 'ne Pechsträhne habe? Das glaubst du doch?

Edna Ich glaube ... es sind die Umstände. Wir leben in schlechten Zeiten.

Mel Und die Wahrheit ... ahnst du das wirklich nicht, Edna?

Edna Die Wahrheit? Von welcher Wahrheit sprichst du?

Mel Ich meine das Komplott, Edna. Das Komplott.

Sie starrt ihn lange an.

Edna Welches Komplott?

Mel *jetzt starrt er sie ungläubig an. Und lacht* „Welches Komplott ...?" Ich unterhalte mich mit dir über das Komplott, und alles, was du zu sagen hast, ist: „Welches Komplott?"

Edna Ich weiß nicht, von welchem Komplott du sprichst. Du erwähnst ein Komplott, und mir fällt nichts anderes ein, als zu fragen: „Welches Komplott?"

Mel Welches Komplott? Herr Jesus ... *Er dreht sich um.*

Edna Welches Komplott? Welches Komplott?

Mel *wendet sich wieder Edna zu* Das sozial-wirtschaftlich-politische Komplott, dessen Ziel es ist, die arbeitenden Klassen in unserem Land zu ruinieren.

Edna Ach so ... dieses Komplott!

Mel Jawohl. Dieses Komplott. Bleib doch mal morgens zu Hause, statt in die City zu rasen. Und hör ein bißchen Radio. Informier dich darüber, was in unserem Land vorgeht. Zehn Minuten Radiosender der „Times", und du möchtest in die Schweiz auswandern.

Edna Wenn's dich so deprimiert, dann hör es dir doch nicht an. Schalte lieber ein bißchen hübsche Musik ein.

Mel Hübsche Musik ... *Er lacht.* Unglaublich. Du bist ein Kind. Du bist ein unwissendes, naives, kleines Kind ... Sie haben die Herrschaft übernommen ... sie haben alles an sich gerissen. Unsere Musik, unsere Kultur. Sie gehört nicht mehr uns. Sie gehört ihnen.

Edna Unsere Musik – gehört ihnen??

Mel Alles. Die Kunst. Die Massenmedien. Die gesamten Kommunikationsmittel. Sie haben alles, Baby!

Edna Bitte, reg dich nicht auf, Mel … aber wer hat alles?

Mel Wer? Wer? Herr Jesus im Himmel, WER??

Edna Mel, ich muß in zwanzig Minuten wieder im Büro sein. Bitte, sag mir schnell, wer die Macht an sich gerissen hat, sonst komm ich zu spät.

Mel Also gut. Setz dich.

Edna Vielleicht krieg ich kein Taxi. Kannst du mir nicht im Stehen sagen, wer die Macht an sich gerissen hat?

Mel Wirst du dich setzen oder nicht?

Edna Muß ich mich setzen? Hat er einen so langen Namen?

Mel Setz dich, um Himmels willen!

Edna setzt sich.

Mel *geht auf und ab im Zimmer* Also. Wenn der Mittelstand erst einmal ausgeschaltet ist … was bleibt dann übrig?

Edna *schaut ihn an. Die Lösung scheint ihr zu einfach* Was dann übrigbleibt? Wenn der Mittelstand ausgeschaltet wird?

Mel nickt.

Die untere Klasse und die obere Klasse?

Mel *schaut sie ungläubig an* Ich kann nicht mit dir reden. Du verstehst überhaupt nichts. Geh in dein Büro.

Edna Willst du etwa sagen, daß es noch eine andere Klasse gibt … außer der unteren und dem Mittelstand und der oberen Klasse?

Mel *geht in die Zimmermitte, blickt argwöhnisch um sich* Komm her.

Edna *schaut ihn an* Ich dachte, ich soll mich setzen?

Mel Wirst du wohl herkommen? Weg von der Wand!

Edna *steht auf, geht zu ihm, in die Zimmermitte* Wenn's ein so großes Geheimnis ist, Mel … dann möchte ich's eigentlich gar nicht wissen.

Mel *packt sie beim Handgelenk, zieht sie nah an sich heran. Mit leiser Stimme* Es gibt eine Verschwörung, Edna. Sie ist sehr kompliziert, sehr gut ausgeklügelt, fast unsichtbar … Vielleicht weiß in unserem Land nur ein halbes Dutzend Menschen davon …

Edna Und im Radio haben sie darüber berichtet?

Mel Jawohl …

Edna Dann hat's doch jeder gehört.

Mel Hast du's gehört?

Edna Nein.

Mel Dann hat's also nicht jeder gehört. Wie viele Menschen, glaubst du wohl, hören um zehn Uhr morgens Radio? Da arbeiten doch alle. Aber ich hab's gehört. Und so wahr ich hier in der Zimmermitte stehe, gibt's heute in unserem Land eine Verschwörung.

Edna Gegen wen?

Mel Gegen mich.

Edna Das ganze Land?

Mel Nicht gegen mich persönlich. Obwohl ich ein Opfer dieser Verschwörung bin. – Es gibt ein Komplott, das unser System umstoßen will. Den Status quo zerstören. Und sie stellen nicht nur mir nach. Sie stellen auch dir nach. Sie stellen unsern Kindern nach, meinen Schwestern, meinen sämtlichen Freunden. Sie stellen der Polizei nach, den Hippies, der Regierung und den Anarchisten. Sie stellen den Frauenrechtlerinnen nach und den Schwulen und den Schwarzen. Und auch dem gesamten Militär. Sie stellen allen nach, Edna.

Edna Aber wer? Es ist doch keiner übrig!

Mel Doch. Einer ist übrig. O ja. Einer ist todsicher übrig.

Edna Natürlich. Wenn du's meinst, Mel!

Mel *laut* Sprich nicht so herablassend mit mir! Ich weiß, wovon ich rede. Auf mich strömen aus sämtlichen Kanälen öffentliche Informationen ein – vierundzwanzig Stunden am Tag.

Edna wird von Minute zu Minute unruhiger, weil sich Mel ganz offensichtlich wie ein Paranoiker benimmt; und Edna hat noch keine Ahnung, wie sie sich in dieser Situation verhalten soll.

Edna Mel, komm doch bitte einen Augenblick her … setz dich bitte eine Minute zu mir.

Mel setzt sich.

Du weißt, daß ich dich liebe und dir ohne Vorbehalt glaube … Ich habe dir immer geglaubt … Aber ich möchte etwas sagen und hoffe, du mißverstehst mich nicht …

Mel Du glaubst, daß ich an Verfolgungswahn leide? Daß ich einen Klaps habe … weil ich ohne Arbeit bin? Und ständig unter Druck und Spannung lebe? Weil ich rede, als wäre ich übergeschnappt? Weil ich seit sieben Wochen in meiner ganz privaten Hölle brate? Das glaubst du doch?

Edna Ja. Genau das glaube ich, Mel … Ich hätte es nicht so direkt gesagt – aber das glaube ich – –, mehr oder weniger, genau das.

Mel Willst du Beweise haben, Edna? Willst du, daß ich dir einen tatsächlichen, untrüglichen Beweis liefere?

Edna *will lieb zu ihm sein* Einen Beweis – wofür, Mel?

Mel Dafür … daß ich und außerdem Dave Polichek und alle anderen und dreiundzwanzig Sekretärinnen … daß 6,7 Prozent der Arbeitskräfte in unserem Land heute nicht wegen der Wirtschaftskrise und der Löhne und der hohen Preise ohne Arbeit dastehen … sondern wegen eines gutorganisierten, ausgeklügelten, brillant durchgeführten Komplotts? Willst du, daß ich dir hier an Ort und Stelle, in diesem Zimmer, den Beweis liefere?

Edna *zögert* Also gut … Wenn du willst, Mel.

Mel ICH KANN DIR ABER KEINEN BEWEIS DAFÜR LIEFERN!!!
Welchen Beweis habe ich? Daß ich stellungslos bin. Das ist mein Beweis … Daß man mich nicht arbeiten läßt!

Edna Wer ist es, Mel? Sag mir doch, wer hinter dem Komplott steckt? Sind es die Kinder? Die Süchtigen? Die Armee? Die Marine? Die New-Yorker Buchgemeinschaft? WER, ZUM TEUFEL, STECKT DAHINTER?

Mel … Die Menschheit. Wir erleben die plötzliche, unwiderrufliche Entartung des menschlichen Geistes. Es ist der Mensch, der sich ruiniert und seine selbstgewollte, selbstverursachte, unleugbare Selbstvernichtung verursacht. Das steckt dahinter, Edna.

Edna Die Menschheit? Ist die Menschheit etwa an der Arbeitslosigkeit schuld?

Mel *lächelt spitzbübisch* Das wundert dich, ha?

Edna *nickt. Sie ist ganz erschüttert* Darauf wäre ich nie gekommen. Ich dachte immerzu, es wäre jemand anders.

Mel *starrt sie an* Verspotte mich nicht. Sei nicht so herablassend – verspotte mich nicht.

Edna Ich verspotte dich nicht, Mel.

Mel Doch. Du verspottest mich! Ich merk es schon,

wenn man mich verspottet. Ich weiß, wovon ich rede. Du arbeitest. Du hast einen Job. Dich berühren diese Dinge nicht.

Edna Du glaubst nicht, wie sie mich berühren.

Mel Du hast keine blasse Ahnung, worüber ich rede ... Du weißt nicht, was es bedeutet, so zu leben wie ich ... Du hast niemals zwei Stunden lang Schlange gestanden, um deine Arbeitslosenunterstützung zu bekommen ... im Straßenanzug, mit Hemd und Krawatte und einem Gesichtsausdruck, als brauchtest du das Geld eigentlich nicht ... Und hinter dem Pult ruft eine dicke alte Schachtel so laut, daß es jeder hören kann: „Haben Sie diese Woche versucht, einen Job zu kriegen?" „Ja, ich habe es versucht." „Haben Sie diese Woche einen Job abgelehnt?" ... „Was, zum Teufel, würde ich hier suchen, wenn ich diese Woche einen Job abgelehnt hätte?" ... Du hast nie das Haus betreten ... und ein neunzig Jahre alter Portier ohne Zähne und mit Asthma und einer Bierfahne grinst dich an, weil er einen Job hat ... Du hast nie auf deinem Balkon gestanden und einen Eimer voll Eiswasser ins Gesicht bekommen ... Ich hab diesen Scheißkerl nicht vergessen ... *Er geht zum Balkon, tritt aber nicht hinaus und ruft hinauf.* ... Ich hab dich nicht vergessen, du Schweinehund!

Edna Mel, fang nicht wieder an. Bitte, fang nicht wieder an!

Mel Ich warte auf ihn. Du, wie ich auf ihn warte ... Jetzt ist er dort oben, aber eines Tages wird er dort unten sein und ich hier oben ... Und dann werden wir sehen, was passiert. Denn an einem kalten Wintertag, an dem es schneit, wird ein Dreckskerl aus unserem Haus dort unten liegen ... unter meterhohem Schnee begraben ... Und man wird ihn erst im Frühling finden. *Brüllt wieder hinauf.* Man wird dich erst im Frühjahr finden, du Schweinehund!

Edna Mel, hör mir zu. Bitte, hör mir sehr genau zu. Ich will, daß du sobald wie möglich einen Arzt aufsuchst. Ich will's nicht länger aufschieben, Mel. Heute, Mel. Jetzt. Sofort.

Mel *kümmert sich überhaupt nicht um sie. Er spricht, während Edna redet, drauflos* Er meint, ich weiß nicht, wie er aussieht ... Ich weiß es aber sehr gut! Jaha! Ich weiß, wie sie alle aussehen! Ihre Gesichter sind in mein Hirn eingraviert ...

Edna *sucht in ihrer Handtasche* Mel, jemand hat mir einen Arzt empfohlen ... Er soll sehr gut sein und sich ausgezeichnet auf Menschen verstehen, die durchgemacht haben, was du durchmachst ... Ich ruf jetzt bei dem Arzt an, Mel. Und ich melde dich auch gleich an.

Mel *hat überhaupt nicht zugehört, was sie sagt* Sie können dir auch die Kleider stehlen, Edna. Sie können deine Kleider stehlen, deine Beruhigungspillen, deinen Fernseher, deinen teuersten Whisky, deinen Job ... Sie können dir alles nehmen. Aber deinen Verstand können sie nicht stehlen ... Der ist meine geheime Waffe ... Mein Verstand ... und der Schnee ... Ich bete zum lieben Gott: bitte, laß es doch morgen schneien ... Ich warte auf ihn. Ich hab mir heute eine Schneeschippe gekauft ... jawohl ...

Edna *hat die Telefonnummer des Arztes gefunden* Ich rufe jetzt den Arzt an, Mel ... ich spreche gleich mit ihm ... *Sie geht zum Telefon hinüber.*

Mel *geht zum eingebauten Wandschrank* Keine kleine Schippe. Eine große ... Eine Schneeschaufel, wie man sie am Flughafen benutzt ... Lieber lauf ich diesen Winter ohne Schuh herum als ohne Schippe. Begraben werde ich ihn ... so tief, daß man den Schnee mit Salz auftauen muß ... *Er holt die Schaufel aus dem Schrank, der untere Teil steckt noch in einer Pappschachtel.*

Edna *steht schon am Telefon* Ich geh heute nachmittag nicht zurück ins Büro, Mel. Wenn der Arzt Zeit hat, bring ich dich selbst hin ... Steh nicht am Fenster, Mel! *Sie wählt eine Nummer.*

Mel schneidet die Schachtel auf, befreit die Schneeschaufel von ihren Hüllen: Es ist eine blitzende, funkelnagelneue Schaufel.

Mel *mit wildem und glücklichem Gesichtsausdruck* Dafür werde ich jetzt leben. Ich lebe für den ersten Schneefall des Jahres. Der Kerl kommt nachmittags immer gegen sechs nach Hause. Ich hab's beim Portier erfahren. Fünf Dollar Trinkgeld hab ich ihm gegeben ... das war's mir wert ... *Schreit hinauf.* Ich weiß genau, wann du zu Hause aufkreuzt, du Schuft ... Und versuch nicht etwa, durch den hinteren Eingang ins Haus zu schleichen ... den hab ich nämlich verbarrikadiert!

Edna *ins Telefon* Hallo? Kann ich bitte Herrn Dr. Frankel sprechen? Hier ist Frau Edison.

Mel *zu Edna. Merkt offenbar überhaupt nicht, daß sie telefoniert* Hast du 'ne Ahnung, mit welcher Wucht eine Ladung Schnee aus dem vierzehnten Stock dort unten in der Tiefe aufprallt? ... Man wird ihn in der Tiefgarage finden ... *Brüllt hinauf.* Man wird dich in der Tiefgarage finden, du Schuft ... Ich kenne deine Visage ...

Edna Hallo, Herr Doktor Frankel? Bitte verzeihen Sie die Störung ... Aber es ist sehr dringend ... Es handelt sich nicht um mich, sondern um meinen Mann ... Wir müssen sofort bei Ihnen vorbeikommen, Herr Doktor ... sofort ...

Mel *geht über die Bühne, zur Terrasse* Und wenn's in diesem Winter nicht schneit, so wart ich auf den nächsten ... Ich hab's nicht eilig, du superkluges Arschgesicht! *Schreit hinauf.* Ich hab Zeit ... Sehr viel Zeit ... Baby ... *Er lacht.*

Es wird dunkel auf der Bühne, während der Vorhang fällt. In der Dunkelheit hören wir nur die Stimme des Nachrichtensprechers.

Stimme des Nachrichtensprechers Hier sind die Abendnachrichten ... Wir wissen noch nichts Näheres über den Raubanschlag, der in Manhattan an der Kreuzung der 6. Avenue und 48. Avenue auf den New-Yorker Staats-Gouverneur Nelson Rockefeller verübt wurde ... Sie werden den Gouverneur im Rahmen der Elf-Uhr-Nachrichten in unserem Sonder-Interview hören ... Rockefeller wird im Beth-Israel-Hospital, wo er gepflegt wird, mit unserem Reporter sprechen ... Das Beth-Israel-Hospital erlebt übrigens, wie auch alle andern Hospitale, heute den 57. Tag seines Streiks ... Und: „Wir nehmen die Arbeit nicht wieder auf!" versicherten einstimmig auch alle siebenundvierzig städtischen, staatlichen und Bundesrichter . Ein Gerichtbefehl von Bundesrichter Myron Ackerman blieb unberücksichtigt ... Im Namen der streikenden Richter sagte Richter Mario Pecona im Gespräch mit CBS-Reporterin Bethesda Wayne:

Stimme des Richters Wir nehmen die Arbeit nicht wieder auf!

Stimme des Mädchens Herr Bundesrichter, ist dieser Streik nicht verfassungswidrig?

Stimme des Richters Das kann man wohl sagen. Aber wir nehmen die Arbeit nicht wieder auf.

Stimme des Mädchens Und machen Sie sich keine Sorgen um die zweihundertsiebzig Menschen, die im Gefängnis sitzen und auf ihre Verhandlung warten?

Stimme des Richters Wir sind unterbezahlt. Wir nehmen die Arbeit nicht wieder auf.

Stimme des Mädchens Sind sie nicht von dieser Stellungnahme abzubringen, obwohl Präsident Nixon gedroht hat, die Nationalgarde aufmarschieren zu lassen und zur Arbeit an den Gerichten einzusetzen?

Stimme des Richters Er kann tun, was er will, aber wir nehmen die Arbeit nicht wieder auf.

Stimme des Ansagers ... Die Sechs-Uhr-Abend-Nachrichten bringen Ihnen jetzt einen Filmbericht darüber, wie zwanzig Millionen Ratten unter der Stadt New York munter ihr Leben fristen ... Vorher aber hören Sie bitte, was Ihnen die Zahnpasta Ultra-Weiß sagen läßt ...

Der Ton wird abgeblendet, während der Vorhang aufgeht.

Zweites Bild

Zwei Wochen später. Am Nachmittag.
Wenn der Vorhang aufgeht, sitzen drei Frauen, recht elegant gekleidet, im Zimmer. Alle drei sind Ende Fünfzig. Zwei sitzen auf dem Sofa, eine im Sessel. Es sind die drei Schwestern Mels: Pauline, Pearl und Jessie.
Pauline ist mit einer Stickerei beschäftigt.
Harry, Mels älterer Bruder, steht im Zimmer. Er trägt einen Straßenanzug, der viel gekostet haben muß. Harry schaut aus dem Fenster. Auf dem Tisch steht eine Kaffeekanne. Daneben drei Tassen.
Wenn der Vorhang aufgeht, sitzen die drei Frauen schweigend da.

Jessie Er war schon immer nervös.

Pearl Immer!

Jessie Solange ich zurückdenken kann, war er nervös. Er saß keinen Augenblick still. Er sprang immerzu auf und ab. Das stimmt doch, Pearl?

Pearl Wir sind seine Schwestern. Wir müssen es wissen. Auf und ab … auf und ab … Möchtest du einen Kaffee, Harry? Nimm doch einen Schluck Kaffee!

Harry Ich trinke nie Kaffee.

Jessie Er war immer so ein Zappelphilipp. Und geredet hat er wie ein Buch … Und er kaute immer so schnell. Erinnert ihr euch, wie schnell er immer gekaut hat?

Pearl Natürlich – und wie er gekaut hat! Ja, ich entsinne mich … Harry, warum nimmst du nicht ein Schlückchen Kaffee?

Harry Hast du mich je Kaffee trinken sehen? Du bist seit dreiundfünfzig Jahren meine Schwester und hast mich niemals Kaffee trinken sehen. Warum sollte ich jetzt Kaffee trinken??

Pearl Wie oft sehen wir uns denn? Zweimal im Jahr? – Ich dachte, du hättest dir inzwischen das Kaffeetrinken angewöhnt.

Pauline Er war nicht nervös. Er war lebhaft. Melvin war immer ein lebhaftes Kind.

Pearl Für mich war das nervös. Als Baby war er nervös, als Junge war er nervös, und als Soldat in der Armee war er auch nervös. Wie lange hat er's denn überhaupt in der Armee ausgehalten?

Jessie Zwei Wochen.

Pearl Siehst du. – Er war nervös.

Pauline Und woher, glaubst du, kommt die Nervosität? Weil er lebhaft war.

Pearl Und warum ist keiner von uns so lebhaft? Wir hatten alle dieselben Eltern. Und Mel war so nervös … so zappelig … er kaute immer so schnell … Und ich hab nie gesehen, daß er auch herunterschluckte.

Jessie Kein Mensch konnte mit ihm reden. Pappi konnte nie mit ihm reden, ich weiß es noch wie heute.

Pauline Wie hätte Pappi mit ihm reden können? Mel war drei Jahre alt, als Pappi starb.

Pearl Wäre er nicht so nervös gewesen, dann hätte Pappi mit ihm reden können.

Harry Mein Lebtag hab ich keinen Kaffee getrunken. Kaffee ist Gift. Es breitet sich sofort im ganzen Körper aus. *Schaut auf die Schlafzimmertür.* Mit wem telefoniert sie da drinnen?

Pearl Und als er Oberschüler war, passierte dasselbe. Er hatte einen Nervenzusammenbruch. Erinnert ihr euch an seinen Nervenzusammenbruch in der Oberschule?

Harry *wendet sich Pearl zu* Von wem sprichst du?

Pearl Von Mel. Er hatte einen Nervenzusammenbruch in der Oberschule. Erinnerst du dich nicht?

Harry Was redest du da? Er hatte keinen Nervenzusammenbruch. Er hat sich den Arm gebrochen. Mel stürzte in der Turnhalle und hat sich den Arm gebrochen.

Pearl Das meine ich nicht.

Harry Und als er einmal radfuhr, schlug er sich einen Zahn aus.

Pearl Das meine ich auch nicht.

Harry Also wovon sprichst du?

Pearl Von seinem Nervenzusammenbruch in der Oberschule. Ich kann mich noch erinnern … als wäre es gestern gewesen. Versuch doch nicht, mir weiszumachen … Pauline, sag's ihm, wie's war …

Pauline Mel hatte nie einen Nervenzusammenbruch.

Pearl Ist das nicht komisch? Ich dachte wirklich, er hätte

einen Nervenzusammenbruch gehabt. Vielleicht hab ich ihn mit jemand anders verwechselt.

Harry Du kannst dich nicht mal erinnern, daß ich keinen Kaffee trinke.

Pauline Er muß Schreckliches in der Armee erlebt haben.

Harry In zwei Wochen? Er war nicht mal lange genug dort, um eine Uniform angepaßt zu kriegen. – Keine von euch hat 'ne blasse Ahnung, wovon sie spricht. Mel war niemals krank. Sein ganzes Unglück war bloß, daß ihr ihn zu sehr verzärtelt habt. Ihr drei.

Jessie Warum hätten wir ihn nicht verzärteln sollen! Er war doch der Jüngste.

Harry Ihr habt ihn wie ein Baby verwöhnt. Das ist sein ganzes Malheur. Er hatte als Kind nie dieselbe Verantwortung zu tragen wie ich. Und deshalb wird er nicht mit seinen Problemen fertig. Darum explodiert er. Er ist ein Kind. Ein Säugling.

Pearl Und wenn ich ein bißchen Milch in deinen Kaffee gieße?

Harry ICH WILL KEINEN KAFFEE!!

Jessie Er will keinen Kaffee. Laß ihn doch in Ruhe.

Pauline Ich lasse mich gern belehren, falls ich mich irre ... aber: als Mel ein winziges Baby war ... glaubt ihr nicht, daß er damals einen zu großen Kopf für seinen Körper hatte?

Pearl Mel? – Mel hatte einen wunderhübschen Kopf.

Pauline Ich hab ja nicht gesagt, daß der Kopf nicht hübsch war. Ich meinte bloß, daß der Kopf zu groß für seinen Körper war. Er kippte immerzu nach einer Seite ... *Und sie führt vor, wie es war ...*

Pearl Alle Babys haben Köpfchen, die nach einer Seite kippen. *Und jetzt führt sie es vor ...*

Pauline Weiß ich, weiß ich ... Aber Mel fiel es schwer, sein Köpfchen wieder hochzukriegen ... *Und sie zeigt wieder, wie es war ...*

Harry Mich hat kein Mensch als Baby verwöhnt. Pappi duldete es nicht. Ich bekam den letzten Kuß, als ich sieben Jahre alt war ...

Jessie Aber natürlich hat man dich auch geküßt.

Harry Man hat mich nie geküßt ... wozu auch? Ich brauchte keine Küsse ... Alle Welt hat Mel geküßt, und seht euch an, wie weit er es gebracht hat ... Mit wem spricht sie dort drinnen so lange?

Pearl Erinnert ihr euch an den Sommer, als er durchgebrannt ist?

Pauline Er brannte nicht den ganzen Sommer durch, sondern nur eine Nacht.

Pearl Wer hat gesagt, daß er den ganzen Sommer durchgebrannt ist?

Pauline Wer es gesagt hat? Du hast's gesagt. Du hast eben gesagt: „Erinnert ihr euch an den Sommer, als er durchgebrannt ist?"

Pearl Na und? Er ist ja durchgebrannt – für eine Nacht, in einem Sommer.

Pauline Dann hättest du es auch so formulieren sollen. Zum Beispiel so: „Erinnert ihr euch an den Sommer, als er für eine Nacht durchbrannte?" Dann darfst du nicht den Anschein erwecken, als wäre er für den ganzen Sommer durchgebrannt. – So verrückt war er nie.

Pearl Hab ich etwa gesagt, Mel sei verrückt? Wer hat gehört, daß ich den Ausdruck „verrückt" in den Mund genommen habe? Jessie, hast du gehört, daß ich „verrückt" sagte?

Jessie Ich hab das Wort „verrückt" gehört, aber nicht hingeguckt, von wo es kam.

Pearl *zu Pauline* Wenn du das glaubst, so bist du diejenige, die verrückt ist.

Pauline Also gut. Wenn's dich glücklich macht, dann bin ich verrückt. Ich will gern die Verrückte sein.

Pearl Gut. Dann hätten wir auch diesen Punkt erledigt. Du bist verrückt.

Harry Also ... ich muß zurück ins Büro, Jessie fährt heute abend nach Hause ... Wir müssen versuchen, jetzt alles zu regeln. Was wollen wir unternehmen?

Pauline In welcher Sache?

Harry *starrt sie an, als sei sie verrückt* In welcher Sache? In Sache Suez-Kanal! – Was soll das heißen: in welcher Sache? Was denkst du wohl? Wozu sind wir hierhergekommen? Wozu hat Jessie die lange Reise hierher gemacht? Was suchen wir im Hause einer Frau, die ... *Er zeigt auf das Schlafzimmer.* ... die neun Jahre lang keinen von uns zu sich eingeladen hat? – Es handelt sich um unseren Bruder. Unseren kranken Bruder, der einen Nervenzusammenbruch erlitten hat, zum Teufel noch einmal.

Jessie *zieht die Luft geräuschvoll durch die Nase ein, trocknet sich die Augen mit ihrem Taschentuch* Wenn ich das nur höre, dann …

Harry Was heulst du nun schon wieder? Du hast es doch nicht jetzt gehört! Du weißt es seit einer Woche.

Jessie Glaubst du etwa, ich heule nicht schon die ganze Woche? Mel ist mein Bruder. Es tut mir so leid.

Harry Es tut uns allen leid. Und darum sind wir gekommen. Um die Sache zu regeln.

Pauline Harry, laß sie weinen, wenn sie weinen will. Sie hat die weite Fahrt hierher gemacht … Sprich weiter, Harry.

Harry Also. Punkt eins. Mel hat einen Nervenzusammenbruch. Punkt zwei. Außer dem Nervenzusammenbruch hat Mel auch noch seinen Job verloren. Der Mann ist total arbeitslos.

Jessie *zieht wieder geräuschvoll die Luft durch die Nase ein* Glaubst du etwa, das tut mir nicht auch leid?

Pauline Jessie, laß ihn ausreden. Heulen kannst du auf dem Heimweg.

Harry Punkt …

Pauline Mach weiter mit deinen Punkten, Harry.

Harry Punkt drei: außer dem Nervenzusammenbruch und der Arbeitslosigkeit hat der Mann auch noch praktisch keinen Penny … Ich möchte mir die Bemerkung ersparen, wie schlecht der Mann und die Frau siebenundzwanzig Jahre mit ihrem Geld gewirtschaftet haben … es ist nicht meine Aufgabe, festzustellen, wie der Mann seine gesamten Ersparnisse in schlechte Investitionen verpulvern konnte, ohne auch nur ein einziges Mal meinen Rat einzuholen … Ratschläge von der Art, wie sie beispielsweise mir zu Wohlstand, finanzieller Sicherheit und einem schönen Haus auf dem Land verholfen haben … All das festzustellen ist nicht meine Aufgabe. Meine Aufgabe ist vielmehr die, zu fragen: was werden wir für Mel tun? Wieviel wollen wir ihm geben? Ich bitte um Vorschläge.

Totenstille ... Kein Mensch sagt ein Wort. Keiner schaut den anderen an. Die Geschwister trinken einen Schluck Kaffee nach dem anderen ... aber keiner spricht ein Sterbenswörtchen. Keiner sagt, wieviel er zu geben bereit ist.

Nach einer Pause, die einer Ewigkeit gleicht, ergreift Harry wieder das Wort Nun??

Pearl Du bist der Geschäftsmann, Harry. Mach du einen Vorschlag. Sag du uns, wieviel wir alle geben sollen.

Harry *denkt einen Augenblick nach* Erst brauche ich einen Kaffee.

Pearl schenkt ihm eine Tasse Kaffee ein.

Also, der Mann braucht Hilfe. An wen soll er sich wenden, wenn nicht an uns? Ich mache folgenden Vorschlag. Wir geben Mel ein Darlehen. Jeder von uns zahlt wöchentlich x Dollar. Und dann, wenn er wieder auf eigenen Füßen steht und eine Anstellung hat, kann er unser Darlehen zurückzahlen. Das ist mein Vorschlag. Was haltet ihr davon?

Einen Augenblick Stille ... Pauline flüstert mit Pearl. Und Pearl nickt.

Pearl Pauline hätte eine Frage.

Harry Was?

Pauline Wie hoch belaufen sich diese „x" Dollar?

Harry X ist X. Wie hoch sich X beläuft – das müssen wir erst ermitteln. Darüber wollen wir uns unterhalten. Um es festzustellen.

Pauline Ich meine nur ... ist es ein großes „X" oder ein kleines „x"?

Harry Es ist noch nicht mal ein X. Es ist ein weißer Fleck, den wir durch eine Zahl ersetzen müssen.

Pauline Ich habe mich ja auch nicht beschwert. Wir müssen so handeln, wie es sich gehört. Nur, wenn du das aussprichst ... „x Dollar" ... so hört sich's an wie eine Menge Geld ... Du mußt wissen, ich verfüge nur über begrenztes Kapital.

Jessie Jeder verfügt nur über begrenztes Kapital. Keiner hat u n b e g r e n z t e s Kapital, Pearl, hast du etwa unbegrenztes Kapital?

Pearl Wär's man so. Dann würde ich Mel im Handumdrehen „x Dollar" geben.

Pauline Ich will doch nur wissen, wie hoch sich „X" beläuft.

In Buchstaben kann ich's mir nicht vorstellen. Ich muß die Zahlen kennen.

Jessie Harry, sag nicht mehr „X". Wir sind keine Geschäftsfrauen, wir verstehen nichts von „X". Nenn eine Zahl, die wir verstehen können.

Harry Ich kann keine Zahl nennen, solange ich nicht A weiß, wieviel Mel in einer Woche braucht, und B, wieviel jeder von uns bereit ist, herzugeben. Ich kann nicht einmal annähernd erraten, wieviel „X" ist, solange ich nicht ermittle, wie hoch sich A und B belaufen.

Pearl Also gut. Ich schlage vor, daß wir herausfinden, wie hoch sich A und B belaufen. Und wenn wir das wissen, so können wir auch ermitteln, wie hoch sich „X" beläuft. Richtig?

Harry Richtig.

Pearl Nehmen wir aber an, daß wir alle einverstanden sind. Mit Ausnahme einer einzigen Person. Diese eine Person hält den Betrag zu hoch. Sie will die Summe „X" nicht erstatten. Sie möchte lieber „M" oder „W" oder sonstwas spendieren. Was geschieht dann?

Harry Vergiß das „X". Vergiß, daß ich je „X" gesagt habe! *Er reibt sich die Stirn. Trinkt noch mehr Kaffee.* Wir wollen feststellen, was Mel braucht, um seinen Nervenzusammenbruch loszuwerden. Seine größte Geldausgabe ist der Arzt, nicht wahr? Edna sagt, es ist der beste Arzt der Welt, und Mel wird wöchentlich fünfmal von ihm behandelt.

Pauline Fünfmal die Woche – vom besten Arzt? Ich ahne allmählich, wie hoch sich „X" belaufen wird …

Jessie Vielleicht ist es überhaupt kein Nervenzusammenbruch. Auch ein Arzt kann sich irren. Erinnerst du dich an die Schmerzen, die du im vorigen Jahr hattest, Pearl?

Pearl Und ob. Sie haben mir meine sämtlichen oberen Zähne gezogen und dann festgestellt, daß ich Nierensteine hatte.

Harry Ich glaub, ich hör nicht richtig. Ihr drei Weiber seid zusammen hundertsechzig Jahre alt, und keine einzige redet ein vernünftiges Wort … Wollt ihr bloß eine Minute den Mund halten, damit ich die Sache in Ordnung bringe?

Pearl Ist recht. Wir sind ja schon ruhig. Bring die Sache in Ordnung, Harry.

Harry Am allerwichtigsten ist, daß sich Mel gesundheitlich erholt. Ja oder nein?

Alle drei Frauen Ja.

Harry Und der einzige Weg, seine Gesundheit wiederherzustellen, führt über den Arzt. Ja oder nein?

Alle drei Ja.

Harry Und es ist unsere Verpflichtung als die einzigen Verwandten – seine Frau nicht gerechnet, obwohl ich nichts gegen sie habe –, daß wir die finanzielle Verantwortung übernehmen. Ja oder nein?

Alle drei Ja.

Harry Und wir werden ihm dazu verhelfen, ob es nun eine Woche dauert oder einen Monat oder ein Jahr oder sogar fünf Jahre. Ja oder nein?
TOTENSTILLE.
... Okay. Da haben wir unsere erste Meinungsverschiedenheit.

Pauline Keine von uns ist anderer Meinung. Wir sind alle einverstanden. Nur ... wenn du so was sagst ... fünf Jahre ...? Ich halte es für sinnlos, Mel zu kurieren und anschließend uns ins Armenhaus zu schicken ... Denn wenn, Gott behüte, das passiert ... wäre dann Mel imstande, uns zu helfen? Er ist von Haus aus nicht sehr begabt.

Jessie Was sollen wir also tun, Harry? Du kennst dich darin aus, wie man so was ausrechnet. Was sollen wir tun?

Harry Eines ist logisch. Wir können nicht dulden, daß Mel in alle Ewigkeit krank bleibt. Wir müssen die Krankheit zeitlich begrenzen. Ja oder nein?

Alle drei Ja.

Harry Und wieviel Zeit geben wir ihm zur Gesundung? Sechs Monate?

Pauline Sechs Monate dürfte es nicht dauern. Wenn dieser Arzt wirklich so gut ist, wie Edna behauptet, dann sollte es keine sechs Monate dauern.
Man hört, wie die ins Schlafzimmer führende Tür geschlossen wird.

Pearl Psst … Sie kommt.

Pauline Wir lassen Harry sprechen, ja?

Pearl Und dann setzen wir alles fest. Gott sei Dank. Wir sind ja schon beinahe fertig damit.

Alle Anwesenden nehmen eine Haltung an, die Unschuld und Gefaßtheit widerspiegeln soll. Edna kommt aus dem Schlafzimmer.

Edna Entschuldigt bitte, daß es so lange gedauert hat. Ich habe eben mit Doktor Frankel gesprochen. Mel befindet sich auf dem Heimweg. Er muß gleich dasein.

Harry Wie geht es Mel? Was sagt der Arzt?

Edna Ja … das ist schwer zu sagen. Mel macht Schlimmes mit. Er … befindet sich in einem Zustand tiefster Depression. Mel ist nicht … Mel. Er zieht sich förmlich in ein Schneckenhaus zurück. Sitzt oft stundenlang im Sessel, ohne ein Wort zu sagen. Ihr werdet ja sehen, wenn er da ist … er ist ein anderer Mensch geworden.

Jessie *wischt sich die Augen mit dem Taschentuch, schnüffelt* Es tut mir so leid – – sooft ich's höre.

Pauline Was ist es denn? Ein Nervenzusammenbruch? Ist es ein Nervenzusammenbruch? Uns kannst du's sagen. Wir sind doch seine Geschwister. Es ist ein Nervenzusammenbruch?

Edna Ja. In gewissem Sinn kann man es, glaube ich, einen Nervenzusammenbruch nennen.

Pearl Ich hab's gewußt. Ich hab's gewußt. Genau wie damals, in der Oberschule.

Harry Und wie lautet die Diagnose? Was sagt der Arzt?

Edna *zuckt die Schultern* Mel braucht Pflege. Behandlung. Dr. Frankel ist ein sehr guter Arzt. Er glaubt, daß Mel wieder gesund wird – aber einige Zeit wird es schon dauern.

Pauline Wie lange ist einige Zeit? Einen Monat? Zwei Monate? Mehr als zwei Monate?

Edna Das kann er jetzt noch nicht sagen.

Pauline Aber schätzen kann er's doch? Drei Monate? Vier Monate? Mehr als vier Monate?

Edna Man kann's nicht schätzen, Pauline. Es kann ein Monat sein … es können zwei Monate sein. Und es können zwei Jahre sein.

Pauline Also nein. Zwei Jahre kommen überhaupt nicht in Frage. Wenn's zwei Jahre sind ... da mache ich nicht mit.

Edna Ich behaupte ja nicht, daß es zwei Jahre sind. Ich sagte doch nur, daß wir es noch nicht wissen ...

Harry Darf ich etwas sagen? Darf ich ein Wörtchen mitreden?

Pauline *wendet sich beiseite* Ich wollte, du sagtest etwas, Harry. Ich wollte, du führtest das Wort.

Harry Meinen innigsten Dank.

Pauline Zwei Jahre – also das finde ich lächerlich.

Pearl Los, Harry ... sag doch schon etwas!

Harry Wir sind alle sehr besorgt, Edna. Sehr besorgt. Schließlich und endlich ist Mel unser Bruder.

Jessie Seit er ein Baby war ...

Harry Darf ich, bitte sehr, ausreden?

Pearl Wirst du ihn wohl ausreden lassen, Jessie? ... Sprich weiter, Harry!

Harry Wir sind alle sehr besorgt. Wir sind dir dankbar dafür, daß du seine Frau bist, und wir wissen, daß du alles menschenmögliche für ihn tust. Wir wissen aber auch, daß es nicht genügt. Und wir wollen helfen. Wir haben alles miteinander besprochen ... und wir haben uns darauf vorbereitet, die Unkosten für den Arzt zu übernehmen. Du kannst für die Wohnung, das Essen und die verschiedenen anderen Ausgaben aufkommen. W i r werden die Arztrechnungen bezahlen. Wie hoch sie auch sein mögen.

Edna Ich ... Ich bin tief gerührt ... Ich will ganz ehrlich sein ... das hätte ich nie von euch erwartet ... Ich bin erschüttert und überwältigt ... Ich weiß nicht, was ich sagen soll ...

Harry Du brauchst gar nichts zu sagen.

Pauline Sag nur, wie hoch deiner Ansicht nach die Rechnungen sein werden.

Edna Ihr seid alle sehr großzügig. Aber ... das kann ich nicht annehmen. Mel würde es mir nie erlauben.

Harry Daß ich nicht lache. Wo willst du das Geld sonst herbekommen? Von einer Bank? Willst du etwa einen Nervenzusammenbruch als Bürgschaft deponieren?

Edna ... Ich hab keine Ahnung, wie lange Mel behandelt werden muß. Es könnte ein Vermögen verschlingen.

Harry Das laß unsere Sorge sein. Wir werden das Geld beschaffen.

Edna Aber ... es könnte eine Menge kosten ... Vielleicht zwanzig- oder fünfundzwanzigtausend Dollar ...
Eine lange Pause. Die Schwestern schauen wie auf Kommando auf Harry.

Pauline Harry, darf ich dir etwas unter vier Augen sagen?

Harry Gespräche unter vier Augen gibt's hier nicht.

Pauline Wir haben eben erfahren, wieviel der Buchstabe „X" in Zahlen ausgedrückt ausmacht ... Bist du nicht der Ansicht, daß wir uns ein bißchen näher über „X" unterhalten sollen?

Harry Das können wir uns ersparen. Es ist mir völlig wurscht, was es kosten wird. Ihr drei könnt beisteuern, was ihr entbehren zu können glaubt. Und für das Defizit werde ich aufkommen ... Und wenn's fünfzehn- oder zwanzig- oder fünfundzwanzigtausend Dollar sind ... ich werde dafür sorgen, daß das Geld vorhanden ist. Wenn Mel nur die beste ärztliche Behandlung bekommt ... So. Mehr habe ich nicht zu sagen. *Er bekräftigt das Gesagte mehrmals durch ein Nicken – es ist beinahe eine Verbeugung.*

Edna *gerührt* Ich ... ich bin sprachlos. Was soll ich sagen?

Harry Nichts.

Pearl Wir wollen ja nur handeln, wie sich's gehört.

Edna Ich weiß, daß wir in den letzten Jahren wenig Kontakt miteinander hatten.

Pauline Neun ... vor neun Jahren hast du uns zuletzt eingeladen.

Edna Ist es wirklich schon so lange her? Ich glaube wirklich, ich war schuld daran. Vielleicht hab ich nicht versucht, euch zu verstehen. Und vielleicht habt ihr nicht versucht, mich zu verstehen. Wie immer es auch sein mag ... ich weiß euer Angebot zu schätzen ... Ihr habt keine Ahnung, wie sehr. – Aber wir brauchen das Geld wirklich nicht.

Harry Was redest du da zusammen? Natürlich braucht ihr das Geld.

Edna Wir haben etwas gespart. Und ich habe auch etwas Schmuck, den ich verkaufen könnte.

Harry Du wirst deinen Schmuck nicht verkaufen.

Pauline Vielleicht trägt sie ihn nicht mehr. Laß die Frau doch ausreden ...

Edna Mel kann seine Versicherungs-Police einlösen ... und ich hab meinen Job. Ich kann für die ärztlichen Kosten aufkommen, so hoch sie auch sein mögen. Aber wenn ihr uns wirklich helfen wollt ... was mir nämlich ernsthafte Sorgen bereitet, ist Mels Zukunft.

Jessie Wir sorgen uns alle, Darling.

Edna Ein Mann in Mels Jahren hat es heutzutage nicht leicht, einen Arbeitsplatz zu finden ... wieder neu anzufangen.

Harry Ja, wenn er Beleuchtungskörper installieren könnte ... so würde ich ihn im Handumdrehen bei mir einstellen.

Pearl Das glaub ich dir, bei Gott.

Edna Wenn wir nur New York verlassen könnten ... aufs Land ziehen ... dort ginge es Mel viel besser.

Harry Davon bin ich überzeugt.

Edna Ich habe an ein Ferienheim gedacht ... Mel kann großartig mit Kindern umgehen. Ich könnte kochen, unsere Töchter könnten mit anpacken, und wir würden ein paar Leute anstellen ... In Vermont ist ein reizendes Ferienheim zu verkaufen. Bis zum nächsten Sommer hätten wir es fertig eingerichtet. Glaubt ihr nicht, daß Mel dort besser aufgehoben wäre?

Harry Natürlich – davon bin ich überzeugt.

Edna Die Leute wollen fünfundzwanzigtausend Dollar Bargeld als Anzahlung ... Also: statt uns das Geld für den Arzt zu geben ... könnt ihr uns wohl die Summe für das Ferienheim leihen?

Plötzlich schlägt die Laune merklich um ... Harry schaut Edna ungläubig an.

Harry ... Ein Ferienheim? – Fünfundzwanzigtausend Dollar für ein Ferienheim?

Edna Der volle Preis beträgt hunderttausend Dollar. Aber die Leute wollen 25 000 Dollar als Anzahlung.

Harry Hunderttausend Dollar für ein Ferienheim?

Unter der Leitung eines Mannes mit einem Nervenzusammenbruch?

Edna Bis zum nächsten Sommer ist er wiederhergestellt ...

Harry Weißt du, was es für einen normalen Menschen bedeutet, für so viele Jungen und Mädchen verantwortlich zu sein? Weißt du, wie viele Prozesse du in einem solchen Heim auf den Hals kriegen kannst.

Edna Ich versteh kein Wort mehr. Ihr wart bereit, Mel das Geld für den Arzt zu geben. Warum wollt ihr es ihm nicht für ein Ferienheim geben?

Harry Weil er mit dem Ferienheim pleite machen kann. Auch bei der ärztlichen Behandlung kann er pleite machen – aber seine Gesundheit bessert sich.

Edna Also gut. Ihr bezahlt den Arzt. Und ich investiere in das Ferienheim.

Harry Du meinst also, wir sollen dafür bezahlen, daß Mel gesund wird ... damit du dein Geld in diesem Ferienheim verpulverst und er wieder krank wird? Und dann wieder zu uns kommst und Geld für einen anderen Arzt verlangst?

Edna Ich dachte, ihr wollt etwas für ihn tun? Ich dachte, ihr wollt ihm helfen?

Harry Wir wollen ihm ja helfen.

Edna Dann helft ihm.

Harry Nicht, solange er krank ist. Wenn's ihm wieder besser geht – dann werden wir ihm helfen.

Edna *wendet sich an die Schwestern* Seid ihr auch der Meinung?

Sie schauen sich unbehaglich an.

Pauline *schaut in ihre Kaffeetasse* Ich kenne mich in Vermont nicht sehr gut aus.

Jessie Ich wäre sofort einverstanden – aber Harry entscheidet.

Pearl Und ich müßte zuerst mal eine Reise dorthin machen ... nach Vermont ... und mir alles ansehen ... aber mit meinem schlimmen Bein kann ich nicht gut reisen.

Edna Also Schwamm drüber. Wir wollen nicht mehr davon reden. Und auch nicht über das Geld. Wir brauchen es nicht. Wir werden auch ohne euer Geld sehr gut fertig werden. Danke schön ... Ich wundere mich, daß ihr uns überhaupt Geld angeboten habt ... Es ist gut, zu wissen, daß ich mit eurer Hilfe rechnen kann ... sowie es Mel wieder gut geht und er wieder auf seinen Beinen steht ... Genau dann wird er nämlich eure Hilfe nötig haben. *Sie geht in Richtung des Schlafzimmers.* Bitte entschuldigt mich. Ich muß noch telefonieren, bevor ich zurück ins Büro gehe. Und falls ich in den nächsten neun Jahren wieder keinen von euch zu Gesicht bekomme ... *Sie zeigt auf das Tablett mit Backwerk.* Bitte, bedient euch. *Sie läuft ins Schlafzimmer und wirft die Tür hinter sich zu.*

Alle schauen Edna nach – alle sind wie vor den Kopf gestoßen.

Harry Hab ich was Falsches gesagt? Ihr seid meine Zeugen. Hab ich was Falsches gesagt?

Pearl Du hast nichts Falsches gesagt. Ich bin Zeuge.

Pauline Wollt ihr die Wahrheit wissen? Sie will nicht, daß wir ihm helfen. Sie ist eifersüchtig. Und ich war bereit, ihm alles zu geben.

Jessie *zu Pearl* Bedeutet das ... daß wir auch den Arzt nicht bezahlen?

Pearl *zu Jessie* Warum hörst du nicht hin? Du hörst nie hin!

Harry Ein Mann in seiner Verfassung ... als Direktor eines Ferienheims. Ich hab am Donnerstag mit ihm telefoniert. Er konnte kaum „hallo“ sagen.

Pauline Warum haßt sie uns? Was haben wir ihr getan? Es ist Eifersucht. Nichts anderes.

Pearl Jawohl. Die Eifersucht. Nichts anderes.

Pauline Eifersucht ... Ich wollte, ich könnte ihn von hier wegholen ... Mel könnte bei mir wohnen. Und ich würde liebend gern für ihn sorgen.

Harry Ein Mann in seiner Verfassung als Leiter eines Ferienheims ... Er würde bis zum Herbst brauchen, um auszuknobeln, wie man einen Ball aufbläst.

Jessie Wenn noch nichts endgültig beschlossen wurde ... kann ich dann Pauline meine Stimme geben? Ich muß nämlich ein paar Einkäufe machen.

Harry Setz dich. Wir haben noch nichts endgültig beschlossen. Wir müssen die Entscheidung mit Mel treffen.

Pearl Mit Mel? Wie kann Mel in seinem jetzigen Zustand eine Entscheidung treffen?

Harry Mit Mel kann ich wenigstens vernünftig reden. Der hatte nur einen Nervenzusammenbruch. Aber die Frau – die ist verrückt. Gebt mir noch ein bißchen Kaffee.

Pearl schenkt Harry noch etwas Kaffee ein, als wir plötzlich hören, wie ein Schlüssel in der Wohnungstür umgedreht wird. Die Tür geht auf.

Mel tritt ein. Er macht einen stark gealterten Eindruck. Doch „gealtert" gibt seinen Zustand nicht hinreichend wieder. Mel sieht aus, als schwebte er in weiter Ferne. Er hat Ringe um die Augen, sein Haar ist unordentlich und sein Blick glasig. Er öffnet die Tür. Schließt sie dann, steckt den Schlüssel in die Tasche und geht durchs Zimmer, in die Küche hinüber. Hebt den Kopf nicht und merkt offenbar auch nicht, daß die vier im Zimmer sind.

Sie starren ihn an. Sein Verhalten überrascht sie und flößt ihnen offenbar auch etwas Angst ein. – In der Küche füllt Mel ein Glas mit Wasser. Nimmt eine Phiole mit Pillen zur Hand, nimmt eine Pille in den Mund und spült sie mit einem Schluck Wasser hinunter. Kommt zurück ins Wohnzimmer. Er ist weder überrascht noch verblüfft. Benimmt sich, als wäre er sechzehn Jahre alt und eben in den gewohnten Familienkreis hineingeschneit. Er spricht mit einer seltsam farb- und gefühllosen Stimme.

Mel Einen netten Spaziergang hab ich gemacht.

Harry *geht zu ihm hin* Hallo, Mel.

Mel *schaut Harry an* ... von der Ecke der 82. Straße und Park Avenue bin ich bis nach Hause gelaufen ... *Im Flüsterton.* Bitte, sagt es nicht der Edna. Die will nämlich nicht, daß ich so weit laufe.

Harry Mel? *Zeigt auf sich.* Weißt du, wer das ist?

Mel Was soll das bedeuten, Harry?

Harry Nichts. Gar nichts ... *Zeigt auf die Schwestern.* Siehst du, wer gekommen ist, um dich zu besuchen, Mel?

Mel *dreht sich um, schaut die Schwestern an. Lächelt* Warum sollen sie mich nicht besuchen? Sie sind doch meine Schwestern, oder nicht? Wer hat bessere Schwestern als ich? *Er breitet die Arme aus, um sie zu begrüßen. Geht zu Pauline.* Pauline. Wie geht es dir? *Er küßt sie.*

Und sie erwidert seinen Kuß.

Pauline Mel. Darling!

Mel *wendet sich jetzt Jessie zu* Und Jessie. Süße Jessica Jessie … *Er küßt auch sie.*

Jessie Du siehst … fabelhaft aus, Mel. *Sie schnüffelt, kämpft mit den Tränen.*

Er wendet Pearl den Rücken zu.

Mel Alle sind gekommen … nur Pearl fehlt.

Pearl *Wie konnte er sie bloß umgehen????* Hier bin ich ja, Mel!

Mel *dreht sich um* Da ist sie … und sie versteckt sich … spielt immer Verstecken vor ihrem kleinen Brüderchen …

Pearl Ich hab mich nicht versteckt, Mel. Ich saß einfach da.

Harry *faßt Mel beim Arm* Mel, setz dich. Wir müssen mit dir reden.

Mel *betrachtet ihn argwöhnisch* Es ist etwas passiert. Einer in unserer Familie ist krank …

Harry Nein. Niemand ist krank, Mel … Wir sind alle wohlauf. Setz dich. *Er drückt Mel auf einen Stuhl nieder.*

Mel setzt sich.

Mel Ich hab einen so hübschen Spaziergang gemacht.

Jessie Ist das nicht prima, Mel? Du bist immer so gern spazierengegangen.

Pearl steht auf und geht zum Fenster. Sie steht hinter Mels Rücken. Holt ihr Taschentuch aus der Tasche und trocknet sich die Augen.

Mel Weißt du noch, wie gern ich spazierengegangen bin, Jessie?

Jessie Und ob. Ich sagte es doch eben.

Pauline Du siehst wirklich sehr gut aus, Liebling.

Mel Danke schön, Pauline.

Pauline Fühlst du dich auch wohl? *Sie hat das letzte Wort verschluckt.*

Mel Was sagtest du, Darling?

Pauline Ich wollte wissen, ob es dir gut geht?

Mel Ob es mir gut geht? Ja … doch, ich habe eben einen hübschen Spaziergang gemacht.

Pauline Das ist aber nett, Liebling.

Mel *schaut sich suchend um* Wo ist Pearl? Ist Pearl nach Hause gegangen?

Pearl *am Fenster. Hinter Mel* Hier bin ich, Mel. Ich bin nicht nach Hause gegangen.

Mel *dreht sich um* Da steckt sie. Spielt wieder Verstecken … hat sich immer vor mir versteckt.

Harry *geht auf und ab* Mel …

Mel Ja, Harry?

Harry *bleibt stehen* Mel …

Pearl Harry möchte dir etwas sagen, Mel.

Mel Und was, Harry?

Harry Nichts, Mel. Nichts …

Mel Ich finde, du siehst nicht gut aus, Harry. Arbeitest zu angestrengt. Arbeite nicht soviel, Harry.

Harry Ja, ja.

Mel Gönn dir doch mehr Entspannung. Weißt du, die Ärzte haben mir drei Dinge beigebracht. Man muß sich Entspannung gönnen. Man darf die Welt nicht allzu ernst nehmen. Und man muß sehr drauf aufpassen, was man draußen auf dem Balkon sagt …

Der Vorhang fällt … wir hören die Stimme des Nachrichtensprechers.

Stimme des Reporters Es ist achtzehn Uhr, es folgen die Nachrichten … Ein polnischer Frachter, das 6000-Brutto-Registertonnen-Schiff Majorska, fuhr heute morgen um sieben Uhr bei dichtem Nebel während der Einfahrt in den New-Yorker Hafen krachend gegen die Freiheitsstatue … Zwei Matrosen wurden verletzt, und infolge elektrischer Leitungsschäden begann Miss Libertys Fackel zu flackern … Es war der erste bekanntgewordene Schiffsunfall in Zusammenhang mit der weltberühmten Statue. Der polnische Frachter jedoch hat bereits früher sechs Kollisionen auf hoher See erlebt. – Und heute blieben in einem Hotel im Zentrum Manhattans nach der Landestagung der Nationalen Psychiatrischen Gesellschaft siebzehn führende Psychiater fast eine Stunde lang zwischen zwei Stockwerken mit dem Fahrstuhl stecken … Es entstand eine Panik. Zwölf Ärzte mußten wegen Hysterie ärztlich versorgt werden.

Drittes Bild

Sechs Wochen später. Es ist Mitte Dezember und später Nachmittag.
Wenn der Vorhang aufgeht, hält Edna den Telefonhörer in der Hand. Sie trägt einen Wintermantel über ihrem Kostüm. Im Arm hält sie eine Tüte mit Lebensmitteln. Offenbar ist sie gerade zur Tür hereingekommen. Sie macht einen sehr verzweifelten Eindruck.

Edna *ins Telefon* Hallo? Kann ich den Hausverwalter sprechen? Hier Frau Edison. Aus 14/a. Wir haben kein Wasser in der Wohnung. Was soll das heißen – er ist nicht zu Hause? Er ist weggegangen? Wohin? Ich hab kein Wasser. Ich bin eben zur Tür hereingekommen ... Aber wenn die Wasserleitung repariert wird, müßte er nicht gerade dann zu Hause sein? Er wird ja dafür bezahlt, oder nicht? Nein. Ich habe im Fahrstuhl keinen Anschlag gesehen. Außerdem hab ich was anderes zu tun, als Anschläge im Fahrstuhl zu lesen. Und in der Küche brennt das elektrische Licht nicht. Nein. Nur in der Küche. NUR IN DER KÜCHE. Warum? Das weiß ich doch nicht. Ich bin doch kein Elektriker. Bis sieben Uhr abends kann ich nicht warten. Meine Lebensmittel verderben – – und Sie erzählen mir, daß Ihr Mann nicht zu Hause ist?
Ich beschuldige ihn ja gar nicht. Wenn ich nicht unbedingt müßte, so würde ich mich auch nicht in diesem Haus aufhalten.
Mel ist während Ednas Telefongespräch durch die Wohnungstür eingetreten.
Sie legt auf – sie steht da ... Wir haben kein Wasser ... sie haben das Wasser abgestellt ... die Wasserleitung wird repariert, und bis fünf oder sechs oder sieben Uhr gibt's kein Wasser ... sie wissen noch nicht genau, wie lange. Und in der Küche ist das elektrische Licht kaputt. Der Kühlschrank funktioniert nicht ... Ich habe eben beim Hausverwalter angerufen, und der ist spazierengegangen. *Sie setzt sich.*
Mel geht zum Tisch. Neben dem Tisch steht eine Staffelei mit

Leinwand, auf dem Tisch liegt ein Farbkasten. Mel legt die Farben in eine Schachtel.

Mel Du. Ich geh nicht mehr hin. Ich geh nicht mehr zu dem Arzt. Der Kerl ist ein Quacksalber. Sitzt da, putzt sich die Pfeife und spielt mit seiner Uhr und hat keine blasse Ahnung, von was er redet.

Der Kerl ist ein Quacksalber. Wenn sich mein Zustand gebessert hat, so habe ich es mir selbst zu verdanken. Ich löse meine eigenen Probleme. Und der Mann sitzt da und reinigt seine Pfeife mit einem Schäufelchen und beobachtet, wie sich mein Zustand für vierzig Dollar pro Stunde bessert ... Weißt du, was? Hier im Hause gibt's Spiegel. Ich kann selbst beobachten, wie sich mein Zustand bessert. Dort, beim Arzt, könnte ich gute fünfzig Minuten herumliegen ... und wenn ich kein Wort sage, sagt er auch kein Wort.

Mel geht, während er spricht, zum Wandschrank hinüber, stellt die Staffelei und Leinwand hinein und verwahrt auch die Farben. Er glaubt wohl, er überanstrengt sich, wenn er eine Frage an mich stellt? Zum Beispiel: „Wo fehlt's denn, Mr. Edison? Worüber denken Sie nach?" – Nein. Der stellt keine Fragen. Wenn ich nicht den Mund öffne, er stellt keine Fragen. Ich kuriere mich selbst, das sage ich dir. Ich sehe mit an, wie du aussiehst, wenn du Abend für Abend nach Hause kommst. Du machst dich kaputt ... Du arbeitest dich krumm. Und wofür? Damit wir dem Herrn Pfeifenputzer vierzig Dollar pro Stunde geben können? Ich kann's nicht mehr verkraften, Edna. Ich kann nicht mit ansehen, wie du dich mir zuliebe in eine alte Frau verwandelst. Und was hat das Ganze für einen Sinn? Wenn ich endlich wieder gesund bin, dann bin ich für dich zu jung.

Edna *hält ihre Tränen mit Mühe zurück* Du ... ich glaube nicht, daß du dir deswegen den Kopf zerbrechen mußt. Wir haben nämlich heute pleite gemacht, Mel.

Mel Wer hat Pleite gemacht??

Edna Wir. Die Firma, bei der ich angestellt war. Das Geschäft hat sein letztes Geschäft gemacht, und das war 'ne Pleite. Fort mit Schaden.

Mel Du bist gegangen worden?

Edna Wenn sie selber gehen – warum soll ich dann bleiben?

Mel Willst du damit sagen, daß der Laden völlig in der Versenkung verschwindet?

Edna Jawohl. Konkurs. Die Firma hat sich übernommen. Und einer der beiden Geschäftspartner wird vielleicht auch noch im Kittchen landen. *Sie beginnt zu weinen.*

Mel Man geht doch nicht über Nacht bankrott. Hast du denn nichts geahnt?

Edna *weinend* Nichts hab ich geahnt ... vielleicht doch, aber ich wollte nicht darüber nachdenken ... Was geht in der Welt vor, Mel? Macht die ganze Welt pleite?

Mel *geht zu ihr hin...* Ist schon gut, Edna. Schon gut.

Edna *schluchzt* Und ich hab geglaubt, daß wir ein so starkes Land sind, Mel. Wenn man nicht auf Amerika bauen kann – – auf wen kann man sonst noch bauen?

Mel Auf uns, Edna. Wir müssen aufeinander bauen.

Edna Ich begreife nicht, wie ein so großes Unternehmen mir nichts, dir nichts Pleite machen kann. Es handelt sich doch nicht um einen Tante-Emma-Laden, sondern um eine Riesenfirma. Mit Stein und Marmor und Schimären auf dem Dach. Schönen, handgemeißelten Schimären. Hundert Jahre ist es alt. Und morgen kommen sie vielleicht mit einem Hammer und töten die Schimären ...

Mel Es ist doch nur ein Job, Edna. Und nicht dein Leben.

Edna Weißt du, woran ich auf dem Heimweg immerzu dachte? Ich hatte einen einzigen Gedanken. Ein Bad. Ein schönes heißes Bad ... *Sie schluchzt wieder.* Und jetzt macht auch das Wasser Pleite.

Mel Es kommt schon wieder, Edna. Alles kommt wieder. Wir sind nicht für die Ewigkeit abgestellt.

Edna *schreit* Ich will aber mein Bad. Ich will mein Wasser. Sag's den Kerlen, Mel ... ich will mein Bad.

Mel Das Wasser ist doch abgestellt, Edna. Was soll ich tun? Ich kann dir nicht helfen.

Edna *kreischt* Doch. Tritt gegen die Wasserleitung. Sag den Kerlen, hier oben wohnt eine Frau, die sofort ein Bad braucht. Wenn ich mich jetzt nicht ins Wasser setze,

Mel, verliere ich den Verstand. *Tritt gegen die Wasserleitung ...*

Mel Edna, so nimm doch Vernunft an ...

Edna Hab ich etwa nicht für dich an die Wand gebummert? Und du willst jetzt nicht für mich gegen die Leitung treten?

Mel Sch ... sch ... ruhig, Baby ... es wird alles wieder gut.

Edna *schluchzt noch immer* Nichts ist gut ... nichts ist gut ... Warum sagst du, daß alles wieder gut wird? Bist du verrückt? ... Oh, du lieber Gott, Mel ... verzeih. So war's nicht gemeint. Bitte, sei nicht böse, Mel.

Mel Ich bin dir nicht böse, Edna ... So beruhige dich doch.

Edna Ich weiß nicht mehr, was ich zusammenrede. Das alles ist einfach zuviel für mich. Ich kann nicht mehr. Im Omnibus konnte ich nicht einmal mehr meine Handtasche öffnen. Ein kleiner Junge mußte mir helfen.

Mel Unsinn. Natürlich kannst du noch.

Edna Ich hab eine Wut. Aber keine Kraft mehr. Mel, wenn mir was zustößt ... wer wird dann für uns sorgen?

Mel Ich. Hab ich nicht immer für uns gesorgt?

Edna Aber wer wird jetzt für uns beide sorgen, Mel?

Mel Ich, Edna. Ich.

Edna Du?

Mel Hast du kein Vertrauen mehr zu mir? Glaubst du nicht mehr an mich?

Edna Laß uns doch von hier wegziehen, Mel ... Wir geben auf ... wir ziehen weg ... Die sollen sich alles einsalzen ... Ihre Stadt ... Ihren Kehricht ... ihre Betrüger und ihre Jobs und ihre zerbrochenen Schimären ... Ich will den Rest meines Lebens schön ruhig mit dir verbringen und zusehen, wie unsere Töchter gesund und glücklich heranwachsen. Und hin und wieder möchte ich auch ein bißchen Wasser haben und ein Bad nehmen. Bitte, Mel ... bitte ... laß uns wegziehen ...

Mel Also gut, Edna ... Wir ziehen weg ...
Es klingelt an der Tür.

Edna *ruft laut* Das ist der Hausverwalter!

Mel Laß mich, Edna ... Du bist ganz durcheinander. Geh

doch rein ... ruh dich aus, setz dich in die Badewanne und warte, bis wieder Wasser aus dem Hahn läuft ...

Edna Also gut. Verzeih, wenn ich dich aufgeregt habe. *Sie dreht sich um und geht ins Schlafzimmer.*

Mel dreht sich seinerseits um und geht zur Wohnungstür. Öffnet sie.

Draußen steht nicht der Hausverwalter – sondern Harry. Er hat eine Aktenmappe unter dem Arm.

Harry Hallo, Mel ... Darf ich reinkommen?

Mel *überrascht* Natürlich ... Ich wußte gar nicht, daß du in der Stadt bist.

Harry *sehr milde gestimmt* Ich hatte hier einiges zu erledigen. Und außerdem wollte ich mit dir reden. Wie geht es dir? Gut?

Mel Sei nicht so feierlich, Harry. Hier ist doch kein Krankenhaus. – Mir geht es gut.

Harry tritt näher. Mel schließt die Wohnungstür.

Harry Ich hab dir ein paar Äpfel vom Land mitgebracht. *Er öffnet seine Aktenmappe.* Diese Äpfel mußt du probieren. *Holt Äpfel aus der Mappe.* Ich erinnere mich ... Äpfel hast du doch immer so gern gegessen ... Darfst du sie jetzt essen?

Mel Äpfel wirken nicht aufs Gemüt, Harry. Von denen krieg ich keinen Klaps. Danke. Das ist wirklich nett von dir.

Harry Ist Edna zu Hause?

Mel Jaaa ... sie sitzt in der Badewanne. Ihr ist nämlich ein bißchen mulmig zumute.

Harry Also gut. Sie will mich nicht sehen. Versteh ich ja.

Mel Nein, Harry. Das ist es nicht. Sie ist sehr müde ...

Harry Die Frau kann mich nicht ausstehen. Kann ich auch verstehn. Jeder Mensch kann einen schließlich nicht lieben ... Mir tut's nur weh, daß es gerade die Frau meines Bruders ist ... aber wen's trifft, den trifft's. Ich bleibe auch nur einen Augenblick. Du, ich wollte dir das persönlich überreichen ... und dann muß ich gehen.

Mel Du kommst 25 Kilometer, um mir sechs Äpfel zu bringen, Harry? Das ist wirklich sehr lieb von dir. Aber es wäre nicht nötig gewesen.

Harry Ich meine nicht die Äpfel. Ich hab dir etwas Besseres

mitgebracht. *Er greift in die Tasche und holt einen Scheck hervor.* Hier. Das ist für dich und Edna. Die Äpfel ... sind ein Extrageschenk.

Mel *nimmt den Scheck entgegen und mustert ihn genau* Was ist das?

Harry Das ist ein Scheck. Da hast du dein Geld. Geh hin und kauf dir ein Ferienheim. *Gutmütig.* Los. Geh. Und im Juli und August kannst du dann sechshundert Rotznasen abputzen. Viel Spaß. *Er steht auf, um zu gehen.*

Mel Harry. Das sind fünfundzwanzigtausend Dollar.

Harry Deine Schwestern und ich haben zu gleichen Teilen beigesteuert. Fifty-fifty. – Ich werde sie morgen darüber informieren.

Mel Ich versteh kein Wort.

Harry Ich versteh ja auch kein Wort. Wie kann ein Mensch bloß Lust dazu haben, ein Ferienheim zu leiten? Aber wenn du deine Freude dran hast, dann freut's mich auch.

Mel Wann hat euch Edna darum gebeten?

Harry Ist das nicht gleichgültig? Jetzt haben wir's geschafft. Damals ... waren wir alle ein bißchen erregt. Und dabei wollten wir alle richtig handeln. Nimm das Geld, kauf dir dein verrücktes Heim.

Mel Harry.

Harry Ja?

Mel Also erstens ... danke ich dir. Und zweitens ... kann ich's nicht annehmen.

Harry Fang du nicht auch noch an. Sechs Wochen hab ich gebraucht, bis ich mich dazu aufraffen konnte, dir das Geld zu geben.

Mel Ich kann dir's nicht näher erklären, Harry. Aber ich kann das Geld nicht annehmen.

Harry Warum ... darf ich das nicht für dich tun? Warum läßt du mir nicht die Genugtuung, dich glücklich zu machen?

Mel Die hast du doch schon. Dadurch, daß du mir den Scheck angeboten hast. Mach mich jetzt noch glücklicher und zerreiße den Scheck. Denn wenn dich die Leute in dieser Gegend mit soviel Geld sehen, dann kommst du nicht lebend bis zu deinem Auto.

(Anmerkung der Übersetzerin: Irgendwo an dieser Stelle hält Mel dem Harry den Scheck hin … Harry will ihn nicht zerreißen, und Mel zerreißt ihn langsam selbst. Die Stelle war im amerikanischen Exemplar nicht angegeben, ich erinnere mich aber daran, wie es im O'Neill-Theater gespielt wurde.)

Harry Alle andern dürfen etwas für dich tun. Alle andern dürfen für dich sorgen. Edna und Pearl. Und Pauline und Jessie. Alle, nur ich nicht. Ich, dein Bruder. Warum werde ich immer ausgeschlossen?

Mel Die drei Frauen sind Witwen … sie suchen förmlich einen Menschen, für den sie sorgen können. Ich hab ihnen ein Geschenk gemacht: ich wurde krank. Aber was erwartest du von mir, Harry?

Harry Ich mußte schon als Dreizehnjähriger arbeiten. Ich hatte keine Zeit, das Nesthäkchen zu sein.

Mel Harry – fang nicht wieder damit an. Wenn du das Nesthäkchen sein willst – das kannst du haben. Ich rufe noch heute abend bei den Mädchen an und sage ihnen Bescheid. Ab heute bist du das Nesthäkchen.

Harry Ich behaupte ja nicht, daß du schuld daran bist. Du bist nicht schuld. Ist doch auch ganz logisch. Wenn es zwei Brüder in einer Familie gibt und der eine den ganzen Tag unterwegs ist und arbeitet, dann wird der andere, der zu Hause sitzt, automatisch das Nesthäkchen.

Mel Harry … ich möchte nicht unhöflich sein … Aber Edna fühlt sich gar nicht wohl, und wir haben kein Wasser, und unsere sämtlichen Lebensmittel tauen auf … Ich bin wirklich nicht in der Stimmung, zu untersuchen, warum du nicht das Nesthäkchen bist.

Harry Einunddreißig Jahre hab ich im Elternhaus verbracht, und kein einziges Mal hat man an meinem Geburtstag für mich das Lied gesungen: „Hoch soll er leben, hoch soll er leben, dreimal hoch …"

Mel *empört* Ist doch alles nicht wahr, Harry. Du hattest immer deine Geburtstagsgesellschaft … und deine große Geburtstagstorte …

Harry *beharrlich* Ich hatte meine Geburtstagsgesellschaften … meine Torten … aber nie hat jemand das Lied für mich gesungen ... „Hoch soll er leben, hoch soll er leben, dreimal hoch ..."

Mel Also gut. Wir werden in diesem Jahr einen großen Chor verpflichten, Harry, und wir werden alle für dich „Hoch soll er leben, hoch soll er leben" singen.

Harry Schon als Elfjähriger trug ich lange Hosen, mit vierzehn hatte ich einen kleinen Schnurrbart ... Und wenn ich ins Kino ging, mußte ich meinen Ausweis mitnehmen, sonst hätte ich den Eintrittspreis für Erwachsene zahlen müssen ...

Mel Ich weiß, Harry. Du wurdest sehr schnell erwachsen.

Harry Hast du je in Pearls Familienalbum geblättert? Du wirst mich auf keinem Foto als Junge abgebildet sehen. Dieses Alter hab ich glatt übersprungen. Von dir gibt's tausend Fotos ... auf dem Fahrrad, auf dem Pony ... beim Friseur, im Kinderstuhl ... und von mir hat sie ein einziges Foto eingeklebt. In einem Buick. Jahrgang 1938. Ich seh drauf aus wie Buster Keaton.

Mel Das tut mir wirklich leid, Harry.

Harry Ich will dir etwas sagen, Mel. Das hab ich noch keiner Menschenseele anvertraut. Ich glaube nicht, daß du sehr geschäftstüchtig bist. Ich glaube nicht, daß du mit Geld umzugehen verstehst. Und ich glaube auch nicht, daß du mit emotionellen Problemen fertig wirst. Ich halte dich für ein Kind. Ein Baby. Einen verwöhnten Säugling. Aber du kannst mir glauben, ich habe oft nachts im Bett gelegen und dich beneidet ... Ist das nicht toll? Ein Mann in meiner Stellung ... beneidet einen Mann in deiner Lage. Ist das nicht toll? Du wirst nie erreichen, was ich erreicht habe. Und doch möchte ich ein einziges Mal haben, was du hast. Einmal, eine Stunde lang möchte ich erleben, was es heißt, der Liebling zu sein.

Mel Soll ich dir etwa ein Küßchen geben? Auf den Mund?

Harry Gib mir ein Küßchen, und ich breche dir die Knochen im Leib ... Du ... ich ruf bald wieder an. Und vergiß, was ich eben gesagt habe. Ich hab mich anders entschlossen. Ich will gar nicht das Nesthäkchen sein. Nicht wenn ich Jessies und Paulines Küsse ertragen muß.

Mel *singt* Versuch's doch mal – vielleicht gefällt es dir.

Harry Ich hab es schon versucht ... und wie wär's, wenn ich dir zwölftausend leihen würde? Dann könntest du für den Anfang ein kleines Ferienheim aufmachen. Fünf Jungen und zwei Mädchen.

Mel Und wie wär's mit einem Küßchen auf die Wange?

Harry Mit dir steht's noch immer schlimm. Was der Doktor auch behaupten mag ... mit dir steht's noch immer schlimm.

Harry geht – die Tür fällt hinter ihm ins Schloß.

Mel Edna ... Edna.

Edna *kommt. Im Bademantel* Was ist denn los?

Mel *durchmißt das Zimmer ärgerlich. Bemüht sich, die richtigen Worte zu finden, während Edna dasteht und wartet.*
Hast du Harry gebeten ... hast du meine Geschwister um 25000 Dollar für ein Ferienheim gebeten?

Edna Ich bat sie nicht darum ... Sie boten mir Geld für den Arzt an ... Und da sagte ich, daß ich's nicht für den Arzt brauche. Sondern für das Ferienheim.

Mel Siehst du nicht, wie demütigend es für mich ist, meine Geschwister um Geld zu bitten? Siehst du das nicht ein?

Edna Aber du hast sie doch nicht gebeten? Und wenn's für jemand demütigend war, dann für mich ... Ich saß hier im Zimmer, vor der spanischen Inquisition ... Du warst weg. Du machtest unterdessen einen netten Beruhigungs-Spaziergang durch den Park.

Mel Beruhigungs-Spaziergang? Sagst du beruhigt? Betäubt war ich! Und nicht beruhigt. Betäubt.

Edna *laut* Du machst aber jetzt keinen kranken Eindruck auf mich. Deine Stimme klingt so, wie sie früher immer klang.

Mel Ich spreche ja auch nicht von jetzt, sondern von damals. Damals war ich betäubt. Und nicht beruhigt. BETÄUBT war ich.

Edna *schreit* Also dann wünsche ich mir bei Gott, daß du wieder betäubt bist und aufhörst, mich anzubrüllen.

Stimme einer Frau *aus dem oberen Stock* Maul halten, Bagage!

Edna *stürzt auf den Balkon, schreit hinauf* Wen nennen Sie Bagage?

Stimme einer Frau Sie und Ihren Mann mit dem lauten Maul.

Edna *schreit hinauf* Beschimpfen Sie uns nicht, hören Sie?

Ihr Mann kann meinem Mann nicht das Wasser reichen. Und wir haben das Wasser nicht vergessen. Wir erinnern uns sehr gut an den Eimer Wasser …

Jetzt geht Mel hinaus auf den Balkon.

Stimme der Frau In einer Stunde kommt mein Mann nach Hause. Und wenn Sie dort unten nicht den Mund halten, dann kriegen Sie noch mal die gleiche Ladung.

Edna Ha. Womit, wenn ich fragen darf? Woher wollen Sie Wasser nehmen? Wo haben Sie Ihr Wasser, Sie Scheunentor von einem Maul?

Mel *zieht Edna von dem Balkon weg. Ruft hinauf* Entschuldigen Sie bitte … Meine Frau wollte Sie nicht anschreien … Wir sprachen gerade über …

Und nun kommt's … Mel kriegt wieder einen Eimer Wasser über den Kopf. Er geht zurück ins Zimmer … er ist völlig durchnäßt.

Mel Sie haben mich wieder … *Er setzt sich.*

Edna Eins möchte ich wissen. Wo haben die das Wasser her?

Mel Solche Menschen … haben immer Wasser. Die sparen sich's vom Mund ab, damit sie Leute wie uns einweichen können.

Jetzt sitzen beide da – ein paar Sekunden herrscht Stille.

Edna *schaut ihren Mann an* Ich bin mit dir zufrieden, Mel … Diesmal hast du wirklich sehr gut reagiert … Ein Beweis dafür, daß dein Zustand sich gebessert hat. Ich glaube wirklich, du bist durch die Erfahrung gewachsen … Ja. Das glaube ich.

Und plötzlich sehen wir, wie im Hintergrund der Bühne langsam Schneeflocken auf den Balkon fallen.

Vielleicht hast du recht. Vielleicht solltest du wirklich nicht mehr zu dem Arzt gehen. Ich bin so stolz auf dich, Mel … so stolz … weil du ein besserer Mensch bist als die anderen … ein besserer Mensch als alle andern, Mel …

Der Schnee rieselt erst langsam, dann wird das Gestöber dichter. Mel scheint etwas zu spüren. Er dreht sich um und schaut hinaus. Edna blickt Mel an, um festzustellen, was er entdeckt hat.

NUN SIEHT AUCH SIE DEN SCHNEE. *Sie schauen*

einander an … drehen sich wieder den Zuschauern zu – und dann schauen sie hinaus auf den Balkon.
Mel wirft einen Blick auf seine Uhr. Schaut dann hinaus in das Schneegestöber. Dann wieder auf die Uhr. Geht zum Schrank. Edna beobachtet ihn. Mel öffnet den Schrank und holt seine Schneeschippe heraus.
Er wirft noch einen Blick hinaus in das Schneetreiben, zieht wieder seine Uhr zu Rate. Kommt zurück, setzt sich neben Edna auf den Stuhl … hält mit einer Hand die aufgestellte Schippe fest, legt die andere Hand um Ednas Schulter. Die beiden sehen aus wie ein groteskes Bild aus einem Familienalbum … so aufrecht sitzen sie da.
Dann hören wir die

Stimme des Sprechers Sie hören die Nachrichten … An alle Autofahrer an der Ostküste ergingen Schneewarnungen … es werden überaus heftige Schneefälle erwartet … hier in New York rechnet das Wetteramt mit einem Rekord-Schneefall von einem Meter Höhe … Alle verfügbaren Schneepflüge wurden auf den Straßen eingesetzt. Und an alle Bewohner der Stadt ergeht die behördliche Bitte, ihre Schippen aus dem Keller zu holen und mit anzupacken und zu beweisen, daß wir New-Yorker Schulter an Schulter leben und arbeiten können, wenn es hart auf hart geht im Interesse eines gemeinsamen Zieles …

Der Vorhang fällt

Sonny-Boys

Personen

Willie Clark, Komiker
Al Lewis, sein ehemaliger Partner
Ben Silverman, sein Neffe und Agent
Krankenschwester (evtl. Farbige)
Regieassistent

Ort: Clarks 1-Zimmer-Appartement
Fernsehstudio
Zeit: Gegenwart

Erster Akt

Erstes Bild

Einzimmerwohnung – mit Küche und Bad – am oberen Broadway in Manhatten, dem Herzstück New Yorks. Ein ziemlich tristes Quartier. Im Zimmer steht rechts vom Zuschauer ein Bett, dann gibt es einen Schreibtisch, einen kleinen Eßtisch mit zwei Stühlen, einen alten, lederbezogenen Sessel, der vor den Fernsehapparat gerückt ist. Und der Fernseher steht auf einem billigen Messingblechständer.
Hinten links eine kleine Kitchenette, durch einen Vorhang vom Zimmer abgeteilt. Das Fenster geht auf den Broadway. Früher Nachmittag, Mitten im Winter.
Wenn der Vorhang aufgeht, ist der Fernseher – mit der Rückseite zum Zuschauer – angestellt. Man hört den banalen Dialog einer Fortsetzung aus einer banalen Serie. Willie Clark sitzt in dem lederbezogenen Sessel vor dem Fernseher. Er trägt Pantoffeln, einen Pyjama und einen Bademantel. Willie ist schon über siebzig. Er will fernsehen, schläft aber immer wieder ein. Reißt sich zusammen, schaut wieder ein paar Minuten auf den Bildschirm. Der Fernseher plärrt weiter und weiter, und Willie schläft wieder ein. Nimmt sich wieder zusammen ... wacht auf ... guckt ein paar Sekunden zu. Schläft wieder ein. Dann kocht draußen in der Küche das Wasser im Kessel. Der Kessel pfeift laut. Willie schreckt auf. Greift nach dem Telefon, das auf einem Tischchen steht.

Willie *ins Telefon* Hallo? Wer ist da?
Der Kessel pfeift in der Küche weiter, und endlich guckt Willie in die richtige Richtung. Er legt den Hörer auf die Gabel. Ist offenbar weder verdutzt noch verlegen, weil er so geistesabwesend ist ... vielleicht merkt er's aber nicht einmal. Schlurft zur Küche hinüber. Dreht die Gasflamme unter dem Teekessel ab.

Stimme aus dem Fernseher … „Sturmwarnung" wird gleich fortgesetzt …

Willie Keine Angst … ich geh nicht weg.

Stimme aus dem Fernseher … aber zuerst ein Wort über „Lipton Tee".

Lipton-Werbespot.

„Bringst du Lipton auf den Tisch
Wird dein Winter frühlingsfrisch!"

Willie legt inzwischen in der Küche ein Teesäckchen in eine Tasse und gießt kochendes Wasser darüber. Geht zum Eßtisch. Nimmt einen Teelöffel und ein Honigtöpfchen, tut einen Löffel Honig in die Tasse. Wirft einen Blick auf die Mattscheibe. Der Lipton-Werbespot ist gerade abgelaufen.

Stimme aus dem Fernseher Und nun: Teil drei unserer heutigen Serie „Sturmwarnung".

Willie Was ist mit dem zweiten Teil passiert? Hab ich den verpaßt?

Er trinkt seinen Tee, während der dritte Teil läuft und die Schauspieler einen banalen Dialog sprechen. Willie hört zu. Schlurft dann zum Sessel hin. Der Fernseher steht ziemlich weit von der Wand entfernt. Das Kabel schlängelt sich über den Teppich. Willie hat die Eigenschaft, niemals zu schauen, wo er hintritt. Er verheddert sich mit dem Fuß in dem Kabel, zieht und zerrt – ohne zu merken, was passiert ist –, und drüben fällt der Steckkontakt aus der Dose. Der Fernseher ist sofort aus.

Willie bleibt sitzen. Starrt die Mattscheibe an. Er steht auf und hantiert mit den Knöpfen. Wie konnte ihn sein bester Freund im Stich lassen? Dann versetzt Willie dem Apparat einen Schlag mit der Hand. He! Was ist in dich gefahren? *Schubst den Apparat. Dreht wieder hilflos an den Knöpfen und denkt keine Sekunde daran, daß der Stecker raus sein könnte. Willie schlägt auf den Bildschirm.* Du Biest! … was machst du? *Fährt fort, den Bildschirm ungläubig anzustarren. Tritt gegen den Ständer. Geht zum Telefontischchen, hebt den Hörer ab. Ins Telefon.* Hallo? … Sandy? Geben Sie mir Sandy. Sandy, sind Sie's? Mein Fernseher ist verreckt. Nein. Nicht „Willie". Für Sie bin ich noch immer Mr. Clark, wenn ich bitten darf! Lassen Sie Ihre blöden Witze, Sie Klugscheißer … ich finde sie nämlich gar nicht komisch … Schicken Sie jemand rauf, der meinen Fernseher reparieren kann ... Nein, ich hab nichts angefaßt. Nichts, sag ich Ihnen ... S' ist eben ein beschissenes Ding. Wenn man in einem beschissenen Hotel wohnt, hat man 'nen beschissenen Fernseher ... Den ... was? Den Stecker? Was für 'nen Stecker? Warten Sie 'nen Augenblick ... *Willie legt den Hörer hin, geht zum Fernseher, bückt sich, hebt den Stecker auf, starrt ihn an. Geht zum Telefon zurück. In den Apparat.* Hallo??? Nein, 's war nicht der Stecker. 's ist was anderes. Ich werd's selbst reparieren.

Legt auf, geht zur Wand, steckt den Stecker in die Dose, der Apparat geht wieder. Er sagt mir, 's ist der Stecker. Wenn er mich manierlich mit Mr. Clark anspricht, werd ich ihm verraten, daß es der Stecker war! *Willie sitzt im Stuhl und nimmt einen Schluck Tee.*

Zum Deibel mit der ganzen Bagage!

Es klopft.

Willie wirft einen Blick auf die Wand gegenüber. Bummer nur an die, soviel du willst. Ich stell meinen Fernseher nicht ab. Bin froh, daß er läuft.

Pause. Wieder klopft jemand an die Wohnungstür. Diesmal ist das Klopfen von einer Männerstimme begleitet.

Stimme Onkel Willie! Ich bin's, Ben!

Willie dreht sich um und starrt die Tür an. Offenbar ist er nicht bereit, sich einzugestehen, daß er sich in der Richtung des Klopfens geirrt hat.

Willie Wer ist da?

Bens Stimme Ben.

Willie Ach, Ben? Bist du's?

Bens Stimme Ja, Onkel Willie. Ich bin's, Ben. Mach die Tür auf!

Willie Augenblick. *Willie erhebt sich, geht quer über die Bühne zur Wohnungstür, stolpert wieder über das Kabel des Fernsehers und schaltet den Apparat wieder aus. Dann beginnt er, an den beiden Sicherheitsschlössern und dem Riegel herumzubasteln. Will sie öffnen. Und das ist nicht so einfach, denn er ist sehr ungeschickt.*

Moment ...

Bens Stimme Ist was nicht in Ordnung?

Willie *bemüht sich noch immer nach Kräften* Moment, sag ich ... *Und nun versucht er's mit Gewalt.*

Bens Stimme Was ist los?

Willie Ich bin eingesperrt!! … das Schloß ist kaputt, ich bin eingesperrt! … Lauf schnell runter und sag's dem Boy. Dem Sandy. Sag dem Sandy, Mr. Clark ist eingesperrt!

Bens Stimme Ist etwas kaputt? Das Schnappschloß?

Willie Jawohl! Das Schloß klemmt … ich bin eingesperrt … los, hol den Boy, den Sandy … und der soll den Schlosser holen …

Bens Stimme Vorige Woche hatten wir dieselbe Bescherung. Vielleicht ist's der Riegel … drück den Riegel nicht gegen die Tür … schieb ihn zurück … ganz sachte …

Willie *fingert am Riegel herum* Warte … gleich … *Vorsichtig schiebt er den Riegel zurück. Es ist offen.* Sie ist offen! Die Tür ist offen … ich brauch niemand mehr … hab das Schloß selber repariert. *Und Willie öffnet die Tür.*

Ben Silverman, ein gutgekleideter junger Mann Anfang Dreißig, betritt das Zimmer. Er trägt einen Mantel und hält eine prall mit Lebensmitteln gefüllte Einkaufstüte im Arm. In der Hand hält Ben die „Variety". Ben schaut Willie an, während er das Zimmer betritt.

Ben Du solltest es wahrscheinlich ölen.

Willie Nichts werd ich ölen, zum Teufel.

Ben hängt seinen Mantel in den eingebauten Schrank. Geht zum Eßtisch, stellt seine Einkaufstüte dort ab.

Ben Geht's dir gut?

Willie Was haben wir heute? Mittwoch?

Ben *verblüfft* Natürlich. Ich komme immer mittwochs.

Willie Und heute ist Mittwoch?

Ben Ja. – Bist du ausgegangen?

Willie Wann?

Ben Heute. Gestern. Diese Woche. – Oder warst du etwa die ganze Woche nicht draußen.

Willie *geht über die Bühne zu Ben* Am Sonntag. Am Sonntag war ich im Park.

Ben hält Willie die „Variety" hin. Willie nimmt die Zeitschrift, klemmt sie unter den Arm und beginnt die Einkaufstüte zu durchwühlen.

Ben Darf ich fragen, was du suchst?

Willie Meine „Variety".

Ben Hab's dir doch schon gegeben. Du hast sie unterm Arm.

Willie *hebt den Arm* Warum steckst du's mir unter den Arm, wenn ich fragen darf? Er steckt mir die Zeitung unter den Arm!

Ben *fängt an auszupacken* Hast du auch ordentlich gegessen? Hoffentlich nicht nur Brote.

Willie *schlägt die letzten Seiten auf* Ist das auch wirklich die neueste Nummer?

Ben Ja. Sie erscheint immer mittwochs. Und heute ist Mittwoch.

Willie Man wird doch noch fragen dürfen! Reg dich nicht so auf!

Ben schüttelt verzweifelt den Kopf.

Die Nummer vom vorigen Mittwoch hab ich nämlich schon gelesen.

Ben *packt weiter aus* Sechs verschiedene Suppendosen hab ich für dich besorgt. Alle ohne Salz. Diätsuppen. Prima für deine Gesundheit. Hörst du mir zu?

Willie *steckt den Kopf in die Zeitschrift* Ja, ich hör zu. Sechs verschiedene Suppendosen hast du für mich gekauft. Eine schmeckt lausiger als die andere ... *Pause.* Hast du das gesehen?

Ben Was?

Willie Hast du gesehen, was ich sehe?

Ben Woher soll ich wissen, was du siehst?

Willie Heute haben die Proben für zwei neue Musicals begonnen. Und mich hat man nicht mal zum Vorsprechen aufgefordert. Warum spreche ich nicht vor???

Ben Weil's in den Musicals keine Rollen für dich gibt. Das eine ist ein Rock-Musical. Und in dem anderen sind nur Schwarze.

Willie Was ist eigentlich los mit dir? Glaubst du, ich kann keinen Schwarzen spielen? Ich hab Schwarze gespielt. Zuletzt ... 1928. Und wenn ich 'nen Schwarzen spielte, da konnte man den Text verstehen. Nich wie heute.

Ben Tut mir leid. Du bist eben nicht der Typ, den sie suchen. *Er zittert vor Kälte.* Mensch, ist das hier kalt bei dir. Weißt du, daß es eiskalt bei dir im Zimmer ist? Wird hier denn nicht geheizt?

Willie *hat die Seiten umgeblättert* Was sagst du dazu? Sol Burton ist gestorben.

Ben Wer?

Willie Sol Burton. Der die Songtexte geschrieben hat. 89 ist er geworden. Und aus heiterem Himmel gestorben.

Ben Warum hast du keinen Pullover an?

Willie *läßt sich nicht beirren* Ich hab ihn gut gekannt, den Sol ... ein gräßlicher Mensch. Mies. Er ruhe sanft, aber er war ein mieser Kerl. Seine besten Freunde konnten ihn nicht ausstehen.

Ben *holt einen Pullover aus der Schublade* Warum ist es hier bei dir so kalt?

Willie Weißt du, was der für Texte schrieb? Die schauderhaftesten Texte der Welt. Die schlechtesten Texte, die je ein Mensch verfaßt hat, stammten von Sol Burton. *Willie singt.* „Lady, Lady, sei mein Baby ..." Hast du je so was Albernes gehört? Bei ihm reimt sich Baby auf Lady ... Kein Wunder, daß er tot ist. *Er blättert wieder um.*

Ben Die Heizung ist aus ... Hör zu, Onkel Willie ... ich dulde nicht länger, daß du hier wohnst ... du mußt mir erlauben, eine andere Wohnung für dich zu suchen ... ich lieg dir seit sieben Jahren in den Ohren ... Hier wirst du noch krank.

Willie *schnüffelt noch immer in der Zeitung herum* Was sagst du! Tom Jones kriegt hunderttausend Dollar die Woche in Las Vegas! Damals ... als Lewis und ich die Zugnummer im Winter Garden waren, kostete der ganze Winter Garden keine hunderttausend Dollar ...

Ben Das war vor vierzig Jahren. Und vor vierzig Jahren war dieses Hotel hier zwanzig Jahre alt. Sie sollten es endlich abreißen. Ihr werdet ausgenutzt – alle zusammen. Weil sie wissen, daß ihr nicht umziehen wollt.

Willie *geht zum Tisch hinüber, schnüffelt jetzt in Bens Einkaufstüte* Keine Zigarren?

Ben *notiert etwas auf seinem Schreibblock* Der Arzt hat dir die Zigarren verboten.

Willie *hartnäckig* Her damit. Wo sind meine Zigarren?

Ben Du weißt genau, daß dir der Arzt das Zigarrenrauchen verboten hat ... ich habe keine mitgebracht.

Willie Her damit.

Ben Was für Zigarren? Ich hab dir doch eben gesagt, daß es keine gibt. Hör endlich auf!

Willie Wo sind sie? In der Tüte?

Ben *gibt sich geschlagen* Ganz unten ... Aber nur drei ... Und zum allerletztenmal.

Willie *nimmt eine kleine Tüte mit drei Zigarren* Und wie geht's deiner Familie? Die Kinder – in Ordnung? *Nimmt eine Zigarre raus.*

Ben Plötzlich interessierst du dich für meine Familie? Der Zauber verfängt bei mir nicht, Onkel Willie! Ich bring dir garantiert keine Zigarren mehr mit!

Willie Ich wollte doch nur wissen, wie's den Kindern geht.

Ben Danke. Den Kindern geht's prima.

Willie Das freut mich ... Und nächstes Mal bring gefälligst die dicken Zigarren. *Er steckt zwei Zigarren in die Brusttasche seines Bademantels und die dritte in den Mund. Geht in die Küche, sucht ein Streichholz.*

Ben Du kennst noch nicht mal ihre Namen. Naaaa? Wie heißen meine Kinder?

Willie Millie und Sidney.

Ben Amanda und Michael!!!

Willie Millie und Sidney hat dir nicht gefallen?

Ben Ich hatte nie die Absicht, die Kinder Millie und Sidney zu nennen! Du hast bloß ihre Namen vergessen und hast schnell was erfunden. – Du vergißt überhaupt alles. Wetten, daß du die Milch von der vorigen Woche noch nicht getrunken hast. Wetten, daß sie noch im Kühlschrank steht! *Ben geht schnell in die Küche und öffnet den Kühlschrank.* Da steht sie. Die Milch von der vorigen Woche.

Willie *sucht noch immer nach einem Streichholz* Wissen sie, wer ich bin?

Ben *durchstöbert den Kühlschrank* Wer?

Willie Amanda und Sidney.

Ben Amanda und Michael. Ob die wissen, daß du mal ein großer Star warst? Die Kinder sind drei Jahre alt, Onkel Willie. Glaubst du, daß sie sich an das alte Varieté erinnern? Ich hab ja kein Varieté mehr gesehen ... Dein Kühlschrank bricht in zwei Tagen zusammen.

Willie Hast du den Kindern erzählt, daß ich sechsmal im Fernsehen in der Ed-Sullivan-Show aufgetreten bin? *Er setzt sich, müht sich mit dem Feuerzeug ab.*

Ben Die Kinder haben nie was von Ed Sullivan gehört, Onkel Willie, sie sind drei Jahre alt. Sie interessieren sich nicht für Showbusiness. *Er kommt aus der Küche, sieht, daß Onkel Willie eine Zigarre im Mund hat.* Was treibst du da? Du wirst diese Zigarre jetzt nicht rauchen ... Du hast mir versprochen, daß du nur nach dem Essen rauchst.

Willie Rauch ich sie vielleicht? Siehst du Rauch aus meiner Zigarre steigen?

Ben Du hast sie aber im Mund!

Willie Hauptprobe! Die Vorstellung kommt erst nach dem Essen.

Ben *ab in die Küche* Ich habe weiß Gott einen aufregenden Beruf, aber ich rege mich erst auf, wenn ich dich besuche. *Ben öffnet den Küchenschrank und schaut hinein.*

Willie Dann besuch mich doch nicht. Ich hab meine Altersrente!

Ben Glaubst du, das ist witzig? Ich halte deine Bemerkung nicht für witzig, Onkel Willie.

Willie *blättert wieder eine Seite um* Wenn du für 'nen Cent Humor hättest, würdest du meine Bemerkung witzig finden.

Ben *wütend, durch die Zähne* Ich hab enorm viel Humor!

Willie Genau wie dein Vater. Der hat 1932 einmal gelacht.

Ben Mit dir kann man nicht reden.

Willie Warum? Sind die Leute etwa heute komisch? Sag mir, wen du heute komisch findest, und ich werde dir zeigen, wo er nicht komisch ist.

Ben Fang bloß nicht wieder damit an. Ich muß zurück ins Büro. Versprich mir, daß du heute ordentlich zu Mittag ißt.

Willie Wenn du über einen Witz, den ich erzähle, lachen würdest ... würde ich ihn weglassen.

Ben Wie soll ich lachen, wenn ich dich hier so sehe, Onkel Willie? Du sitzt tagaus, tagein im Pyjama in einer eiskalten Wohnung und siehst dir Schnulzen auf einem billigen Fernseher an, bei dem die Bilder in einem fort von oben nach unten laufen, und bald kannst du nicht mehr geradeaus gucken ... Du ißt nie was Richtiges, und du gehst nie aus, weil du nicht weißt, wie man das Schloß an der Tür richtig einschnappen läßt ... Weißt du noch, wie du dich nachts im Badezimmer eingesperrt hast? Dein Glück, daß du auch im Badezimmer immer etwas Brot herumliegen läßt ... sonst wärst du nämlich verhungert ... Und dann wunderst du dich noch, wenn ich mir Sorgen mache!

Willie Du hast so viel Humor wie ... ein Leichenbitter!

Ben Onkel Willie ... versprich mir, daß du richtig ißt.

Willie Ich werde richtig essen. Und einen dunkelblauen Anzug tragen und ein weißes Hemd anziehen und schwarze Schuhe.

Ben Und wenn du denkst, daß ich lache, dann bist du schief gewickelt. Ich lache nicht.

Willie So lange lebt ja niemand -- um das abzuwarten. Lach nicht – verschaff mir lieber 'ne Rolle.

Ben *seufzt. Verzweifelt* Du weißt doch, daß ich mir die Beine ausgerissen habe, Onkel Willie ... Das ist nicht so einfach. Die Rollen liegen in New York nicht auf der Straße herum ... Und die meisten Aufträge kommen vom Werbefernsehen. *Pause.* ... Na ja. Und du weißt doch ... da hatten wir Schwierigkeiten.

Willie Du meinst die Sache mit dem Puffmais? Das mit dem Puffmais war nicht meine Schuld.

Ben Schwamm über den Puffmais.

Willie Und hab ich mich nicht bei den Gilette-Klingen bewährt? War ich nicht zum Brüllen komisch bei den Gilette-Klingen?

Ben Komisch warst du schon. Aber deine Hand hat gezittert. Und man kann auf dem Bildschirm in einem Gilette-Werbespot keinen Mann zeigen, dem die Hand beim Rasieren zittert!

Willie Warum hast du mir dann nicht die Alka-Seltzer-Werbung verschafft? Das ist meine Art von Komik. Ich habe ein tolles Gesicht für einen verdorbenen Magen.

Ben Ich hab dich zwanzigmal vorgeschlagen.

Willie Was hast du gegen einundzwanzig?

Ben Weil jeder Fernseh-Produzent dem anderen zuflüstert, daß du keinen Text behalten kannst! Und die Leute verlieren das Interesse ...

Willie *tief gekränkt* Ich ... ich kann keinen Text lernen? Ich kann den Text nicht behalten? – Daran erinnere ich mich nicht.

Ben Ich meine … den Puffmais. Hab ich dich etwa nicht dahin geschickt? Du hast sogar die Adresse vergessen.

Willie Red mir bloß nicht ein, daß ich meinen Text vergessen habe. An den Text konnt ich mich tadellos erinnern. Bloß wie der blöde Puffmais heißt, hatte ich vergessen. Wie war's gleich?

Ben Pancho-Puff.

Willie Noch mal.

Ben Pancho-Puff.

Willie Ich kann's mir immer noch nicht merken. Warum? Weil's nicht komisch ist. Wenn's komisch wäre, würd ich mir den Namen merken. Alka-Scltzer klingt zum Beispiel komisch. Man sagt Alka-Seltzer, und das Publikum lacht. Der andere Name ist nicht komisch. Wie heißt das Zeug??

Ben Pancho-Puff.

Willie Vielleicht ist das in Mexiko komisch, aber nicht in New York … Ich arbeite seit 57 Jahren in der Branche … da lernt man schon ein paar Kniffe! Da weiß man, wie man das Publikum zum Lachen bringt … Weißt du, was komisch ist … und was nicht?

Ben Hast du mir hundertmal erzählt, Onkel Willie. Alles mit „k" ist komisch.

Willie Jawohl. Wörter mit „k" sind komisch. Haste nicht gewußt, was? Und wenn's kein „K" in einem Wort gibt, dann ist es nicht komisch. Ich sag dir die Wörter, bei denen man todsicher lacht … *Beginnt an den Fingern abzuzählen.*

Ben Kücken.

Willie Kücken ist komisch.

Ben Mixed Pickles.

Willie Pickles sind komisch.

Ben Kerosin.

Willie Kerosin ist komisch. – Tomaten sind nicht komisch. Roastbeef ist nicht komisch.

Ben Aber Küchlein sind komisch.

Willie Küchlein sind komisch.

Ben Onkel Willie, das alles hast du mir schon erklärt, als ich noch ein Dreikäsehoch war.

Willie Und Kork ist komisch.

Ben *spielt wieder mit* Kesse Katrin ist komisch.

Willie Kesse Katrin ist komisch.

Ben Kanada ist komisch. – Washington ist nicht komisch ... Paß auf, Onkel Willie. Ich muß zurück ins Büro. Aber vorher muß ich noch mit dir reden. Ich hatte gestern einen Anruf. Vom Fernsehen.

Willie *noch immer in sein Spiel vertieft* Kognak ist komisch. Sliwowitz ist nicht komisch.

Ben *stöhnt verzweifelt* Warum hörst du mir nicht zu?

Willie Ich hab jedes Wort gehört. Du hattest einen Anruf. Von der Oper.

Ben Nein. Vom Fernsehen.

Willie Ist das nicht wurscht?

Ben Das Zweite Programm bereitet für den nächsten Monat eine sensationelle Sendung vor. Anderthalb Stunden Rückblick auf die große Zeit des Varietés. Alle Stars aus der Geschichte des Varietés sind dabei. Sie versuchen, Flip Wilson als Showmaster zu kriegen.

Willie Den kann ich gut leiden. Über den muß ich immer lachen. Mit dem Anzug, dem Kichern, der roten Perücke – der ist wirklich komisch. Wie heißt er noch mal?

Ben Flip Wilson! Und er hat kein „K"!

Willie Aber er ist kohlschwarz – da hast du das „K" –.

Ben *wirft einen hilfesuchenden Blick zum Himmel* Ja, ich seh, was du meinst. Und weißt du, welches Thema die Show hat?

Willie Schieß los.

Ben Die Geschichte der Komödie von der Zeit der alten Griechen über das Varieté der Komiker ... bis zu den heutigen Stars.

Willie Und warum konntest du mir kein Engagement verschaffen?

Ben Ich habe dir ein Engagement für die Show verschafft!

Willie Ich soll ... allein?

Ben Mit Lewis.

Willie *dreht sich um* Bin schon wieder raus aus der Show.

Ben Laß mich doch ausreden!

Willie Du hast schon ausgeredet! Und meine Antwort lautet: nein!

Ben Kannst du nicht abwarten, bis ich fertig bin, bevor du

nein sagst? Können wir nicht eine Minute darüber sprechen?

Willie Ich bin sehr beschäftigt.

Ben Zum Beispiel womit?

Willie Mit Neinsagen.

Ben Du könntest wenigstens so höflich sein, mich ausreden zu lassen. Die Leute vom Fernsehen haben mich angefleht. Angefleht, sag ich dir.

Willie Sprich schneller. Ich wart auf das Stichwort, und dann sag ich wieder nein.

Ben Der Produzent sagte ... daß die Geschichte der amerikanischen Komödie unvollständig wäre ohne eines der größten Teams, die je im Varieté aufgetreten sind. Lewis und Clark. Die Sonny-Boys. Jawohl. Das hat der Intendant zu mir gesagt am Telefon.

Willie Der Intendant?

Ben Ja. Weil er euer größter Fan ist. Er kennt jeden alten Sketch, den ihr gespielt habt, auswendig.

Willie Dann soll er mit diesem Halunken auftreten.

Ben Es handelt sich doch nur um einen einzigen Drehtag. Nur ein Tag Arbeit – und ihr spielt einen alten Sketch aus eurem Repertoire. Und weißt du, was das Fernsehen bezahlt? Zehntausend Dollar für euch beide. Das ist eine Höchstgage. Glaub es mir. Fünftausend Dollar pro Kopf. Das ist mehr, als du in den beiden letzten Jahren verdient hast.

Willie Ich brauch kein Geld. Ich leb allein. Hab zwei anständige Anzüge. Und nicht mal 'ne Katze. Ich bin sehr glücklich.

Ben Du bist nicht glücklich. Du bist todunglücklich.

Willie Ich bin glücklich, sage ich dir! Ich seh nur unglücklich aus!

Ben Du hast nur den einen Gedanken, wieder zu arbeiten. Täglich rufst du sechsmal bei mir im Büro an. Mein Schreibtisch ist unter lauter Zetteln begraben – Nachrichten, die du für mich hinterläßt.

Willie Ruf zurück, dann hast du nicht so viele Zettel auf deinem Schreibtisch.

Ben Ich rufe täglich an. Regelmäßig. Und jeden Mittwoch besuche ich dich. Regelmäßig. Ob's stürmt oder schneit, im Winter und Sommer, auch wenn in New York die Grippe grassiert oder Diphtherie ...

Willie Was bist du eigentlich? Der Briefträger? Du bist mein Neffe. Und ich bitte dich nicht, mich zu besuchen. Du bist der Sohn meines Bruders. Und warst wirklich immer sehr nett zu mir. Das weiß ich zu schätzen. Aber ich hab dich noch nie um etwas gebeten. Höchstens – um eine Rolle. Du bist 'n guter Junge, aber ein lausiger Agent.

Ben Ich bin ein GUTER AGENT ... Zum Teufel noch einmal, wirf mir so was nicht an den Kopf, Onkel Willie! Ich bin ein prima Agent!

Willie Was brüllst du hier herum. Was ist eigentlich los mit dir? Was ist schon dabei? Ein guter Agent?

Ben *faßt sich an die Brust* Da ... ich krieg Stiche in der Brust ... und du bist schuld, daß ich Stiche in der Brust krieg, Onkel Willie ...

Willie Ich bin schuld, daß du dich aufregst?

Ben Ja! Du bist schuld! Ich krieg immer nur mittwochs Stiche in der Brust!

Willie Dann komm am Dienstag!

Ben *macht einen Schritt zur Tür* Und jetzt geh ich ... Ich will kein Wort mehr mit dir über die Angelegenheit reden. Man kann mit dir nicht reden. Vergiß die Komiker-Show. *Geht weiter zur Tür.*

Willie Ich hab sie schon vergessen.

Ben *bleibt stehen* Und ich komm auch nicht mehr. Ich bring dir kein Variety mehr und keine salzfreien Suppen, hörst du, Onkel Willie? ... Ich bring dir überhaupt nichts mehr.

Willie Na schön. Bleib gesund. Grüß Millie und Phyllis.

Ben *atmet schwer* Warum willst du nicht auftreten? Mir zuliebe? Du sollst ja gar nicht wieder sein Partner werden! Wenn ihr nicht miteinander auskommen könnt – mir soll's recht sein. Aber es handelt sich um einen einzigen Abend. Eine einzige, letzte Show mit euch beiden. Und mit der Riesenreklame für dich garantier ich dir, daß Alka-Seltzer auf den Knien zu mir rutschen und mich bitten wird, dich zu verpflichten ... Heiliger Bimbam, wie steh ich bloß da, wenn ich die Fernsehleute in ihrem Büro aufsuchen muß ...

und ihnen gestehe, daß ich mit meinem eigenen Onkel keinen Abschluß kriegen kann?

Willie Willst du meine Ansicht hören? Belämmert stehst du da.

Ben *läßt sich erschöpft in den Stuhl fallen* Ist dir Al Lewis wirklich so zuwider?

Willie *schaut krampfhaft in die andere Richtung* Ich will nicht mehr über ihn sprechen.

Ben *steht auf* Wir müssen über ihn sprechen. Das Fernsehen rechnet heute mit meiner Antwort, und wenn wir den Vertrag ablehnen, dann brauch ich einen handfesten Grund. Wie lange hast du ihn nicht mehr gesehen? ... Zehn Jahre?

Willie *denkt nach, bevor er antwortet ... denkt lange nach* Elf Jahre!

Ben *ganz erschlagen* Du willst mir wirklich weismachen, daß du mit ihm seit elf Jahren kein Wort gewechselt hast?

Willie Ich hab ihn seit elf Jahren nicht gesehen. Und ich hab seit zwölf Jahren kein Wort mit ihm gewechselt.

Ben Willst du damit sagen ... daß du ein volles Jahr mit ihm gespielt hast, ohne ein Wort mit ihm zu wechseln?

Willie Einfach war's nicht. Hinter der Bühne mußte ich ihm ununterbrochen ausweichen.

Ben Aber auf der Bühne hast du doch mit ihm gesprochen?

Willie Nicht mit ihm. Wenn er 'nen Zigeuner spielte, dann sprach ich mit dem Zigeuner. Wenn er 'nen Verrückten spielte, dann sprach ich mit dem Verrückten. Aber mit dem Halunken Lewis habe ich nicht gesprochen.

Ben Unglaublich!

Willie Du glaubst mir nicht? Es gibt Zeugen, die gesehen haben, daß ich kein Wort mit ihm gesprochen habe.

Ben Aber all das ist nun elf Jahre her, Onkel Willie. Ist in den vielen Jahren keine Wandlung in dir vorgegangen?

Willie Doch. Ich hasse ihn jetzt elf Jahre länger.

Ben Warum?

Willie Warum? ... Hast du ihn nie kennengelernt?

Ben Doch, als ich fünfzehn war. Bei einer Wohltätigkeitsveranstaltung im Winter Garden ... da bin ich ihm begegnet ... Und einmal hinter den Kulissen einer TV-Show. Ich fand ihn eigentlich ganz nett.

Willie Du hast ihn also nur zweimal gesehen. Man muß ihm dreimal begegnet sein, um ihn zu hassen.

Ben Onkel Willie, ich habe einen Vorschlag.

Willie Und dann hatte er diese Gewohnheit mit dem Zeigefinger ...

Ben Womit?

Willie Mit dem Zeigefinger! Dem Zeigefinger! Er pflegte mich mit dem Finger zwischen die Rippen zu stupsen ... so ... *Und er geht zu Ben hinüber und zeigt ihm, wie es Al zu machen pflegte. Er stößt Ben bei jedem Wort, das er ausspricht, mit dem Zeigefinger zwischen die Rippen. Spricht, scharf pointiert.* Er sagte beispielsweise: Hören Sie mir zu, Herr Doktor! *Stupst mit dem Finger.* Und „Ich sag Ihnen, Herr Doktor ..." *Stupst wieder mit dem Finger.*

Ben reibt sich die schmerzenden Rippen.

Das tut weh, was? Wie würde dir das 43 Jahre lang gefallen? Ich sag dir, zwischen meinen Rippen bildete sich ein schwärzlichblaues Loch. Meine Frau glaubte bis in den Tod, daß ich tätowiert war ... Und ich hab seit elf Jahren nicht mit Al gearbeitet ... erst jetzt beginnt der Fleck zu verblassen ... Dieser Kerl hat die spitzigsten Finger vom Broadway.

Ben Wenn du mit ihm auftrittst, dann kauf ich dir auch ein dickes, wattiertes Unterhemd. Das verspreche ich dir.

Willie Glaubst du etwa, ich hätte daran nicht gedacht? Einmal befestigte ich am Abend vor dem Auftritt ein Stahlplättchen unter meinem Hemd. Und er stupste mich wieder mit dem Zeigefinger ... einen Monat war sein Finger geschient!

Ben Aber irgend etwas muß doch zwischen euch gewesen sein. Du sagst es mir bloß nicht. Man arbeitet doch mit keinem Menschen 43 Jahre lang, ohne daß irgendeine freundschaftliche Bindung zurückbleibt.

Willie Willst du noch was hören? Er hat mir ins Gesicht gespuckt. Mitten auf der Bühne. Ins Gesicht hat er mir gespuckt.

Ben Aber doch nicht absichtlich!

Willie *wendet sich ab von Ben* Er will mir sagen, daß es keine Absicht war! Hätt ich die Spucke irgendwie aufbewahren können ... ich würd sie dir zeigen.

Ben Willst du wirklich behaupten, daß er einfach dastand und dir mitten ins Gesicht spuckte?

Willie Du hältst ihn wohl für dämlich? Nahein ... die Spucke hat er mit in den Sketch verarbeitet. Zum Beispiel: er stand auf der Bühne, seine Nase über meiner Nase, und sagte absichtlich lauter Worte, die mit einem „t" begannen. *Nun zeigt Willie, wie's Al gemacht hat. Und er spuckt.* „T'ierische T'räume". *Er spuckt.* „T'yrannischer T'errier ...". *Er spuckt.* „T'rippelnde T'änzerin". *Er spuckt – und Ben wischt sich das Gesicht ab.* Es gab Abende, da glaubte ich, ich ersaufe! ... Ich weiß gar nicht, wo er soviel Spucke hernahm! Ich glaub, der trank den ganzen Tag Wasser und hob sich die Spucke für den Abend auf.

Ben Ich nehm das alles mit in den Vertrag. Wenn er dich anspuckt, kriegt er keine Gage.

Willie Wenn der wieder 'ne Chance hat, mich anzuspucken, spielt er ohne Gage.

Ben Willst du mir nun bitte eine einzige Frage beantworten? Wenn's wirklich so gräßlich war ... warum seid ihr dann 43 Jahre zusammengeblieben?

Willie *wendet sich Ben zu. Schaut ihn scharf an* Weil er 'ne Wucht war! Es wird nie wieder einen Komiker geben wie ihn! Kein zweiter konnte eine Pointe so gut im richtigen Augenblick abschießen wie er ... Keiner konnte einen Satz so aussprechen wie er ... Ich kannte seine Gedanken ... er kannte meine Gedanken. Ein einziger Mensch. Das waren wir beide. Alles, was wahr ist. Lewis war der größte Komiker. Der größte! Kapierst du's nun?

Ben Ich kapier's.

Willie Als Schauspieler ... konnte ihm keiner das Wasser reichen. Als Mensch wollte ihm keiner das Wasser reichen.

Ben *seufzt* Also dann ... was soll ich dem Produzenten vom Fernsehen sagen? Daß das Geschäft im Eimer ist? Weil Lewis spuckt?

Willie Weißt du, wann wir zuletzt zusammen gearbeitet haben?

Ben Vor elf Jahren.

Willie Vor elf Jahren. Am 27. Juli. Ed Sullivan wollte uns nicht in der Hauptsaison haben, weil da alle Leute vor der Flimmerkiste sitzen. Aber auch so war's prima ... wir spielten den Doktorsketch ... und das „Finanzamt" ... Das hast du nie gesehen, was?

Ben Nein. Aber ich hab gehört, daß es phantastisch war.

Willie Klassisch! Ausgesprochen klassisch. Da konnte ein Toter vor Lachen zum Leben erwachen. Wir spielten den Sketch rund 800mal, und immer haute er hin ... Nur damals ... nur an dem Abend ... nicht. Mit Al war irgend etwas los. Er überstürzte sich ... seine Pointen waren nicht richtig gesetzt ... mit seinen Gedanken nicht bei der Sache. Ich dachte, der ist krank, dachte ich ... und dann kam doch noch ein Riesenapplaus ... Und dann ... gehn wir zurück in die Garderobe. Und er schminkt sich ab und zieht seinen Straßenanzug an und sagt zu mir: „Willie, wenn's dir recht ist, hau ich ab." Und ich antworte: „Was soll das heißen, du haust ab? 's is doch nicht mal neun Uhr? Komm, wir wollen noch zu Abend essen ..." Und er sagt: „So war's nicht gemeint. Ich hau nicht für heute abend ab. Ich hau ab von der Bühne ... für immer." Und er setzt den Hut auf den Kopf, verläßt das Theater und wird Börsenmakler, und ich steh da mit meiner Nummer und den Fragen, die ich stellen muß, nur ist kein Mensch da, um sie zu beantworten ... Ich hab den Kerl nie wieder im Leben gesehen. Ja, er rief an. Und ich hab nicht geantwortet. Er schrieb mir auch Briefe. Ich hab sie zerrissen. Er schickte mir Telegramme. Sie liegen wahrscheinlich noch unter meiner Tür.

Ben Also gut, Onkel Willie ... aber ... bei allem Respekt ... es gab damals doch nicht mehr allzu viele Angebote für euch ... Vielleicht hatte er's einfach satt, 43 Jahre lang immer wieder dasselbe zu machen ... Ich meine ... Jeder Mensch hat das Recht, abzuhauen, wenn er Lust hat. Findest du nicht?

Willie Nein! Er hatte kein Recht dazu. Vergiß nicht – als er sich zur Ruhe setzte, da setzte er auch mich zur Ruhe! Und ich … verflixt und zugeknöpft, ich war nicht dazu bereit! Und jetzt braucht er vielleicht auf einmal diese 5000 Dollar und will auf allen vieren zurückkriechen … Er soll zur Hölle fahren! Ich bin jetzt 'ne Einzelnummer.

Ben Ich habe gestern abend mit Lewis telefoniert. Das Geld ist ihm völlig wurscht. Er will den Sketch spielen … Zur Erinnerung an eure alte Glanzzeit. Und für seine Enkelkinder, die ihn nie auf der Bühne gesehen haben. Oder auf dem Bildschirm.

Willie Ich versteh. Wahrscheinlich hat er als Börsenmakler Konkurs gemacht, bevor er sich auch dort zur Ruhe setzte. Ich garantiere dir, daß die noblen Börsenkunden nie von ihm Spucke in die Visage bekamen.

Ben Wußtest du eigentlich, daß Als Frau vor zwei Jahren starb? Er lebt jetzt bei seiner Tochter. Irgendwo drüben – in New Jersey. Und er arbeitet überhaupt nicht mehr. Er hat ganz schlimmes Gelenkrheuma und Asthma, und sein Kreislauf ist auch schlecht.

Willie Ich schick ihm gern 'ne Pumpe … Glaub mir, der wird sogar dich noch überleben.

Ben Ihm liegt soviel dran, diese Show mit dir zu machen, Onkel Willie.

Willie Mit seinem Rheuma? Ist ja Quatsch. Statt mit dem Finger wird er mich mit einem Stock stupsen.

Ben Das Fernsehen will den Doktorsketch mit euch bringen. Lewis versicherte mir, daß er diesen Sketch sogar heut abend spielen könnte … Wort für Wort. Er braucht nicht mal 'ne Probe.

Willie Ich will nichts davon hören. Und zweitens würd ich so was nie ohne Probe machen.

Ben Also … du bist einverstanden? Ihr müßt doch nur einen einzigen Tag probieren. Und wenn's nicht klappt, verzichten wir auf den ganzen Zauber.

Willie Ich hab kein Vertrauen zu ihm. Ich glaube, der hat das alles elf Jahre lang geplant. Eine Woche probieren wir – und dann läßt er mich stehen. Unmittelbar vor der Show.

Ben Ich ruf gleich bei ihm an. *Geht zum Telefon hinüber.* Wir vereinbaren eine Probe. Für Montag.

Willie Wart 'nen Augenblick!!! Ich muß mir die Sache überlegen …

Ben Wir haben nicht viel Zeit. Das Fernsehen wartet auf meine Antwort.

Willie Warum die Hast? Was ist los mit den Leuten, machen sie den Laden zu?

Ben *hebt den Hörer ab. Wählt* Ich rufe ihn an! Okay, Onkel Willie?

Willie Sechzig zu vierzig. Ich krieg 6000 Mäuse und er 4000. Was kann er sich in New Jersey denn schon kaufen?

Ben *Telefonhörer in der Hand* Kommt nicht in Frage, Onkel Willie … Herrgott, hoffentlich klappt's …

Willie Sag ihm, daß ich dagegen bin. Ich will, daß er's weiß. Ich mach mit – aber ich bin dagegen!

Ben Es klingelt.

Willie Und er muß zu mir kommen. Ich fahre nicht nach New Jersey! Hörst du?

Ben *Muschel am Ohr* Er muß doch zu Hause sein! Ich hab ihm versprochen, gegen ein Uhr anzurufen!

Willie Gewiß ist er zu Hause. Und weißt du, womit er sich beschäftigt? Mit Spucken.

Ben *ins Telefon* Hallo? Mr. Lewis … Ben Silverman … Ja, danke, mir geht's ausgezeichnet … Ja, ich bin hier bei ihm.

Willie Bei Willie Clark. Bei dem Mann, den er nach der letzten Show stehenließ. Frag ihn, ob er sich noch an mich erinnert.

Ben Alles ist okay, Mr. Lewis … Onkel Willie hat ja gesagt.

Willie Aber mit einem „dagegen"! Vergiß das nicht. Mein Ja ist ein Ja – mit einem „Dagegen"!

Ben *ins Telefon* Nein … er ist auch ganz versessen drauf, die Show zu machen.

Willie *springt wütend auf* Wer ist versessen drauf? ICH BIN DAGEGEN … SAG'S ihm, du lausiger Neffe!

Ben Können Sie herkommen, um zu probieren? Wie wär's am Montag? Fabelhaft … Am frühen Vormittag. *Zu Willie.* Um elf? Wie lange braucht man von New Jersey nach New York? Etwa zwei Stunden mit dem Auto?

Willie Lieber um neun Uhr morgens.

Ben Nimm doch Vernunft an, Onkel Willie. *Ins Telefon.* Nein, elf Uhr ist prima, Mr. Lewis. Bitte, geben Sie mir Ihre Adresse, damit ich Ihnen die Verträge schikken kann. *Nimmt einen Kugelschreiber aus der Tasche, notiert die Adresse.* Ocean Avenue … 109 …

Willie Und sag ihm, wenn er spuckt oder stupst, bringe ich ihn vor Gericht. Ich werd 'ne Person verpflichten, die während der ganzen Show aufpaßt. Sag es ihm!

Ben *in den Apparat* Und Ihre Telefonnummer, bitte? Green Hills, Null-Neun-Sieben-Vier …

Willie Gespuckt wird nicht, das sag ich dir … *Er imitiert Al beim Spucken.* „T'räumerisch t'ändeln t'urtelnde T'auben …" Gespuckt wird nicht … sag es ihm!

Vorhang

Zweites Bild

Am darauffolgenden Montag. Kurz vor elf. Die Bühne ist leer. Plötzlich geht die Badezimmertür auf, Willie erscheint. Er trägt noch immer seine Pantoffeln und denselben Pyjama wie im ersten Bild, aber mit einem Zugeständnis: statt des Bademantels hat er ein doppelreihiges, dunkelblaues Jackett zur Pyjamahose angezogen, ordentlich zugeknöpft. Eben steckt er ein Taschentuch in die Brusttasche. Schaut in den Spiegel, bürstet seine Haare aus der Stirn. Schlurft dann zum Fenster und schaut hinaus.

Es klopft an der Tür. Willie dreht sich um und starrt die Tür an. Rührt sich nicht vom Fleck. Es klopft wieder. Wir hören Bens Stimme.

Bens Stimme Onkel Willie! Ich bin's, Ben!

Willie Ben? Bist du's?

Bens Stimme Ja! Mach auf!

Willie schlurft zur Tür. Bleibt stehen.

Willie Bist du allein? Oder ist e r mitgekommen?

Ben Ich bin allein.

Willie *nickt* Moment.

Das Schnappschloß ist wieder zu, und der Riegel wieder vorgeschoben, und wieder hat Willie Schwierigkeiten beim Öffnen.

Sofort …

Ben Schieben sollst du den Riegel … Drück ihn nicht gegen die Tür …

Willie So warte doch … Jetzt drück ich den Riegel ganz fest …

Ben Du sollst IHN NICHT DRÜCKEN … SCHIEB IHN zurück …

Willie So warte doch … einen Moment … *Endlich bringt er's fertig. Schiebt den Riegel zurück und öffnet die Tür.*

Ben betritt das Zimmer.

Ben S c h i e b e n sollst du den Riegel! – Ich hab mich beeilt, wie verrückt … Ich wollte nicht, daß er vor mir hier ist. Hat er telefoniert? Oder sonst irgendwas?

Willie Wo ist die Zeitung?

Ben *legt den Mantel ab* Heut ist doch Montag und nicht Mittwoch … Oder wußtest du etwa nicht, daß heute Montag ist?

Willie Ich weiß es. Aber ich hab's vergessen.

Ben Und was soll das bedeuten? Du bist ja nur halb angezogen?

Willie Wieso? Soll ich mich etwa für ihn ganz anziehen?

Ben Geht's dir auch gut? Bist du nervös … oder sonstwas?

Willie Warum soll ich nervös sein? Er soll nervös sein. Ich bin nie nervös.

Ben Also gut.

Willie Hör zu. Ich hab mir's anders überlegt. Ich mache die Show nicht.

Ben Was?

Willie Reg dich ab. Es hat sich nichts geändert. Bloß … ich tret nicht in der Show auf.

Ben Und wann hast du diesen Entschluß gefaßt?

Willie Als du wissen wolltest, ob ich mitmache.

Ben Das stimmt doch nicht. Damals hast du gesagt, daß du spielen willst.

Willie 's war eben eine falsche Entscheidung. Diesmal hab ich die richtige Entscheidung getroffen.

Ben Bedaure. Du mußt in der Show auftreten. Ich hab mich schon beim Fernsehen verpflichtet … ich hab versprochen, daß du in dieser Woche probieren wirst … und was noch wichtiger ist: der Mann ist schon unterwegs … er kommt her, zu dir, und ich werde ihn nicht damit empfangen, daß du alles abgeblasen hast.

Willie Wir stecken ihm ein Briefchen unter der Tür durch.

Ben Wir stecken ihm kein Briefchen unter der Tür durch! Verstehst du nun, warum ich in aller Herrgottsfrühe hierhergelaufen bin? Weil ich Angst hatte, daß du so was Ähnliches versuchen wirst … Und ich sage dir, ich bleibe hier, bis ich mich davon überzeugt habe, daß ihr euch so aufführt, wie man's von zwei zivilisierten Menschen erwarten kann … Ich laß euch erst allein, wenn ihr bereit seid, zu probieren. Verstanden?

Willie Ich fühl mich krank. Ich bin heut morgen krank aufgewacht.

Ben Quatsch. Du bist nicht krank.

Willie Bist du vielleicht ein Arzt? Du bist ein Agent. Und ich sage dir, ich bin krank.

Ben Was fehlt dir?

Willie Ich glaube, ich hab Hepatitis.

Ben Du weißt nicht mal, was Hepatitis ist.

Willie Wozu muß man's wissen, wenn man's hat?

Ben Du bist kerngesund. Nur irrsinnig nervös. Und ich sage dir, mich wirst du nicht im Stich lassen, Onkel Willie! Was für 'ne Ausrede du bereit hast, ist mir völlig wurscht. Ich sage dir: du machst mit! Du hast es mir versprochen. Daß du wenigstens einen Tag opfern wirst.

Willie Dann such ich mir eben einen andern Tag aus.

Ben Du wirst ihn HEUTE HIER treffen und mit ihm HEUTE HIER probieren. Und jetzt mach Schluß mit den Faxen und nimm Vernunft an.

Willie Was soll das heißen „Nimm Vernunft an"? Was glaubst du, mit wem du eigentlich sprichst? Mit Susan und Jackie?

Ben Amanda und Jackie ... *Verbessert sich.* Michael. Wär's man so! Mit den Kindern kann ich vernünftig sprechen ... Und jetzt ... au ... jetzt spür ich wieder diese Stiche in der Brust ... an einem Montag!!!

Willie Und überhaupt. Er verspätet sich. Er kommt absichtlich zu spät, um mich zu ärgern.

Ben *schaut aus dem Fenster* Er kommt nicht zu spät. Es ist erst zwei Minuten nach elf.

Willie Was willst du damit sagen? Daß er zu früh kommt? Er kommt zu spät!

Ben Du versuchst nur, Stunk zu machen. Ich seh's an deinem Gesicht.

Willie Ich war schon um acht auf den Beinen und fertig angezogen. Red mir nichts ein.

Ben Warum hast du dich nicht rasiert?

Willie Verschaff mir den Werbespot von Gilette, und dann werd ich mich auch rasieren. *Er schaut in den Spiegel.* Ich glaub wahrhaftig, daß ich grün bin vor Hepatitus. *Jetzt sagt er es mit einem „U".* ... Ich bin grün im Gesicht!

Ben Von Hepatitis wird man nicht grün. Davon wird man gelb.

Willie Vielleicht hab ich einen besonders schweren Fall.

Ben *schaut auf seine Armbanduhr* Jetzt machst du auch noch

mich nervös. Ob ich mal bei ihm anrufe? Vielleicht ist er krank.

Willie Du glaubst, daß er krank ist … aber mir willst du's nicht glauben … Warum bist du nicht lieber sein Neffe?

Plötzlich klopft es an der Eingangstür. Willie erstarrt sofort zur Salzsäule – und fixiert die Tür.

Ben Das ist er. Soll ich aufmachen?

Willie Aufmachen? Was? Ich hab nichts gehört.

Ben *geht auf die Tür zu* Ruhig … nimm dich zusammen … und versuch's wenigstens. Versprich mir, daß du es versuchst.

Willie *macht einen Schritt zur Tür* Ich bin bereit, jeden Versuch zu versuchen … aber klappen wird es nicht. *Schwenkt um, geht auf die Küche zu.*

Ben Wohin gehst du?

Willie Tee kochen. Ich hab Lust auf 'n heißen Tee. *Geht in die Küche, zieht den Vorhang, der die Küche vom Zimmer trennt, fast ganz zu. Man hört, wie er draußen Wasser in den Teekessel laufen läßt.*

Ben *vollkommen durcheinander* Jetzt? Gerade jetzt??

Ben schaut dem Onkel verzweifelt nach. Es klopft wieder an der Wohnungstür. Ben geht hin und macht auf. Draußen steht Al Lewis. Auch er ist ungefähr siebzig oder etwas älter. Trägt seinen guten dunkelblauen Anzug. Hat einen Hut auf dem Kopf und einen Spazierstock in der Hand. In seiner Glanzzeit dürfte Al ein recht fixer Junge gewesen sein, aber die Jahre haben sein Tempo verlangsamt, seine Schritte, seine Bewegungen abgebremst.

Unser erster Eindruck von Al ist der: er hat eine angenehme, leise Art zu sprechen, ist zuvorkommend … und ein bißchen nervös.

Mr. Lewis! Wie geht es Ihnen? Ich bin Ben Silverman.

Ben schüttelt Al nervös die Hand.

Al Guten Tag. Freut mich sehr. *Er läßt seine Augen im Kreis herumspazieren. Sucht Willie. Entdeckt ihn nicht.* Guten Tag. Hallo? Wie geht's, wie steht's?

Ben Wir kennen uns schon. Aber das ist lange her … Mein Vater hat mich mal ins Theater mitgenommen … in die Garderobe … vor fünfzehn oder zwanzig Jahren …

Al Ich entsinne mich ... Gewiß ... in der Garderobe ... es muß etwa fünfzehn oder zwanzig Jahre her sein ... hab nur vergessen, in welchem Theater es war.

Ben Genau.

Al Richtig. Ich entsinne mich genau. *Al ist im Zimmer herumspaziert und wirft einen Blick in die Küche. Wir sehen Willie durch einen Spalt. Er kocht Tee und schaut nicht von der Arbeit auf.*

Ben Bitte, nehmen Sie Platz. Onkel Willie kocht Tee.

Al Verbindlichen Dank. *Er setzt sich ganz nahe an den Tisch.*

Ben *bemüht sich krampfhaft, Konversation zu machen* Hm ... Hatten Sie Schwierigkeiten bei der Fahrt von New Jersey nach Manhattan?

Al Meine Tochter hat mich gefahren. Sie hat ein Auto!

Ben Ah ... das ist aber schön.

Al Einen 1972er Chrysler ... Schwarz.

Ben Ja, diese Chrysler sind großartige Wagen.

Al Sie hat den großen. Den Imperial.

Ben Ich kenne ihn.

Al Das Auto meiner Tochter?

Ben Nein. Den großen Imperial. In Kalifornien hab ich so 'n Wagen gemietet.

Al *nickt* Meiner Tochter gehört das Auto.

Ben Ich versteh ... Kommen Sie öfter nach New York?

Al Heut zum erstenmal ... seit zwei Jahren.

Ben Wirklich? Und wie haben Sie's gefunden?

Al Meine Tochter hat mich gefahren.

Ben Nein ... ich meine ... finden Sie, daß sich die Stadt in den letzten zwei Jahren, seit Ihrem letzten Besuch, verändert hat?

Al 's ist nicht mehr mein New York.

Ben Ja. Das glaub ich Ihnen aufs Wort. *Ben schaut in Richtung Küche ... Willie hat den Kopf noch immer nicht ins Zimmer gesteckt.* Also dann ... wissen Sie ... ich bin ganz aus dem Häuschen wegen unseres Projekts ... das ganze Fernsehen ist aus dem Häuschen ...

Al *nickt unverbindlich* Wir werden sehen.

Ben *ruft hinaus in die Küche* Onkel Willie, bist du endlich soweit? *Keine Antwort. Ben ist verlegen, spricht weiter zu Al.* Wahrscheinlich kocht das Wasser noch nicht ...

Übrigens ... ich werde dafür sorgen, daß man Sie im Auto abholt und auch nach Hause bringt ... wenn Sie beide mit der Probe fertig sind.

Al Meine Tochter holt mich ab.

Ben Ach so ... für wann haben Sie sie herbestellt? Für vier? Oder fünf?

Al Sie wird jede Stunde einmal anrufen.

Ben Fein.

Plötzlich steckt Willie den Kopf durch den Küchenvorhang, schaut aber Ben an und nicht Al.

Willie Einmal oder zweimal Tee?

Ben Da bist du ja endlich ... Also, Onkel Willie ... ich meine, es ist eine Ewigkeit her, seit ihr beide ...

Willie Einmal Tee oder zweimal Tee?

Ben Richtig. Nein, danke schön, keinen Tee für mich. Ich gehe ... aber Sie, Mr. Lewis? Einen Tee?

Al *vermeidet es, in Willies Richtung zu schauen* Ein Tee wäre ganz schön. Danke.

Ben *zu Willi* Nur eine Tasse Tee, Onkel Willie.

Willie Bist du sicher? Ich hab nämlich zwei Teebeutel. Ich könnt ja einen von den Teebeuteln zweimal benutzen. *Willie ist inzwischen aus der Küche aufgetaucht.*

Ben *schaut auf seine Armbanduhr* Nein ... ich muß wirklich zurück ins Büro. Wirklich!

Willie *nickt* Also nur einmal Tee. *Auf dem Weg zurück in die Küche wagt es Willie, Al Lewis einen hurtigen Blick zuzuwerfen. Schlurft dann zurück in die Küche. Zieht die Vorhänge wieder ganz oder beinahe ganz zu.*

Ben *zu Al Lewis* Übrigens ... haben Sie noch irgendwelche Fragen an mich? Wegen der Show? Über das Studio oder die Proben oder den Sendetermin? Haben Sie irgendwelche Probleme, bei denen ich Ihnen behilflich sein könnte?

Al Zum Beispiel?

Ben Hm ... ich meine nur ... etwas mit dem Studio ... oder den Proben ... oder den Sendetermin ... Oder dergleichen?

Al Haben Sie Requisiten?

Ben Was für Requisiten?

Al Die Requisiten. Für den Doktorsketch. Für den brauchen wir nämlich Requisiten.

Ben Aha. Die Requisiten. Natürlich. Und was brauchen Sie? Ich werd für alles sorgen. *Nimmt ein Notizbuch zur Hand, notiert alles.*

Al Also, vor allem brauchen wir einen Schreibtisch. Und ein Telefon. Und einen Zeigestock. Und eine Schiefertafel. Und ein Stück weiße Kreide. Und ein Stück rote Kreide. Und ein Skelett. Es darf nicht zu groß sein. Und dann ein Stethoskop, ein Thermometer und einen Aaaaaah-Löffel ...

Ben Was ist ein Aaaaaaaah-Löffel??

Al Ein Löffel, den man dem Patienten in den Mund steckt, damit er aaaaaahhhhh sagt.

Ben Selbstverständlich. Einen Aaaaahhhh-Löffel.

Al Und ein Guck-Stäbchen und eine Flasche mit Pillen.

Ben Ein Guck-Stäbchen? Was ist ein Guck-Stäbchen?

Al Ein Stäbchen, das man ins Ohr steckt, um hineinzugucken. Mit einem Wattebäuschchen am Ende.

Ben Selbstverständlich. Ein Guck-Stäbchen.

Al Und eine Pillenschachtel. Mit großen Pillen. Wie für ein Pferd.

Ben *beschreibt einen Kreis mit zwei Fingern* Etwa so groß?

Al Die sind nur für ein Pony groß genug. *Nun zieht Al mit den Fingern beider Hände Kreise.* Für ein Pferd müssen die Pillen soooooo groß sein ... Und dann brauchen wir Verbandmull und Watte und eine Tafel mit Buchstaben, wie sie die Augenärzte haben.

Ben Machen Sie bitte mal 'ne Sekunde Pause, es geht zu schnell ...

Al *langsam und deutlich pointiert* Einen Schreibtisch ... ein Telefon ... einen Zeigestock ...

Ben Das hab ich ja ... was kommt nach der Watte und der Tafel mit den Buchstaben?

Al Ein Herrenanzug. Größe 50. Wie der Anzug, den ich trage.

Ben Soll er auch blau sein?

Al Was soll ich mit zwei blauen Anzügen? Geben Sie mir einen Braunen.

Ben *notiert* Ein brauner Herrenanzug ... Ist das alles?

Al Das ist alles.

Willie *aus der Küche, ohne ins Wohnzimmer zu schauen* Und ein Stück Leber.

Al Richtig. Ein Stück Leber.

Ben Was für Leber?

Al Gewöhnliche Kalbsleber. Vom Metzger.

Ben *zeigt mit den Händen* Ungefähr wieviel? Ein Pfund?

Al Bei einem Pfund lachen sie 'n bißchen. Bei zwei Pfund wiehern sie. Und bei drei Pfund mit tüchtig Blut biegen sich die Balken.

Ben Ist das alles?

Al Das ist alles. Und dann noch 'ne Blondine.

Ben Meinen Sie eine Frau?

Al Kennen Sie eine blonde Krankenschwester, die ein Mann ist? Und üppig muß sie sein. So üppig, wie Sie sie nur auftreiben können. Mit 'nem Mordsbusen. So 150 cm Oberweite. Und einem netten Hintern.

Ben Sie meinen also eine Sexbombe mit einem runden, kompletten Hinterteil.

Al *wölbt die Hände* Ungefähr so groß ... *Zieht mit den Händen einen etwas kleineren Kreis.* Das wäre zu klein ... *Zieht einen größeren Kreis.* Und das wäre zu groß ... *Zieht denselben Kreis wie zuerst.* So ist's richtig.

Ben Ich versteh schon, was Sie meinen.

Al Wenn Sie mir Fotos bringen, dann such ich mir die Richtige aus.

Ben In New York laufen eine Million Mädchen von diesem Typ herum.

Al Am besten war die Frau, die wir damals hatten ... Ich würd gern bei ihr anrufen ... aber die muß heute so etwa 55 ... 60 sein.

Ben Nein, nein. Ich werd schon so ein Mädchen auftreiben! Sonst noch was?

Al Nicht für mich.

Ben Onkel Willie?

Willie *aus der Küche* Ich hab nicht zugehört.

Ben Also dann ... wenn einer von euch noch etwas braucht ... ruft mich bitte an. *Ben schaut wieder auf seine Uhr.* Schon elf Uhr fünfzehn ... ich muß wirklich gehen. *Er steht auf.* Onkel Willie! Ich gehe! *Ben geht zu Lewis, reicht ihm die Hand.* Mr. Lewis ... mir fehlen einfach die Worte. Ich kann Ihnen nicht sagen, wie glücklich ich bin ... und ich spreche für Millionen junger Menschen in unserem Land ... die niemals Gelegenheit hatten, Lewis und Clark zusammen auf der Bühne zu sehen. Und eines noch: meinen herzlichsten Dank. Ihnen beiden. *Ruft hinaus in die Küche.* Beiden, Onkel Willie.

Al *nickt, im Sessel sitzend* Hoffentlich werden Sie nicht enttäuscht sein.

Ben Ganz bestimmt nicht.

Al Ich weiß, daß Sie nicht enttäuscht sein werden. Das ist nur so eine Redensart.

Ben *geht zur Küche hinüber* Adieu, Onkel Willie. Ich gehe!

Willie Ich zeig dir, wo der Fahrstuhl ist.

Ben Ich weiß, wo der Fahrstuhl ist. Ich ruf heut abend an. Ich möchte nur noch einmal betonen, was für ein schöner Anblick das für mich ist ... Sie beide ... euch beide hier zu sehen ... vereint ... die beiden Könige des Varietés ... *Und Ben strahlt übers ganze Gesicht.* Ich weiß bestimmt, daß es auch für Sie beide ... euch beide ein sehr aufregender Augenblick ist ... stimmt's?

Keine Antwort. Die beiden Männer starren Ben an.

Also dann ... der erste Schritt ist getan ... und alles geht wie geschmiert. Ich rufe später mal an ... Auf Wiedersehen. *Ben geht und läßt die Tür hinter sich ins Schloß fallen.*

Al und Willie sind allein.

Willie bringt zwei Tassen Tee aus der Küche, schlurft zum Eßtisch, wo die Zuckerbüchse steht. Bedient sich mit einem Löffel Puderzucker. Vermeidet es noch immer, Al anzusehen. Fragt ihn aber.

Willie Zucker?

Al *dreht sich nicht um* Wenn du welchen hast?

Willie *nickt* Ich hab Zucker.

Willie stellt die Zuckerbüchse krachend vor Al hin, geht mit seiner eigenen Teetasse zu dem lederbezogenen Sessel hin und setzt sich. Dann trinken die beiden ihren Tee – in einer Stille, die sich wie ein Gummiband dehnt. Sie blasen den heißen Tee, nehmen ein Schlückchen, blasen wieder, nehmen wieder ein Schlückchen und sitzen dann still da ... Schließlich sagt Willie.

Möchtest du Kekse?

Al *schluckt seinen Tee* Was für Kekse?

Willie Graham … Schokolade … Kokos … alles, was du haben willst.

Al Vielleicht nur Kekse ohne alles.

Willie Ich hab keine Kekse ohne alles. Ich hab Graham, Schokolade oder Kokos.

Al Also gut. Gib mir Grahamkekse.

Willie *zeigt über die Schulter in die Küche, ohne sich umzudrehen* Die Kekse sind in der Küche. Im Schrank.

Al schaut Willie starr an – offenbar über Willies Unhöflichkeit erstaunt. Doch Willie rührt sich nicht.

Al Vielleicht später.

Und nun schlürfen beide wieder ihren Tee.

Willie *lange Pause* Ich hab gehört, was mit Lillian passiert ist … es tut mir leid.

Al Danke.

Willie Eine liebe Frau. Ich mochte Lillian immer gut leiden.

Al Danke.

Willie Und wie geht es dir?

Al Gottlob … ich muß auf Holz klopfen. *Klopft mit dem Fingerknöchel auf seine Stockkrücke.* … bei mir ist alles in Ordnung.

Willie Ich bin anders informiert. Ich hab gehört, du hast Schwierigkeiten mit dem Kreislauf.

Al Ist doch nicht wahr. Mein Kreislauf ist gut … Ich will nicht sagen, überall. Aber …

Willie Benutzt du darum einen Stock?

Al Das ist kein Stock. Das ist ein Spazierstock … Vielleicht alle Jubeljahre auch mal 'ne Stütze …

Willie Mir geht's wirklich wunderbar. Alles bestens.

Al Ist mir auch schon aufgefallen. Mir kam 'ne Sekunde vor, daß du Blutandrang im Gesicht hast …

Willie *schlürft seinen Tee* Weißt du, daß Sol Burton gestorben ist?

Al Was du nicht sagst. – Wer ist Sol Burton?

Willie Du erinnerst dich nicht an Sol Burton?

Al *denkt nach* Oh … doch. Der Manager vom Belasco-Theater.

Willie Das war Sol Bernstein.

Al Das war nicht Sol Bernstein. Sol Burton war der Manager vom Belasco-Theater.

Willie Sol Bernstein war der Manager vom Belasco, und es war nicht das Belasco, es war das Morosco.

Al Sid Weinstein war der Manager vom Morosco. Sol Burton war der Manager vom Belasco ... Und Sol Bernstein ... kannst mich vierteilen, ich hab keine blasse Ahnung, wer das ist.

Willie Wie könntest du dich auch an etwas erinnern, wenn dein Blut nicht richtig zirkuliert?

Al In meinem Kopf zirkuliert es. In meinen Füßen zirkuliert es nicht! *Er stampft ein paarmal mit den Füßen auf.*

Willie Na? Kommt was runter?

Al Wart ... War Sid Weinstein nicht dieser Texter?

Willie Nein, zum Teufel! Das war Sol Burton!

Al Der das Lied schrieb: „Lady, Lady, sei mein Baby"? ...

Willie Das erklär ich dir doch schon die ganze Zeit! Sol Burton, der lausige Texter!

Al Ach sooo ... dieser Sol Burton! Und der ist gestorben?

Willie Vorige Woche.

Al Wo?

Willie *zeigt auf das Theatermagazin* In „Variety".

Al Aha. Jetzt erinnere ich mich. – Und wie geht's dem Sol Bernstein?

Willie Über ihn stand nichts drin.

Al Sehr gut. Den Sol Bernstein mochte ich immer gut leiden.

Sie schlürfen wieder schweigend ihren Tee.

Al schaut sich im Zimmer um. Also ... hier wohnst du also?

Willie Hab ich nicht schon immer hier gewohnt?

Al *schaut sich wieder um* Nicht hier. Du hattest eine große Suite.

Willie Das ist die große Suite ... Nur haben sie sie jetzt in fünf kleine Suites geteilt.

Al *nickt verständnisvoll. Schaut sich wieder um* So machen sie's heute ... alles, um den Dollar auszuquetschen wie eine Zitrone ... Was berechnen die heute für so eine kleine Suite?

Willie Dasselbe, was sie früher für eine große berechnet haben.

Al nickt wieder verständnisvoll.

Al Ich hab ein sehr hübsches Zimmer bei meiner Tochter in New Jersey … hab mein eigenes Bad … man läßt mir meinen Frieden … ich laß ihnen ihren Frieden …

Willie Wo ist das eigentlich? Auf dem Land, im Grünen?

Al Gewiß ist es im Grünen. Oder glaubst du, der Gartenstaat New Jersey liegt mitten in einer Stadt?

Willie *zuckt die Schultern* Wenn ich unten am Fluß auf einer Bank sitze, kann ich hinüber nach New Jersey sehen … Und was hat deine Tochter? Ein eigenes Haus?

Al Selbstverständlich hat sie ein eigenes Haus. Und groß ist es … was soll ich dir sagen … einen dreiviertel Morgen Land hat sie … Und ihre eigenen Bäume und eigene Sträucher … einen hübschen kleinen Swimmingpool für die Kinder … das Bassin wird jeden Sommer aufgeblasen … und eine große Schaukel gibt's hinter dem Haus und eine kleine Hundehütte und einen Steingarten …

Willie Einen was??

Al Einen Steingarten.

Willie Was soll das heißen … einen Steingarten? Einen Garten? Für Steine?

Al Hast du noch nie 'nen Steingarten gesehen?

Willie Ich kann's abwarten.

Al Schön ist der, das sag ich dir. Ein Chinese hat ihn angelegt … Du mußt mal den Bus nehmen und uns draußen besuchen. Dann zeig ich dir alles.

Willie Ich soll im Bus die lange Fahrt nach New Jersey machen, um einen Steingarten zu sehen?

Al Du weißt überhaupt nicht, wovon ich rede. Man muß auf dem Lande leben, um es richtig würdigen zu können. Ich hätte mir nie träumen lassen, daß ich je so glücklich auf dem Land sein könnte.

Willie Stört dich die Ruhe nicht?

Al *schaut Willie genau an* Bei uns gibt's auch Lärm … draußen in New Jersey. Aber es ist ein ruhiger Lärm … man hört die Vögel … die Regentropfen … Nicht so wie hier bei euch, den Krach der Autobusse und Lastautos und all das Gebrüll und Gekreische …

Willie Na ja. Bei dir ist das was anderes. Du fühlst dich besser auf dem Land, weil du dich zur Ruhe gesetzt hast. Du kannst auf der Veranda sitzen und einen Baum beobachten und die Büsche, wie sie wachsen ... du bist eben nicht mehr aktiv wie ich. Du hast ein anderes Temperament. Du bist ein langsamer Mensch.

Al Ich bin ein langsamer Mensch??

Willie Du sitzt seit fünfzehn Minuten hier und hast noch immer die volle Teetasse vor dir stehen. Ich bin schon fertig.

Al Das stimmt. Du bist schon fertig, und ich genieße meinen Tee noch immer. Das war immer der Unterschied zwischen uns.

Willie Irrtum. Ich kann aufstehen, wenn ich will, und mir eine zweite Tasse Tee aufbrühen und genieße sie dann doppelt ... Ich liebe die Abwechslung im Leben. Und darum liebe ich die Stadt. Ich muß immer ein Telefon in Reichweite haben. Man weiß nie, wann man ein Filmangebot kriegt ... ein Musical ... einen Werbespot ...

Al Wann hast du zuletzt gefilmt?

Willie Ich stehe in Verhandlungen.

Al Wann warst du zuletzt in einem Musical?

Willie Wir führen ... vorbereitende Gespräche.

Al Und wann hattest du zuletzt einen Werbespot?

Willie Am laufenden Band ... erst vorige Woche hab ich einen aufgezeichnet.

Al Wofür?

Willie Für ... hm ... das war die Sache mit dem Puffmais ...

Al Welcher Puffmais?

Willie Der beste. Der knusprigste. Du weißt schon, welchen ich meine!

Al Woher soll ich's wissen? Ich esse keinen Puffmais.

Willie Also dann ... ist es nicht wurscht, wie er heißt?

Al Man engagiert dich, um Puffmais zu verkaufen, und du kannst dich nicht mal an die Marke erinnern?

Willie Konntest du dich etwa an Sol Burton erinnern?

Al *zuckt die Schultern* Ich muß ja den Sol Burton nicht verkaufen!

Willie Hör mal, ich habe keine Lust, mich mit dir zu zanken.

Al Und ich bin nicht aus New Jersey gekommen, um mich mit dir zu zanken.

Ein paar Sekunden lang sitzen sie schweigend da, Al schlürft seinen Tee, Willie starrt in seine leere Tasse.

Willie *endlich* Alsooooo ... was hältst du von der Sache? Hast du Lust, den Doktorsketch zu spielen?

Al *denkt nach* Weißt du ... die zahlen wirklich 'ne Menge Mäuse für ein paar Tage Arbeit ... und wenn ich fertig bin, dann fahr ich wieder rüber nach New Jersey ... wenn du Lust hast, habe ich auch Lust!

Willie Und hat man dir ... meine Einstellung mitgeteilt?

Al Was meinst du?

Willie Hat man dich nicht informiert? Meine Einstellung ist, daß ich dagegen bin.

Al Du bist dagegen?

Willie Jawohl. Aber ich mach mit, wenn du dafür bist.

Al Ich bin aber nicht dafür, wenn du dagegen bist. Wenn du dagegen bist, bin ich auch dagegen.

Willie Ist es dir nicht wurscht, ob ich dagegen bin, wenn ich mitmache? Ich wollte dir nur sagen, warum ich mitmache!

Al Tu mir bloß keinen Gefallen.

Willie Wer tut dir einen Gefallen? Ich tu meinem Neffen einen Gefallen. Ihm wird es weiterhelfen, wenn wir den Sketch spielen.

Al Bist du sicher?

Willie Todsicher. So was ist 'ne Riesenchance für einen jungen Mann. Zwei solche Stars wie uns beide zu verkaufen.

Al Dann seh ich den Fall anders. Ich bin auch dagegen. Aber ich mach mit.

Willie *nickt* Hauptsache, wir verstehen uns.

Al Du mußt dir aber im klaren darüber sein, daß ich's nicht des Geldes wegen mache. Das Geld gehört meinen Enkeln.

Willie Alles?

Al Alles. Aber nicht etwa jetzt. Erst, wenn ich sterbe. Und falls ich nicht sterbe, heb ich mir das Geld für meine alten Tage auf.

Willie Das mach ich auch.

Al Du hast doch keine Enkel!

Willie Aber mein Neffe hat Kinder. Sidney und Marvin.

Al *nickt* Fein.

Willie Also, hast du Lust zu probieren?

Al Hast du was gegen eine Probe?

Willie Warum sollte ich was gegen eine Probe haben? Ich bin nur gegen die Aufführung. Eine Probe ist immer wichtig.

Al Also gut. Probieren wir. Ich schlag vor, daß wir die Möbel wegrücken und das Bühnenbild markieren. *Und nun stehen beide auf und fangen an, die Möbel hin und her zu rücken. Die Szene muß äußerst komisch sein. Zuerst nimmt jeder einen Stuhl, packt ihn bei der Lehne und rückt ihn weg. Dann fassen beide zusammen einen Tisch an und schieben ihn gemeinsam vom Platz. Dann faßt der eine den Stuhl, den der andere in eine bestimmte Stellung gerückt hat, und trägt ihn an eine andere Stelle. Immer wenn Willie ein Möbelstück zurechtrückt, kommt Al, faßt es an und rückt es woanders hin … und umgekehrt. Schließlich merkt Willie, daß sie mit den Möbeln buchstäblich im Kreise herumlaufen.*

Willie Mach mal Pause … Was, zum Teufel, treibst du denn?

Al Ich stelle die Möbel um. Fürs Bühnenbild. Sag mir lieber, was du treibst!?

Willie Du stellst die Möbel um … für das Bühnenbild? Für den Doktorsketch?
Al starrt Willie lange wortlos an. Plötzlich wird ihm klar, was eigentlich von ihm erwartet wird.

Al Ach soooooo! Den Doktorsketch!
Und er faßt wieder einen Stuhl an und stellt ihn in eine andere Position. Willie macht dasselbe mit einem anderen Stuhl … Beide rücken dann ein Tischchen von der Stelle … und wiederholen haargenau, was sie vorhin gemacht haben. Immer wenn der eine einen Stuhl wegrückt, faßt der andere gleich darauf denselben Stuhl an und stellt ihn woanders hin. Endlich unterbricht sich Willie.

Willie Halt! Einen Augenblick! Wir fangen ja wieder von vorn an mit dem Quatsch! Stellst du die Möbel für den Doktorsketch um, oder richtest du meine Wohnung neu ein?

Al Ich stelle die Möbel für den Doktorsketch um. Und

wenn du mich nicht stören würdest, wäre ich längst fertig.

Willie Du wärst zwar fertig – aber alles wäre falsch.

Al Nicht für den Doktorsketch. Ich weiß genau, was ich tu. Ich habe diesen Sketch dreiundvierzig Jahre lang gespielt.

Willie Und wo war ich während der dreiundvierzig Jahre? Hab ich vielleicht unterdessen im Vorzimmer eine Zigarette geraucht? Wer war dreiundvierzig Jahre lang dein Partner? Das war ich, Mister!

Al Nenn mich nicht Mister. Du kennst meinen Namen. Ich konnte es nie ausstehen, wenn du mich Mister nanntest.

Willie Mister ist kein dreckiges Wort.

Al In deinem Mund klingt's dreckig.

Willie Verzeihen Sie mir, Sir!

Al Wir müssen endlich die Bühne fertig machen … für den Doktorsketch.

Willie Wenn du dir einbildest, daß du die Möbel aufstellen kannst … stell sie auf.

Al Soll mir ein Vergnügen sein.

Willie steht jetzt abseits und beobachtet Al mit verschränkten Armen. Al rückt weiter an den Tischen und Stühlen und Schemeln herum, bis alles genau so steht, wie er's haben will. Und nun steht Al da, mit verschränkten Armen, genau wie Willie.

Al Soooo! Das ist der Doktorsketch!

Willie *lacht arrogant* Was wollen wir wetten?

Al Mit dir wette ich nicht.

Willie Hast wohl Angst, zu verlieren?

Al Ich hab Angst, zu gewinnen. Du hast nicht mal genug Geld, um eine Schachtel Kekse ohne alles zu kaufen.

Willie Sei nicht so sicher – du verlierst nämlich. Das ist nicht der Doktorsketch. Das ist der Sketch mit der Zigeunerin, die aus der Hand liest.

Al Weißt du das positiv?

Willie Mehr als das. Ich weiß es sogar genau!

Al Also zeig mir den Doktorsketch!

Willie *schaut Al triumphierend in die Augen. Geht zu einem Stuhl, hebt ihn auf und stellt ihn um etwa 20 cm weiter rechts hin, verschränkt dann stolz die Arme über der Brust* Sooo. Das ist der Doktorsketch!

Al *schaut Willie an* Weißt du, was du hast? Du hast 'nen Vogel!

Willie *nickt* Wenn ich 'nen Vogel hab, bist du ein Mister.

Al Also fangen wir mit der Probe an.

Willie Okay. Geh hinaus. Ich bleib hier drinnen, im Sprechzimmer.

Al Spielen wir zuerst die Szene mit der Schwester?

Willie Siehst du irgendwo eine Schwester? Wir können nicht mit einer Schwester probieren, die nicht hier ist.

Al Ich hab nur gefragt. Man wird doch noch fragen dürfen!

Willie Frag, soviel du willst. Aber wenn möglich, stell bitte intelligente Fragen!

Al Verzeihen der Herr gütigst. – Ich passe meine Fragen zumeist der Person an, die ich frage. Merkste, woher der Wind bläst?

Willie Ich merke die Windrichtung, Mister.

Al Also – Wir lassen die Schwester weg und fangen mit meinem Auftritt an.

Willie Gut. Dann geh erst mal raus.

Al *macht ein paar Schritte auf die Tür zu, bleibt stehen, dreht sich um* Okay. Ich bin schon draußen. *Er ballt die Faust, krümmt die Hand, als poche er an die Tür.* Poch-poch-poch. Wohnt hier der Doktor?

Willie Wart einen Augenblick! Du bist doch nicht draußen!

Al Natürlich bin ich draußen.

Willie Wenn du draußen wärst, könntest du mich nicht sehen. Oder?

Al Nein.

Willie Kannst du mich sehen?

Al Ja.

Willie Dann bist du auch nicht draußen. Geh ganz hinaus. Das ist eine Probe!

Al Eine Probe für die Probe. Kannst du dir nicht vorstellen, daß ich ganz draußen bin ... auf dem Korridor?

Willie Ich kann mir sogar vorstellen, daß du noch immer in New Jersey bist. Aber du bist nicht in New Jersey.

Du bist hier. Und wir wollen eine richtige Probe haben, Donnerwetter noch einmal! Wir haben keine Krankenschwester. Aber wir haben eine Tür. Und was wir haben, wollen wir auch benutzen.

Al *seufzt tief auf* Du ... wir wollen uns nicht über jeden Mist in die Haare geraten. Ich weiß nicht, wie viele Jahre mir noch bleiben. Und ich will sie nicht ausschließlich mit Proben verbringen.

Willie Nein. Wir wollen uns nicht über jeden Mist in die Haare geraten. Aber über jede große Sache. Und die Tür ist eine große Sache.

Al Also gut. Ich komme durch diese Tür. Ich betrete die Bühne, und wir probieren den Sketch einmal oder zweimal durch, und damit hat sich's für heute.

Willie Gut, Falls es nicht wieder eine große Hürde gibt.

Al *starrt ihn an* Gut ... dann geh ich also hinaus ... ich bin gleich wieder da. *Er geht zur Tür, öffnet sie, bleibt stehen und dreht sich noch einmal um.* Falls meine Tochter telefoniert, während ich draußen bin, sag ihr, daß sie mich in einer Stunde abholen soll. *Er geht hinaus und schließt die Tür hinter sich.*

Willie *brummt in seinen Bart* Von mir aus kann sie dich schon jetzt abholen! *Er verschränkt die Hände auf dem Rücken und geht auf und ab.* Ruft hinaus. Los ... Poch-poch-poch!

Al *von draußen* Poch-poch-poch!

Willie *brüllt hinaus* Sag's doch nicht, um Himmels willen! Tu's!!! *Zu sich selbst.* ... wahrscheinlich ist er dort draußen im Grünen total übergeschnappt!

Al *von draußen* Bist du fertig?

Willie *schreit* Ich bin fertig! Poch-poch-poch!
Al klopft dreimal an die Tür.
Herein!
Wir sehen, wie sich der Türknauf bewegt und hören, wie Al an der Tür rüttelt. Aber die Tür geht nicht auf.
So komm doch schon!

Al *von draußen* Die Tür geht nicht auf! Sie klemmt!

Willie *erschlagen* Okay ... wart 'nen Augenblick! *Willie schlurft zur Tür und zerrt am Knauf. Die Tür geht nicht auf.* ... einen Augenblick ... *Willi versucht es noch einmal. Es nützt nichts.*

Al *von draußen* Was ist denn los?

Willie Wart 'ne Minute! *Willie zerrt noch heftiger am Türknauf – vergeblich.*

Al *von draußen* Ist das Schloß zu?

Willie Das Schloß ist nicht zu. Einen Moment! *Und er bemüht sich wieder – und wieder ohne Erfolg.* Du ... das Schloß ist doch eingeschnappt. Hol Hilfe. Ruf den Boy aus der Portierloge. Sag ihm, das Schloß klemmt.

Al *von draußen* Ich will's noch einmal versuchen.

Willie Schade um die Zeit. Hol den Boy. Sag ihm, die Tür geht nicht auf!

Al versucht es draußen noch einmal – er dreht den Knauf in die entgegengesetzte Richtung, und plötzlich geht die Tür auf. Die beiden Männer stehen Gesicht an Gesicht.

Al Ich hab's selbst in Ordnung gebracht.

Willie *starrt ihn an* Du hast die Tür nicht in Ordnung gebracht. Du weißt bloß nicht, wie man eine Tür aufmacht.

Al Hat meine Tochter telefoniert?

Willie Weißt du ... ich glaube wirklich, du bist da draußen im Grünen übergeschnappt.

Al Willst du mich beleidigen, oder wollen wir probieren.

Willie Am liebsten beides. Aber leider fehlt uns die Zeit. Lassen wir also die Tür. Stell dich hierher und sage „poch-poch-poch"!

Al *schließt die Tür, kommt ins Zimmer und sagt sarkastisch* Hoffentlich komm ich nachher raus.

Willie Das hoffe ich auch. *Verschränkt die Hände hinter dem Rücken und geht auf und ab.* Also gut. „Poch-poch-poch!"

Al *ballt die Faust, klopft scheinbar mit den Fingerknöcheln an die Tür.* Poch-poch-poch.

Willie *langgezogen* Herrrreinspaziert!

Al *bleibt stehen, starrt Willie an* Was soll das bedeuten: herrrreinspaziert? *Er hat den langgezogenen Tonfall Willies imitiert.* Wieso nicht „herein"?

Willie Ist das nicht egal? „herein" oder „herrrreinspaziert"? Ich seh keinen Unterschied. Hauptsache, du bist drinnen.

Al Aber ich sehe einen Unterschied … Wir haben diesen Sketch 12000mal gespielt, und du hast immer „herein" gerufen!! Und heute heißt es plötzlich „herrrreinspaziert"!! Warum änderst du den Text, nach all den Jahren?

Willie *zuckt die Schultern* Ich will nur die Nummer ein bißchen auffrischen!

Al Wer hat dich gebeten, die Nummer aufzufrischen? Die Fernsehleute wollen unsern Doktorsketch. Oder nicht? Und der Doktorsketch beginnt mit einem „herein" und nicht mit einem „herrrreinspaziert"! Wenn du was auffrischen willst, stell dir Blumen in eine Vase.

Willie Heute lebt eine neue Generation. Wir schreiben nicht mehr das Jahr 1934, verstehst du?

Al Wahrhaftig? Ich hab heut noch keine Zeitung gesehen.

Willie Warum gefällt dir eigentlich "herrrreinspaziert" nicht genauso gut wie „herein"?

Al Weil's was anderes ist. Weißt du, warum ich 43 Jahre lang immer denselben Text gesprochen habe … und auf dieselbe Weise? Weil er gut ist.

Willie Und weißt du, warum wir den Text nicht mehr sprechen? Weil wir 43 Jahre lang immer denselben Text und auf dieselbe Weise gesprochen haben.

Al Also, wenn wir ihn ohnehin nicht mehr sprechen, wozu ihn dann ändern?

Willie Darf ich mir eine Bemerkung erlauben? Ich will dir nicht zu nahe treten. Ich glaube aber wirklich, du hast zu lange auf deiner Veranda herumgesessen. In New Jersey.

Al Was soll das heißen?

Willie … Du hast dich zu lange auf deiner Veranda in New Jersey geschaukelt. Ich kann aus meinem Fenster alles sehen, was so in der Welt passiert. Ich sehe alte Menschen. Und junge Menschen. Nette Menschen. Böse Menschen, Raubüberfälle auf der Straße. Süchtige. Und Krankenwagen … und Autounfälle … Ich sehe Menschen, die vom Dach in die Tiefe springen. Und du? Was siehst du? Einen Rasenmäher. Und den Milchmann.

Al *wirft Willie einen langen Blick zu* Und darum willst du „herrreinspaziert“ sagen, statt „herein“?

Willie Hörst du mir überhaupt zu?

Al *schaut sich um* Warum, ist sonst noch jemand da?

Willie Du hast keine Ahnung, was heute alles passiert.

Al Was passiert heute alles?

Willie Hast du überhaupt je den Ausdruck gehört: das ist der springende Punkt? Hör gut zu. Das ist der springende Punkt. Und das ist auch mein springender Punkt.

Al Ich versteh. Und hast du je den Ausdruck gehört: Du hast keinen blassen Dunst? Diese Feststellung kommt nämlich 'ne ganze Nasenlänge vor deiner Feststellung. Du hattest nie einen blassen Dunst!

Willie Hab ich mich etwa zur Ruhe gesetzt? Weißt du, warum du dich zur Ruhe gesetzt hast? Weil du müde warst. Weil du altmodisch geworden bist. Ich war immer modern und werd es auch bleiben.

Al Aha. Und darum läuft man dir so nach. Darum bist du heut so 'ne Glanznummer, um die sich alles reißt. Darum drehst du Filme, die du nicht drehst. Darum trittst du in Musicals auf, in denen du nicht auftrittst, und darum hast du Werbespots, die du nicht hast ... denn du kannst dich nicht mal an den Text erinnern ...

Willie Weißt du, woran ich mich sehr gut erinnere? Daß du ein Krampf im Arsch bist, wenn man mit dir arbeitet! Daran erinnere ich mich sehr gut!

Al Richtig. Und solange du mit diesem Krampf im Arsch gearbeitet hast, bewohntest du eine Fünfzimmersuite. Und jetzt hast du 'ne Einzimmerwohnung. Und trägst noch immer dieselben beschissenen Pyjamas, die du in deiner Fünfzimmersuite hattest.

Willie Das muß ich mir nicht bieten lassen.

Al Kannst von Glück sagen, daß du es von mir zu hören kriegst. Kein anderer würd es dir vorhalten.

Willie Ich werde mich nicht mit dir zanken. Wenn du „poch-poch-poch“ gesagt hast, so sage ich „herrreinspaziert“, und wenn's dir nicht paßt, dann komm nicht.

Al Ohne meine Erlaubnis darfst du überhaupt nichts sagen. Mir gehören fünfzig Prozent der Nummer.

Willie Dann sag du deine fünfzig Prozent. Und ich sag in meinen 50 Prozent: „Herrrreinspaziert!“

Al Wenn du nach meinem „poch-poch-poch“ „herrrreinspaziert“ sagst, komm ich herein. Aber nicht allein. Dann bring ich nämlich meinen Rechtsanwalt mit.

Willie Von wo? Aus New Jersey? Du kannst von Glück sagen, wenn dich ein Rindvieh von der Weide hierher begleitet!

Al Vor Gericht ... gewinne ich sogar mit einem Rindvieh von der Weide.

Und während Al diese Worte sprach, ist's geschehen. Al hat seinen spitzigen rechten Zeigefinger ausgestreckt und Willie bei jedem Wort zwischen die Rippen gestoßen.

Willie *schlägt ihm auf die Hand – stößt sie weg. Er ist außer sich* Der Finger! Du stupst mich wieder ... mit dem Finger!? *Und Willie stürzt in die Küche und kommt mit einem Küchenmesser zurück. Damit fuchtelt er herum.*

Al Jetzt sage ich dir die Wahrheit. Ich bin nicht von der Bühne abgegangen. Ich bin geflohen!

Willie *fuchtelt mit dem Messer herum* Wenn du mich wieder mit dem Finger stupst, so nimm Abschied von deinem Finger!

Al *verkriecht sich hinter einem Stuhl* Hör mich an ... ich hab 'ne großartige Idee ... statt wieder zusammenzuarbeiten, versprechen wir einander, nie wieder zusammenzuarbeiten! Denn du bist verrückt!

Willie Ich bin verrückt? WAS? ICH BIN VERRÜCKT???

Al Sag es so oft, bis du's glaubst.

Willie Vielleicht bin ich verrückt. Aber du ... du bist senil! Weißt du, was das ist?

Al Ich geb dir kein Stichwort mehr.

Willie Verrückt ist, wenn ein paar Schrauben locker sind. Aber senil ist, wenn der ganze Kopf im Eimer ist ... Und das ist bei Ihnen der Fall, Mister!

Das Telefon klingelt. Al macht ein paar Schritte.

Weg mit den Händen vom Telefon, Mister! *Willie steckt das Messer mit der Spitze in den Tisch.*

Al weicht entsetzt zurück.

Willie hebt den Hörer ab. Hallo?

Al Ist das meine Tochter?

Willie Hallo? Wie geht es Ihnen?

Al Ist das meine Tochter? Ist sie's?

Willie *zu Al* Halt den Mund! Siehst du nicht, daß ich telefoniere? ... Herrgott, benimm dich fünf Sekunden wie ein menschliches Wesen! *Ins Telefon.* Hallo? Ja. Einen Augenblick. *Zu Al.* Es ist deine Tochter. *Und Willie setzt sich und beginnt, „Variety" zu lesen.*

Al *nimmt Willie den Hörer aus der Hand, dreht ihm den Rükken zu und spricht leise in die Muschel* Hallo? Hallo, ja, Liebling. Nein. Nein. Ich kann jetzt nicht reden. Ich sag dir doch, daß ich jetzt nicht reden kann. Warum? Weil er verrückt ist. Darum.

Willie *springt auf* An Mister hast du was auszusetzen. Aber verrückt darf man sagen? *Willie brüllt ins Telefon.* Ihr Vater ist krank! Kommen Sie sofort und holen Sie Ihren kranken Vater ab.

Al *an Willie gewandt* Siehst du nicht, daß ich telefoniere? Halt den Mund. *Wieder in die Muschel.* Hör mich an, mein Kind. Ich will, daß du mich sofort abholst ... ja, jetzt gleich. Nein, darüber möchte ich jetzt nicht sprechen. Vor dem Hotel. Und parke den Wagen nicht zu nah. Hier ist's nämlich dreckig ... Ich weiß, was ich dir versprochen habe. Keine Debatten, bitte. Ich zieh jetzt gleich meinen Mantel an. Und ich warte auf der Straße. Wahrscheinlich wird mich jemand überfallen. Bis gleich. *Er reicht Willie den Hörer.* Sie möchte dir etwas sagen.

Willie Wer ist am Apparat?

Al *starrt Willie an* Mrs. Eleanor Roosevelt ... Was soll das heißen: wer ist am Apparat? Hast du mir nicht vorhin gesagt, daß meine Tochter am Apparat ist?

Willie Ich wußte schon, daß es deine Tochter ist. Ich hatte bloß ihren Namen vergessen.

Al Doris.

Willie Was will sie von mir?

Al Bin ich Doris? Sie wird's dir schon sagen.

Willie *nimmt den Hörer zur Hand* Hallo? Hallo? Ja, meine Liebe. Hier spricht Willie Clark. Unannehmlichkeiten? Nein, es gab keine Unannehmlichkeiten. Sturheit. Das schon. Aber Unannehmlichkeiten? ... nicht, daß ich wüßte.

Al Sag ihr, daß ich schon meinen Mantel anziehe. *Al zieht den Mantel an.* Sag ihr, daß ich schon in einem Ärmel drin bin!

Willie *ins Telefon* Ich hatte auch gehofft, daß es klappen wird ... Ich hab nachgegeben ... nach hinten und nach vorn ... aber er bleibt stur.

Al Ich bin schon im zweiten Ärmel ... Sag ihr, daß ich fertig bin, und dann kommt noch der Hut, und ich bin sofort zur Tür raus ...

Willie Und alles wegen eines einzigen Wortes, mein liebes Kind ... „herrrreinspaziert" ... Das war der springende Punkt.

Al *setzt den Hut auf* Und den Hut hab ich auch schon auf dem Kopf. Ich bin ganz warm angezogen. Sag's meiner Tochter.

Willie *ins Telefon* Ja ... ja, ganz bestimmt. Ich sag es ihm. Ich verspreche es Ihnen ... Auf Wiedersehen, Dorothy! *Er legt den Hörer auf die Gabel.* Ich hab ihr versprochen, es noch einmal mit dir zu versuchen.

Al Aber nicht, wenn du „herrrreinspaziert" sagst. Wenn du „herein" sagst, bleibe ich. Wenn du „herrrreinspaziert" sagst, gehe ich.

Willie Frag mich doch mal. „Poch-poch-poch!"

Al Ich kenne deine Späße. Mir tut schon jeder Knochen weh. Sagst du: „Herein?"

Willie Frag mich. „Poch-poch-poch!"

Al Ich kenne dich, du Schuft!

Willie Frag mich. POCH-POCH-POCH!

Al POCH-POCH-POCH!

Willie *posaunt es begeistert, aus Leibeskräften, heraus* HERRRREINSPAZIERT!!!!

Al *außer sich* Wanze! Wahnsinnige Wanze! *Er stürzt zur Tür.*

Willie *grinst selbstzufrieden übers ganze Gesicht* HERRRREINSPAZIERT!

Langsam senkt sich der Vorhang.

Al Meschuggenes Rabenaas!

Willie HERRRREINSPAZIERT!

Vorhang

Zweiter Akt

Erstes Bild

Studiokulisse des Fernsehens –
Das Sprechzimmer eines Arztes. Mit einem alten Schreibtisch und Stuhl, einem Telefon, einem Medizinschrank, einem Skelett. Hinter dem Schreibtisch: eine Schiefertafel mit Kreide und Zeigestock. An der Wand eine Tabelle mit Buchstaben zum Prüfen der Augen.
Über den Kulissen: Fernsehbeleuchtung, Lampen. Zwei Mikrophone an beiden Enden der Dekoration.
Wenn der Vorhang aufgeht, sind die Lampen nicht auf volle Stärke eingeschaltet.
Ein dünner, gebrechlicher Mann, im Straßenanzug, den Hut auf dem Kopf, sitzt im Stuhl, neben dem Schreibtisch des Doktors. Er wartet geduldig.

Stimme des TV-Regisseurs *durch den Lautsprecher* Eddie! EDDIE!

Ein junger Regieassistent taucht aus den Kulissen auf. Er trägt Kopfhörer und Mikrophon. Spricht durch sein Mikrophon mit dem unsichtbaren Regisseur.

Assistent Ja, Phil?

Stimme Fangen wir heut überhaupt noch mal an?

Assistent *hilflose Gebärde* Wir sind hier allesamt bereit. Wir warten nur noch auf die Schauspieler.

Stimme Also was ist eigentlich los?

Assistent Ich weiß nicht. Irgendwas stimmt nicht mit dem Make-up. Mr. Clark besteht auf Make-up Nr. 7 Bernsteinfarbe.

Stimme Gebt's ihm doch!

Assistent Aber woher nehmen? Nr. 7, Bernsteinfarbe, gab's zuletzt vor 34 Jahren.

Stimme Herr du mein Gott!

Assistent Und Mr. Lewis behauptet, die Ahhhh-Löffel sind zu klein.

Stimme Die waaas?

Assistent Die Ahhh-Löffel. Fragen Sie nicht mich. Fragen Sie ihn. Ich versuch noch immer, zu ergründen, was ein Guckstäbchen ist!

Stimme Was zum Teufel drehen wir hier eigentlich? „Nikolaus und Alexandra"? Sag ihnen, daß es nur 'ne Hauptprobe ist. Über die Requisiten zerbrechen wir uns später den Kopf. Los, ein bißchen dalli, Eddie! Heiliger Bimbam!

Willies Neffe Ben erscheint in der Kulisse, er spricht zum unsichtbaren Regisseur, in Richtung eines Deckenmikrophons.

Ben Mr. Schäffer ... Mr. Schäffer ... die Verzögerung tut mir sehr leid. Mr. Lewis und Mr. Clark hatten in der Garderobe ein paar technische Probleme.

Stimme Jaaa ... schon die ganze Woche ... und wir vertun die ganze Zeit ... Ich muß heute nämlich noch zwölf andere Nummern aufnehmen.

Ben Ich hole sie sofort. Wirklich sofort.

Stimme Sagen Sie ihnen, daß ich den Sketch von A bis Z durchprobieren will. Ohne Pause. Wenn's was zum Aufpolieren gibt, können sie's nachher tun.

Ben Von A bis Z, jawohl.

Stimme Seit Dienstag hab ich keine Silbe von dem Sketch gehört, außer „poch-poch-poch" und „herein".

Ben *schaut in Richtung der Garderoben* Gewiß ... und hier sind sie ja schon. *Ins Mikrophon.* Wir sind soweit, Mr. Schäffer. Ich werde den beiden sagen, daß wir von Anfang bis Ende durchprobieren, ohne Pause ... Und vielen Dank! *Ben geht sehr schnell ab.*

Stimme All right, Eddie. Zieh den Vorhang. Wir fangen ganz von vorn an. Mit der Ansage.

Assistent *ruft hinauf* Vorhang, bitte!

Vorhang.

Stimme Ansage!

Erzähler *unsichtbar, wir hören nur seine Stimme...* Das goldene Zeitalter der Komödie erreichte seinen Zenit in der legendären und glorreichen Ära des amerikanischen Vaudeville ... des Varietés der Komiker. Mit Eddie Cantor, Will Rogers und Al Jolson ... und zahllosen anderen Größen, die in der Ruhmeshalle des Varietés verewigt sind. Und hier muß ich zwei Namen nennen, die mit dazugehören. Zwei Namen, die aber niemals getrennt genannt werden können ... Sie sind mehr als ein Team ... Es sind die Namen zweier Komiker ... verbunden zu einem Doppelstern ... die Sonny-Boys. ... Wir haben heute abend den Vorzug, Ihnen in ihrem ersten öffentlichen Auftritt seit mehr als elf Jahren die beiden Künstler vorzustellen, die ein halbes Jahrhundert lang als „Sonny-Boys“ bekannt waren ... Mr. Al Lewis und Mr. Willie Clark ... in ihrem geliebten Sketch: „DER HERR DOKTOR LÄSST BITTEN!“

Der Vorhang auf der Bühne geht auf, und die Szene ist jetzt voll beleuchtet. Auf dem Stuhl sitzt der gebrechliche Mann mit Hut auf dem Kopf. Willie als Arzt, im bodenlangen weißen Mantel, mit dem Kehlkopfspiegel am Kopf und ein Stethoskop um den Hals, äugt tief in den Mund des „Patienten“. Dabei drückt er dessen Zunge mit einem Ahhhh-Löffel nieder.

Willie Machen Sie den Mund weiter auf und sagen Sie „ahhhh“!

Mann Ahhhhh!

Willie Noch weiter!

Mann Ahhhh!

Willie *mit dem Rücken zum Publikum* Und noch ein bißchen weiter!

Mann Aaaahhh!

Willie *macht einen Schritt beiseite* Ihr Hals ist in Ordnung, aber im Magen werden Sie was spüren.

Mann Wieso?

Willie Sie haben eben den Löffel verschluckt.

Der Mann faßt sich an den Magen.

Mann Ist das schlimm?

Willie Katastrophal. Ich hab nur noch zwei Löffel übrig.

Mann Muß man den Löffel nicht entfernen?

Willie Bin ich vielleicht ein Chirurg? Also gut. Für ein weiteres Honorar von zehn Dollar hol ich Ihnen den Löffel wieder raus.

Mann Das ist Wucher.

Willie Also gut. Behalten Sie den Löffel.

Mann Nein, nein. Ich bezahle ja. Holen Sie den Löffel raus.

Willie Kommen Sie morgen wieder. Morgen ist Donnerstag, da arbeite ich in Holz.

Mann steht auf, geht zur Tür hinüber … Mann geht hinaus.

Hallo, Schwester! Schwesterchen!

Die Schwester kommt. Sie ist eine hochaufgeschossene, üppig-sinnliche Blondine. Gut gepolstert. Und in einem engen Kleid.

Schwester Haben Sie nach mir verlangt, Herr Doktor?

Willie *mustert sie. Vielsagend* Was glauben Sie … wozu hab ich Sie sonst angestellt? … Wie war doch gleich der Name?

Schwester Miss Paradies. Wissen Sie, mit den Äpfeln …

Willie *nickt* Den Namen hab ich vergessen. An die Äpfel hab ich mich erinnert … Wer ist der nächste?

Schwester Ein Mr. Kornheiser.

Willie Vielleicht irren Sie sich. Schaun Sie noch mal nach. Doppelt genäht hält besser.

Sie tritt an seinen Schreibtisch und bückt sich – und genau das wollte Willie. Denn während sie sich buckt und lm Vormerkkalender nachsieht, dreht sie uns den runden, vollen derrière zu, und Willie hat denselben Anblick. Willie wiegt entzückt den Kopf hin und her.

Schwester *noch immer gebückt* Nein, ich hatte recht.

Willie Und ich auch.

Schwester *richtet sich erst jetzt wieder auf und dreht sich um* Es ist Mr. Kornheiser.

Willie Sind Sie sicher? Buchstabieren Sie den Namen.

Schwester *dreht sich wieder um, schaut auf den Vormerkkalender und bietet dem Zuschauer und Wille dieselbe großartige Aussicht* K-o-r-n-h-e-i-s-e-r! *Sie dreht sich um und richtet sich auf.*

Willie *nickt* … Wie heißt er mit Vornamen?

Schwester *dreht sich um, bückt sich wieder* Walter.

Willie Bleiben Sie gebückt und lesen Sie den zweiten Vornamen.

Schwester *gebückt* Benjamin.

Willie Rühren Sie sich nicht und lesen Sie den ganzen Namen.

Schwester *noch immer mit appetitlich präsentiertem derrière, liest* Walter Benjamin Kornheiser. *Schwester dreht sich um und richtet sich auf.*

Willie Junge, Junge. Von nun an will ich nur Patienten mit einem langen Namen.

Schwester Wünschen Sie sonst noch etwas, Herr Doktor?

Willie Ja. Besorgen Sie einen Tischler und lassen Sie meinen Schreibtisch niedriger machen.

Die Schwester geht in wiegendem Sexschritt ganz nah an Willie heran, so daß sie mit ihrer Brust beinahe seine Brust berührt. Sie atmet schwer und spitzt die Lippen und säuselt.

Schwester Ja, Herr Doktor.

Willie *wischt sich die Stirn* Puhhh, ist das heiß hier drinnen. Haben Sie für die Hitze gesorgt?

Schwester *sexy* Nein, Herr Doktor.

Willie Also dann ... erhöhe ich Ihr Gehalt um fünf Dollar ... Schicken Sie den nächsten Patienten, bevor ich der nächste Patient bin!

Schwester Sehr wohl, Herr Doktor. *Sie hustet.* Verzeihen Sie ... aber ich glaube, ich hab's auf der Brust.

Willie Das sieht mir eher chronisch aus.

Schwester Jawohl, Herr Doktor. *Und sie wackelt zur Tür.* Fällt Ihnen sonst noch etwas ein, was ich für Sie tun könnte?

Willie Es fällt mir ein, aber ich bin nicht sicher, ob ich's für Sie tun könnte!

Schwester Wenn ich Ihnen nur helfen kann, Herr Doktor ... dazu sind wir Krankenschwestern ja da! *Sie geht hinaus und schließt die Tür mit einem aufreizenden Blick.*

Willie Bin ich glücklich, daß ich kein Anwalt geworden bin!

Und nun hören wir ein dreifaches Pochen an der Tür. Poch-poch-poch.

... Aha. Der nächste Patient. *Willie ruft hinaus.* Herein ...!

Die Tür geht langsam auf.

... und herrreinspaziert!

Al tritt ein und starrt Willie wütend an. Er trägt einen Straßenanzug und hat eine billige Aktenmappe in der Hand.

Al Ich möchte den Arzt sprechen.

Willie Sind Sie krank?

Al Sind Sie der Arzt?

Willie Ja.

Al So krank bin ich wieder nicht.

Willie Wie heißen Sie, bitte?

Al Kornheiser. Walter Benjamin Kornheiser. Soll ich's buchstabieren?

Willie Nicht nötig. Ich hab was Besseres zum Buchstabieren als Sie ... *Holt ein Stäbchen zum Niederdrücken der Zunge aus der Tasche.* Setzen Sie sich. Und öffnen Sie bitte den Mund!

Al Mit meinem Mund ist alles in Ordnung!

Willie Dann setzen Sie sich.

Al Mit meiner Sitzfläche ist auch alles in Ordnung.

Willie Was wollen Sie dann hier?

Al Ich bin gekommen, um alles bei Ihnen zu untersuchen.

Willie *begutachtet den „Patienten"* Ich glaube, bei Ihnen ist alles verkehrt.

Al Schon möglich, ich hab mich heut morgen in aller Eile angekleidet.

Willie Sie wollten vorhin sagen, daß sie gekommen sind, damit ich alles bei Ihnen untersuche.

Al Nein. Ich bin gekommen, um alles bei Ihnen zu untersuchen. Ich komme vom Finanzamt und kassiere die Steuern.

Willie *nickt* Wie nett. Und ich die Honorare. – Und wovon leben Sie?

Al Ich untersuche, wovon die anderen leben.

Willie Ach so. Sie sind einer, der seine Nase in alles steckt ... Machen Sie einen Termin mit der Schwester.

Al Schon geschehen. Wir sind für Freitagabend verabredet.

Willie *springt wütend auf und ab* Machen Sie keine Mätzchen mit der Schwester! MACHEN SIE KEINE MÄTZCHEN MIT MEINER SCHWESTER! Ihr Sternbild ist die Jungfrau!

Al Die ... was?

Willie Die Jungfrau. Unter diesem Sternbild wurde sie geboren.

Al Unter diesem Sternzeichen wird sie nicht lange bleiben. Das garantier ich Ihnen! *Al setzt sich, öffnet seine Aktenmappe.* Ich muß ein paar Fragen an Sie stellen.

Willie Ich bin zu beschäftigt, um Fragen zu beantworten. Ich bin Arzt. Wenn Sie mich sprechen wollen, müssen Sie Patient sein.

Al Aber ich bin nicht krank!

Willie Keine Sorge. Wir finden schon etwas.

Al Also gut. Untersuchen Sie mich, und dann untersuche ich Sie ... *Holt eine Steuererklärung aus der Tasche, während Willie sein Zungenstäbchen in die Hand nimmt.* Meine erste Frage. Wieviel haben Sie im vorigen Jahr verdient?

Willie Im vorigen Jahr habe ich ... *Und Willie bewegt die Lippen und spricht eine Zahl aus, aber unhörbar.*

Al Ich hab nichts verstanden.

Willie Aha. Schwerhörig. Ich wußte ja, daß wir etwas finden. Hatten Sie irgendwelche Kinderkrankheiten?

Al Nicht in der letzten Zeit.

Willie Vater am Leben oder verstorben?

Al Beides.

Willie Was soll das heißen, beides?

Al Zuerst am Leben, dann verstorben.

Willie Woran ist Ihr Vater gestorben?

Al An meiner Mutter ... Und nun bin ich an der Reihe. Sind Sie verheiratet?

Willie Auf der Suche.

Al Nach einer Frau?

Willie Nein. Danach, wie man eine Frau los wird. *Willie untersucht Als Ohren mit einer Taschenlampe.*

Al Was treiben Sie da?

Willie Ich untersuche Ihren Mastdarm.

Al Warum schauen Sie mir dann in die Ohren?

Willie Wenn ich die Wahl habe, da oder dort hineinzuschauen ... dann wähle ich die Ohren.

Al *schaut prüfend in sein Formular* Haben Sie ein Auto?

Willie Natürlich. Warum?

Al Wenn Sie Ihr Auto für ärztliche Zwecke benutzen, so können Sie's von der Steuer absetzen. Was für ein Auto haben Sie?

Willie Einen Krankenwagen.

Al Besitzen Sie ein Haus?

Willie Darf ich's absetzen?

Al Nur, wenn Sie's für ärztliche Zwecke benutzen. Wo wohnen Sie?

Willie Im St.-Josephs-Hospital. – Machen Sie Ihr Hemd auf, ich will Ihr Herz abhorchen.

Al *öffnet zwei Knöpfe seines Hemdes* Wird das lang dauern?

Willie Nicht, wenn ich etwas höre. *Er hält sein Ohr an Als Brust und horcht.* Ahhhh! Huuuuuu! Ich hör was ... Sie sind gesund!

Al Wollen Sie mich nicht mit dem Stethoskop abhorchen?

Willie Gern. Ich wußte nicht, daß Sie so gründlich untersucht werden wollen. *Er hält das Stethoskop ans Ohr und horcht Als Brust ab.* Menschenskind ... Wissen Sie, was Sie haben?

Al Was?

Willie Ein schmutziges Unterhemd.

Al Na wennschon. – Alles in Ordnung?

Willie Nur, wenn Sie Ihr Unterhemd wechseln.

Al Wo bin ich eigentlich? Beim Arzt oder in der Wäscherei? Ich wette, Sie haben nicht mal Medizin studiert.

Willie *springt wieder auf und ab, wie ein Stehaufmännchen* Was quasseln Sie da zusammen? WAS QUASSELN SIE DA ZUSAMMEN? Ich hab an der Columbia-Universität Medizin studiert!

Al Und haben Sie Ihr Examen bestanden?

Willie Mit fliegenden Fahnen.

Al Mit liegenden Patienten wär's wichtiger ...

Willie Schluß damit ... Ich werde jetzt Ihre Augen untersuchen.

Al Sie sind tadellos. Sehschärfe zwanzig-zwanzig.

Willie Das ist zuviel. Sie brauchen höchstens eins-eins ... Schauen Sie auf die Tabelle an der Wand. Jetzt bedekken Sie Ihr linkes Auge mit der linken Hand und ihr rechtes Auge mit der rechten Hand.

Al gehorcht.

Und jetzt sagen Sie mir, was Sie sehen.

Al Überhaupt nichts.

Willie Nur keine Panik, ich kann Sie heilen ... nehmen Sie jetzt Ihre Hände von den Augen.

Al gehorcht.

Können Sie jetzt sehen?

Al Jetzt kann ich sehen.

Willie Wissen Sie, daß ich über zweitausend Patienten auf diese Weise geheilt habe?

Al Das reinste Wunder.

Willie Danke schön.

Al Das reinste Wunder, daß Sie nicht im Gefängnis sind … Und was berechnen Sie für einen Besuch?

Willie Einen Dollar.

Al Einen Dollar? Das ist sehr billig für eine Untersuchung.

Willie Das ist keine Untersuchung. Sondern nur ein Besuch. „Hallo und adieu." – „Hallo und wie geht es Ihnen?" kostet zehn Dollar.

Al Wenn Sie mich fragen – so halte ich Sie für einen Quacksalber. Quack … quack.

Willie Wenn ich 'ne Ente wäre, würde ich auf Ihr „Quackquack" antworten … Und jetzt krempeln Sie bitte den Ärmel hoch, ich nehme jetzt ein bißchen Blut.

Al Unmöglich. Wenn ich Blut sehe, wird mir schlecht.

Willie Machen Sie's mir nach. Gucken Sie gar nicht hin.

Al Tut mir leid. Ich spende kein Blut. Ich bin anämisch.

Willie Was heißt das: anämisch?

Al Sie sind Arzt und wissen nicht mal, was anämisch heißt?

Willie Wissen Sie, warum ich's nicht weiß? Weil ich Spezialist bin.

Al Und worauf sind Sie spezialisiert?

Willie Auf alles, mit Ausnahme von „anämisch".

Al Hören Sie, Herr Doktor … darf ich meine Untersuchung fortsetzen?

Willie Machen S i e weiter mit I h r e r Untersuchung und ich mit m e i n e r. Schlagen Sie die Knie übereinander. *Er schlägt Al mit einem kleinen Hammer auf die Knie.* Tut's weh, wenn ich Sie mit dem Hammer schlage?

Al Jawohl.

Willie Gut. Dann lassen Sie sich nicht mit einem Hammer schlagen. *Er wirft den Hammer über die Schulter nach hinten. Holt aus dem Arzneischrank ein Fläschchen.* Sehen Sie dieses Fläschchen?

Al Ja.

Willie Wissen Sie, was Sie mit diesem Fläschchen tun sollen?

Al So ungefähr.

Willie So ungefähr oder genau? Wenn Sie's nämlich, nicht genau wissen, so sagen Sie mir lieber Bescheid. Meine Putzfrau kommt heute nicht.

Al Also, was erwarten Sie von mir?

Willie Bücken Sie sich über das Fläschchen, und ...

Al Dazu hab ich keine Zeit. Ich bücke mich über Ihr Hauptbuch, und ...

Willie Nur über meine Leiche werden Sie's über meinem Hauptbuch machen ...

Al Wenn ich mich nämlich nicht über Ihr Hauptbuch bücke, dann kommt das ganze Finanzamt und bückt sich über Ihr Hauptbuch ...

Willie Haben Sie kein Örtchen in Washington?

Al Doch, aber die knöpfen sich immer das Hauptbuch vor.

Willie Das ganze Finanzamt?

Al Nein. Bloß das Finanzministerium.

Willie Ich fühle mich erleichtert.

Al Ich bin froh, daß Sie sich erleichtert fühlen.

Willie Ich wollte, Sie hätten sich erleichtert gefühlt, bevor Sie zu mir kamen.

Die Tür geht auf, und die Schwester betritt das Sprechzimmer.

Schwester Ah, Herr Doktor. Doktor Klockenmeyer.

Willie Ja?

Schwester Mrs. Kolodny ist am Apparat. Sie bittet Sie, schnell herüberzukommen und sie von ihrem Baby zu entbinden.

Willie Ich hab jetzt keine Zeit. Sagen Sie ihr, daß ich's ihr morgen früh per Post zuschicke.

Schwester Ja, Herr Doktor. *Sie geht hinaus und schließt die Tür.*

Al Wo haben Sie eine solche doppelte Schwester gefunden?

Willie Im Hafen ... Da spazierte sie auf und ab ... Bitte, zeigen Sie mir Ihre Zunge.

Al Ich will aber nicht.

Willi quetscht Als Kehle zusammen, und Al streckt die Zunge raus.

Willie Machen Sie den Mund auf ... Seit wann ist Ihre Zunge so weiß?

Al Seit Januar. Im Frühjahr ziehe ich Grau vor. Eine graue Zunge zum grauen Flanellanzug.

Willie Fassen Sie jetzt Ihre Zunge mit Ihren Fingern an und sagen Sie „Zigeunergulasch“.

Al *hält die Zunge mit zwei Fingern* Tigeunergullat.

Willie Noch einmal.

Al Tigeunergullat.

Willie Machen Sie sich auf was Schlimmes gefaßt.

Al Schießen Sie los.

Willie Wenn Sie so 'ne Bestellung in einem Restaurant machen, kriegen Sie nie Zigeunergulasch.

Al *nähert sich mit seinem Gesicht dem Gesicht Willies* Schluß damit. Sprechen wir lieber von Ihren Steuern.

Beim „st“ in Steuern spuckt er ein bißchen.

Willie *wischt sich das Gesicht ab* Worüber?

Al Über die fälligen Steuern. St'att t'rödelnder T'aktik t'atkräftiges T'un ... *Er hat jedes „t“ so saftstrotzend wie möglich ausgespuckt.*

Willi wischt sich das Gesicht ab und glotzt Al wütend an.

Willie Ich warne dich! Fang nicht wieder damit an!

Al Was meinst du?

Willie Du weißt sehr gut, was ich meine. *Und er äfft Al nach.* „St'att t'rödelnder T'aktik t'atkräftiges T'un ...“ Du verbindest das Sprechen wieder mit Spucken!

Al Hab ich etwa nicht den richtigen Text gesprochen? Wenn er saftig rauskommt – was kann ich dafür?

Willie *kocht vor Wut* Er kommt nicht saftig raus, wenn du die „t's“ nicht bespeichelst!

Die Stimme des TV-Regisseurs *durch den Lautsprecher* Einen Augenblick Pause! Mr. Clark, ich finde mich nicht im Dialog zurecht. Ich kann die letzten Zeilen im Manuskript nicht finden.

Willie *schreit hinauf zum Mikrophon* Weil sie nicht im Manuskript stehen. Sie sind in seinem Mund!

Al *spricht ebenfalls hinauf, ins Mikrophon* Ich hab den richtigen Text gesprochen. Sehen Sie im Manuskript nach. Da finden Sie meinen Text.

Willie *brüllt* Sie finden den Text, aber Sie finden nicht die Spucke! Die Spucke, das ist seine Idee. Er macht's absichtlich!

Al Ich spucke nicht absichtlich. Ich spucke aus Versehen ... Ich hab immer aus Versehen gespuckt. Man kann diese Zeile unmöglich sprechen, ohne ein bißchen zu spucken.

Willie *richtet seine Worte immer an den unsichtbaren Regisseur* Ich kann's. *Und er wiederholt Als Zeilen mit äußerster Vorsicht, insbesondere beim Sprechen der „t's"*. „Statt trödelnder Taktik tatkräftiges Tun ..." *Spricht wieder normal.* Für keinen Cent Spucke im Mund. Warum spricht er seinen Text nicht so wie ich?

Al Ich spreche genauso, wie ich 43 Jahre lang gesprochen habe.

Stimme des Regisseurs Meine Herren, können wir über diesen Punkt debattieren, wenn die Probe aus ist? Können wir weitermachen?

Willie Ich hab keine Lust, hier zu stehen und eine Dusche über mein Gesicht zu bekommen. Wenn Sie wollen, daß ich weitermache, so nehmen Sie bitte die Zeile aus dem Dialog oder besorgen Sie mir einen Regenschirm.

Stimme des Regisseurs Können wir bitte weitermachen?? Bei allem Respekt, meine Herren ... wir müssen noch zwölf andere Szenen probieren, und wir können nicht einen ganzen Tag für ihren persönlichen Streit opfern.

Willie Ich mach weiter, aber ich stell mich dorthin ... auf einen geschützteren Platz.

Stimme des Regisseurs Gehen Sie, wohin Sie wollen, die Kamera folgt Ihnen ... und wir überspringen den Text von vorhin und fangen an mit: „Hoffentlich haben Sie nicht dieselbe Krankheit, die Mr. Melnick hatte."

Al Und welche Krankheit hatte Mr. Melnick?

Willie *zeigt auf das vom Ständer baumelnde Skelett* Fragen Sie ihn selbst. Er steht dort drüben.

Al Ist das Mr. Melnick?

Willie Könnte auch Mrs. Melnick sein. Ohne hohe Absätze ist das schwer zu entscheiden.

Al Wenn er tot ist ... warum lassen Sie ihn dann im Sprechzimmer herumstehen?

Willie Er wollte noch einmal bei mir vorsprechen.

Al *geht zu Willie hinüber* Wissen Sie, was Sie sind? Sie sind ein Scharlatan! *Und wie Al diese Worte spricht, ist es geschehen ... er hat den Zeigefinger ausgestreckt und stupst Willi mit jedem Wort in die Rippen.*
Und Willi merkt's ... ob er es merkt!!!!!!!
... Wissen Sie, was ein Scharlatan ist? *Und wieder stupst er Willie in die Rippen.*

Willie Scharlatan ist eine Stadt in Texas. Und wenn du mich weiter stupst, landest du in Pittsburgh ...

Stimme des Regisseurs *durch den Lautsprecher* Aufhören ... aufhören ... Wo steht das im Manuskript ... „landest du in Pittsburgh"?

Willie *außer sich vor Wut* Wo steht das im Manuskript ..., daß er mich mit dem Finger zwischen die Rippen stupsen darf? Er tut's absichtlich. Er hat's immer absichtlich gemacht ..., um mich zum Wahnsinn zu treiben.

Al *schaut hinauf, zum Mikrophon* Ich hab ihn nicht gestupst. Ich hab ihn gekitzelt. Ein bißchen Kitzeln könnte keinem Baby schaden.

Willie Vielleicht keinem Elefantenbaby. Aber ich wußte genau, daß er mich stupsen wird. Zuerst kommt immer das Spucken. Und dann das Stupsen. Ich kenne seinen Fahrplan.

Al *ins Mikrophon* Entschuldigen Sie bitte. Es tut mir leid, daß wir die Probe aufhalten. Aber wir haben ein ernstes Problem ... Der Mann, mit dem ich arbeite, ist ein Verrückter.

Willie *verrückt vor Wut* Ich bin ein Verrückter? Ich??? Er bricht mir die Rippen und spuckt mir ins Gesicht, und dann nennt er mich einen Verrückten! ... Ich werde dir etwas sagen, was ich dir mein Lebtag verschwiegen habe. Ich hasse jeden Tropfen Blut in deinem Leib!

Al Hast du mir schon am Montag gesagt.

Willie Dann sag ich dir's eben noch einmal.

Stimme des Regisseurs Aber bitte, bitte, meine Herren ... es hat wirklich keinen Sinn, die Probe fortzusetzen.

Al Und ich finde, es hat keinen Sinn, die Show fortzusetzen. Dieser Mann verfolgt mich. Elf Jahre lang hat er darauf gewartet, wieder auf mich loszuhacken. Aber ich werd ihm die Chance dazu nicht geben.

Der Regieassistent kommt mit Kopfhörer und Mikrophon aus den Kulissen. Bemüht sich, Frieden zu stiften.

Willie *schon halb hysterisch* Ich hab's gewußt ... ich hab's gewußt! Er hat alles im voraus geplant! Elf Jahre lang hat er sich darauf vorbereitet, mich wieder stehenzulassen.

Regieassistent *bemüht sich, sanft auf beide einzureden* Aber Mr. Clark ... ruhig Blut ... Warum gehen wir nicht alle in die Garderobe? Dort können wir uns über alles ruhig unterhalten.

Al Ich war von vornherein dagegen.

Willie *am Rande eines Schlaganfalls* Lügner! Lügner! Seine Tochter hat mich telefonisch angefleht! Angefleht hat sie mich!

Ben kommt schnell aus den Kulissen auf die Bühne, um Willie zu besänftigen.

Ben Onkel Willie ... ich bitte dich ... hör auf! ... Komm in deine Garderobe!

Regieassistent Meine Herren, wir brauchen die Bühne. Kommen Sie doch bitte hierher ... auf diese Seite.

Al *zum Regieassistenten* Der Mann ist hysterisch ... sehen Sie das nicht? Seit einer Woche tut er mir das an ... jeden Tag. *Al nimmt die Perücke vom Kopf und legt sein Jackett ab.*

Willie Angefleht hat sie mich. Angefleht. Seine eigene Tochter hat mich angefleht.

Ben Onkel Willie. Aufhören, bitte! Hör auf, sag ich!

Al *zu den anderen* Es tut mir leid, daß wir soviel Schwierigkeiten machen. Ich hätte überhaupt in New Jersey bleiben sollen ... *Im Abgang. Zum Regieassistenten.* Vorige Woche hat er mich mit einem Messer bedroht. In seiner eigenen Wohnung hat er mich mit einem Messer bedroht. Der Wahnsinnige. *Er ist weg.*

Willie *schreit Al nach* Ich brauche dich nicht. Ich habe dich nie gebraucht. Ein Niemand bist du gewesen, als ich dich fand. Und auch heut bist du ein Niemand.

Ben Komm, Onkel Willie. *Ruft hinaus, ins Mikrophon.* Es tut mir so leid, Mr. Schäffer.

Willie Er glaubt vielleicht, daß ich ohne ihn keine Arbeit finde ... Vielleicht ist seine Karriere zu Ende, aber nicht meine! Vielleicht ist er unten durch ... aber nicht ich! Hörst du? Hörst du? NICHT ICH ... NICHT I ...

Ben *dreht sich um, sieht, wie Willie strauchelt* Fangt ihn auf ... schnell!

Der Regieassistent stürzt auf Willie zu. Es ist zu spät. Willie ist bereits auf den Boden gefallen. Ben eilt zu seinem Onkel. Ruhig ... ruhig ... ganz ruhig, Onke Willie ... *Zum Regieassistenten.* Einen Arzt! Schnell!

Der Darsteller des mageren Männleins und die Darstellerin der Schwester kommen aus den Kulissen, stehen jetzt hinter Ben. Bedauernde Blicke.

Willie *atmet schwer* Ich brauche keinen Arzt. Ich will keinen Arzt. Ich trau den Ärzten nicht.

Ben Sprich jetzt nicht, Onkel Willie. Es wird schon alles wieder gut. *Zur Schwester.* Eine Decke ... er braucht eine Decke.

Willie *atmet schnell* Sag's ihm nicht. Sag ihm nicht, daß ich umgefallen bin. Ich will nicht, daß er diese Genugtuung hat.

Ben Natürlich sag ich's ihm nicht, Willie. Es gibt auch nichts zu sagen. Du wirst ganz gesund.

Willie Pancho-Puffmais ... So hieß dieser Puffmais ... Siehst du? Ich erinnere mich ... Ich hab mich erinnert ... an die Marke erinnert ... Pancho-Puffmais!

Ben hält Willies Hand fest, während es dunkler wird auf der Bühne ... der Vorhang wird zugezogen ... Im Dunkeln hören wir die Stimme des Ansagers ...

Ansager „Das goldene Zeitalter des Varietés erreichte seinen Höhepunkt in der legendären und glorreichen Ära des amerikanischen Vaudeville ... des Varietés der Komiker. Mit Eddie Cantor, Will Rogers und Al Jolson ... und zahllosen anderen Größen, die in der Ruhmeshalle des Varietés verewigt sind. Und hier muß ich zwei Namen nennen, die mit dazu gehören. Zwei Namen, die aber niemals getrennt genannt werden dürfen ... Sie sind mehr als ein Team ... zwei komische Lichter, verbunden zu einem Doppelstern. Die Sonny-Boys. Denn Lewis ohne Clark ist wie Gelächter ohne Freude ... Als diese beiden Großen die Bühne verließen, da verschwand von den amerikanischen Brettern, die die Welt bedeuten, ein komischer Stil, den keiner je wieder erreichen wird ... Und hier, liebe Fernseher, sehen Sie in einem Sketch, der vor fast elf Jahren für die Mae-West-Show aufgezeichnet wurde, Lewis und Clark in ihrem klassischen Sketch: „Der Herr Doktor läßt jetzt bitten!".

Und nun hören wir Willies Stimme und die Stimme des ersten Patienten.

Willie Machen Sie den Mund weiter auf und sagen Sie Ahhhhh.

Mann Ahhhh.

Willie Weiter.

Mann Ah ...

Willie Noch ein bißchen weiter.

Mann AAAAAA.

Willie Ihr Hals ist in Ordnung, aber im Magen werden Sie was spüren.

Mann Wieso??

Willie Weil Sie eben das Stäbchen verschluckt haben.

Ende des ersten Bildes

Zweites Bild

Willies Hotelzimmer. Zwei Wochen später. –
Später Nachmittag. Willie liegt im Bett, er trägt seinen Lieblingspyjama und liegt, sich auf die Kissen stützend, in halb sitzender Stellung da. Sein Kopf ruht seitlich auf den Kissen. Er schläft.
Wieder plärrt der Fernseher, und wieder ist es eine Schnulzenserie. Im Stuhl vor dem Bildschirm sitzt eine staatlich geprüfte Krankenschwester in weißer Tracht, eine Strickjacke um die Schultern gelegt. Ihre Brille hängt an einer Kette um den Hals. Sie sieht fern und bedient sich ausgiebig aus einer großen Pralinenschachtel. Auf der Kommode stehen zwei sehr große Vasen mit Blumen.
Willie bewegt den Kopf ein paarmal auf den Kissen, öffnet dann die Augen.

Willie Wie spät ist es?

Schwester *stellt den Fernseher ab, schaut auf ihre Uhr* In zehn Minuten eins.

Willie In zehn Minuten eins? … Wer sind Sie?

Schwester Fangen Sie schon wieder damit an? Sie wissen doch sehr gut, wer ich bin.

Willie Sie sind dieselbe Schwester, die gestern hier war?

Schwester Ich bin dieselbe Schwester, die täglich hier ist. Seit zwei Wochen. Mit mir können Sie Ihre Mätzchen nicht machen.

Willie Ich kann nicht mal einen Bissen Brot richtig kauen … und da soll ich Lust zu Mätzchen haben? … Warum haben Sie den Fernseher abgestellt?

Schwester Weil ich entweder zuschau, wie die spielen, oder zuschau, wie Sie schlafen. Weder das eine noch das andere ist sehr interessant.

Willie Tut mir leid. Ich werd versuchen, interessanter zu schlafen … Was haben wir heute? Dienstag?

Schwester Mittwoch. *Sie beißt in eine Praline.*

Willie Mittwoch, unmöglich. Ich hab mich am Montag hingelegt.

Schwester Wir haben in dieser Woche „Mannix“ schon zweimal gesehen.

Willie Einmal.

Schwester Zweimal.

Willie *widerstrebend* Okay, zweimal ... Und ich kann mich nicht einmal daran erinnern. Ging's mir gestern gut?

Schwester Wir machen sehr gute Fortschritte.

Willie Wir? Seit wann sind Sie krank??

Schwester *todernst* Sehr witzig, Mr. Clark. Wenn ich heut abend zu Hause bin, platz ich vor Lachen!

Willie Wenn Sie meine Pralinen weiter in dem Tempo essen, werden Sie noch viel früher platzen.

Schwester Also bitte, Sie dürfen die Pralinen nicht essen, und es wäre schade, sie wegzuwerfen. Ich sammle nur Energie für den Winter.

Willie Vielleicht finden Sie zwischen Nougat und Mandelschokolade noch Zeit, meinen Puls zu fühlen.

Schwester Hab ich schon. Er ist heute etwas besser.

Willie Wann haben Sie meinen Puls gefühlt?

Schwester Während Sie schliefen.

Willie Jeder hat 'nen guten Puls, wenn er schläft. Man fühlt den Puls, wenn der Betreffende wach ist. Für dreißig Dollar pro Tag prüft sie 'nen schlafenden Puls ... Ich sag's Ihnen ehrlich ... ich glaube, Sie wissen überhaupt nicht, was Sie tun ... und dabei bin ich nicht voreingenommen gegen Sie.

Schwester Dafür bin ich voreingenommen. Ich mag keinen Kranken, der einer staatlich geprüften Schwester vorschreiben will, wie sie zu arbeiten hat. – Wollen Sie jetzt Tee?

Willie Ich möchte Sie bei Ihren Pralinen nicht stören.

Schwester Seien Sie bloß nicht frech. Sie können mit Ihrem Neffen frech sein, aber nicht mit mir. Vielleicht muß er sich's gefallen lassen, ich bin nicht mit Ihnen verwandt.

Willie Gott sei Dank!

Schwester Sehr witzig!

Willie Ich mag überhaupt keine Pralinen. Sie können die ganze Schachtel aufessen. Und wenn Sie damit fertig sind, die Blumen auch noch.

Schwester Wissen Sie, warum ich mich über nichts ärgere, was Sie mir an den Kopf werfen?

Willie Ich geb auf. – Warum?

Schwester Weil ich Sinn für Humor habe. Dafür bin ich bekannt. Darum prallt alles an mir ab, was Sie zu mir sagen.

Willie Wenn Ihre Kenntnisse als Krankenschwester so groß sind wie Ihr Sinn für Humor, dann halt ich bis Donnerstag nicht durch … Wer hat angerufen?

Schwester Niemand.

Willie Mir kam es so vor, als hätte das Telefon geklingelt.

Schwester *steht auf* Es hat niemand angerufen. *Sie geht zum Bett und schüttelt Willies Kissen auf.* Haben Sie ein schönes Schläfchen gemacht?

Willie Ein Schläfchen … kein schönes … Und bitte, schütteln Sie die Kissen nicht auf. *Er schubst ihre Hand weg.* Ich arbeite einen Tag und eine Nacht, bis ich die Kissen so habe, wie ich sie haben will, und dann schütteln Sie sie auf.

Schwester Aha … wir sind heut ein bißchen griesgrämig aufgewacht, was?

Willie Reden Sie nicht so mit mir – ich bin kein Kind! Ich bin griesgrämig aufgewacht. Und bitte, richten Sie das Bett noch nicht her. Ich schlaf ja noch drin. Sie können das Bett nicht frischmachen, solange man drinliegt.

Schwester Sie können es wohl nicht leiden, wenn man für Sie sorgt, was? Wenn Sie nur jemand haben wollen, der herumsitzt und Sie beobachtet, nehmen Sie lieber einen Hund, Mr. Clark. Ich werd's Ihrem Neffen vorschlagen.

Willie Beschwere ich mich vielleicht? Ich habe nur zwei Bitten. Fühlen Sie meinen Puls nicht, während ich schlafe, und machen Sie mein Bett nicht, wenn ich drinliege. Machen Sie's umgekehrt – und wir kommen glänzend miteinander aus.

Schwester Mir ist es egal, was ich mache … Hauptsache, ich werd dafür bezahlt. *Sie setzt sich.*

Willie Ich hab Hunger.

Schwester Wollen Sie Ihren Brei?

Willie Ich hab mich geirrt. Ich habe keinen Hunger.

Schwester liest.

… Sagen Sie mir mal … wie alt ist man denn so in Ihrem Alter?

Schwester Das ist nichts für Sie.

Willie Ich will auch nichts von Ihnen.

Schwester Ich bin 54 Jahre jung.

Willie Wirklich? ... Sind Sie verheiratet?

Schwester Mein Mann ist vor vier Jahren verschieden.

Willie Oh ... waren Sie seine Pflegerin?

Schwester Nein, ich war nicht seine Pflegerin ... Aber Sie könnten jetzt ein bißchen Schlaf gebrauchen und ich etwas Ruhe. *Sie steht auf.*

Willie Wissen Sie, was? Für eine 54jährige staatlich geprüfte Witwe sind Sie sehr attraktiv. *Er versucht sie zu streicheln.*

Sie versetzt ihm einen Klaps.

Schwester Probieren Sie das nicht noch mal mit mir!

Willie Wer probiert was?

Schwester Sie. Und Sie werden frech ... in einer Art und Weise, die ich nicht schätze.

Willie Wozu machen Sie sich Sorgen? Ich kann nicht mal allein meine Pantoffeln anziehen.

Schwester Ihre Pantoffeln interessieren mich nicht. Und appellieren Sie nicht an mein Mitgefühl. Ich hab keins, und ich kriege auch keins rein.

Willie Hören Sie ... wie wär's mit einer kleinen Abreibung mit Alkohol?

Schwester Ich hab Sie doch vorhin erst abgerieben!

Willie Sie mich. Aber jetzt möcht ich Sie abreiben!

Schwester Also ich weiß genau ... Sie reden nur so, weil Sie mich aufregen wollen. Es macht Ihnen einen Riesenspaß, die Menschen aufzuregen. Aber mich kann nichts aufregen.

Willie Stimmt. Ich wär wahrscheinlich doch besser dran mit einem Hund.

Schwester Wie konnte es Ihre arme Frau bloß mit einem solchen Mann aushalten?

Willie Wer hat Ihnen von meiner „armen Frau" erzählt?

Schwester Ihr armer Neffe ... Haben Sie je daran gedacht, sich wieder zu verheiraten? *Und sie fühlt seinen Puls.*

Willie Was soll das sein?? Ein Heiratsantrag?

Schwester *lacht* Von mir? ... Nein, ich denk nicht dran, mich wieder zu verheiraten ... Und außerdem sind Sie nicht mein Typ.

Willie Warum? Ist das eine Frage der Religion?

Schwester Nein. Eine Frage des Alters. Sie würden mich im Handumdrehen völlig ruinieren.

Willie Oder glauben Sie vielleicht, daß ich Sie nicht ernähren kann? Ich krieg 'ne Rente!

Schwester Sie können nie aufhören, was?

Willie Wenn ich aufhör, bin ich tot.

Schwester Und das passiert Ihnen auch, wenn Sie nicht ein bißchen langsam machen.

Willie Langsam? Ich bin in drei Wochen drei Zentimeter vom Fleck gerückt, und sie sagt mir, ich soll langsam machen!

Schwester Ich meine, wenn Sie wirklich gesund werden wollen, dann müssen Sie aufhören, sich um Telefonanrufe und alles mögliche zu kümmern ... und vor allem darum, wann Sie wieder arbeiten können!

Willie Ich bin Schauspieler. Ich muß spielen. Das ist mein Beruf.

Schwester Im Augenblick ist die Krankheit Ihr Beruf. Und wenn Sie spielen wollen, dann vom Krankenbett aus.

Willie Vielleicht als Kameliendame?

Schwester Wenn Sie Lust haben, können Sie alles, was ich sage, in einen Sketch einbauen ... aber einen guten Rat geb ich Ihnen, Mr. Clark ...

Willie Und der wäre?

Schwester In der Welt wimmelt's von kranken Menschen. Und es gibt nicht genügend Ärzte und Krankenschwestern, die sich um sie kümmern können. Und die Ärzte und Schwestern können nicht mehr tun, als in ihrer Macht steht, Mr. Clark ... aber Gott hat in seiner unerforschlichen Weisheit gesagt: ich helfe jedem, der sich selbst hilft!

Willie *schaut sie an* Na und? Wo bleibt der Rat?

Schwester Piesacken Sie mich nicht! Hören Sie auf, mich zu piesacken!

Willie Also gut, ich hör auf, Sie zu piesacken ... aber was soll das heißen?

Schwester So, jetzt sind Sie wieder artig. Jetzt gefallen Sie mir.
Es schellt an der Tür.

Willie Da kommt die heutige Pralinen-Ration.
Schwester öffnet die Tür. Ben tritt ein, mit Päckchen beladen.

Ben Hallo. Wie geht es ihm?

Schwester Gut. Ich glaube, wir werden heiraten.

Ben Hallo, Onkel Willie, du siehst ja großartig aus!

Willie Hast du die „Variety"?

Ben *geht zu Willie, gibt ihm die Zeitschrift* Ich hab sie und außerdem 200 Telegramme mit guten Wünschen für deine Genesung von jedem einzelnen Star im Showgeschäft. Von Bob Hope, Bing Crosby, Mae West … und vom Bürgermeister.

Willie Und das Werbefernsehen? Haben die Leute von Alka-Seltzer angerufen?

Ben Wir haben Zeit genug, uns darüber zu unterhalten … Miss O'Neill … haben Sie eigentlich schon zu Mittag gegessen?

Schwester Noch nicht.

Willie Sie ist gerade mit zwei Pfund Vorspeisen fertig geworden.

Ben Machen Sie doch einen kleinen Spaziergang … nehmen Sie 'ne Stunde frei. Ich bleib so lange hier.

Schwester Danke. Ein bißchen frische Luft wird mir guttun. *Zu Willie.* Und daß Sie sich nicht wieder so aufregen und zu zappeln beginnen, während ich weg bin, verstehen Sie?

Willie Ich versteh, ich versteh. Hören Sie auf, mich zu piesacken.

Schwester Und gehen Sie bitte auch nicht hinaus auf die Toilette. Benutzen Sie … na, Sie wissen schon, was!

Willie *ohne von der „Variety" aufzuschauen* Und wenn nicht, so wissen Sie, wohin ich was machen werd!

Die Schwester ist gegangen.

Ben Laß sie doch. Sie ist eine sehr gute Krankenschwester.

Ben zieht einen Stuhl neben das Bett, setzt sich.

Willie *schaut in die Zeitung* Junge, Junge. Bernie Eisenstein ist gestorben.

Ben Wer?

Willie Bernie Eisenstein. Erinnerst du dich nicht an das Tänzerpaar „Ramona und Rodriguez"? … Bernie Eisenstein war Rodriguez … im August wär er 78 geworden.

Ben *seufzt* Onkel Willie, könntest du bitte die „Variety" einen Augenblick weglegen?

Willie *liest noch immer* Hast du mir 'ne Zigarre mitgebracht?

Ben ... Onkel Willie, begreifst du nicht, daß du einen Herzanfall hattest? ... Jahrelang ist es gerade noch gut gegangen ... mit den Zigarren, den belegten Broten, der Spannung ... mit deinen Wutanfällen ... aber jetzt ist Schluß ... dein Herz macht nicht mehr mit!

Willie Sind das die guten Nachrichten, mit denen du's so eilig hattest? Dann hätten wir nämlich einen Mittwoch überspringen können.

Ben Ich hab mich heut morgen mit dem Doktor unterhalten. Und ich muß jetzt mal ganz ehrlich und aufrichtig mit dir reden, Onkel Willie ... Du mußt dich zur Ruhe setzen ... Ich meine ... Schluß machen. Schluß mit dem Schauspielerberuf.

Willie Für wie lange?

Ben Für immer! Dein Blutdruck ist abnorm hoch, dein Herz ist schwach, und wenn du wieder arbeitest, bringst du dich um.

Willie Also gut ... ich werd's mir überlegen.

Ben Überlegen? Was? Da gibt es nichts zu überlegen. Du darfst nicht mehr arbeiten und damit basta. Kannst du das nicht begreifen?

Willie Entscheide du für Ben Silverman. Ich entscheide für Willie Clark.

Ben Nein, ich entscheide für Willie Clark. Ich bin dein nächster und einziger Verwandter, und ich bin für dein Wohlergehen verantwortlich ... Du kannst hier nicht mehr wohnen, Onkel Willie. Nicht allein ... Und ich kann's mir nicht leisten, dir ständig diese Krankenschwester zu halten. Die verdient heute mehr Geld als ich. Im übrigen hat sie schon gekündigt. Sie geht am Montag. Nach Buffalo, um dort für eine sehr reiche Familie zu arbeiten.

Willie Vielleicht nimmt sie mich mit? In Buffalo hatte ich immer Erfolg.

Ben Laß das, Onkel Willie. Wir müssen den Tatsachen ins Auge sehen ... Hier muß etwas geschehen, und zwar schnell.

Willie Ich kann heute nicht darüber nachdenken ... ich bin müde, ich will 'n Schläfchen machen. *Und Willie schließt die Augen und bettet den Kopf seitlich aufs Kissen.*

Ben Willst du meinen Vorschlag hören?

Willie Ich mach 'n Schläfchen. Siehst du nicht, daß ich die Augen zu habe?

Ben Ich schlage dir vor, zu mir und Helen und den Kindern zu ziehen. Wir haben doch ein kleines Extrazimmer ... nach hinten ... und ich glaube, du hättest es wirklich bequem bei uns, Onkel Willie, hörst du überhaupt, was ich sage?

Willie Und was ist dein zweiter Vorschlag?

Ben Gefällt dir der erste nicht?

Willie Nicht so gut wie der zweite.

Ben Ich hab ja noch keinen gemacht.

Willie Er gefällt mir trotzdem besser als der erste. Vergiß den ersten.

Ben Warum?

Willie Weil ich deine Kinder nicht mag. Sie sind so laut. Und dein Jüngster hat mir den Tennisschläger auf den Kopf gehauen.

Ben Aber ich hab auch gehört, wie du den Kindern stundenlang vom Varieté erzählt hast und dabei quietschvergnügt warst ... Stimmt's?

Willie Wenn ich nicht erzählt hätte, dann hätten sie mich weiter mit dem Tennisschläger bearbeitet. Wenn du deine Kinder ausquartierst, dann können wir darüber reden ...

Ben Ich kenne den Grund. Warum du nicht zu uns ziehen willst ... Weil Al Lewis bei seinen Kindern lebt und du beweisen willst ... daß du unabhängig bist.

Willie Schieß los. Was ist dein zweiter Vorschlag?

Ben *seufzt tief* Also gut ... aber geh nicht hoch, wenn ich ihn mache ... denn der Vorschlag ist nicht so schlecht, wie er sich anhört.

Willie Schieß los.

Ben Die Stiftung für Schauspieler in New Jersey ...

Willie Er ist noch schlechter, als er sich anhört.

Ben Du irrst dich! Ich bin am letzten Sonntag draußen gewesen, und man hat mir alles gezeigt ... das ganze Haus. Ich hab meinen Augen nicht getraut, wie schön es ist.

Willie Du bist hinausgefahren? Du hattest nicht mal den Anstand abzuwarten, bis ich es ablehne, bei dir zu leben?

Ben Ich bin nur nach New Jersey gefahren, um mich zu erkundigen. Das war alles. Ich hab mich zu nichts verpflichtet.

Willie Die Stiftung für alte Schauspieler. Das erste Engagement, das du mir in zehn Jahren verschafft hast!

Ben Es liegt an einem See. Und rundherum sind 25 Morgen Land … wunderbar gepflegt … und das Haus selbst ist ein modernisiertes Herrschaftshaus mit einer großen Veranda …

Willie Ich hab's gewußt. Du willst mich auf eine Veranda in New Jersey setzen. Das hat er dir in den Kopf gesetzt, nicht wahr?

Ben Du brauchst doch nicht auf der Veranda zu sitzen! Die haben eine Million Veranstaltungen … Jeden Freitag- und Samstagabend spielen sie Theater … Und dort leben nur alte Schauspieler. Was willst du mehr?

Willie Und warum New Jersey? … Ich hasse New Jersey … Ich bedaure es, daß man je die Washington-Brücke gebaut hat, die New York mit New Jersey verbindet!

Ben Ich war ganz überrascht, wie viele alte Schauspieler dort leben, die ich kannte. An die ich mich erinnerte. Ich dachte, sie wären alle tot.

Willie Eine feine Empfehlung. Ein Haus mitten im Sumpfland mit vergessenen Menschen.

Ben Sie sind nicht vergessen … Und sie werden fabelhaft versorgt … Onkel Willie, ich bürge dafür … wenn du einen Tag dort verbringst und unglücklich bist, dann kannst du das Heim verlassen … und zu mir ziehen.

Willie 'ne wunderbare Wahl … New Jersey oder der Tennisschläger.

Ben Ach, jetzt ist mir schon viel leichter.

Willie Und was ist mit dir?

Ben Was meinst du mit mir?

Willie *eine Pause … er schaut in die andere Richtung* … Ich werd dich … nicht mehr sehen?

Ben Aber natürlich wirst du mich sehen … Sooft ich kann … Oder dachtest du etwa, ich werde dich nicht besuchen, Onkel Willie?

Willie Na ja … weißt du … kein Mensch fährt nach New Jersey, wenn er nicht unbedingt muß.

Ben Onkel Willie … ich werde dich jede Woche besuchen. Mit der „Variety“. Und ich bring auch Helen und die Kinder mit.

Willie Bring nur die Kinder nicht mit! Warum glaubst du wohl, will ich in das Schauspielerheim?

Ben Weißt du … zum erstenmal seit wir uns kennen, hast du mich wie einen Neffen behandelt … und nicht wie einen Agenten. Es ist … ein ganz neues Verhältnis.

Willie Hoffentlich klappt's damit besser als mit dem alten.

Ben Fünfzehn Jahre lang hab ich darauf gewartet. Aber wir sind uns nie nähergekommen, Onkel Willie.

Willie Wenn du mich jetzt küßt, ist der ganze Plan im Eimer.

Ben Kein Kuß. Ehrenwort … Und ich hab noch einen anderen Wunsch, den du mir erfüllen mußt.

Willie Bei meinem Glück ist das bestimmt für die Wohlfahrt.

Willie Gewissermaßen … aber nicht für eine Organisation. Sondern für eine Person.

Willie Was redest du so drum herum?

Ben Al Lewis möchte dich besuchen.

Willie Wenn du mich schon umbringen willst, hättest du auch die Zigarren mitbringen können.

Ben Er ist todunglücklich … seit es passiert ist.

Willie Und was glaubst du … bin ich? … Ich bin todkrank.

Ben Du weißt sehr gut, was ich meine. Er ruft mich täglich zweimal an, um zu fragen, wie es dir geht. Er ist sehr besorgt.

Willie Sag ihm, daß es mir heute schlechter geht.

Ben Es geht ihm selbst nicht gut, Onkel Willie. Er ist zukkerkrank, hat Arterienverkalkung, und seine Augen werden immer schlechter …

Willie Er sieht gut genug, um mir ins Gesicht zu spucken.

Ben Seitdem du im Krankenhaus warst, hat er sieben Pfund abgenommen. Und wer, glaubst du wohl, schickt dir täglich die Pralinen? Und die Blumen? … Er schreibt immer andere Namen auf die Kärtchen, weil er weiß, daß du die Geschenke sonst wegwerfen würdest …

Willie Das sind seine Blumen? Schmeiß sie raus!

Ben Onkel Willie ... ich hab dich noch nie gebeten, mir einen persönlichen Gefallen zu tun ... seitdem wir uns kennen ... Aber das ist wichtig ... für mich, für dich und für Al Lewis ... Er wird sich nicht mal setzen ... Er will nur heraufkommen und guten Tag sagen ...

Willie Guten Tag? Was?

Ben Das ist alles.

Willie Und wenn er mich jetzt mit dem Zeigefinger in die Rippen stupst, bin ich ein toter Mann. Und das ist Mord, verstehst du?

Ben Sei doch lieb, Willie. Versuch's doch mal.

Willie ... Also ... wenn er heraufkommen will, ich kann ihn nicht daran hindern. Aber ob ich ihm guten Tag sage? Vielleicht mach ich grad ein Schläfchen.

Ben *geht zum Telefon* Ich wußte, daß du mich nicht im Stich läßt, Onkel Willie. Er wird sehr glücklich sein. *Er hebt den Hörer ab.*

Willie Du brauchst nicht von hier anzurufen. Warum soll ich 60 Cent für das Ferngespräch nach New Jersey bezahlen? Damit er mich besucht und guten Tag sagt?

Ben *wählt die Nummer der Rezeption* Es kostet keine 60 Cent. *Zum Fräulein vom Amt.* Hallo ... bitte sagen Sie dem Boy in der Rezeption, er möchte doch Mr. Lewis heraufschicken ... in Mr. Clarks Zimmer. Ja. Danke. *Er legt auf.*

Willie *möchte brüllen – aber es klappt nicht ganz* Soll das heißen, daß er hier ist ... im Hotel?

Ben Er hat mich begleitet und war die ganze Zeit hier. Ich wußte, daß du „ja" sagst.

Willie Zuerst läßt du mich in eine Stiftung für alte Männer einweisen, und dann bringst du diesen Schuft hierher, und dann fragst du mich, ob's mir recht ist??

Ben *strahlt übers ganze Gesicht* Entschuldige! Und du brauchst nie wieder mit mir ein Wort zu reden ... Versprich mir nur eins: sei nett zu Al Lewis.

Willie Ich werde berauschend zu ihm sein. Und in meinem Testament werde ich dich ihm vermachen. *Willie beginnt aus dem Bett zu klettern.*

Ben Was treibst du da? Du darfst nicht aufstehen!

Willie Glaubst du etwa, ich gönne ihm die Genugtuung,

mich im Bett liegen zu sehn ... wie 'nen Kranken? ... Ich werde in meinem Stuhl sitzen und gesünder aussehen als er! *Willie bemüht sich, sichtlich schwach, seine Pantoffeln anzuziehen.*

Ben Der Arzt hat gesagt, daß du unter keinen Umständen aufstehen darfst.

Willie Wenn Lewis zu Clark kommt, um sich zu entschuldigen, ist das kein Umstand! Für mich ist das einen zweiten Herzanfall wert ... Gib mir das Ding aus dem Schrank.

Ben *geht zum Wandschrank* Also gut ... aber geh langsam, bitte! *Ben öffnet den Schrank.*

Willie Und dann will ich, daß du diesen Stuhl ganz nach hinten schiebst. Ich will, daß dieser Schurke einen langen Weg hat.

Ben *nimmt den Bademantel aus dem Schrank* Da ... zieh den Mantel an.

Willie Nein. Ich will nicht den Bademantel. Ich will das blaue Sportjackett. Das wird eine offizielle Entschuldigung.

Ben *hängt den Bademantel wieder in den Schrank und nimmt die blaue Sportjacke heraus* Er kommt nicht, um sich zu entschuldigen. Er kommt, um dir guten Tag zu sagen.

Willie Wenn er sich nicht entschuldigt, fall ich tot um. Nur um ihn zu ärgern. Das kannst du ihm sagen.

Ben hilft Willie in das blaue Sportjackett. Er trägt die Jacke über dem Pyjama.

Ben Hätte ich das nur nicht angefangen.

Willie Merkwürdig. Ich fange grade an, mich wohl zu fühlen. *Knöpft sich das Jackett zu.* Schieb den Stuhl dort zurück. Ganz zurück.

Ben hebt den Stuhl auf und trägt ihn nach hinten.

Ben Ich dachte, ich könnte euch beide wieder zusammenbringen.

Willie *schlurft zu seinem Stuhl. Ben hilft ihm, sich zu setzen* Leg mir ein Kissen unter. Oder zwei. Ich will auf ihn herunterschauen.

Ben steckt ein Kissen unter Willie.

Ben Es ist auch das letzte Mal. Ich will mich nie wieder in euer Leben einmischen.

Willie Es wäre noch besser, wenn's heute regnen würde. Ich

hätt ein diebisches Vergnügen, wenn ich sehen könnte, wie er sich triefend naß entschuldigt.

Und nun klopft jemand dreimal an die Tür – poch-poch-poch.

Aha! Das ist der Augenblick! Darum hat sich's gelohnt, krank zu werden! Los, poch wieder an die Tür ... *Und er zeigt mit dem Finger in die Luft – – – das ist sein großer Augenblick.*

Al klopft wieder an die Tür.

Herrrreinspaziert!

Ben geht zur Tür hinüber und öffnet sie.

Al Lewis tritt schüchtern ein. Er hält den Hut in der Hand. Sofort läßt Willie den Kopf zur Seite sinken und schnarcht. Er spielt den Schlafenden.

Al *flüstert* Oh, er schläft ... Ich kann ja später wiederkommen.

Ben *flüstert ebenfalls* Nein, nein. Er schlummert nur ein bißchen. Kommen Sie näher.

Al kommt in die Zimmermitte, und Ben schließt die Tür. Wollen Sie mir nicht Ihren Hut geben?

Al Nein, ich halte mich gern an etwas fest, wenn Sie nichts dagegen haben.

Ben geht zu Willie hinüber, der noch immer „schlummert". Er beugt sich über Willie und flüstert sanft in sein Ohr.

Ben Onkel Willie. Du hast Besuch!

Willie *öffnet die Augen weit* Ha? Was?

Ben Sieh mal, wer da ist, um dich zu besuchen, Onkel Willie ...

Willie *zwinkert mit den Augen* Ich hab meine Brille nicht auf ... Wer ist das?

Al Ich bin's, Willie ... Al ... Al Lewis.

Willie *zwinkert noch lebhafter mit den Augen* Al Lewis? ... Du bist so weit weg ... komm doch näher ... ganz nahe ...

Al legt unterwürfig den weiten Weg durchs Zimmer zurück, den Hut in der Hand.

Und Willie zwinkert noch immer. Ach so ... der Al Lewis!

Al Ich will dich nicht stören, Willie. Ich weiß, daß du dich ausruhen mußt ...

Willie So ist es. Ich hab gerade meine Telegramme von Mae West und Bob Hope gelesen.

Al Das ist aber schön ... *Er dreht sich herum, bewundert die Vasen.* Oh ... die schönen Blumen.

Willie Ich wollte sie gerade rausschmeißen ... ich kann den Geruch nicht ... Ich krieg sie jeden Tag von irgendwelchen Menschen und außerdem billige Pralinen ... Aber die Leute meinen's gut.

Al *nickt* Ganz bestimmt ... Also ... ich bin nur gekommen, um zu sehen, wie es dir geht. Ich will dich nicht lange stören ... Ich wollte nur guten Tag sagen ... Guten Tag und adieu ... Also: guten Tag und adieu.

Und er ist im Begriff, den Hut aufzusetzen und zu gehen.

Willie Einen Augenblick. Ich hab noch ein paar Minuten Zeit vor meinem nächsten Schläfchen. Setz dich zu mir ... sprich ein Weilchen mit mir.

Al Bist du sicher, daß es nicht zuviel für dich wird?

Willie Ich bin sicher, daß du mir viel mehr zu sagen hast als nur guten Tag ... Möchtest du einen Tee?

Al Sehr gern.

Willie Dann geh in die Küche und koch dir einen.

Ben Ich hab eine bessere Idee. Ich bestelle unten einen Tee für euch. Wenn ich den Zimmerkellner rufe, dann dauert's eine Ewigkeit. *Ben geht auf die Tür zu.*

Willie Du gehst? Du willst nicht hören, was mir Al zu sagen hat?

Ben Ich glaube nicht, daß es nötig ist. Ich bin in zehn Minuten wieder da. *An der Tür.* Bin ich aber froh, Sie zu sehen, Mr. Lewis ... Freu ich mich, Sie beide ... euch beide zu sehen!

Ben nickt mehrmals ... geht dann zur Tür hinaus und schließt sie hinter sich.

Eine verlegene Stille im Zimmer zwischen den beiden Männern ... sie dauert aber nur einen Augenblick. Dann.

Al Er ist ein netter Junge.

Willie Der beste von allen ... Nicht sehr gescheit, aber ein guter Junge.

Al *nickt* ... Hast du alles, was du brauchst?

Willie Was könnte ich brauchen?

Al Bücher? Zeitschriften?

Willie Nein. Ich hab alle Hände voll zu tun, ich muß die Post meiner Fans beantworten.

Al Hast du Briefe bekommen? Von deinen Fans?

Willie Du nicht?

Al Ich krieg noch nicht mal Postwurfsendungen.

Willie An mich erinnern sich noch viele heute. *Er hustet.* Verzeihung.

Al Bist du auch sicher, daß du sprechen darfst?

Willie Ich spreche nicht. Ich antworte nur ... Du sprichst. *Eine lange Pause.* Warum??? Gibt's was Besonderes ... worüber du mit mir sprechen willst?

Al Zum Beispiel?

Willie Woher soll ich das wissen? Woher soll ich das wissen, was dich bedrückt? Weiß ich denn, warum du nachts nicht schlafen kannst?

Al Wer sagt denn, daß ich nachts nicht schlafen kann? Ich schlafe wunderbar.

Willie Komisch. Ich finde, du siehst müde aus. Und etwas verstört. Wie jemand, der etwas auf dem Gewissen hat ... oder was weiß ich?

Al Ich hab nichts auf dem Gewissen.

Willie Hast du auch gründlich nachgedacht?

Al Ich hab nichts auf dem Gewissen. Das einzige, was mich bedrückt, ist ... daß du krank geworden bist.

Willie Danke. Ich nehme deine Entschuldigung an!!!

Al Was für 'ne Entschuldigung? Wer hat sich entschuldigt? Ich hab nur gesagt, mir tut's leid, daß du krank geworden bist.

Willie Und was glaubst du, wer daran schuld ist?

Al Wer? Du selbst ... Du bist schuld. Nicht ich. Du hast gebrüllt und geschrien und hast dich aufgeführt wie ein Verrückter, du hast dich krank gemacht ... und das tut mir leid.

Willie Also gut ... solange dir nur irgendwas leid tut.

Al Es tut mir auch leid, daß in Indien Menschen hungern, aber ich werd mich deswegen nicht entschuldigen. Ich kann doch nichts dafür.

Willie Ich hab dir auch wegen Indien keine Vorwürfe gemacht. Ich sag nur, daß du schuld daran bist, daß ich krank geworden bin, und weil du zu mir gekommen bist, um dich zu entschuldigen, bin ich Gentleman genug, es anzunehmen.

Al Sei kein solcher Gentleman, denn da gibt es nichts anzunehmen.

Willie Du bist derjenige, der mit dem Hut in der Hand hierhergekommen bist, nicht ich.

Al Der Hut hat 25 Dollar gekostet. Was erwartest du von mir? Daß ich ihn zusammenknülle und in die Tasche stecke?

Willie Wenn du nicht gekommen bist, um dich zu entschuldigen ... warum hast du mir dann immer Pralinen und Blumen geschickt?

Al Ich habe dir Pralinen und Blumen geschickt??

Willie Jawohl. Weil's dein Gewissen bedrückt hat, und darum konntest du nachts nicht schlafen, und darum bist du zu mir gekommen ... mit dem Hut in der Hand, um mich um Verzeihung zu bitten ... aber diesmal bin ich kein Gentleman, und ich nehme deine Entschuldigung nicht an! Was sagst du jetzt?

Al starrt Willie an.

Al Ich wußte, daß es Krach geben wird, als du riefst „herrreinspaziert", statt „herein"!

Willie Es gibt keinen Krach. Es hat sich ausgekracht. Ich hab bekommen, was ich wollte, und jetzt bin ich glücklich.

Al Was hast du bekommen?? Ich hab mich nicht entschuldigt, und du hast das Nicht nicht angenommen!

Willie Ich will nicht mehr darüber debattieren. Ich hab gerade einen Herzanfall überwunden.

Al starrt Willie schweigend an.

Al *ruhig* Weißt du ... Willie? Ist dir schon aufgefallen, daß wir nicht sehr gut miteinander auskommen?

Willie Na ja ... bei jedem Menschen geht's mal rauf und mal runter ...

Al In 43 Jahren ging's bei uns beiden vielleicht ein einziges Mal rauf ... Willst du die Wahrheit wissen? Ich kann kein „Runter" mehr verkraften.

Willie Und willst du die Wahrheit wissen? Zum erstenmal im Leben bin ich auch ein bißchen müde. In gewisser

Hinsicht war der Herzanfall ganz gut für mich. Ich hatte die Ruhe nötig.

Al Und was hast du jetzt vor?

Willie Nun ja ... mein Neffe hat mir heute zwei sehr gute Vorschläge gemacht.

Al Wahrhaftig?

Willie Ich glaub, ich nehm den zweiten an.

Al Geht's dir wieder so gut, daß du wieder arbeiten darfst?

Willie Also, dieser Plan wäre nicht sehr anstrengend ... Ziemlich geruhsam ... vielleicht am Samstag eine einzige Show ... so was Ähnliches.

Al Wirklich? Hier in New York?

Willie Nein, nein. In der Provinz ...

Al Ist ja großartig.

Willie Na ja ... du kennst mich ja. Ich muß immer was zu tun haben ... Und was hast du vor?

Al Oh ... ich bin sehr glücklich. Meine Tochter erwartet ein zweites Baby. Da brauchen sie mein Zimmer ... und ich will den Kindern nicht zur Last fallen ... Wir haben alles gründlich durchgesprochen, und ich hab beschlossen, in die Stiftung für Schauspieler in New Jersey zu ziehen.

Willie *läßt sich ins Kissen zurückfallen – – – sein Kopf sinkt zur Seite, und er seufzt tief auf ... und greift sich an die Brust* OhdumeinGott ... Der Finger ist wieder da ...

Al Was fehlt dir? Fühlst du dich nicht wohl? Warum greifst du dir an die Brust? Hast du Schmerzen?

Willie Noch nicht. Aber gleich.

Al *nervös* Kann ich dir etwas holen? Soll ich den Doktor rufen?

Willie Der kann mir nicht helfen.

Al Aber auch nicht schaden.

Jetzt wird ihnen bewußt, daß sie wider Willen in einen alten Varieté-Dialog verfallen sind. Und Willie muß lachen.

Willie „Könnt nicht schaden ..." Wie oft haben wir diesen Satz im Varieté gesprochen?

Al Und er haute immer hin ... Siehst du? Sogar du hast gelacht!

Willie Du bist ein drolliger Mensch, Al ... Du bist ein Krampf im Arsch, aber drollig bist du!

Al Weißt du, wo bei dir der Hase im Pfeffer lag, Willie? Du hast die Witze immer zu ernst genommen. Die Witze waren doch nur Witze. Wir haben 43 Jahre lang auf der Bühne Spaß gemacht. Und ich glaub nicht, daß du dich ein einziges Mal amüsiert hast.

Willie Wenn ich mich hätte amüsieren wollen, dann hätt ich mir 'ne Karte gekauft.

Al Also ... vielleicht kannst du jetzt damit beginnen ... dich zu amüsieren? Wenn du nicht allzu beschäftigt bist ... vielleicht kannst du mich einmal besuchen ... dort draußen.

Willie Darauf kannst du Gift nehmen.

Al Und jetzt ... nachdem ich mit dir gesprochen habe, fühl ich mich tausendmal besser ... Vielleicht möchtest du dich jetzt ausruhen ... ein Schläfchen machen.

Willie Ich glaub schon ... Aber sprich weiter, ich schlaf dabei ein.

Al *schaut sich im Zimmer um* Was gibt's Neues in der „Variety"?

Willie Bernie Eisenstein ist gestorben.

Al Was du nicht sagst. Bernie Eisenstein? Der Theaterarzt aus dem Palace?

Willie Das war Sam Hesseltine. Bernie Eisenstein war „Ramona und Rodriguez".

Al Jackie Aronson war Ramona und Rodriguez. Bernie Eisenstein war der Theaterarzt im Palace. Sam Hasseltine war Adolph Menjous Agent.

Willie Zank dich nicht mit mir, ich bin krank.

Al Ich weiß. Aber warum soll ich auch krank werden?

Der Vorhang senkt sich langsam.

Willie murmelt.

Al Bernie Eisenstein war der Theaterarzt, als wir zum erstenmal mit Mae West auftraten, und damals lernten wir Sam Hesseltine kennen ... Jackie Aronson war damals noch nicht Rodriguez ... Er war DeMarco und Lopez ... Lopez starb, und DeMarco wurde Häusermakler, so wurde Jackie Rodriguez ...

Vorhang

Brooklyn Memoiren

Personen

Jack Jerome
Kate Jerome
Stanley
Eugene
Blanche Morton
Nora
Laurie

Erster Akt

Brighton Beach, New York, Ende September 1938.
Ein bescheidenes Einfamilienhaus, nicht allzu weit vom Strand. Es ist eine einfache Gegend, vorwiegend von Juden, Iren und Deutschen der unteren Einkommensschicht bewohnt.
Der Hauseingang ist rechts. Davor befindet sich eine kleine Veranda, zu der zwei Stufen hinaufführen.
Innen sehen wir den Eß- und Wohnbereich. Dieser ist durch eine Tür mit der Küche verbunden und rechts durch eine weitere Tür mit der Diele. Eine Treppe führt hinauf zu zwei nebeneinanderliegenden kleinen Schlafzimmern. Nicht zu sehen sind zwei weitere Schlafzimmer und ein Badezimmer.
Es ist gegen achtzehn Uhr dreißig; die Spätseptembersonne ist im Untergehen.
Wenn der Vorhang aufgeht, sehen wir Kate Jerome, um die 40, beim Tischdecken. Ihre Schwester Blanche, etwa 38, arbeitet an der Nähmaschine.
Laura Morton, 13, liegt auf dem Sofa und liest ein Buch.
Vorn auf dem Rasen ist Eugene Jerome, der demnächst 15 wird. Er trägt Knickerbocker, Hemd und Krawatte, einen alten, verschlissenen Pullover, Tennisschuhe und eine blaue Baseballmütze. An der linken Hand hat er einen alten, ausgedienten Baseballhandschuh und in seiner Rechten einen Baseball, der so alt und gebeutelt aussieht, daß er jeden Moment auseinanderzufallen droht.
Er steht, mit dem Gesicht nach links, auf dem imaginären Standort des Werfers. Er sieht sich über die Schulter nach einem imaginären Läufer am zweiten Base um, dann blickt er wieder zum Schlagmann. Er holt aus und wirft, trifft eine Wand, die wir nicht sehen.

Eugene Ein Aus, Läufer am zweiten Base, siebenter Durchgang, zwei Fehlbälle, noch kein Fehlschlag ... Ruffing checkt den Läufer, kriegt das Zeichen vom Fänger, Ruffing holt aus, Ruffing wirft ... *Wirft den Ball.* Gerade noch drin! Erster Fehlschlag, juhuuu! Bravo, Ruffing! Das will 'n Schlagmann sein! *Holt den Ball.* Ein Aus, Läufer am zweiten Base, siebenter Durchgang, zwei Fehlbälle, ein Fehlschlag ... Ruffing checkt den Läufer, kriegt das Zeichen vom Fänger, Ruffing holt aus, Ruffing wirft ... *Wirft den Ball.* Draußen. Mist. Dritter Fehlball. Los, Red! Wirf ihn, daß er ihn schlagen muß! Ist doch 'ne Flasche, der Schlagmann.

Blanche *hört auf zu nähen* Kate, bitte. Mir dröhnt der Kopf.

Kate Ich hab's dem Bengel hundertzwanzigmal gesagt. *Ruft hinaus.* Eugene! Hör auf, gegen die Wand zu bummern!

Eugene *ruft* Noch eine Sekunde, Mam! Es ist das Endspiel! *Spielt weiter.* Ein Aus, Läufer am zweiten Base, siebenter Durchgang, drei Fehlbälle, ein Fehlschlag ... Ruffing holt aus, Ruffing wirft ... *Wirft den Ball.* Neiiin! Wieder draußen! Vierter Fehlball. Jojo Moore kommt ans erste Base ... Ein Läufer am ersten, einer am zweiten ... Jetzt schlägt Mel Ott ...

Blanche *hört wieder auf* Kann er das nicht irgendwo anders machen?

Kate Ich bring ihn um – da kann er's machen. *Ruft.* Eugene, ich sage es nicht noch einmal. Hast du verstanden?

Eugene *ruft* Es ist der letzte Schlagmann, Mam. Mel Ott ist dran. Es ist ein entscheidender Moment in der Geschichte des Baseballs.

Kate Tante Blanche dröhnt der Kopf.

Blanche Er braucht ja nicht aufzuhören. Bloß dieses ewige Gebummer.

Laurie *blickt von ihrem Buch auf* Und immer, wenn ich gerade lerne. Wir schreiben morgen eine wichtige Arbeit in Geschichte.

Eugene Noch ein Wurf, Mam. Ich glaub, ich kann ihn „aus" machen. Ich bin heut groß in Form.

Kate Dein Vater wird auch groß in Form sein, wenn er nach Hause kommt. Hast du gehört?

Eugene Ja, ja, ist ja schon gut.

Kate Ich möchte, daß du sofort hereinkommst und die Gläser auf den Tisch stellst.

Blanche Das kann ich doch machen.

Kate Wieso? Hat er nicht zwei gesunde Arme? *Ruft hinaus.* Und keine Widerrede, hast du verstanden? *Geht wieder in die Küche.*

Eugene haut den Ball wütend in seinen Handschuh. Dann hält er die Hand wie ein Megaphon vor den Mund und wendet sich an die „Haupttribüne".

Eugene „Achtung, Achtung, meine Damen und Herren! Das heutige Spiel muß leider abgebrochen werden, weil meine Tante Blanche Kopfschmerzen hat ..."

Kate Blanche, für heute hast du genug genäht. Wenn du so weitermachst, wirst du noch blind, das ist das einzige, was mir noch fehlt.

Blanche Ich will nur diesen Saum fertig machen ... Laurie, hilf Tante Kate beim Tischdecken, mein Herz.

Laurie Zwei Seiten noch, Mammi, okay? Nur noch die Mazedonischen Kriege zu Ende.

Kate Immer über ihren Büchern, die Kleine. Das wird mal eine ganz Gelehrte. *Ruft aus der Küche.* Eugene!

Eugene *ruft* Ich komme.

Kate Und wasch dir die Hände.

Eugene Beide? Links hab ich doch 'n Handschuh an. *Pfeffert den Ball wieder in den Handschuh. Dann blickt er nach vorne und wendet sich an die Zuschauer.* Ich hasse meinen Namen! ... Eugene Morris Jerome ... das ist der zweitschlimmste Name, den man je einem Jungen gegeben hat ... Der schlimmste ist Shmuel Fleischmann ... Wie soll ich je bei den Yankees spielen, mit so einem Namen? Eugene Morris Jerome! ... Joe muß man heißen ... oder Tony ... oder Frankie ... Wenn ich doch bloß als Italiener auf die Welt gekommen wäre ... Die Spitzenspieler bei den Yankees sind alle Italiener ... Meine Mutter macht die Spaghetti mit Ketchup, was habe ich da für Chancen? *Haut den Ball wieder in seinen Handschuh.*

Laurie Ich bin fast fertig, Mammi.

Blanche Brav, mein Herz. Steh nicht zu schnell auf.

Kate *zu Laurie* Du hast ein bißchen mehr Farbe heute, mein Kleines. Wahrst du in der Sonne?

Laurie Ich bin runter zum Strand gegangen.

Blanche Schön langsam, hoffentlich?

Laurie Ja, Mammi.

Blanche Dann ist gut.

Eugene hat zugehört. Er wendet sich wieder ans Publikum.

Eugene Sie wird so verhätschelt, weil die Ärzte gesagt haben, daß sie so eine Art Herzflattern hat ... Ich bin diesen Sommer mal von einem Baseball derart an den Hinterkopf getroffen worden, daß ich zwei Wochen lang alles doppelt gesehen habe, und mußte trotzdem jeden Nachmittag einen Block Eis nach Hause schleppen ... Mädchen werden behandelt wie Prinzessinnen ... Vielleicht hätte ich als Mädchen auf die Welt kommen sollen ... Als italienisches Mädchen ...

Kate *hebt eine Sportsocke vom Boden auf* Eugene!!!

Eugene Was ist??

Kate Wie oft habe ich dir gesagt, du sollst deine Sachen nicht überall rumliegen lassen?

Eugene Hundertzwanzigmal.

Kate Was?

Eugene Du hast gestern gesagt: „Ich habe dir hundertzwanzigmal gesagt, du sollst deine Sachen nicht überall rumliegen lassen."

Blanche Sei nicht so frech zu deiner Mutter, Gene!

Eugene *zum Publikum* War ich frech? Ich schwöre bei Gott, das hat sie gestern zu mir gesagt ... Das kommt eines Tages alles in meinem Buch oder meinem Theaterstück vor ... Ich werde nämlich Schriftsteller, wissen Sie, wie Upton Sinclair oder so jemand ... das heißt, wenn es mit den Yankees nicht klappen sollte ... oder mit den Cubs ... oder mit den Red Sox ... oder notfalls auch mit den Tigers ... Ehe ich so tief sinke, daß ich zu den St. Louis Brown gehe, werde ich jedenfalls Schriftsteller.

Laurie Mammi, kann ich ein Glas Limonade haben?

Blanche Du wirst dir den Appetit verderben, Liebling.

Kate Ein Schlückchen kann ihr nichts schaden.

Blanche Na schön. Kleinen Moment, mein Engel.

Kate Ich bring's ihr. Ich bin sowieso in der Küche.

Eugene *zum Publikum* Die soll nur zusehen, daß sie auch wirklich was am Herzen hat, sonst erschlage ich sie eines Tages ... *Steht auf, um ins Haus zu gehen, bleibt auf den Verandastufen stehen und wendet sich wieder ans Publikum. Vertraulich.* Was ich Ihnen hier erzähle ... aber das dürfen Sie niemandem weitersagen ... was ich Ihnen hier erzähle, sind meine geheimen Memoiren ... Ich nenne sie: „Die Unglaublichen, Phantastischen und Intimsten Gedanken des Eugene Morris Jerome, aufgezeichnet in diesem, seinem fünfzehnten Lebensjahr, anno domini 1938, zu Brighton Beach in Brooklyn, New York."

Kate kommt mit einem Glas Limonade und einem Rollschuh aus der Küche.

Kate Ein Rollschuh auf dem Küchenboden! Willst du, daß ich mir das Genick breche, oder was willst du?

Eugene *stürzt ins Haus* Ich habe ihn nicht da liegenlassen.

Kate Nicht? Wer dann? Laurie? Tante Blanche? Hast du sie je Rollschuh laufen sehen? *Hält ihm den Rollschuh hin.* Bring das nach oben ... Komm her!

Eugene nähert sich ihr, hält sich dabei schützend den Hinterkopf.

Eugene Nicht auf den Hinterkopf, ich habe eine Gehirnerschütterung.

Kate Was würdest du deinem Vater sagen, wenn er nach Hause käme und ich läge tot auf dem Küchenboden?

Eugene Ich würde sagen: „Geh nicht in die Küche, Paps!"

Kate holt aus, er duckt sich, und sie schlägt daneben.

Kate Verschwinde! Und komm mir nicht wieder runter, bevor du dir die Hände gewaschen hast!

Eugene geht die Treppe hinauf. Er wendet sich ans Publikum.

Eugene Verstehen Sie jetzt, warum ich das alles aufschreibe? Falls ich später einen Knacks habe und völlig verkorkst bin, soll die Welt wissen, warum.

Blanche *näht immer noch* Was willst du? Er ist ein Junge. Sei froh, daß er gesund ist und herumtoben kann. Bevor die Ärzte entdeckt haben, was Laurie fehlt, war sie genauso.

Kate Niemals. Mädchen sind anders. Als du und ich in dem Alter waren, da haben wir das Haus tipptopp in Ordnung gehalten. Und Ben und Ezra haben Mutter zur Verzweiflung getrieben.

Eugene ist oben. Er geht in sein Zimmer, nimmt ein Wachstuchheft und einen Bleistift, legt sich aufs Bett und schreibt an seinen „Memoiren" weiter.

... Ich war schon immer so. Bei mir muß alles blitzen. Da bin ich wie Mutter. An dem Tag, wo sie ihre Sachen gepackt haben und aus Rußland weggegangen sind, hat sie noch einmal von oben bis unten saubergemacht. „Und wenn uns die Kosaken hundertmal vertrieben haben", hat sie gesagt, „wenn sie in dieses Haus einbrechen, werden sie den Hut abnehmen vor den Juden."

Laurie Wer waren die Kosaken?

Kate Dasselbe Gesindel wie die von gegenüber.

Laurie Von gegenüber? Meinst du die Murphys?

Kate Ich meine sie alle.

Laurie Die Murphys sind aus Rußland?

Blanche Wenn du die Mutter kennen würdest ... Das ist eine sehr nette Frau.

Kate Ihre Fenster sind jedenfalls so verdreckt, daß ich dachte, sie hat schwarze Vorhänge.

Blanche Ich war mal drüben. Es war sehr ordentlich. Du wirst niemand finden, der so sauber ist wie du.

Kate Was wolltest du denn bei denen?

Blanche Sie hatte mich reingebeten. Auf eine Tasse Tee.

Kate Damit du ihren Sohn kennenlernst? Diesen Trunkenbold?

Blanche Nein. Wir waren allein.

Kate Ich wohne jetzt seit sieben Jahren hier, mich hat sie noch nie reingebeten. Weil sie über deine Situation weiß. Ich kenne die Sorte. Denk dran, was Mama immer gesagt hat: „Bleib auf deiner Straßenseite, dafür ist der Rinnstein nämlich da." *Geht wieder in die Küche.*

Eugene *schreibt, spricht mit* „Dafür ist der Rinnstein nämlich da." ... *Zum Publikum.* Wenn meine Mutter wüßte, daß ich das alles aufschreibe, würde sie mich durch den Fleischwolf drehen ... Ich sollte vielleicht erklären, was sie mit Tante Blanches „Situation" gemeint hat ... Ihr Mann, Onkel Dave, wissen Sie, ist vor sechs Jahren gestorben. Er hatte ... *Blickt sich um.* ... Das Wort wird bei uns nie laut ausgesprochen. Nur geflüstert. Er hatte ... *Flüstert.* Krebs! ... Ich glaube, sie haben Angst, wenn sie das Wort laut aussprechen, wird Gott sagen: „ICH HABE ES GEHÖRT! IHR HABT DIE GRAUSIGE KRANKHEIT BEIM NAMEN GENANNT! *Mit nach unten deutendem Zeigefinger.* DARUM SOLLT IHR HINFORT MIT IHR GESCHLAGEN SEIN!" ... Es gibt Dinge, über die die Erwachsenen einfach nicht sprechen. Mein Großvater, zum Beispiel. Der starb an *Flüstert.* Diphtherie! ... Auf jeden Fall, als Onkel Dave starb, hat er Tante Blanche keinen Pfennig hinterlassen. Nicht mal eine Versicherung ... Und sie konnte sich und ihre Kinder nicht selbst ernähren, denn sie hat ... *Flüstert.* Asthma. Also hat meine herzensgute Mutter darauf bestanden, daß wir sie alle drei bei uns aufnahmen. Man hat aus unserem Zimmer zwei kleine Zimmer gemacht, und ich und mein Bruder Stan schlafen hier auf dieser Seite und Laurie und ihre Schwester Nora auf der anderen. Mein Vater dachte, es wäre nur vorübergehend, aber jetzt geht das schon dreieinhalb Jahre so, und ich glaube, Tante Blanches Situation ist der Grund dafür, daß mein Vater in letzter Zeit einen ... *Flüstert.* hohen Blutdruck hat. *Beginnt weiterzuschreiben.*

Kate kommt mit einem Glas Limonade aus der Küche. Sie geht hinüber zu Laurie.

Kate Noch ein Schlückchen Limonade, mein Kleines?

Laurie Ja, danke, Tante Kate.

Blanche Trink langsam.

Laurie Ja, Mammi.

Kate Jetzt ist es aber wirklich genug, Blanche. Seit sieben Uhr morgens.

Blanche Ich wollte gerade aufhören.

Kate Du wirst dir noch die Finger zusammennähen.

Blanche Es wird sowieso zu dunkel. *Hört auf zu nähen, reibt sich die Augen.* Ich glaube, ich brauche eine neue Brille.

Laurie Unsere Lehrerin sagt, man sollte sie alle zwei Jahre wechseln.

Kate *zu Blanche* Warum machst du dir kein Licht an?

Blanche Die Stromrechnung muß ja meinetwegen nicht noch höher werden. Ich stehe auch so schon tief genug in eurer Schuld.

Kate Habe ich mich je beklagt? Siehst du hier irgend jemand Hunger leiden? Wenn ich mal nichts zu essen habe, wirst du mit mir teilen.

Blanche Kate, eines Tages werde ich dir und Jack alles zurückzahlen. Ich weiß nicht wann, aber ich halte mein Wort.

Kate Wenn du das große Los gewinnst, werden wir drüber reden ... Geh doch mal und probier die Suppe. Kann sein, daß noch Salz fehlt.

Blanche geht in die Küche.

Laurie Soll ich die Gläser holen, oder macht das Eugene?

Eugene hat das gehört und schlägt ärgerlich sein Memoirenheft zu.

Kate *ruft hinauf* Eugene! ... Ich sag es dir jetzt zum letzten Mal! *Zu Laurie.* Leg nur die Servietten hin, mein Kleines. *Geht in die Küche.*

Laurie steht auf und legt die Servietten aus. Eugene setzt sich auf seinem Bett auf.

Eugene *zum Publikum* Wegen ihres „Leidens" muß ich natürlich doppelt soviel tun ... O Mann, wenn mich die Yankees nehmen würden, dann wäre ich noch diesen Winter in St.Petersburg ... *Verläßt sein Zimmer und geht die Treppe hinunter.* Ihre Schwester Nora ist gar nicht so übel. Die stört mich weniger. *Ist mittlerweile unten angelangt.* Jedenfalls sieht sie gar nicht so übel aus. *Holt Gläser aus der Vitrine.* Um ganz ehrlich zu sein, ich mache seit Anfang des Jahres immer wieder die Beobachtung, daß es Mädchen gibt, die gar nicht so übel aussehen ... Nora hat vor etwa acht Monaten angefangen, sich zu entwickeln ... Das genaue Datum habe ich in meinem Notizbuch.

Plötzlich hören wir eine Stimme. Es ist Nora.

Nora Mammi! Laurie! Tante Kate!

Wir sehen Nora, 16, ein bildhübsches, schon voll entwickeltes Mädchen, die Stufen hinauf und ins Haus kommen. Sie sprudelt über vor Begeisterung.

Ich muß euch was erzählen ... wo steckt ihr denn alle?

Eugene Hi, Nora!

Nora Eugene! Du Prachtexemplar von einem Cousin! Du ahnst ja nicht, was mir passiert ist! *Umarmt ihn stürmisch und gibt ihm einen Kuß. Dann stürzt sie ins andere Zimmer zu Laurie.* Ich glaub, ich fall in Ohnmacht! Ich fall glatt in Ohnmacht!

Eugene, noch ganz benommen von der Umarmung, wendet sich ans Publikum.

Eugene Ich habe ihre Brust gespürt! ... Als sie mich umarmt hat, habe ich meine erste Brust gespürt.

Nora Ich kann es noch immer nicht glauben!

Laurie Was ist denn los?

Nora Wo sind Mammi und Tante Kate? Ich muß es euch allen sagen ... *Stürzt zur Küchentür.* Kommt doch mal her, ich habe eine umwerfende Neuigkeit!

Kate und Blanche kommen aus der Küche. Kate stampft Kartoffeln in einem Topf.

Kate Was ist denn los?

Blanche Du glühst ja, Kind.

Nora Setz dich, Mammi, damit du nicht umkippst.

Kate Setz dich, Blanche.

Laurie Mammi, setz dich.

Blanche setzt sich.

Nora Du dich auch, Tante Kate. Also. Seid ihr bereit?

Laurie Gott, ist das spannend. Ich sterbe vor Neugier.

Blanche So was sollst du nicht sagen, Laurie.

Kate *zu den anderen* Ich möchte endlich hören, was sie uns zu erzählen hat. Bitte, Liebling.

Nora *eine Spur atemlos* Okay. Haltet euch fest ... Ich soll am Broadway auftreten!

Alle sind sprachlos und sehen sie an.

In einem Musical. Es heißt „Abrakadabra“ ... Heute nachmittag ist ein Produzent in die Tanzschule gekommen, ein Mr. Beckman, und hat sich unsere Klasse angesehen und hat drei Mädchen für den Chor ausgesucht, darunter mich. Wir müssen Montag früh um zehn im Hudson-Theater sein und beim Ballettmeister vortanzen. Aber als ich rausging, hat er mich beiseite genommen und mir gesagt, sie würden mich so gut wie sicher nehmen. Und ich soll ihn gleich hinterher anrufen und dann in sein Büro kommen, um alles zu besprechen. Die Proben beginnen Montag in acht Tagen, und dann geht es nach Philadelphia, Wilmington und Washington … Und Mitte Dezember kommen wir nach New York. Es sind neun große Musiknummern, und auf der Bühne wird ein riesiger Wassertank sein, durchsichtig natürlich, und das große Finale, wo alle mitmachen, findet ganz und gar unter Wasser statt … Was sagt ihr dazu? Ich werde am Broadway auftreten, Mammi!

Die anderen sind immer noch sprachlos.

Blanche *schließlich, zu Kate* Was redet sie da?

Kate Weiß ich's? Bin ich ihre Mutter?

Laurie Wie willst du in einer Show mitmachen? Mußt du da nicht singen können?

Nora Ich kann ja singen.

Laurie Nein, kannst du nicht.

Nora Ein bißchen.

Laurie Nein, kannst du nicht.

Nora Ich kann den Ton halten.

Laurie Nein, kannst du nicht.

Nora Na ja, ist auch wahrscheinlich gar nicht nötig. Sie brauchen ja nur Tänzerinnen.

Laurie Am Broadway muß man tanzen und singen können.

Nora Woher willst du denn das wissen? Du hast doch noch nie eine Broadwayshow gesehen.

Blanche Hast du ihm gesagt, wie alt du bist?

Nora Er hat mich nicht gefragt.

Blanche Er hat dich nicht gefragt, ob du schon achtzehn bist?

Nora Er hat mich nur gefragt, ob ich zum Vortanzen komme. Mein Gott, freut sich denn kein Mensch?

Eugene Doch. Das ist das Phantastischste, was ich je gehört habe.

Nora Danke, Eugene. Schön, daß sich wenigstens einer freut.

Eugene *zum Publikum* Mein Gott, ich werde Wand an Wand mit einem Showgirl schlafen!

Blanche Moment – wieso Philadelphia? Und was ist mit der Schule?

Nora Schule? Mammi, hier geht's um eine Broadwayshow. Hier geht's um meine Zukunft! Algebra und Geographie nützt mir auf der Bühne gar nichts.

Laurie Nützen! Plural!

Nora Halt du dich da raus!

Blanche Du meinst, du willst von der Schule abgehen? Ohne Abschluß? ... Weißt du, wie schwer es heutzutage für ein Mädchen ist, einen guten Job zu bekommen, wenn sie kein Abschlußzeugnis hat?

Nora Aber ich habe ja einen Job. Und ich werde mehr Geld verdienen als zehn Mädchen mit Abschlußzeugnissen.

Laurie Noch hast du ihn ja nicht. Erst mußt du vortanzen.

Nora Er ist mir so gut wie sicher. Mr. Beckman hat es mir gesagt.

Blanche Und was ist, wenn du dir, Gott behüte, ein Bein brichst? ... Oder deine Figur verlierst? ... Wie lange, meinst du, werden sie dich behalten? Tanzen ist was für ein paar Jahre, ein Abschlußzeugnis ist was für's Leben. Ich weiß es, weil ich keins habe. Ich weiß, wie schwer es ist, einen anständigen Job zu finden. Tante Kate weiß es auch. Sag's ihr, Kate.

Kate Es ist sehr schwer.

Nora Warum hast du mich dann drei Jahre auf die Tanzschule geschickt? Warum gondle ich viermal die Woche nach der Schule durch halb New York, hetz mich jedesmal wie eine Verrückte, um pünktlich da zu sein? Warum hockst du tagaus, tagein über einer uralten Nähmaschine und ruinierst dir die Augen, um das Geld aufzubringen? Warum, Mammi?

Blanche ... Weil ich es gern tue ... Weil ich weiß, wieviel es dir bedeutet ... Weil du mich darum gebeten hast.

Nora Dann bitte ich dich um noch etwas, Mammi. Laß mich jetzt einmal etwas für dich tun. Ich würde fast sechzig Dollar mit nach Hause bringen, jede Woche. Und das nur am Anfang ... Wenn ich in zwei Jahren mit der Schule fertig bin, würde ich auch mit dem besten Abschlußzeugnis der Welt nicht die Hälfte verdienen.

Blanche *holt tief Luft* Ich kann das jetzt nicht entscheiden. Es gibt bald Essen. Onkel Jack muß jeden Moment kommen. Wir reden später darüber. *Steht auf.*

Nora Ich muß es jetzt wissen, Mammi. Ich muß Mr. Beckman anrufen und ihm sagen, ob ich am Montag zum Vortanzen komme ... Laß mich wenigstens vortanzen. Damit ich zumindest weiß, ob sie finden, daß ich gut genug bin ... Bitte, sag nicht schon vor Montag nein.

Alle sehen auf Blanche. Sie blickt auf ihre Hände.

Eugene *zum Publikum* Es war ein spannungsgeladener Moment ... Ich liebe spannungsgeladene Momente! ... Besonders, wenn ich nicht die Ursache der Spannung bin. *Wendet sich wieder Blanche zu.*

Blanche Das Geld könnten wir weiß Gott gut gebrauchen. Wir stehen ohnehin schon tief genug in Tante Kates und Onkel Jacks Schuld ... Ich glaube, sie haben in dieser Angelegenheit genausoviel zu sagen wie ich ... Was hältst du davon, Kate?

Kate *achselzuckend* Ich? Ich habe in meinem ganzen Leben noch nie meine Stimme abgegeben, warum sollte ich jetzt damit anfangen? ... Ich muß die Kartoffeln warmmachen. *Geht in die Küche.*

Blanche Dann überlasse ich es Onkel Jack. Soll er die Entscheidung treffen. *Steht auf, um Kate zu folgen.*

Nora Warum, Mammi? So gern ich ihn habe, er ist nicht mein Vater.

Blanche Weil ich Hilfe brauche ... Weil ich nicht immer weiß, was das Richtige ist ... Weil ich es gesagt habe, darum. *Geht in die Küche.*

Laurie und Eugene stehen da und sehen die niedergeschlagene Nora an.

Eugene Eugene M. Jerome stimmt jedenfalls mit Ja.

Nora sieht zu ihm auf, bricht in Tränen aus, läuft aus dem Zimmer und die Treppe hinauf. Laurie folgt ihr.

Zum Publikum. Was ich Ihnen jetzt erzähle, ist so privat und geheim, daß laut testamentarischer Verfügung meine Memoiren erst dreißig Jahre nach meinem Tode veröffentlicht werden dürfen ... Ich, Eugene M. Jerome, habe eine Todsünde begangen, indem ich meine Cousine Nora begehre ... Ich kann

Ihnen dieses Geständnis machen, weil ich längst tot sein werde, wenn Sie es zu lesen bekommen ... Wenn ich die Wahl hätte zwischen einem Probetraining bei den Yankees – und der Gelegenheit, zweieinhalb Sekunden ihre nackten Brüste zu sehen, ich wüßte wirklich nicht, wie ich mich entscheiden sollte ...

Kate *kommt aus der Küche* Wir brauchen Brot.

Eugene *wendet sich schnell vom Publikum ab* Was?

Kate Es ist nicht genug Brot da. Lauf schnell rüber zu Greenblatt und hol ein frisches Roggenbrot.

Eugene Schon wieder? Ich war heute morgen erst einkaufen.

Kate Dann gehst du eben heute nachmittag noch mal.

Eugene Immerzu muß ich einkaufen gehen. Das einzige, was ich später mal wirklich können werde, wird sein: einkaufen gehen.

Kate Du willst nicht gehen? ... Schon gut, ich geh selber.

Eugene Bitte nicht! Ich möchte nicht unter Schuldgefühlen zusammenbrechen. Ich geh schon.

Kate Und bring noch ein Viertelpfund Butter mit.

Eugene Ich hab erst heut morgen ein Viertelpfund Butter gekauft. Warum kaufst du nicht gleich ein halbes Pfund?

Kate Und wenn heute nachmittag das Haus abgebrannt wäre? Was hätt ich dann von dem Viertelpfund Butter? *Geht wieder in die Küche.*

Eugene *zum Publikum* Ein Kapitel werde ich nennen: „Meine Mutter und die Logik". *Verläßt das Haus, um in den Laden zu gehen.*

Unsere Aufmerksamkeit richtet sich auf die beiden Mädchen oben in ihrem Zimmer. Nora weint. Laurie sitzt ihr gegenüber auf dem Doppelbett und sieht sie an.

Laurie Also? ... Was wirst du tun?

Nora Ich weiß es nicht. Laß mich in Ruhe. Sitz nicht da und glotz mich an.

Laurie Es ist genauso mein Zimmer wie deins. ich muß nicht rausgehen, wenn ich nicht will.

Nora Nein, aber du brauchst mich nicht so anzustarren. Kann ich denn nirgends für mich sein?

Laurie Ich starre ins Leere. Ich kann nichts dafür, daß dein Körper im Wege ist. *Pause.* Dir ist schwer mies, was?

Nora Wie wär dir zumute, wenn dein ganzes Leben davon abhängen würde, was Onkel Jack beschließt? ... Oh, Gott, ich wünschte, Daddy wär noch am Leben.

Laurie Daddy hätte „Nein" gesagt. Er war sehr streng.

Nora Nicht bei mir. Ich meine, er war zwar streng, aber wenn er „Nein" sagte, hat er das immer begründet. Man konnte mit ihm reden ... Ich wünschte, ich könnte ihn irgendwie erreichen und um Rat fragen. Ein Drei-Minuten-Gespräch mit dem Himmel, mehr will ich gar nicht.

Laurie Da mußt du dich an Mammi wenden. Sie spricht jeden Abend mit ihm.

Nora Wer hat dir das erzählt?

Laurie Sie selbst. Jeden Abend vor dem Einschlafen. Sie legt sein Bild auf ihr Kopfkissen und spricht mit ihm. Dann zieht sie die Decke halb über das Bild und schläft ein.

Nora Das ist nicht wahr.

Laurie Das ist wohl wahr. Letztes Jahr, als ich so hohes Fieber hatte, habe ich bei ihr im Bett geschlafen, und einmal dachte ich in der Nacht, da liegt ein Buch oder was auf dem Kopfkissen, und hab's rausgeschmissen, und dann war's sein Bild.

Nora Das hat sie mir nie erzählt.

Laurie Ich kann mich kaum noch an ihn erinnern. Früher konnte ich mich ganz genau an ihn erinnern, aber jetzt wird es jeden Tag ein bißchen weniger.

Nora Gott, sah er gut aus ... ich fand immer, er hätte eigentlich ein Filmstar werden müssen ... wie Gary Cooper, nur viel kleiner. Am besten erinnere ich mich an seine Taschen.

Laurie An seine Taschen?

Nora Als ich so sechs oder sieben war, hat er mir immer irgendwas mitgebracht. Eine Ausschneidepuppe oder einen Kreisel oder so was. Er sagte immer: „Ich an deiner Stelle würde ja mal in meiner Manteltasche nachsehen", also bin ich in die Diele gelaufen und hab die Hand in seine Tasche gesteckt, und die kam mir so groß vor wie ein Zelt. Ich wäre am liebsten hineingekrochen und drin eingeschlafen. Und es waren immer lauter aufregende Sachen drin, wie Hustenbonbons und Kaugummis und Butterbrotpapier und Tabakkrümel und abgerissene Kinokarten und Kupfermünzen und Gummibänder und Büroklammern und die grauen Wildlederhandschuhe, die er im Winter trug.

Laurie Mit so gesteppten Linien obendrauf, ich erinnere mich.

Nora Dann fand ich seinen Mantel in Mammis Schrank und hab die Hand in die Tasche gesteckt. Aber da war nichts mehr drin. Sie war leer und chemisch gereinigt und fühlte sich kalt an. Und da begriff ich erst richtig, daß Daddy tot ist. *Überlegt einen Moment.* O Gott, ich wünschte, wir hätten unser eigenes Zuhause. Ich hasse es, anderen zur Last zu fallen. Hör zu, Laurie, wir schließen einen Pakt ... Wer von uns beiden als erste genug verdient, muß versprechen, keinen Pfennig für sich selbst auszugeben, sondern alles zu sparen, damit wir für Mammi und uns ein Haus kaufen können. Das heißt, jeder Pfennig, den wir von heute an verdienen, wird für das Haus zurückgelegt ... Wir dürfen uns nichts kaufen. Weder Lippenstift noch Zeitschriften, noch Nagellack, noch Kaugummi. Nichts ... Wollen wir uns das schwören?

Laurie *überlegt* Was ist mit Kino?

Nora Kino auch nicht.

Laurie Und ab wann?

Nora Ab heute. Ab sofort.

Laurie Können wir nicht sagen, ab Sonntag? Ich wollte mir nämlich „Manuel" ansehen.

Nora Wer spielt da mit?

Laurie Spencer Tracy und Freddy Bartholomew.

Nora Okay, ab Sonntag. Ich komm Samstag mit dir mit.

Reichen sich die Hände und besiegeln ihren Pakt, dann legt sich jede auf ihr Bett, und beide starren an die Decke, während sie sich ihr zukünftiges Zuhause ausmalen.

Eugene kommt zurück, unterm Arm trägt er eine Tüte, in der das Brot und die Butter sind. Er bleibt stehen, gibt vor, ein Quarterback zu sein, der den Ball vom Center erwartet. Das Brot dient ihm als Fußball.

Eugene ... Sidney Luckman von Columbia wartet auf das Zuspiel seines Centers, der Schneesturm wird immer heftiger, er bekommt es, er weicht aus, jetzt kommt sein Pass ... *All dies spielt er ganz realistisch.* ... UND LUCKMAN HAT IHN! LUCKMAN FÄNGT SEINEN EIGENEN PASS! Er ist bei der 50, der 40, der 30, der 20 ... ES IST EIN TOUCHDOWN! Columbia gewinnt! Sie haben die unschlagbaren Crimsons aus Harvard bezwungen. Hören sie sich den Jubel an! *Imitiert den Jubel der Menge.*

Kate kommt aus der Küche. Sie schreit ihn an.

Kate Eugene! Hör auf mit dem Gebrüll! Ich habe einen Kuchen im Ofen! *Geht wieder in die Küche.*

Stanley Jerome erscheint. Stan ist achtzehneinhalb. Er trägt eine lange, weite Hose, Hemd, Krawatte, eine Jacke mit Reißverschluß und eine Mütze.

Stanley *halb geflüstert* Hey! Eugene!

Eugene Hallo, Stan! *Zum Publikum.* Mein Bruder Stan. Der ist in Ordnung. Der wird Ihnen gefallen. *Zu Stan.* Wieso kommst du so früh nach Hause?

Stanley *blickt sich um, senkt die Stimme* Ist Paps schon da?

Eugene Noch nicht. Hast du wegen der Karten gefragt?

Stanley Was für Karten?

Eugene Na, für die Yankees, Mensch. Du hast doch gesagt, dein Boß kennt jemanden, der an Karten rankommt. Hast du ihn nicht gefragt?

Stanley Ich hatte mit meinem Boß über andere Sachen zu reden. *Setzt sich auf die Stufen, läßt den Kopf hängen, ist den Tränen nahe.* Ich stecke in der Klemme, Eug. Ich meine, verdammt ernsthaft in der Klemme.

Eugene *zum Publikum* Ich war richtig geschockt. Weil nämlich Stan einer von denen ist, die sich aus jeder Klemme rauswurschteln. *Zu Stan.* Was ist los?

Stanley Ich bin gefeuert worden.

Eugene Gefeuert? ... Du meinst, für immer?

Stanley Man wird nicht vorübergehend gefeuert, 'türlich für immer.

Eugene Aber wieso? Was ist passiert?

Stanley Der Grund war eigentlich Andrew. Der Schwarze, der bei uns saubermacht. Andrew hat im Lagerraum den Boden gefegt und lehnt den Besen gegen den Tisch, um den Dreck in den Abfalleimer zu schütteln, und stößt mit dem Ellbogen an eine Kanne Leinsamenöl, die aber auch so blöd auf dem Tisch stand, ganz am Rand, und die Kanne kippt um und versaut drei nagelneue Hüte, frisch aus der Fabrik. Neun-Dollar-Stetsons. Es war nicht seine Schuld, er hat das Leinsamenöl nicht dahin gestellt, stimmt's?

Eugene Stimmt.

Stanley Jedenfalls, Mr. Stroheim sieht die Bescherung und regt sich furchtbar auf. Er sagt zu Andrew, er würde ihm die Hüte vom Gehalt abziehen. Siebenundzwanzig Dollar.

Eugene Gemein.

Stanley Andrew fängt an zu heulen, daß das ganze Lager zusammenläuft. Der Mann ist 'n bißchen beschränkt, weißt du, aber er ist wahnsinnig nett. Bringt mir immer Kaffee und singt und erzählt mir Witze. Ich verstehe sie zwar nie, aber ich lache trotzdem, damit er sich freut, weißt du.

Eugene *verständnislos* Ja?

Stanley Jedenfalls habe ich zu Mr. Stroheim gesagt, ich fände das ungerecht. Es war nicht Andrews Schuld.

Eugene *staunend* Das hast du zu ihm gesagt?

Stanley Sicher, warum nicht. Und Mr. Stroheim hat gesagt: „Willst du die Hüte bezahlen, Großmaul?" Und ich habe gesagt: „Nein, die Hüte bezahlen will ich nicht." Und er hat gesagt: „Dann kümmere dich um deinen eigenen Mist, Großmaul."

Eugene Heiliger Bimbam!

Stanley Und sieht mich dabei an, daß ich dachte, gleich frißt er mich auf. Und dann schickt er Andrew seelenruhig in die Fabrik, um drei neue Hüte zu holen. Was normalerweise meine Aufgabe ist. Und rate mal, was er mir aufgetragen hat.

Eugene Was denn?

Stanley Er hat mir aufgetragen, den Boden zu kehren. Er sagt, diese Woche muß ich putzen.

Eugene Das gibt's doch nicht.

Stanley Alle starren mich an und sind gespannt, was ich tun werde.

Eugene nickt zustimmend.

Sogar Andrew hat aufgehört zu flennen und starrt. Ich hatte das Gefühl, daß die Ehre eines jeden von uns auf dem Spiel stand ... Also hab ich die Zähne zusammengebissen und den Besen genommen ... und mitten auf dem Boden ist doch dieser große Dreckhaufen, den Andrew zusammengekehrt hatte ...

Eugene Und?

Stanley Und ich nehme den Besen und fege Mr. Stroheim den ganzen Dreck über seine Schuhe. Andrew hatte sie kurz davor auf Hochglanz poliert, witzigerweise.

Eugene Mir bleibt die Luft weg! Mir bleibt effektiv die Luft weg!

Stanley *genießt es immer mehr* Die anderen haben dagestanden, daß ich dachte, gleich trifft sie der Schlag. Mrs. Mellinger, der Buchhalterin, wäre fast ihr Gebiß rausgefallen. Andrew war weiß wie die Wand.

Eugene Das ist die tollste Geschichte seit Erschaffung der Welt.

Stanley Mr. Stroheim packt mich und zerrt mich in sein Büro, schließt die Tür und läßt die Jalousien runter. Na und dann ging's los. Wie er in Deutschland dazu erzogen wurde, Respekt vor seinen Vorgesetzten zu haben, und was nicht noch alles. *Imitiert Mr. Stroheim.* „Und wenn ich mir als junger Spund das erlaubt hätte, was Sie sich soeben erlaubt haben, wäre ich nicht lebendig zur Tür rausgekommen ..."

Eugene Klasse, wie du ihn nachmachst.

Stanley Und ich sage: „Kann sein. Aber wir sind nicht in Deutschland, alter Freund."

Eugene Das hast du zu ihm gesagt?

Stanley Nein. Zu mir selbst. Ich wollte nicht zu weit gehen.

Eugene Wao! Ich habe mich schon gewundert.

Stanley Na, und dann sagte er, daß er mich immer gern gemocht hätte und daß er mich trotz allem für einen anständigen Jungen hält und daß er mir noch eine Chance geben will. Ich soll mich schriftlich bei ihm entschuldigen. Und wenn morgen früh um neun diese schriftliche Entschuldigung nicht auf seinem Schreibtisch liegt, kann ich mich als gefeuert betrachten.

Eugene Ich hätt 'n Herzschlag gekriegt ... Was hast du gesagt?

Stanley Ich habe gesagt, daß ich mich nicht entschuldigen würde, wenn Andrew trotzdem die Hüte bezahlen müßte ... Worauf er sagte, das ginge nur ihn und Andrew etwas an und daß er meinen Brief morgen früh vorzufinden wünscht ... Ich sagte: „Guten Abend", bin zur Tür raus, hab meinen Hut geholt und bin nach Hause gegangen. Zehn Minuten zu früh.

Eugene Ich schwitze vor Aufregung. Ich schwöre dir, ich bin schweißgebadet.

Stanley Ich weiß nicht, warum ich es getan habe. Ich hatte eine solche Wut im Bauch, über diese Ungerechtigkeit, verstehst du. Ich meine, wenn du mit achtzehneinhalb schon klein beigibst, wirst du dein ganzes Leben lang klein beigeben, oder nicht?

Eugene Schon möglich ... Also was hast du beschlossen? Schreibst du den Brief?

Stanley *überlegt* Nein!

Eugene Unwiderruflich?

Stanley Unwiderruflich. Das heißt, ich muß noch mit Paps darüber reden. Ich weiß, wir brauchen das Geld. Aber er hat mir mal gesagt, daß man immer das Recht verteidigen soll und daß man zu seinen Prinzipien stehen muß.

Eugene Und was ist, wenn er findet, daß du im Unrecht bist und deshalb den Brief schreiben solltest?

Stanley Ausgeschlossen. Er wird es mir überlassen, das weiß ich.

Eugene Aber wenn er nun sagt: „Schreibe den Brief"?

Stanley Warten wir's ab. Bis nach dem Essen werden wir uns gedulden müssen ... *Geht ins Haus.*

Eugene blickt ihm nach, dann wendet er sich ans Publikum.

Eugene ... Das Abendessen würde jedenfalls heiter werden, soviel stand fest. Trotzdem, eins muß ich sagen ... Ich hatte immer eine zwiespältige Einstellung meinem Bruder gegenüber. Entweder ich hätte den Boden küssen können, auf dem er schritt, oder ich haßte ihn so sehr, daß ich ihn am liebsten erschlagen hätte ... Ich nehme an, Sie wissen, wie ich an diesem Tag über ihn dachte.

Geht ins Haus, während Kate mit einer Karaffe voll Wasser

für den Eßtisch aus der Küche kommt. Stan ist stehengeblieben, um den kleinen Stapel Post durchzusehen.

Kate *zu Eugene* Brauchst du den ganzen Tag, um Brot zu holen? Bring Tante Blanche die Butter, sie wartet drauf.

Eugene Ich bin schon seit einer halben Stunde zurück. Ich hatte was mit Stan zu besprechen. *Geht in die Küche.*

Stanley *betrachtet einen Brief* Ach, ein Brief von Rosalyn Weiner. Erinnerst du dich? Sie sind nach Manhattan gezogen. Central Park West, Donnerwetter.

Kate Na und? Ihr Vater ist ein Gangster, und ihre Mutter ist noch schlimmer. Einen Kuß krieg ich wohl nicht?

Stanley Nee, die werden alle aufgespart. Zu Weihnachten gibt's dann einen riesengroßen.

Kate Wir haben kein Weihnachten. Ich bekomme ihn jetzt, wenn ich bitten darf.

Er legt den Arm um sie und gibt ihr einen zärtlichen Kuß.

Sogar in die Arme nimmt er mich. Seit wann nimmst du mich in die Arme? Du mußt irgendwas ausgefressen haben.

Stanley Dir bleibt aber auch nichts verborgen. Ich habe heut einen Frisiersalon überfallen.

Kate Darum siehst du auch so müde aus. Du schläfst zu wenig. Weil du die ganze Nacht mit deinen zweihundert Freundinnen herumziehen mußt.

Stanley Hundertdreißig, Mam. Mehr sind's wirklich nicht. Bloß hundertdreißig.

Kate Wie kannst du dabei deine Arbeit machen?

Stanley Die mach ich schon.

Kate Und dein Chef hat nie was gesagt?

Stanley Worüber?

Kate Daß du immer müde bist.

Stanley Daß ich müde bin? Nein, er hat nie was gesagt. *Macht Anstalten, die Treppe hinaufzugehen.*

Kate Hast du ihn wegen Donnerstag gefragt?

Stanley Wieso?

Kate Du wolltest ihn doch bitten, dir dein Geld schon Donnerstag zu geben, damit ich Freitag Greenblatts bezahlen kann.

Stanley Oh. Hab ich ganz vergessen … Ich frag ihn morgen.

Kate Wenn es dir unangenehm ist, laß es. Greenblatt kann warten. Dein Chef ist wichtiger.

Stanley Das stimmt nicht, Mam. Mein Chef ist nicht wichtiger als Mr. Greenblatt. *Geht mit dem Brief hinauf und in sein Zimmer. Er legt sich hin und beginnt ihn zu lesen, dann läßt er ihn sinken, starrt zur Decke und denkt über seine mißliche Lage nach.*

Eugene kommt aus der Küche gestürzt und wankt förmlich aus dem Haus. Er setzt sich auf die Stufen, läßt den Kopf hängen, ist sichtlich verzweifelt.

Eugene *zum Publikum, aber ohne es anzusehen* O Gott! ... Als ob nicht alles schon schlimm genug wäre ... Und jetzt auch noch das! ... Der Tragödie Höhepunkt ... Leber und Kraut! ... Eine mittelalterliche jüdische Foltermethode! ... Mein Freund Marty Grogorio, ein As in Physik, hat mir gesagt, daß man gekochtes Kraut über eine weitere Strecke riechen kann, als der Schall in sieben Minuten zurücklegt ... Sollten diese Memoiren nie zu Ende geschrieben werden, wissen Sie also, daß ich mich eines Abends bei Tisch zu Tode gewürgt habe.

Plötzlich hören wir, wie in der Küche Geschirr zerbricht. Eugene wendet sich diesem Geräusch, dann dem Publikum zu.

Sie sind alle Zeuge. Ich habe hier gesessen, stimmt's? Und trotzdem werde ich dran schuld sein.

Die Küchentür geht auf, und Kate hilft Blanche heraus, die keucht und nach Luft ringt.

Blanche Geht schon wieder. Ich muß mich nur kurz hinsetzen.

Kate Hab ich dir nicht gesagt, du sollst aus der stickigen Küche rausgehen? Ich krieg schon keine Luft da drin, und ich hab kein Asthma. *Ruft.* Nora! Laurie! Kommt und helft eurer Mutter!!

Nora und Laurie springen von ihren Betten auf.

Blanche Das mit den Tellern ist mir schrecklich. Ich ersetze sie dir. Mach dir keine Sorgen wegen der Teller.

Kate Teller bekomme ich überall. Aber ich habe nur eine Schwester.

Die Mädchen sind die Treppe heruntergekommen.

Nora Was ist passiert?

Blanche Gar nichts weiter. Nicht rennen, Laurie.

Kate Ein Asthmaanfall. Schon der zweite diese Woche. Nora, du solltest vielleicht besser den Arzt holen.

Blanche Ich brauche keinen Arzt …

Kate Das Klima hier ist nichts für dich, so nah am Strand. Was du brauchst, ist trockene Luft.

Laurie Wie in Arizona, Mammi.

Nora Soll ich den Arzt holen?

Blanche Nein. Keinen Arzt. Es geht schon wieder. Es klingt ab.

Laurie Ich hör es immer noch rasseln.

Nora Wirst du wohl den Mund halten!

Blanche *zu Nora* Hilf Tante Kate in der Küche, Nora. Ich habe ihre guten Teller zerbrochen.

Kate Laß nur. Das kann Eugene machen. Geh lieber rauf und hol deiner Mutter ihre Medizin … Laurie, du bleibst hier sitzen und paßt auf deine Mutter auf. Du bist kreideweiß … Eugene!

Eugene Kate, komm her und hilf mir!

Jack *von draußen* Hallo, Mrs. Kresky, wie geht es Ihnen?

Eugene steht auf, geht zur Tür und sieht hinaus.

Eugene Sekunde, Mam. Paps ist da!

Laurie setzt sich zu ihrer Mutter.

Zum Publikum. Ich möchte Ihnen jetzt meinen Vater vorstellen. Jacob Jerome, geboren vor zweiundvierzig Jahren … Hi, Paps! Wie geht's, Paps?

Jacob – genannt „Jack" – Jerome erscheint. Er ist um die Vierzig, wirkt jedoch älter. Er trägt einen zerknitterten Anzug, einen braunen Filzhut und schwarze Schuhe. Der „Brooklyn Eagle" ragt aus seiner Jackentasche heraus. Er schleppt zwei große und sehr schwere, mit Hanfseilen verschnürte Pappkartons. Er macht einen erschöpften Eindruck.

Jack Wie es geht?

Eugene Komm, ich helf dir tragen, Paps. *Greift nach einem der Kartons.*

Jack Laß, die sind zu schwer für dich.

Eugene Nein. Ich schaff das spielend. *Nimmt einen der Kartons, versucht ihn hochzuheben. Er wiegt eine Tonne.* Uff! … Ich muß ihn nur richtig in den Griff kriegen.

Jack bleibt stehen und setzt sich. Er trocknet sich die Stirn mit einem Taschentuch und greift sich an die Brust.

Jack Ich bleib einen Moment sitzen.

Eugene Ist dir nicht gut, Paps?

Jack Ich ruh mich nur aus, das ist alles ... Bring mir ein Glas kaltes Wasser.

Eugene Ich komm gleich und hole den anderen Karton, Paps. *Schwankt unter der Last des ersten in Richtung Haustür. Zum Publikum.* Ich weiß nicht, wie er das schafft. King Kong würde die nicht hochbekommen ... Wissen Sie, was da drin ist? Knallfrösche und Scherzartikel. Paps verkauft die an Nachtclubs und Hotels, nachdem er den ganzen Tag Damenregenmäntel zugeschnitten hat.

Jack Hast du deine Hausaufgaben gemacht?

Eugene Noch nicht ganz. Mam hat mich fünfzehnmal zum Einkaufen geschickt. Heute abend gibt es „Amos und Andy".

Jack Mach deine Hausaufgaben, dann reden wir über Amos und Andy.

Eugene geht ins Haus, während Nora mit der Medizin die Treppe herunterkommt.

Nora Hier ist deine Medizin, Mammi. Laurie, hol ein Glas Wasser.

Blanche Laurie soll sich ruhig halten.

Eugene *der Held* Ich hole es, Nora.

Nora Macht's dir wirklich nichts aus?

Eugene Nicht das geringste. *Zum Publikum.* Zweieinhalb Sekunden, mehr verlange ich nicht. *Geht in die Küche.*

Nora *zu Blanche* Wann wirst du mit Onkel Jack reden, Mammi?

Blanche Ich werde dann mit ihm reden, wenn ich mit ihm rede.

Nora Heute abend? Ich muß es heute abend wissen.

Blanche Wir werden sehen ... Wenn er nicht zu müde ist, spreche ich nachher mit ihm.

Kate *kommt aus der Küche* Jack ist da. In zehn Minuten gibt es Essen. Nora, geh und hol Stanley, sei so lieb ... Wie geht's deiner Mutter, Laurie?

Laurie Viel besser. Das Rasseln hat aufgehört.

Kate geht zur Haustür und hinaus. Jack sitzt auf der Veranda, trocknet sich den Nacken. Nora geht hinauf.

Kate Was ist los? Eugene sagt, du hättest dir ans Herz gefaßt.

Jack Ich hab mir nicht ans Herz gefaßt.

Kate Mußt du jeden Tag diese Kartons schleppen? Kreuz und quer durch die ganze Stadt? Du arbeitest nicht schon schwer genug, Jack?

Jack Wenn du die Kartons haben willst – bitte. Du kannst sie behalten. Ich brauche sie nicht.

Kate Was soll das heißen?

Jack Der Mars Party-Serive existiert nicht mehr. Finito. Der Mann ist pleite.

Kate O mein Gott!

Jack Ja. Und nie auch nur das kleinste Wort. Dabei muß er es seit Wochen gewußt haben.

Kate Ich denke, er wohnt am Riverside Drive. Mit Blick auf den Fluß. Zahlt dreihundert Dollar für seine Wohnung. Ich denke, er ist ein reicher Mann?

Jack Wer, meinst du, sind die, die bankrott gehen? Hab eine Zweizimmerwohnung ohne Warmwasser in der Bronx, und Bankrott ist mit Sicherheit das einzige, was Gott dir ersparen wird.

Kate Es hat alles auch seine gute Seite. Jetzt mußt du dich wenigstens nicht mehr mit den Kartons abschleppen. Du mußt morgens nicht mehr um halb sechs aufstehen. Wir können zu einer vernünftigen Zeit zu Abend essen. Du hast ja deinen Job bei Jacobson, wir werden nicht verhungern.

Jack Was ich bei Jacobson verdiene, reicht nicht hin und nicht her. Davon kann ich nicht sieben Leute ernähren.

Kate *mit einem Blick zum Haus* Sie können dich hören. Wir sprechen später.

Jack Ohne diese fünfundzwanzig Dollar die Woche extra komme ich nicht über die Runden. Die Miete, die Versicherung … Und dazu sieben Leute, die essen müssen und was zum Anziehen brauchen … Weihnachten und Neujahr allein bin ich auf über hundertfünfzig Dollar gekommen.

Kate *besorgt, man könnte es hören* Schluß jetzt, Jack. Du weißt, du sollst dich nicht aufregen.

Jack Er hat mich nicht mal für diese Woche bezahlt, dieser

Lump. Fünf Verkäufer sitzen auf der Straße, und er geht heute abend ins Theater. Ich habe soviel Hüte und Knallfrösche, wie ich tragen konnte, in die Kartons gestopft und bin gegangen. Bei seinem Begräbnis werde ich eine Pappnase tragen und in eine Tröte blasen, dieser Lump!

Kate Sprich nicht so. Du wirst was anderes finden. Du wirst dieses Wochenende in die Synagoge gehen und den ganzen Samstag beten.

Jack *lächelt ironisch* In der Synagoge gibt's Männer, die beten seit vierzig Jahren. Weißt du, wie viele Gebete erhört werden müssen, bevor ich drankomme?

Kate *massiert seinen schmerzenden Rücken* Du wirst drankommen. Gott hat für jeden Zeit.

Eugene ist mit zwei Gläsern Wasser aus der Küche gekommen. Er geht hinüber zu Blanche.

Eugene Hier ist dein Wasser, Tante Blanche.

Blanche Danke, Gene.

Eugene Wo ist Nora?

Laurie Sie holt gerade Stanley zum Essen.

Eugene Du, Laurie, hättest du Lust, heute abend am Strand spazierenzugehen?

Laurie Ich hab noch zu arbeiten. Wieso willst du plötzlich mit mir spazierengehen?

Eugene Ich dachte nur so. Mit dir und Nora.

Laurie Ich glaube, Nora trifft sich heut abend mit Larry Clurman.

Eugene Larry Clurman? ... Was findet sie denn an dem?

Laurie Weiß ich doch nicht. Frag sie doch selbst.

Eugene Larry Clurman könnte mein Vater sein.

Laurie Er ist zwanzig.

Eugene Eben ... Findest du, er sieht gut aus?

Laurie Ich finde, niemand sieht gut aus.

Eugene Larry Clurman? Der hat ja nicht mal ein Kinn. Ich denke immer, Achtung, gleich beißt er sich auf die Krawatte.

Kate *ruft* Eugene! Wo bleibt das Wasser für deinen Vater?

Eugene Ich komme! Ich komme! *Während er zur Haustür geht, wendet er sich ans Publikum.* Jetzt kommt mir auch noch

Larry Clurman ins Gehege. *Geht hinaus.* Hier ist dein Wasser, Paps. Ich hab Eis reingetan. *Reicht seinem Vater das Glas.*

Jack leert es in einem Zug.

Kate Trink nicht so schnell.

Eugene Hättest du Zeit, dir meine Turnschuhe anzusehen, Paps?

Kate Wozu soll er sich deine Turnschuhe ansehen?

Eugene Sie haben keine Sohlen mehr. Ich laufe praktisch auf den Socken. Ich muß immer die Zehen einziehen, wenn ich einen Flugball erwischen will.

Jack Ich habe dir erst letzten Monat neue Turnschuhe gekauft.

Eugene Letztes Jahr, Paps. Nicht letzten Monat. Ich kann sie immer nur zwei Stunden am Tag tragen, weil sonst meine Zehen nicht wachsen könnten.

Kate Das ist jetzt nicht der Moment, um mit deinem Vater über Turnschuhe zu reden. Er hat andere Sorgen. Geh und stell die Leber klein.

Eugene geht ins Haus und in die Küche.

Zu Jack. Wir sprechen später darüber. Jetzt läßt du dir erst mal dein Essen schmecken und denkst nicht daran, und wenn die anderen schlafen gegangen sind, werden wir in aller Ruhe überlegen. Ich hab's nicht gern, wenn du dich aufregst.

Blanche Mir ist schon wieder besser. Komm, Laurie, hilf mir mit dem Essen.

Jack *sieht zum Haus* Glaubst du, daß sie je wieder heiraten wird?

Kate Blanche?

Jack Sie ist doch recht hübsch. Ich hab gesehen, wie sich Männer am Strand nach ihr umdrehen. Sie vergeudet ihre besten Jahre hier in diesem Haus.

Kate Sie muß zwei Kinder großziehen.

Jack Warum geht sie nie aus? Sie braucht nur was zu sagen, ich kenne genug alleinstehende Männer.

Kate *steht auf* Blanche ist nicht der Typ, der heiratet.

Jack Wieso, sie war doch verheiratet. Wer mal verheiratet war, heiratet wieder.

Kate Dave war was anderes. Andere Männer interessieren sie nicht.

Jack Was ist mit diesem Murphy von gegenüber? Ich habe nämlich den Eindruck, der interessiert sich für sie.

Kate Dieser Säufer! Der findet ja nicht mal ins Haus in der Nacht. Einmal hat er vor der Tür geschlafen. Im Regen. Ich hab ihn liegen sehen, als ich die Milch reingeholt hab.

Jack Er hat einen gutbezahlten Job, lebt mit seiner Mutter zusammen. Also geht er am Samstagabend mal ein Glas Bier trinken. Vielleicht ist eine gute Frau genau das, was er braucht.

Kate Aber nicht meine Schwester. Soll er sich eine suchen, die auch vor der Haustür liegt. Ich möchte nichts mehr davon hören. *Geht ins Haus und in die Küche.*

Jack seufzt, steht langsam auf und folgt ihr hinein. Unsere Aufmerksamkeit wendet sich Stanley zu, der immer noch auf dem Bett liegt und seinen Brief liest. Nora klopft an seine Tür. Er setzt sich auf.

Stanley Herein.

Nora *kommt herein* Hast du einen Moment Zeit? Ich wollte mit dir reden.

Stanley Komisch, ich mit dir auch.

Nora Worüber?

Stanley Du mußt mir einen Gefallen tun. Es ist wahnsinnig wichtig. Du bist die einzige, die mir helfen kann.

Nora Worum geht's denn?

Stanley Weißt du, wenn Paps müde nach Hause kommt, nimmt er von Eugene und mir meist nicht allzuviel Notiz. Von dir ja. Was du zu sagen hast, interessiert ihn immer.

Nora Wirklich? Na, hoffen wir's.

Stanley Klar. Ist dir das noch nicht aufgefallen?

Nora Ehrlich gesagt, nein. Was für einen Gefallen?

Stanley Es klingt vielleicht blöd, aber glaubst du, du könntest das Gespräch beim Essen in eine bestimmte Richtung lenken?

Nora Was für eine Richtung?

Stanley Na ja, irgendwie müßtest du erwähnen, wie sehr du Leute bewunderst, die zu ihren Prinzipien stehen.

Nora Was für Leute?

Stanley Ganz wurscht. Auf das Wort „Prinzipien“ kommt es

an. Wenn du es vielleicht drei- oder viermal ins Gespräch einflechten könntest, wäre ich dir sehr dankbar.

Nora Drei- oder viermal?

Stanley Es ist ganz einfach. Ich erwähne irgend jemanden, wie zum Beispiel Abraham Lincoln, und du schaust auf und sagst: „Das war mal ein Mann, der wirklich zu seinen Prinzipien gestanden hat."

Nora Du, ich habe eigene Probleme, auf die ich beim Essen zu sprechen kommen wollte. Ich habe keine Lust, in eine Diskussion über Abraham Lincoln verwickelt zu werden.

Stanley Nicht über ihn. Nur über seine Prinzipien.

Nora So ein Blödsinn. Wozu überhaupt?

Stanley Weil ich ab morgen arbeitslos bin ... wenn nicht jemand das Thema „Prinzipien" anschneidet.

Nora Was ist passiert? Hat man dich rausgeschmissen?

Stanley Man wird mich rausschmeißen, wenn ich mich bei Kaiser Wilhelm nicht schriftlich entschuldige. Und das hängt jetzt von meinem Alten ab. Ich habe beschlossen, das zu tun, was er sagt ...

Nora Wann wirst du ihn fragen?

Stanley Heute abend. Gleich nach dem Essen.

Nora Heute abend? Ausgerechnet heute abend?

Stanley Das ist die einzige Möglichkeit. Mr. Stroheim will meinen Brief morgen früh haben. Wieso?

Nora Könntest du deinen Vater nicht morgen früh fragen?

Stanley Er steht um halb sechs auf. Meine Mutter muß ihm am Abend seine sämtlichen Schuhe hinstellen, weil er um halb sechs keine Entscheidungen treffen kann.

Nora ist drauf und dran, in Tränen auszubrechen.

Hey, was hast du denn?

Nora *wütend* Ich weiß nicht, worüber du dich beschwerst. Du hast wenigstens noch einen Vater, der dir die Entscheidungen abnimmt. Du weißt ja nicht, wie gut du es hast, Stanley. Du machst mich manchmal ganz krank!

Rennt aus dem Zimmer, knallt die Tür hinter sich zu. Eugene kommt ins Eßzimmer und setzt sich als erster an den Tisch, mit dem Gesicht zum Publikum.

Eugene *zum Publikum* Siebtes Kapitel. „Das Verhängnisvolle Abendessen"!

Die anderen kommen ins Eßzimmer und nehmen ihre Plätze ein. Blanche und Kate bringen die Schüsseln und reichen sie herum. Wenn Eugene mit seiner Erzählung fortfährt, sitzen alle.

Es fing an wie ein Kriminalroman von Agatha Christie. Keiner sagte ein Wort, aber allen stand der Argwohn im Gesicht geschrieben ... Es war so still, daß man hören konnte, wie Lauries Suppe die Speiseröhre runtergluckerte.

Sie essen schweigend.

Jeder sah mit einem Auge auf seinen Teller und mit dem anderen auf Paps. Außer mir. Ich saß Nora gegenüber und ließ immer wieder meine Serviette fallen, so daß ich mich bücken mußte und einen Blick auf ihre jungfräulichen alabasterweißen Beine werfen konnte. Sie war so in Gedanken, daß sie ein paar Mal unfreiwillig die Sicht freigab und ich einen Teil ihrer Schenkel sehen konnte, die hinauf zu den Goldenen Gipfeln des Himalaya führten.

Kate Eugene! Laß deine Serviette auf dem Schoß und hör auf zu träumen.

Eugene *zum Publikum* Stanley wußte, was ich mache, denn er hat es mir beigebracht. Aber er war, wie alle anderen, mit seinen eigenen Problemen beschäftigt. Man konnte das Ticken der Uhr aus der Küche hören. Es lag eine derartige Spannung in der Luft, daß man sie hätte mit Messern schneiden können. Was man von der Leber nicht behaupten konnte. *Versucht, seine Leber zu schneiden.*

Jack Ketchup ... Senf ... Pickles ...

Eugene Ich bin fertig. Soll ich den Nachtisch holen?

Kate Iß deine Leber auf.

Eugene Ich hab sie schon aufgegessen. Oder siehst du Leber auf meinem Teller?

Kate Du hast sie unter den Kartoffelbrei geschoben. Ich kenne deine Tricks. Nimm dir ein Beispiel an Laurie.

Eugene *zum Publikum* Ich hatte ein ernsthaftes Problem. Noch ein Bissen, und ich würde mich vor versammelter

Mannschaft übergeben. Ein Schauspiel, das Nora nie vergessen würde. Um diese Schande von mir abzuwenden, gab's nur eins: das Gespräch in eine andere Richtung lenken. *Zu Stanley.* Was tut sich im Geschäft, Stanley?

Stanley verschluckt sich beinahe an dem Wasser, was er gerade trinkt. Er starrt Eugene wütend an.

Zum Publikum. Ich kam mir gemein vor, aber für den Augenblick galt die allgemeine Aufmerksamkeit wenigstens nicht meiner Leber.

Jack *zu Stanley* Wie lange bist du jetzt schon dort?

Stanley Wo?

Jack Bei Stroheim.

Stanley Bei Stroheim? Wart mal ... Halbtags anderthalb Jahre, als ich noch auf der Schule war. Und seitdem ein Jahr.

Jack Also wie lange?

Stanley Zweieinhalb Jahre, wenn man halbtags mitzählt.

Jack Und ist er mit dir zufrieden?

Stanley Wer?

Jack *ungeduldig* Mr. Stroheim.

Stanley Doch. Im allgemeinen schon. Manchmal bin ich mir nicht sicher.

Jack Bist du pünktlich?

Stanley Ja.

Jack Machst du deine Arbeit?

Stanley Ja.

Jack Verstehst du dich mit den anderen?

Stanley Ja.

Jack Warum sollte er dann nicht mit dir zufrieden sein? Was zahlt er dir jetzt?

Stanley Siebzehn Dollar die Woche.

Jack Dann wird's Zeit, daß du mehr bekommst. Morgen gehst du zu ihm und bittest ihn um eine Gehaltserhöhung.

Stanley Eine Gehaltserhöhung?

Jack Wenn du dich nicht rührst, wirst du ausgenutzt. Morgen früh gehst du zu ihm ins Büro und sagst ihm – höflich und bescheiden, natürlich, aber bestimmt –, daß du der Meinung bist, du seist fünf Dollar mehr wert in der Woche.

Stanley Fünf Dollar???

Jack Er wird dir eineinviertel Dollar bieten, und ihr einigt euch auf zweieinhalb. Ich weiß, wie so was läuft. Du hast die High School abgeschlossen, er soll froh sein, daß er dich hat.

Stanley Ich glaube, es ist nicht der richtige Zeitpunkt, ihn um eine Gehaltserhöhung zu bitten, Paps. Ich glaube, seine Frau ist krank.

Jack Du hast Angst, ihn zu fragen? Soll ich dich bei der Hand nehmen und zu ihm ins Büro gehen und sagen: „Mein Kleiner möchte eine Gehaltserhöhung"?

Stanley Ich hab keine Angst.

Kate Dein Vater würde es nicht von dir verlangen, wenn er nicht sicher wäre, daß es in Ordnung ist. Glaub mir, Stanley, es ist genau der richtige Zeitpunkt dafür.

Eugene *würgt* Ich glaube, mir steckt ein Knochen im Hals.

Kate Leber hat keine Knochen.

Laurie Was gibt's Neues in der Tanzschule, Nora?

Nora *mit einem wütenden Blick* Gar nichts! Und wenn, geht's dich nichts an.

Laurie Ich versuche ja nur, auf dieses Thema zu kommen.

Nora Ich brauche deine Hilfe nicht. Sag ihr, sie soll still sein, Mutter.

Blanche Laurie, du darfst aufstehen, wenn du fertig bist.

Jack Was war denn in der Tanzschule?

Blanche Ihre Lehrerin hat sie sehr gelobt. Sie hat gesagt, sie sähe bei Nora Möglichkeiten für eine tänzerische Laufbahn.

Laurie „Möglichkeiten" hat sie nicht gesagt. „Möglichkeit" bezieht sich auf die Zukunft. Mr. Beckman ist an Noras „unmittelbarer Gegenwart" interessiert.

Jack *ißt weiter* Sieh mal einer an! Mr. Beckman ist auch ein Lehrer?

Nora Nein. Er ist einer der bekanntesten und wichtigsten Broadwayproduzenten.

Jack Was du nicht sagst! Das ist ja wunderbar. Und wie steht es mit der Schule?

Nora *sieht zu ihrer Mutter hin* Gut.

Blanche Sehr gut sogar.

Laurie Ich wünschte, ich wäre halb so gescheit wie sie.

Eugene Ist das etwa der Mr. Beckman, der dieses sensationelle

Broadwaymusical produziert? „Abrakadabra“ oder so ähnlich? Ich habe gehört, wenn ein Mädchen bei einer solchen Show im Chor mitmacht, ist nicht nur ihre Karriere so gut wie gesichert – was sie da an Erfahrungen gewinnt, ist so viel wert wie vier Jahre College.

Kate Eugene, jetzt ist genug.

Jack Nur vier Jahre College sind so viel wert wie vier Jahre College.

Stanley Ich glaube nicht, daß Abraham Lincoln je auf einem College war.

Jack Und du, Mäuschen? Wie fühlst du dich?

Laurie Danke, gut, Onkel Jack.

Jack Gehst du genug an die frische Luft?

Laurie Ich pumpe mir die Lungen voll, sooft ich kann. Nora, hast du Onkel Jack von dem großen Tank erzählt, der voll Wasser ist?

Blanche Kinder, wollen wir Onkel Jack nicht in Ruhe essen lassen? Wenn es was zu besprechen gibt, können wir es später besprechen.

Jack Gibt es was zu besprechen? Hat jemand ein Problem? Dann raus damit, jetzt ist Familienstunde.

Eugene Tolle Idee für eine Radiosendung: Die Familienstunde. Jeden Mittwochabend ist man bei irgendeiner Familie zu Gast, die beim Essen sitzt und die Probleme der Woche bekakelt. Und zum Schluß wird ein Kochrezept verraten. *Als Ansager.* Liebe Hörerinnen und Hörer! Unsere heutige Sendung führt uns nach Brighton Beach, wo sich die Jeromys soeben zu Tisch gesetzt haben. Die Mitwirkenden sind Jacob Jeromy und seine Familie sowie die Spezialität des Abends, Leber und Kraut. Titel der Sendung: „Ein Härtefall“.

Kate Soll das ganze Land hören, wie ein fünfzehnjähriger Junge sich weigert, seine Leber zu essen?

Jack Nichts zu besprechen? Keine Probleme? Weil ich sonst die Nachrichten anstellen möchte.

Stanley Na ja, eigentlich …

Jack Was?

Stanley Nichts.

Eugene Ich helf die Sachen raustragen.

Kate Du bleibst sitzen und ißt deine Leber.

Eugene Ich krieg sie nicht runter. Beim besten Willen nicht. Erinnerst du dich an die Saubohnenkatastrophe letzten Monat? Ist irgend jemand an einer Wiederholung dieses scheußlichen Zwischenfalls interessiert?

Jack Warum hört sich bei ihm immer alles an wie eine Sherlock-Holmes-Story?

Stanley Er hält sich für einen Schriftsteller.

Eugene Und wofür hältst du dich?

Kate Iß die Hälfte.

Eugene Welche Hälfte? Sie sind beide schrecklich.

Kate Iß ein Viertel. Zwei Bissen.

Eugene Einen Bissen.

Kate Zwei Bissen.

Eugene Ich kenne dich. Wenn ich einen Bissen esse, willst du, daß ich noch einen esse ... Ich werd sie mit nach oben nehmen. Ich werd sie im Laufe des Abends essen ... Ich brauche Zeit, um sie zu kauen.

Jack Die Zeiten sind nicht so, daß wir Nahrungsmittel vergeuden können. Wenn du sie nicht willst, hättest du sie dir nicht nehmen sollen, Eugene.

Eugene Ich hab sie mir ja nicht genommen. Man hat sie mir gegeben. Sie lag auf meinem Teller.

Nora Wenn es euch allen so wichtig ist, esse ich eben deine Leber, Eugene.
Alle sehen sie an.

Eugene Wirklich?

Nora Es ist anscheinend das einzige, was euch Kopfzerbrechen bereitet. Gib sie schon her, damit wir uns wichtigeren Dingen zuwenden können.

Jack Nora hat recht. Bringt die Leber raus. Wenn sie niemand mag, warum machst du sie erst?

Kate *verärgert* Weil wir uns für sieben Personen kein Roastbeef leisten können. *Geht in die Küche.*

Eugene *zum Publikum* Ich kam mir plötzlich mies und schäbig vor.

Jack Stanley, stell die Nachrichten an.

Blanche Geh bald schlafen, Laurie. Du siehst müde aus.

Stanley Kann ich dich einen Moment sprechen, Paps? Es ist sehr wichtig.

Jack Wichtiger als das, was in Europa passiert?

Stanley Nicht wichtiger, aber es wird eher passieren.

Jack *sucht einen Sender* Hitler ist bereits in Österreich. In ein paar Monaten ist die ganze Welt darin verwickelt ... Was ist mit dem Radio los?

Kate *kommt aus der Küche* Irgend jemand wird daran rumgespielt haben. Nicht wahr, Eugene?

Eugene Wieso Eugene? Paps hat gestern abend die Nachrichten gehört.

Kate Ach, und das Fußballspiel heute nachmittag kam aus dem Eisschrank?

Das Radio ist kaum zu verstehen.

Jack Er sagt was über Polen ... Verdammt! Es geht mir niemand mehr an dieses Radio ran, hast du verstanden?

Schaltet es verärgert ab.

Eugene *zum Publikum* Raten Sie mal, wem man den Krieg in Europa in die Schuhe schieben wird.

Kate Eugene! Bring das Besteck raus.

Er tut es.

Stanley Glaubst du wirklich, daß es Krieg geben wird, Paps?

Jack Wir sind schon mittendrin. Na ja, wir vielleicht nicht, aber Freunde, Verwandte. Wenn du Jude bist, hast du irgendwo auf der Welt einen Cousin, der verfolgt wird.

Kate *wischt den Tisch ab* Ida Kazinkys Familie ist vorigen Monat aus Polen rausgekommen. Was sie so alles erzählt von dort – man möchte es gar nicht hören.

Stanley Wie viele Verwandte haben wir in Europa?

Kate Genug. Onkeln, Cousins, Cousinen. Ich habe eine Großtante. Euer Vater hat Neffen.

Jack Ich habe einen Cousin in Polen, Sholem. Mit seiner ganzen Familie.

Blanche Dave hatte Verwandte in Warschau. Seine Mutter ist dort geboren.

Stanley Was ist, wenn sie alle nach Amerika kommen? Wo werden sie wohnen?

Jack Wer?

Stanley Unsere ganzen Verwandten. Würden wir sie aufnehmen?

Jack *sieht Kate an* Was Gott uns zu tun gibt, das werden wir tun.

Stanley Wo würden wir sie unterbringen?

Kate Was zerbrichst du dir jetzt den Kopf über so etwas? Geh rauf und leg dir deine Rede zurecht.

Stanley Was für eine Rede?

Kate Für morgen. Wenn du Mr. Stroheim um eine Gehaltserhöhung bittest.

Stanley wirft Eugene einen besorgten Blick zu.

Stanley Kann ich dich nachher sprechen, Paps? Wenn du dich ausgeruht und deine Zeitung gelesen hast?

Eugene hat einen Teil der Zeitung genommen und schlägt sie auf.

Eugene Lou Gehrig hat heut zwei Treffer gelandet. Ich werd verrückt. Dreimal am Schlag und zwei Treffer!

Kate *nimmt ihm die Zeitung weg* Ist das deine Zeitung? Wie oft habe ich dir gesagt, du sollst sie nicht lesen, bevor dein Vater damit fertig ist?

Eugene Ich hab sie ja nicht kaputtgemacht. Die Buchstaben fallen ja nicht raus, nur weil ich mal kurz reinschaue.

Jack Sei nicht so frech zu deiner Mutter. Geh nach oben.

Stanley Paps?

Jack Du auch.

Stanley Ich komme später runter, okay, Paps?

Eugene Komm, Stan. Ich muß sowieso mit dir reden.

Beide gehen zur Treppe.

Stanley *zu Eugene* Du bist eine Pest. Hat dir schon mal jemand gesagt, daß du eine Pest bist?

Eugene Ja. Ich hab die Liste oben, wenn du dich auch eintragen willst. *Tippt Stanley mit dem Zeigefinger an die Stirn. Das ärgert Stanley, und er jagt ihn die Treppe hinauf.*

Kate *zu Jack* Vielleicht solltest du dich lieber hinlegen. In der Zeitung steht sicher auch nichts Erfreuliches.

Jack *nachdenklich* Was würden wir wirklich tun, Kate? Wo würden wir sie unterbringen, wenn sie vom Schiff kämen und an unsere Tür klopften? Wie sollten wir sie ernähren?

Kate Noch ist das Schiff ja nicht da. Ich kann mich nicht mit Schiffen befassen, die noch gar nicht angekommen sind.

Nora kommt aus der Küche gestürzt, wo sie offenbar gerade eine Auseinandersetzung mit ihrer Mutter hatte. Blanche und Laurie folgen ihr.

Nora *entschlossen* Onkel Jack! Ich weiß, du bist abgespannt und hast viel um die Ohren, aber mein ganzes zukünftiges Leben kann davon abhängen, wie du dich entscheidest, und ich muß es noch heute abend wissen, weil ich morgen Mr. Beckman Bescheid geben muß, ob ich komme oder nicht.

Jack Wer ist Mr. Beckman?

Nora Der Broadwayproduzent, über den wir beim Essen gesprochen haben.

Laurie Abakadabra, du weißt doch.

Blanche Laurie! Nach oben mit dir! Auf der Stelle ... Nora, nicht jetzt. Es ist nicht der richtige Moment.

Nora *ärgerlich* Es ist nie der richtige Moment. Du bist nicht bereit, Entscheidungen zu treffen, und sonst habe ich niemanden, mit dem ich reden kann. Also gut, dann werde ich es eben selbst entscheiden, wenn es niemanden interessiert. Ich bin sechzehneinhalb, und ich werde das tun, was ich tun möchte.

Die Tränen beginnen zu fließen, während sie zur Haustür hinausläuft.

Jack Um was geht's denn überhaupt?

Kate Geh raus und sprich mit ihr, Jack.

Blanche Nein, laß. Nora hat recht. Das habe ich zu entscheiden.

Kate Was willst du ihr sagen? Sie soll von der Schule abgehen und sich ihre Zukunft verbauen? Willst du ihr das sagen?

Blanche Was ist, wenn ich mich irre? Was ist, wenn sie wirklich begabt ist? Was soll ich ihr denn sagen?

Jack Mit mir sprechen kann sie nicht? Sind wir nicht eine Familie? Ich bin schließlich ihr Onkel, Herrgottnochmal.

Kate Heute abend braucht sie keinen Onkel. Sie braucht einen Vater ... Nu geh schon. Sie wird dir alles erzählen.

Jack sieht sie beide an, dann geht er hinaus in den Vorgarten. Nora sitzt auf der Bank, ein Häuflein Elend.

Blanche Ich habe es nie gelernt.

Jack Was dagegen, wenn ich mich zu dir setze?

Blanche Mein Leben hat so um Dave gekreist, daß ich nie gelernt habe, Mutter zu sein.

Jack Wenn du reden möchtest, reden wir, wenn nicht, nicht.

Kate Wir haben genug Mütter hier. Wir sind eine Familie. Was wäre die Welt ohne Familien? ... Laurie, geh an deine Hausaufgaben. Mach mir einen Tee, Blanche. Du bist die einzige hier, die anständigen Tee machen kann.

Laurie geht hinauf in ihr Zimmer. Stanley und Eugene sind in dem ihren. Blanche und Kate sind in die Küche gegangen. Jack ist draußen bei Nora.

Jack Hör zu ... Ich weiß, wie das ist, Nora. Wenn niemand für einen Zeit hat.

Nora So?

Jack Wir waren vier Brüder zu Hause. Mein Vater konnte sich nicht mal an unsere Namen erinnern, bevor er starb. Mein ältester Bruder war „der Große", ich war „der Kleine", mein Bruder Sol war „der Wilde", und Eddie war „der Dürre".

Nora *lächelt* Und wer bin ich?

Jack Die Schöne ... Wo drückt der Schuh?

Nora Ich weiß nicht. Es ist mir jetzt plötzlich nicht mehr so wichtig.

Jack Wegen etwas Unwichtigem habe ich dich noch nie weinen sehen. Ich weiß, ich bin nicht dein Vater. Es steht mir nicht zu, Entscheidungen für dich zu treffen. Aber ich kann dir einen Rat geben. Ein Rat verpflichtet zu nichts. Wenn er dir nicht paßt, kannst du ihn umtauschen.

Nora Gehen wir ein Stückchen?

Jack Gut. Schaun wir mal nach, was das Meer macht. Mein Vater hat immer gesagt: „Wenn du ein Problem hast, wirf's ins Meer, es wird dir die Antwort ans Land spülen."

Nora Hast du's versucht?

Jack Ja, aber in Brighton Beach werden nur Orangenschalen und Melonenkerne angespült. Darum ist es gut, wenn man jemanden dabei hat, der einem einen Rat geben kann.

Nora steht auf, und sie gehen in Richtung Strand. Stanley liegt auf dem Bett, die Hände unterm Kopf verschränkt, tief in Gedanken. Eugene sitzt auf seinem Bett und wirft einen Baseball in seinen Handschuh.

Stanley Hör auf damit. Ich versuche nachzudenken.

Eugene Bin ich froh, daß ich nicht in deiner Haut stecke.

Stanley Hast du schon mal einen echten American League Baseball auf die Schnauze gekriegt?

Eugene Ich muß mit dir reden, Stanley. Ich meine, ernsthaft reden, es ist enorm wichtig.

Stanley Jeder in diesem Haus muß mit irgend jemandem reden. Laß dir eine Nummer geben und warte, bis du drankommst.

Eugene Ich hab letzte Nacht von einem Mädchen geträumt. Ich kann dir nicht sagen, wer sie ist, aber sie ist phantastisch. Wir haben uns geküßt wie verrückt und waren ganz, ganz nah beieinander, und ich fühlte eine gewaltige Spannung, immer stärker und stärker, wie am Ende von „Die neununddreißig Stufen". Und dann gab's plötzlich eine Explosion. Wie wenn ein Damm bricht und alles mit einer ungeheuren Wucht herausstürzt und ins Meer fließt.
Es war das tollste Gefühl, das ich je hatte ... und als ich aufwachte, war ich ... war ich ...

Stanley Naß.

Eugene *überrascht* Woher weißt du das?

Stanley *unbeeindruckt* Das war ein nasser Traum. Du hattest einen nassen Traum. Ich hab die immer.

Eugene Tatsächlich? Du meinst, es hat nichts Schlimmes zu bedeuten? Mann, bin ich froh.

Stanley Ist dir das denn noch nie passiert?

Eugene Doch, aber ich hab immer weitergeschlafen.

Stanley Hast du nie versucht, es dir selbst zu machen?

Eugene Was meinst du?

Stanley Hast du nie an dir rumgefummelt?

Eugene Nein. Nie.

Stanley Quatsch. Ich hab's doch gehört. Du fummelst drei-, viermal die Woche an dir rum.

Eugene Du spinnst ja! Was meinst du mit rumfummeln?

Stanley Wichsen. Masturbieren.

Eugene Bist du still! Laurie ist nebenan.

Stanley Ist doch ganz normal. Jeder macht das. Besonders in deinem Alter. Ist ganz natürlich.

Eugene Was meinst du damit, jeder? Kennst du Jungens, die das machen?

Stanley Ich kenne keinen Jungen, der es nicht macht. Außer Shmuel Fleischmann, das Mopsgesicht. Der macht es den anderen Jungs.

Eugene Ich glaube, ich träume!

Stanley Du kannst gar nicht erwachsen werden, ohne es zu machen. Deine Stimme würde sich nicht ändern.

Eugene Woher weißt du das alles? Hast du das irgendwo gelesen oder was?

Stanley Das ist ganz einfach die Pubertät.

Eugene Die was?

Stanley Die Pubertät. Hast du das Wort noch nie gehört? Liest du keine Bücher?

Eugene Doch. „Die Zitadelle" von A. J. Cronin. Von Pubertät steht da nix drin.

Stanley Sogar Paps hat es gemacht.

Eugene Paps???! Weißt du was, Stanley? Ich glaube, du bist eine richtige Sau.

Stanley *setzt sich auf* Hey! Was sind das für Ausdrücke? Für was hältst du dich? Du bist immer noch ein Kind, mein Lieber. Dieses Wort möchte ich nicht noch mal von dir hören.

Eugene Das versteh ich nicht. Wenn du „Pubertät" sagen kannst, warum kann ich dann nicht „Sau" sagen?

Stanley Pubertät ist ein wissenschaftliches Wort. Sau ist was für diese Kerle, die am Strand rumlungern.

Eugene Was erwartest du, das ich sage, wenn du mir erzählst, daß Paps wichst?

Stanley Ich meinte ja nicht, daß er's heute noch tut, er ist ja verheiratet. Aber früher. Mit vierzehn oder fünfzehn. Die ganze Welt wichst.

Eugene Präsident Roosevelt auch?

Stanley Die Reichen sind die schlimmsten. Im College lümmeln sie sich in ihren Schlafsälen rum und trinken Bier und wichsen.

Eugene Vor allen anderen?

Stanley Je besser die Schule, desto mehr wird gewichst.

Eugene Stanley, das ist die nützlichste Information, die ich je von dir bekommen habe ... Und die Mädchen?

Stanley Fünfmal so oft wie Jungs.

Eugene Fünfmal so oft? Sind das konkrete Zahlen? Woher weißt du das alles?

Stanley Das schnappt man so auf. Das erfährt man. Das wird von Generation zu Generation weitergereicht. So verbreitet sich unsere Kultur.

Eugene Fünfmal so oft wie Jungs? Du, das ist 'n Ding. Auf der Straße tun sie, als ob sie dich nicht kennen, und zu Hause wichsen sie dann die halbe Nacht.

Stanley Sie sind genauso Menschen wie wir. Sie haben genau dieselben Bedürfnisse.

Eugene Warum haben sie sich dann so, wenn man ihren Busen anfassen will?

Stanley Wenn du ein Mädchen wärst, würdest du es auch nicht mögen, wenn irgendwelche Jungs nach deinem Busen grapschen.

Eugene Wenn ich einen Busen hätte, würde ich ihn von morgens bis abends anfassen, du nicht?

Stanley Ich habe jetzt andere Sorgen.

Eugene Wie machen es Mädchen?

Stanley Das kann ich dir nicht erklären.

Eugene Bitte, Stan. Ich bin auch einen Monat lang dein Sklave. Erzähl mir, wie sie's machen.

Stanley Dazu brauche ich Papier und Bleistift. Ich mach's später.

Eugene *reicht ihm schnell sein Heft und einen Bleistift* Brauchst du Buntstifte? Vielleicht solltest du's in Farbe machen?

Stanley Hör mal, Eugene. Ich habe ein lebenswichtiges Problem. Ich hab keine Zeit, masturbierende Mädchen für dich zu zeichnen.

Eugene Ich wette, Nora macht es nicht.

Stanley O Mann, an dir könnte ich reich werden. Glaubst du, sie ist siebenmal am Tag im Badezimmer, um sich zu duschen?

Eugene Sie macht es im Badezimmer?

Stanley Ich kannte zwei Mädchen, die haben es im Englischunterricht gemacht. Ich hab gesehen, wie eine es während des Abschlußexamens gemacht hat, und dann hat sie mit Eins Komma zwei bestanden.

Eugene Ich habe auf dem Mond gelebt! ... Und was ist mit Laurie?

Stanley Laurie ist noch ein Kind. Du solltest dich schämen.

Eugene Du erzählst mir von Mädchen, die im Englischunterricht wichsen, und *ich* soll mich schämen. Ich wette meinen Baseballhandschuh, daß Nora es nicht macht.

Stanley War sie das, von der du geträumt hast, letzte Nacht?

Eugene Nein. Das war jemand anderes. Eins von den Mädchen am Strand.

Stanley Es war Nora. Ich seh doch, was los ist. Ich wußte, warum dir heut bei Tisch zwölfmal die Serviette runtergefallen ist.

Eugene Sie macht mich verrückt. Ich glaube, ich bin verliebt in sie.

Stanley So? Na, vergiß es. Sie ist deine Cousine.

Eugene Wieso darf man sich nicht in seine Cousine verlieben?

Stanley Weil das gegen die Naturgesetze verstößt. Wenn sie deine Stiefschwester wäre, wär es eine Schweinerei, aber es wäre okay. Aber eine Cousine ist tabu, merk dir das.

Eugene Wer hat sich diese Regeln ausgedacht? Franklin Roosevelt hat doch auch seine Cousine geheiratet.

Stanley Vielleicht war das eine Cousine zweiten oder dritten Grades. Eine Cousine ersten Grades kann man jedenfalls nicht heiraten. Sonst kriegt man Kinder mit neun Köpfen. Hoffentlich kommt Paps bald zurück. Ich muß mit ihm sprechen.

Eugene Trotzdem würde ich sie wahnsinnig gern nackt sehen. Nur ein einziges Mal. Oder verstößt das auch gegen die Naturgesetze?

Stanley Nö. Das mach ich immer.

Eugene Du hast Nora nackt gesehen?

Stanley Zigmal. Ich hab einen Trick, daß das Schloß vom Badezimmer nicht zuschnappt, und dann mach ich die Tür auf und tu so, als hätte ich nicht gewußt, daß jemand drin ist.

Eugene Das glaube ich nicht. So was hätte ich dir nie zugetraut … Wie sieht sie aus?

Stanley Ich kann nur sagen, ich hab's mächtig bedauert, daß sie meine Cousine ist. *Läßt sich auf sein Bett zurückfallen.*

Eugene wendet sich dem Publikum zu.

Eugene Das war der Abend, an dem ich entdeckte, wie nahe

Begierde und Schuld beieinanderliegen. Ich geh mir die Hände waschen.

Stanley Viel Vergnügen.

Eugene Ich mache so was nicht.

Blanche und Kate kommen aus der Küche, jede mit einer Tasse Tee. Sie setzen sich an den Eßtisch.

Kate … Es tut mir leid. Ich habe vergessen, daß es diesen Dienstag ist. Ich werd in der Praxis anrufen und mir einen anderen Termin geben lassen.

Blanche Das ist wirklich nicht nötig. Die Mädchen kommen ja mit.

Kate Bin ich nicht jedes Jahr zu seinem Grab gegangen? Dave war mir der Liebste in der Familie, das weißt du.

Blanche Sechs Jahre ist es schon her … mein Gott. Seinen Geburtstag hab ich schon ein paar Mal vergessen, aber den Tag, an dem er starb, vergesse ich nie, und wenn ich hundert werde.

Kate Er war etwas ganz Besonderes.

Blanche Laurie fragt mich immer, wie er war. Ob er auch komisch sein konnte. Was war das Komischste, was er je gesagt hat, wollte sie wissen. Ich konnte mich nicht erinnern, Kate, stell dir vor. Ist das nicht schrecklich?

Kate Du sprichst manchmal, als ob du dein Leben schon hinter dir hättest. Du bist immer noch eine junge Frau. Du bist immer noch schön, wenn du nicht dauernd die Augen zusammenkneifen würdest.

Blanche Ich bin zwei Jahre mit ihm gegangen, bevor wir geheiratet haben. Worauf habe ich gewartet? Ich hätte zwei Jahre länger mit ihm verheiratet sein können.

Kate Hör zu. Nächsten Mittwoch ist das Betriebsfest von Jacks Firma. Diese Geschichte im Commodore Hotel, weißt du. Du solltest sehen, wie sich manche von den Frauen da herausputzen. Jack möchte gern, daß du diesmal mitkommst. Ich soll dich fragen, hat er gesagt.

Blanche Ich? Ich kenne doch da keinen Menschen.

Kate Du bist doch mit uns. Du wirst schon Leute kennenlernen. Max Green ist auch an unserem Tisch. Das ist der, dessen Frau letztes Jahr gestorben ist. *Flüstert.* Tuberkulose … Er ist der tüchtigste Vertreter, den sie haben. Wohnt in einem Hotel am Washington Square – fürstlich, sagt Jack. Ein so amüsanter Mensch. Wenn der in Fahrt kommt, fällst du vom Stuhl. Er wird dir gefallen. Vielleicht tanzt du mit ihm. Was willst du hier rumsitzen, Abend für Abend?

Blanche Ich hab gar kein passendes Kleid für so was.

Kate Wirst du dir eben eins machen. Jack wird dir den Stoff mitbringen. Er kennt doch jeden in der Konfektion.

Blanche Vielen Dank, Kate. Ich weiß, es ist gut gemeint, aber ich kann nicht. Vielleicht nächstes Jahr. *Steht auf.*

Kate Nächstes Jahr wirst du überhaupt keine Augen mehr haben. Wovor hast du Angst, Blanche? Dave ist tot. Du nicht. Wenn Gott euch beide gewollt hätte, würdest du jetzt neben ihm liegen.

Blanche Ich habe Mittwoch abend schon etwas vor.

Kate Etwas Wichtigeres als das Fest im Commodore? Es ist nur einmal im Jahr.

Blanche Jemand hat mich gebeten, mit ihm essen zu gehen.

Kate Du gehst mit jemandem essen? Mit einem Mann? Das ist ja wundervoll! Warum erzählst du mir das nicht?

Blanche Es ist Mr. Murphy.

Kate Wer ist Mr. Murphy? ... O mein Gott! Ich verstehe dich nicht. Von dem Mann läßt du dich zum Essen einladen? Weißt du, wo er mit dir hingehen wird? In eine Kneipe. In eine ganz ordinäre Kutscherkneipe wird er mit dir gehen.

Blanche Wir gehen ins Chardov. Er hat jetzt schon einen Tisch bestellt. Du kennst den Mann doch überhaupt nicht, was hast du gegen ihn?

Kate Die Sorte muß ich nicht erst kennenlernen. Mir genügt seine Fahne, wenn er das Fenster aufmacht. Was meinst du wohl, worauf es so einer abgesehen hat? Wir hatten genug von denen, da, wo ich groß geworden bin. Wie oft sind Stanley und Gene grün und blau geschlagen nach Hause gekommen, weil diese irischen Rowdys sie auf dem Schulweg verprügelt hatten. Worüber willst du dich mit so einem unterhalten?

Blanche Magst du ihn deswegen nicht? Weil er Ire ist? Hat es jemals Krieg zwischen Juden und Iren gegeben? Weißt du, wer George Bernard Shaw ist?

Kate Ist mir ganz egal, wer das ist.

Blanche Das ist einer der größten irischen Dichter der Welt. Was würdest du sagen, wenn er mich bitten würde, nächsten Mittwoch mit ihm essen zu gehen?

Kate Mr. Murphy ist ein Dichter? Sag ihm, er soll mir ein paar von seinen Büchern rüberbringen, ich werd sie mit Freuden lesen.

Blanche Wann wirst du je aufhören, die ältere Schwester rauszukehren, Kate?

Kate Ich habe einiges über ihn gehört. Weibergeschichten. Wenn du das willst, bitte sehr.

Eugene Ich beschloß, nach unten zu gehen und meine Leidenschaft mit Makronen zu kühlen.

Blanche Wir sind letzten Donnerstag am Strand spazierengegangen. Er hat kaum ein Wort gesagt. Er ist sehr schüchtern. Er hat mir erzählt, wo seine Eltern herkommen. Die hatten es in Irland auch nicht leichter als Mama und Papa in Rußland.

Kate Niemand hatte es so schwer wie sie in Rußland.

Blanche Er ist in einer Druckerei beschäftigt, und er hat überhaupt nicht nach Alkohol gerochen, und er hat sich benommen wie ein Gentleman.

Eugene, der zugehört hatte, kommt die Treppe herunter.

Kate Es gibt keine Makronen. Erst wenn du deine Leber gegessen hast.

Eugene Du hast sie aufgehoben? Heißt das, sie wird im Eisschrank liegen, bis ich erwachsen bin?

Kate Es gibt keine Makronen, hast du mich verstanden?

Eugene Ich möchte nur ein Glas Wasser.

Kate Wasser hast du oben im Badezimmer.

Eugene Mein Glas ist voller Zahnpasta. Da wird mir schlecht.

Geht in die Küche.

Kate *zu Blanche* Hör zu, es hat keinen Sinn, daß wir darüber reden. Ich gehe schlafen. Mach, was du willst.

Blanche Kate! ... Ich will nichts tun, was dir Kummer macht. Oder Jack. Dafür schulde ich euch viel zuviel. Ich kann euch nicht mein Leben lang zur Last fallen. Jedesmal, wenn ich mich um einen Job bewerbe, nimmt man mich nicht, wegen meiner Augen. Ich habe ja nicht die Absicht, Frank Murphy zu heiraten. Ich glaube auch nicht, daß er an so etwas denkt. Aber ein Abend bei Chardov, davon geht doch die Welt nicht unter.

Kate Ich will nur nicht, daß du nachher enttäuscht bist. Ich sag's doch nicht, um dir zu schaden. Ich kann alles ertragen, nur nicht, wenn einer von euch böse auf mich ist.

Blanche *geht und umarmt sie* Ich könnte nie böse auf dich sein, Kate. Das verspreche ich dir, solange ich lebe.

Kate Also schön. Geh mit Frank Murphy essen. Wenn Papa gehört hätte, was ich da eben gesagt habe, er würde aus seinem Grab aufstehen und mit einem großen Knüppel an unsere Tür klopfen.

Blanche gibt ihr einen Kuß.

Blanche Ich habe ihn gebeten, mich hier abzuholen. Du hast doch nichts dagegen, wenn er auf einen Sprung reinkommt?

Kate Hier? In mein Haus?

Blanche Nur auf zwei Minuten. Ich wollte, daß du ihn kennenlernst. Wenigstens siehst, wie er ist.

Kate Sag seiner Mutter, sie soll ihre Fenster putzen, dann seh ich, wie er ist.

Nora kommt eilig durch den Vorgarten und öffnet die Haustür. Sie geht entschlossen auf ihre Mutter zu.

Nora Darf ich morgen zu Mr. Beckman? Ja oder nein?

Jack kommt durch den Vorgarten.

Blanche Hast du mit Onkel Jack gesprochen?

Nora Ich habe mit Onkel Jack gesprochen. Ich möchte von dir eine Antwort, Mutter. Ja oder nein?

Jack betritt das Haus.

Blanche Was hat er gesagt?

Nora Es ist egal, was er gesagt hat. Die Entscheidung liegt bei dir, Mutter.

Jack Ich habe ihr gesagt, wenn ich ihr Vater wäre, würde ich darauf bestehen, daß sie erst mal die Schule beendet. Hat sie Talent, werden sich mit Gottes Hilfe noch andere Broadwayshows finden. Ich habe mit fünfzehn von der Schule abgehen müssen, und darum verbringe ich die Hälfte meines Lebens in der U-Bahn und die andere Hälfte, indem ich versuche, ein paar Dollar dazuzuverdienen, damit meine Familie nicht auf der Straße sitzt.

Nora *zu Blanche* Es ist doch nicht nur meinetwegen, Mutter. Auch wegen dir und Laurie. In ein paar Jahren könnten wir unser eigenes Haus haben, statt uns hier gegenseitig auf die Füße zu treten. Wir könnten Onkel Jack zurückzahlen, was er die ganzen Jahre für uns getan hat. Die Tür steht offen, Mama – bitte, laß mich hinaus ... Sperr mich nicht ein ...

Alle Augen sind auf Blanche gerichtet.

Blanche Du hast versprochen, zu tun, was Onkel Jack sagt.

Nora Er trifft keine Entscheidungen, hat er gesagt. Er gibt mir nur einen Rat. Ich brauche deine Entscheidung, Mama.

Blanche Du machst die Schule fertig. Du sagst Mr. Beckman, du bist noch zu jung. Du sagst ihm, deine Mutter hat „Nein" gesagt ... Das ist meine Entscheidung.

Nora Ich verstehe. *Zu Jack.* Vielen Dank, Onkel Jack, für deinen Rat. *Zu Blanche.* Morgen früh wirst du wissen, wie ich mich entschieden habe. *Stürzt hinauf in ihr Zimmer.*

Blanche will ihr folgen.

Kate Laß sie, Blanche. Laß sie darüber schlafen. Du machst es nur noch schlimmer.

Blanche Ich kann machen, was ich will, scheint mir ... ich mache es immer nur noch schlimmer. *Dreht sich um und geht hinauf.*

Nora hat die Tür zu ihrem Zimmer zugeschlagen. Stanley hat es gehört und begibt sich nach unten.

Jack *zu Kate* Was hätte ich ihr sagen sollen? Was?

Kate *achselzuckend* Je mehr Familie, desto mehr Probleme.

Eugene Also dann, gute Nacht.

Kate Leg die Makrone auf den Tisch.

Eugene Welche Makrone?

Kate Die du in der Tasche hast.

Eugene Kannst du Makronen aus drei Meter Entfernung riechen?

Kate Ich kann hören, wenn in der Küche jemand an die Büchse geht. In diesem Haus macht plötzlich jeder, was er will. Dein Vater regt sich auf, Tante Blanche regt sich auf, leg die Makrone auf den Tisch.

Eugene legt die Makrone auf den Tisch und geht die Treppe hinauf. Er kommt an Stanley vorbei.

Stanley *zu Eugene* Da unten geht's zu … Was ist denn los?

Eugene Keine Ahnung, aber es ist meine Schuld. *Geht hinauf und ins Badezimmer.*

Nora liegt auf ihrem Bett und weint. Laurie sitzt auf ihrem Bett und sieht zu.

Laurie Was wirst du jetzt machen?

Noras Kopfschütteln soll bedeuten, daß sie es nicht weiß.

Soll ich mal mit Mami reden? Ich könnte sagen, daß ich wieder Herzflattern bekomme.

Nora *ärgerlich* Wehe, hörst du. Man tut nicht, als ob man krank ist, nur damit man bei anderen was erreicht.

Laurie Ich tu ja nicht so. Es ist bloß kein sehr starkes Flattern.

Stanley hat sich oben auf die Treppe gesetzt. Er versucht den Mut aufzubringen, mit seinem Vater zu reden. Jack sitzt im Wohnzimmer und brütet vor sich hin. Kate pufft Kissen zurecht.

Jack Laß doch die Kissen. Das Haus könnte abbrennen, du würdest noch mal reinlaufen und die Kissen zurechtpuffen.

Kate Gehn wir schlafen. Du bist müde.

Jack Wann wird es endlich leichter, Kate? Wann wird es endlich leichter, unser Leben?

Kate In der Nacht. Wenn du deine sieben Stunden schläfst. Wirst sehen, wie leicht es dann ist.

Nora hat ihren Bademantel übergezogen, ist hinausgegangen und öffnet jetzt die Badezimmertür. Wir hören einen Schrei von Eugene.

Eugene Mach die Tür zu!!!

Nora Oh, Verzeihung. Ich wußte nicht, daß jemand drin ist. *Geht eilig zurück in ihr Zimmer.*

Stanley hat sich aufgerafft und betritt jetzt das Wohnzimmer.

Stanley Paps? Kann ich dich jetzt sprechen? Es dauert nur fünf Minuten.

Kate Er ist müde, Stanley. Er schläft schon beinah.

Stanley Zwei Minuten. Ich faß mich so kurz ich kann.

Jack Geh nur, Kate. Geh ins Bett. Der Junge möchte mir was erzählen.

Kate Macht das Licht aus, wenn ihr fertig seid. *Küßt Jack auf die Stirn.* Sorg dich nicht. Wir haben noch immer eine Lösung gefunden. *Verläßt das Zimmer.*

Im selben Moment kommt Eugene aus dem Badezimmer geschossen, rast in sein Zimmer und knallt die Tür zu.

Eugene Sie hat mich auf dem Klo gesehen! Nora hat mich auf dem Klo gesehen! *Läßt sich aufs Bett fallen.* Jetzt ist alles aus!

Stanley Ich habe ein Problem, Paps.

Jack Wenn du keins hättest, wärst du hier nicht zu Hause.

Stanley Ich beneide dich nicht. Alle kommen sie mit ihren Problemen zu dir. Du mußt immer die Antwort wissen. Ich glaube, ich würde passen.

Jack Versuche nicht, mich gnädig zu stimmen. Erzähl mir, was los ist.

Stanley Ich bin gefeuert worden!

Jack Waaas???

Stanley Reg dich nicht auf! Krieg keinen Koller! Hör erst mal zu, was passiert ist.

Jack Was hast du gemacht? Du bist zu spät gekommen? Du hast jemand eine freche Antwort gegeben? Hast du jemand eine freche Antwort gegeben?

Stanley Es ist noch nicht endgültig. Es hängt von mir ab, ob ich bleibe oder nicht. Ich weiß nicht, wie ich mich entscheiden soll, du mußt mir dabei helfen.

Jack Natürlich bleibst du. Es ist mir vollkommen egal, worum es geht. Wenn du deinen Job hinschmeißen willst – jetzt ist bei Gott nicht der Moment dafür.

Stanley Als ich zwölf war, hast du mir mal einen Vortrag über Prinzipien gehalten. Erinnerst du dich?

Jack Und diese Neuigkeit erfahre ich erst jetzt?

Stanley Es geht um Prinzipien, Paps.

Jack Wie lange wolltest du noch warten, bevor du es mir erzählst?

Stanley Hör dir wenigstens meine Prinzipien an.

Jack Schön, ich hör sie mir an. Und dann wirst du dir meine anhören.

Stanley Aber setz dich bequem hin, okay? Ich erzähl dir genau, was passiert ist. Es fing damit an, daß Andrew – der Schwarze, weißt du, der bei uns saubermacht …

Jack hat sich bequem hingesetzt und hört zu. Stanley sitzt mit dem Rücken zum Publikum. Was er seinem Vater erzählt, hören wir nicht. Unsere Aufmerksamkeit wendet sich Eugene in seinem Zimmer zu.

Eugene … Also begann Stanley mit seiner traurigen Geschichte. Paps sagte kein Wort. Saß nur da und hörte zu. Stanley war phantastisch. Es war wie in dem Film „Abe Lincoln in Illinois". Stanley verteidigte nicht nur seine Prinzipien, er verteidigte die Demokratie und die Vereinigten Staaten von Amerika. Paps müssen die Augen angefangen haben zu tränen, denn nicht nur mußte er sich mit Stanleys Prinzipien befassen und mit Noras Karriere und dem Verlust seiner Scherzartikelvertretung und dem Problem, wie man Tante Blanche unter die Haube bringt, und mit Lauries flatterndem Herzen, sondern es konnte auch noch jeden Moment an der Tür klopfen, und 37 Verwandte aus Polen würden draußen stehen und Einlaß begehren … Schließlich war Stanley mit seiner Geschichte fertig.

Stanley … Also – entweder ich bringe morgen eine schriftliche Entschuldigung mit, oder ich brauche gar nicht erst hinzugehen … Ich weiß, es ist spät. Ich weiß, du bist müde. Aber ich wollte nichts tun, ohne dich vorher gefragt zu haben.

Jack sitzt eine kleine Weile und schweigt.

Jack Oh, Stanley, Stanley, Stanley!

Stanley Es tut mir leid, Paps.

Jack Du hättest ihm nicht den Dreck über die Schuhe kehren dürfen.

Stanley Ich weiß.

Jack Noch dazu vor anderen Leuten.

Stanley Ich weiß.

Jack Er ist dein Chef. Er zahlt dir dein Gehalt. Ohne sein Geld hätten wir uns den Gürtel sehr viel enger schnallen müssen.

Stanley Ich weiß, Paps.

Jack Und wir haben keinen Pfennig zuviel. Wenn ich das sage, kannst du es mir glauben.

Stanley Ich glaube es dir, Paps.

Jack Letztes Jahr warst du drei Tage krank, und er hat dir nur anderthalb Tage vom Lohn abgezogen, du erinnerst dich?

Stanley Ich weiß. Ich verstehe, worauf du hinauswillst. Ich schreibe den Brief. Gleich jetzt.

Jack Andererseits hast du dich mutig verhalten. Du hast einen Arbeitskollegen verteidigt. Von den anderen hat sich keiner für ihn eingesetzt, oder?

Stanley Ich war der einzige.

Jack Darauf kannst du stolz sein. Du hast zu deinen Prinzipien gestanden. Mein Vortrag ist auf fruchtbaren Boden gefallen.

Stanley Deswegen wollte ich auch den Brief nicht schreiben. Ich wußte, du würdest es verstehen.

Jack Die Frage ist nur, kann sich unsere Familie Prinzipien leisten, im Augenblick?

Stanley Es wäre sehr schwierig, ich weiß.

Jack Nicht nur für dich und mich. Auch für deine Mutter. Und für Tante Blanche und die Mädchen.

Stanley Und Eugene.

Jack Und Eugene. Eugene müßte sich einen Halbtagsjob suchen. Zeit, die er eigentlich zum Lernen verwenden sollte, damit er es zu etwas bringt.

Stanley Er will Schriftsteller werden. Er möchte aufs College.

Jack Ich wünschte, ich hätte *dich* aufs College schicken können. Das macht mich manchmal ganz krank, Stanley.

Stanley Ich arbeite gern, Paps. Wirklich … Hör zu, ich habe mich entschieden. Ich schreibe den Brief.

Jack Ich will dir nicht zureden …

Stanley Ich weiß. Es ist *meine* Entscheidung. Ich möchte ihn schreiben.

Jack Und was werden morgen früh deine Prinzipien dazu sagen?

Stanley Meinen Prinzipien ist schon viel wohler. Du hast gesagt, du bist stolz auf das, was ich getan habe. Das war mir im Grunde das einzig Wichtige.

Jack Weißt du was, Stanley. Ich glaube nicht, daß sie dir im College viel hätten beibringen können, was du nicht ohnehin schon weißt.

Stanley Rate mal, von wem ich es gelernt hab … Ich bin froh, daß wir gesprochen haben, Paps … Bis morgen früh dann … Kommst du auch rauf?

Jack Ich bleibe noch ein Weilchen hier sitzen. Es ist die einzige Zeit am Tag, wo ich ein paar Minuten für mich habe.

Stanley nickt, dann springt er mit wenigen Sätzen die Treppe hinauf. Jack lehnt sich in seinem Sessel zurück und schließt die Augen. Stanley geht in sein Zimmer. Eugene schreibt in sein Memoirenheft.

Eugene Wie ist es gegangen? Mußt du den Brief schreiben?

Stanley Ja. *Nimmt Schreibblock und Füllfederhalter heraus.*

Eugene War mir klar, daß er darauf bestehen würde.

Stanley Er hat nicht darauf bestanden ... Halt die Klappe, ich muß mich konzentrieren.

Eugene Was willst du denn schreiben?

Stanley Ich weiß nicht ... Kannst du mir helfen? Du bist doch gut in so was.

Eugene In früheren Zeiten wurde man dafür bezahlt, daß man Leuten ihre Briefe verfaßte. Das war ein Beruf.

Stanley *empört* Ich denke nicht daran, dir Geld zu geben.

Eugene Wer hat was von Geld gesagt?

Stanley Was denn sonst?

Eugene Erzähl mir, wie Nora aussieht, wenn sie nackt ist.

Stanley Sag mal, hast du gar nichts anderes im Kopf?

Eugene Ich weiß nicht. Doch, ich weiß. Nein.

Stanley Also meinetwegen. Wenn wir den Brief geschrieben haben.

Eugene Ich trau dir nicht. Ich möchte eine Anzahlung.

Stanley Du bist wirklich ein seltenes Arschloch.

Eugene So was sollst du vor mir nicht sagen, ich bin noch ein Kind.

Stanley Also was willst du wissen?

Eugene Alles. Von dem Moment an, wo du die Tür aufgemacht hast.

Stanley Es ging alles so schnell.

Eugene Macht nichts. Erzähl es langsam.

Stanley Herrgott! ... Also schön ... Ich habe gehört, wie die Dusche lief. Ich habe gewartet, bis sie sie abgedreht hat. Dann noch ein paar Sekunden, bis das Wasser an ihrem Körper runtergeronnen war. Jetzt wußte ich, sie würde aus der Dusche kommen, und habe die Tür aufgemacht. Sie stand auf der Badematte, ein Handtuch um den Kopf und sonst nichts auf der ganzen weiten Welt.

Eugene Langsamer. Nicht so schnell.

Stanley Ihre Brüste waren ein Traum. Wie zwei Pfirsiche am

Spalier, die darauf warten, daß man sie pflückt ... Vielleicht auch Nektarinen. Wie zwei Nektarinen, die aus dem Laub hervorleuchten, saftig und rosig und voll schimmernder Tautropfen ...

Vorhang

Zweiter Akt

Mittwoch, eine Woche später. Gegen halb sieben Uhr abends. Kate kommt die Treppe herunter. Sie trägt ein Tablett mit Teller, Schälchen und Besteck. Sie sieht eine Spur verhärmt aus.

Laurie liegt mit einem Buch auf dem Wohnzimmersofa.

Eugene sitzt im Hintergarten im Schneidersitz auf dem Boden und schreibt in sein Memoirenheft.

Kate Laurie! Du solltest deine Mutter sehen. Sie sieht phantastisch aus.

Laurie Ich warte auf ihren großen Auftritt ... Wie geht es Onkel Jack?

Kate Er ruht. Er hat recht gut gegessen heut abend. Du kannst nachher zu ihm raufgehen. *Schreit.* Eugene! Dein Vater ruht. Es werden keine Bälle gegen die Wand geworfen.

Eugene Ich spiele nicht. Ich schreibe.

Kate Meinetwegen. Aber leise. *Geht in die Küche.*

Eugene *zum Publikum* Ich soll leise schreiben. Wenn das der einzige Satz wäre, der in meinen Memoiren stünde, wäre es ein Bestseller ... Meine Mutter ist noch nervöser als sonst. Vor drei Tagen hatte Paps einen *Flüstert.* Herzanfall. Es war kein schlimmer *Flüstert.* Herzanfall. Mehr so eine Art Schreckschuß. Er ist in der U-Bahn umgekippt, und ein Polizist hat ihn nach Hause gebracht. Er wollte mit Taxifahren nachts ein paar Dollar nebenher verdienen, und er hat einfach schlappgemacht ... Der Arzt sagt, er soll zwei, drei Wochen zu Hause bleiben, aber Paps will nicht auf ihn hören. Mr. Jacobson hat einen Schwager, der arbeitslos ist, der springt für Paps vorübergehend ein, aber Paps fürchtet, wenn er drei Wochen krank ist, könnte eine Dauerstellung daraus werden.

Stanley kommt von der Arbeit nach Hause. Er wirkt sehr verstört.

Stanley *zu Eugene, geflüstert.* Ich muß mit dir reden.

Eugene Was ist denn?

Stanley Nicht hier. In unserem Zimmer. Aber sag nichts.

Eugene Klingt ja mächtig geheimnisvoll.

Stanley Halt doch die Klappe! Warte, bis ich oben bin, dann komm mir nach. *Geht ins Haus.*

Eugene Wenn's was mit Nora zu tun hat, interessiert es mich nicht. *Zum Publikum.* Ich vergaß, Ihnen zu sagen, daß ich meine Cousine Nora nicht ausstehen kann. Sie ist ausgesprochen rotzig in letzter Zeit. Zu uns allen. Sie sagt nicht guten Morgen, sie nimmt sich ihr Essen rauf in ihr Zimmer. Und jeden Abend trifft sie sich mit diesem kinnlosen Larry Clurman. Und sie ist auch gar nicht so hübsch, wie ich mir eingebildet habe.

Kate kommt aus der Küche.

Kate *ruft hinaus* Eugene! Hast du deinem Vater die Zeitung gebracht?

Eugene Ich komme. Mir tut mein Knie weh. Ich bin in der Schule die Treppe runtergefallen.

Kate Bring sie sofort nach oben. Dein Vater wartet drauf. *Geht wieder in die Küche.*

Eugene *zum Publikum* Wenn ich ihr erzählen würde, ich hätte bei einem Unfall soeben beide Hände verloren, würde sie sagen: „Geh nach oben und wasch dir das Gesicht mit den Füßen." ... Ich schätze, sie ist sauer, weil sie und Paps jetzt nicht zu dem Fest im Commodore Hotel gehen können ... Ist auch wirklich gemein, sie gehen so selten aus ... *Steht auf, geht zur Haustür.* Außerdem ist sie kribblig, weil Mr. Murphy kommt, um Tante Blanche abzuholen. Ich glaub, sie könnte die ganze Welt umbringen. *Geht hinein.* Deswegen gibt es heute Saubohnen zum Abendessen.

Kate kommt mit einem Schälchen mit Nüssen ins Wohnzimmer.

Kate Möchtest du eine Kaschunuß, Laurie?

Laurie Oh, danke. *Nimmt eine.* Und auch eine Erdnuß? *Nimmt eine.* Und auch eine Mandel? *Nimmt eine.*

Kate Du mußt am Verhungern sein. Wir essen heute später. Wir warten, bis deine Mutter gegangen ist.

Eugene kommt ins Wohnzimmer.

Eugene *sieht die Nüsse* Kann ich mir ein paar Nüsse nehmen, Mam?

Kate Nur eine. Die sind für den Besuch.
Eugene nimmt eine, will nach oben gehen.
Wir essen heute in der Küche. Ihr könnt mir dann helfen, du und Stanley.

Eugene *zum Publikum* Da bringt man sich fast um, und alles für eine lumpige Nuß. *Geht nach oben.*

Kate *zu Laurie* Du siehst mir so heiß aus. Du hast doch nicht etwa Fieber? *Fühlt Lauries Stirn.* Zeig mal deine Zunge.
Laurie streckt die Zunge heraus.
Die ist ja ganz fleckig.

Laurie Das ist die Kaschunuß.

Kate Werde du mir nicht auch noch krank. Wenn du müde bist, gehst du ins Bett.

Laurie Ich habe etwas Magenschmerzen. Vielleicht bekomme ich meine Tage.

Kate Deine was?

Laurie Meine Tage. Das, was Nora immer hat, wenn sie nicht ins Wasser gehen kann.

Kate Das glaube ich nicht. Nicht in deinem Alter. Aber wenn die Magenschmerzen schlimmer werden, kommst du und sagst es mir. Ich habe einen feinen Thunfischsalat gemacht. Ruf mich, wenn deine Mutter runterkommt. *Will in die Küche gehen.*

Laurie Tante Kate! ... Mag Mammi Mr. Murphy?

Kate Ich weiß nicht, mein Kleines. Ich glaube, so gut kennt sie ihn noch nicht.

Laurie Magst du ihn?

Kate Ich habe noch nie ein Wort mit ihm gesprochen.

Laurie Du hast doch gesagt, er ist ein Kosake. Sind das nicht solche, die keine Juden mögen?

Kate Ich bin sicher, Mr. Murphy mag deine Mutter, sonst würde er nicht mit ihr essen gehen.

Laurie Wenn Mammi ihn heiratet, müssen wir dann in dem unheimlichen Haus gegenüber wohnen? Ich krieg immer 'ne Gänsehaut, wenn ich die alte Frau im Fenster seh.

Kate Soweit sind wir noch lange nicht. Erst mal Chardov, dann werden wir weitersehen. *Geht in die Küche.*

Eugene kommt in sein Zimmer gestürzt. Stanley liegt auf seinem Bett, die Hände unter dem Kopf verschränkt, und starrt zur Decke.

Eugene Paps geht es besser. Er hat die Zeitung nach mir geworfen, weil ich ihm nicht die Abendausgabe gebracht habe.

Stanley *setzt sich auf* Schließ die Tür ab.

Eugene *schließt ab* Wie siehst du denn aus? Hast du geweint? Du hast ja ganz rote Augen.

Stanley Ich stecke in der Klemme, Eug. Und zwar so, wie ich noch nie in der Klemme gesteckt habe. *Nimmt eine einzelne Zigarette aus seiner Hemdtasche, steckt sie in den Mund und zündet sie mit einem Streichholz an.*

Eugene Seit wann rauchst du?

Stanley Im Lager rauche ich die ganze Zeit. Daß ich dich ja nicht dabei erwische. Es ist eine schlechte Angewohnheit.

Eugene Wieso machst du's dann?

Stanley Weil's mir Spaß macht.

Eugene Welche Marke rauchst du?

Stanley Lucky Strikes.

Eugene Hab ich mir gedacht. Das ist die beste.

Stanley Schwöre bei Gott, daß du das, was ich dir jetzt sage, keiner Menschenseele verraten wirst.

Eugene *hebt die Hand* Ich schwöre beim Leben der gesamten Mannschaft der New York Yankees ... Was ist passiert?

Stanley geht umher, bevor er sprechen kann.

Stanley *schließlich* Ich habe mein Gehalt verloren.

Eugene Was?

Stanley Die ganzen siebzehn Dollar. Futsch. Ich habe sie verloren.

Eugene Wo? In der U-Bahn?

Stanley Beim Pokern. Ich hab' sie verspielt.

Eugene Beim Pokern?

Stanley Pscht! Bist du wahnsinnig? Willst du Paps nebenan im Schlafzimmer umbringen?

Eugene Du hast mir nie erzählt, daß du spielst.

Stanley Wir haben es immer nur in der Mittagspause getan.

Um Pfennige. Ich habe immer gewonnen. Zehn Cent. Fünfundzwanzig Cent. Es war nicht nur Glück. Ich war wirklich gut.

Eugene Siebzehn Dollar!!

Stanley Als Paps krank wurde, dachte ich, ich könnte ein paar Extra-Dollar verdienen. Damit der Ausfall nicht so schlimm ist. Also habe ich drüben im Lagerraum von Schuh-Florsheim mitgespielt ... Mann, da hab ich vielleicht gelernt, was pokern heißt. In zwanzig Minuten hatten die mich ausgeplündert bis aufs Hemd.

Eugene Was wirst du ihnen erzählen?

Stanley Ich weiß es nicht. Wenn Paps nicht krank wäre, würde ich ihm die Wahrheit sagen. Letzte Woche hat er mir noch gesagt, wie stolz er auf mich ist. Er fährt nachts Taxi, und ich spiele Poker bei Florsheim ... *Kann die Tränen nicht länger zurückhalten.*

Eugene Ja, aber stell dir vor, du hättest gewonnen! Stell dir vor, du hättest fünfzig Dollar gewonnen! Du hattest eben Pech, nichts weiter.

Stanley Ich hatte keine Chance gegen diese Burschen. Das waren ausgebuffte Spieler. Alle haben sie schwarze, spitze Schuhe getragen und so affige Socken mit Stikkerei an der Seite. Wenn Paps stirbt, häng ich mich auf, das schwör ich dir.

Eugene Red keinen Stuß. Paps stirbt nicht. Er hat heute abend drei Lammkoteletts verdrückt ... Sag doch ganz einfach, du hättest das Geld verloren. Du hattest ein Loch in der Tasche. Du kannst dir doch ein Loch in die Tasche reißen.

Stanley Das hab ich schon mal gesagt.

Eugene Wann?

Stanley Im November, als mir fünf Dollar gefehlt haben. Er hat gesagt: „Von jetzt an kontrollierst du jeden Morgen deine Taschen."

Eugene Was ist mit den fünf Dollar passiert? Hast du die auch verspielt?

Stanley Nein. Ich habe sie einem Mädchen gegeben ... Du weißt schon. Einer Pro.

Eugene Einer Pro was? ... Einer P r o s t i t u i e r t e n??? Du warst in einem Puff? Mich laust der Affe!

Stanley *erschrocken* Halt doch den Mund!

Eugene Soviel kostet das? Fünf Dollar?

Stanley Zwei fünfzig. Ich bin mit jemand hingegangen, den ich kenne. Er schuldet es mir noch.

Eugene Und das hast du mir nie erzählt? Wie war sie? War sie hübsch? Wie alt war sie?

Stanley Fang nicht schon wieder an, Eugene.

Eugene Hat sie sich ganz nackt ausgezogen, oder was?

Stanley *wütend* Jedesmal, wenn mir das Wasser bis zum Hals steht, muß ich dir erzählen, wie ein nacktes Mädchen aussieht! ... Tue mir einen Gefallen, Eugene. Geh ins Badezimmer, hol dir einen runter und werde allein erwachsen.

Eugene Komm, sei doch nicht so. Wenn du ich wärst, würdest du dieselben Fragen stellen.

Stanley Ja, nur hatte ich nie einen älteren Bruder, der mir solche Sachen beigebracht hat. Weißt du überhaupt, was du für ein Schwein hast, daß du der jüngere bist? Du hast keine Verantwortung, so wie ich. Du kannst in die Schule gehen und den Mädchen auf der Treppe unter die Röcke schauen.

Eugene Ich strenge mich ganz schön an in der Schule.

Stanley So? Na, dann zeig mir mal dein Zwischenzeugnis. Heut ist der Erste, ich weiß, du hast es in deiner Mappe. Zeig mir dein Zwischenzeugnis.

Eugene Mein Zwischenzeugnis geht dich gar nichts an. Du bist nicht mein Vater.

Stanley Doch, das bin ich. Solange Paps krank ist, bin ich das. Ich bin der einzige in der Familie, der arbeitet, oder etwa nicht?

Eugene Ach nee? Wo ist denn dann dein Wochenlohn, Paps?

Stanley *packt Eugene wütend* Du bist wirklich das Letzte. Du bist ein solcher Scheißkerl. Immer helfe ich dir, und wenn du mir mal helfen sollst, verlangst du was dafür. Du kotzt mich an.

Eugene *schreit* Nicht so sehr, wie du mich. Du schnarchst in der Nacht. Du pulst an deinen Zehennägeln rum. Du verstinkst das Badezimmer. Mir wird jedesmal schlecht.

Stanley *schreit zurück* Zeig mir dein Zeugnis. Zeig es mir, verdammt noch mal, oder ich schlag dir den Schädel ein.

Eugene *fängt an zu weinen* Du willst es sehen? Hier! *Zieht es aus einem Buch hervor.* Hier ist mein Scheißzeugnis … Steck's dir in den Arsch!! *Fällt weinend aufs Bett, mit dem Gesicht zur Wand.*

Stanley sitzt auf seinem eigenen Bett und liest den Bericht. Eine lange Stille.

Stanley *sanft* Vier Einsen und eine Zwei … Das ist gut. Das ist verdammt gut, Eugene … Du hast Köpfchen … Ich möchte, daß du aufs College gehst … Ich möchte, daß man mal deinen Namen kennt … Denn ich … ich tauge zu gar nichts. *Weint.* … Tut mir leid, daß ich das vorhin gesagt habe.

Eugene *noch immer mit dem Gesicht zur Wand* Mir auch … Mir tut es auch leid.

Jack erscheint oben auf der Treppe. Er trägt Pyjama, Bademantel und Hausschuhe. Er ist offenbar sehr wacklig auf den Beinen. Er hält sich am Geländer fest und kommt langsam die Treppe herunter. Er sieht sich um, dann entdeckt er Laurie und geht ins Wohnzimmer. Das Atmen fällt ihm nicht leicht.

Laurie *sieht ihn* Hallo, Onkel Jack. Fühlst du dich besser?

Jack Besser als gestern, Mäuschen. Deine Mutter ist noch nicht unten?

Laurie Nein.

Jack Ich wollte sie bewundern, bevor sie fortgeht.

Kate kommt mit einer Schale voll Obst aus der Küche.

Kate O mein Gott! Bist du verrückt? Hast du den Verstand verloren? Du gehst die Treppe runter?

Jack Ich liege nicht im Sterben. Ich muß mal meine Beine bewegen. Ich wollte Blanche auf Wiedersehen sagen. *Setzt sich langsam.*

Kate Wie willst du wieder nach oben kommen? Glaubst du, ich trage dich? Der Arzt hat gesagt, du sollst nicht mal ins Badezimmer gehen.

Jack Du glaubst, was die Ärzte sagen? Meine Großmutter war in ihrem ganzen Leben nicht einmal beim Arzt, und sie ist 87 geworden.

Kate Sie hatte auch keinen hohen Blutdruck. Sie ist nicht in der U-Bahn ohnmächtig geworden.

Jack Sie ist drei-, viermal die Woche ohnmächtig geworden. Das liegt bei uns in der Familie. Große Ohren und In-Ohnmacht-Fallen. Laurie, mein Liebling, bring deinem Onkel Jack ein Glas Wasser mit viel Eis. Sei so gut.

Laurie Jetzt gleich?

Jack Ja. Jetzt gleich, Mäuschen.
Laurie steht auf und geht in die Küche.
Das Kind wird zu sehr verhätschelt. Du solltest sie mehr rannehmen im Haus. Man wird nicht dadurch gesund, daß man den ganzen Tag auf dem Sofa liegt.

Kate Nein. Man wird dadurch gesund, daß man die ganze Nacht Taxi fährt, nachdem man neun Stunden in der Werkstatt Regenmäntel zugeschnitten hat. Willst du dich umbringen, Jack? Willst du mich allein lassen mit der Sorge um die Familie? Willst du das!

Jack Du meinst, ich werde schneller gesund, wenn man mir Vorwürfe macht? Nicht nötig, Kate. Die mach ich mir schon selber. Aber wenn ich Hilfe brauche, sag ich's dir.

Kate Entschuldige. Du kennst mich doch. Ich bin nicht glücklich, wenn ich mir keine Sorgen machen kann. Das liegt nun mal in meiner Familic. Leute, die sich Sorgen machen, heiraten in der Regel Leute, die in Ohnmacht fallen.

Jack *nimmt ihre Hand, hält sie fest* Ich lasse dich nicht allein. Ich verspreche es dir. Wenn ich dich nicht wegen einer anderen Frau verlassen habe, werde ich erst recht nicht tot umfallen, nur um dich zu verlassen.

Kate Welche andere Frau? Diese Buchhalterin? Diese Helen?

Jack Na Gott sei Dank, sind wir wieder bei Helen. Wirst du mir ewig vorwerfen, daß ich zwei Jahre hintereinander im Commodore mit ihr getanzt habe?

Kate Erzähl mir nichts, erzähl mir nichts. Ich hab gesehen, wie sie dich angeschaut hat.

Jack Was soll eine Frau wie die mit einem Zuschneider? Die mag Männer in wichtigen Positionen. Vertreter. Sie ist Witwe. Sie will wieder heiraten.

Kate Du bist ein attraktiver Mann, Jack. Du hast Erfolg bei Frauen.

Jack Ich? Attraktiv? Du mußt wirklich glauben, ich liege im Sterben.

Kate Du kennst die Frauen nicht so wie ich. Versprich mir

nur eins. Wenn zwischen dir und dieser Helen jemals etwas war, trag mich zu Grabe, ohne daß ich es weiß.

Jack Ich verstehe. Jetzt, wo du dir Sorgen machst wegen Helen, hast du beschlossen, doch als erste zu sterben.

Laurie kommt mit einem Glas Eiswasser aus der Küche.

Laurie Ich mußte das Eis zerhacken. Ich bin ganz außer Atem.

Jack Das tut dir gut, Mäuschen. Das ist wie Gymnastik. *Nimmt das Glas.*

Nora kommt aus ihrem Zimmer und die Treppe herunter.

Nora *kühl* Ich bin nicht da zum Essen. Ich gehe weg. Ich komme spät nach Hause. Ich habe meinen Schlüssel. Gute Nacht.

Kate Nora! Möchtest du nicht sehen, wie deine Mutter aussieht?

Nora Ich bin sicher, sie sieht fabelhaft aus. Sie weiß es auch, ohne daß ich ihr's sage.

Kate Deiner Mutter liegt daran, daß Mr. Murphy euch beide kennenlernt. Er muß jeden Augenblick kommen.

Nora Tut mir leid, ich bin verabredet. Ich kann Mr. Murphy ja ein andermal kennenlernen.

Jack Ich glaube, du solltest besser warten, Nora. Ich glaube, deine Mutter wäre sehr enttäuscht, wenn du ihr nicht auf Wiedersehen sagst.

Nora Ich weiß, dein Rat ist gut gemeint, Onkel Jack. Aber ich kenne meine Mutter besser. Ich wünschte, sie würde mich halb so gut kennen.

Dreht sich um und geht zur Haustür hinaus.

Jack und Kate sehen sich an.

Kate Was mach ich nur, Jack?

Jack Misch dich nicht ein. Das geht nur Nora und Blanche etwas an. Damit müssen sie allein fertig werden.

Kate Mit wem trifft sie sich? Wohin geht sie jeden Abend?

Laurie Mit Larry Clurman. Er leiht sich den Wagen seines Vaters und fährt mit ihr zum Friedhof.

Kate Zu welchem Friedhof?

Laurie Da, wo Daddy begraben ist. Sie besucht Daddy.

Stanley steht von seinem Bett auf, geht ins Badezimmer und schließt die Tür. Eugene richtet sich auf und betrachtet sein Zeugnis. Blanche hat ihr Zimmer verlassen und erscheint oben auf der Treppe. Sie ist zum Ausgehen angezogen und sieht entzückend aus. Sie kommt die Treppe herunter.

Kate Was soll ich ihr sagen? Ich möchte ihr nicht den Abend verderben.

Blanche *kommt herein* Jack? Was machst du hier unten?

Jack Wir bekommen Besuch. Wo sollte ich sonst sein?

Blanche Ich habe bei dir reingeschaut. Ich bin zu Tode erschrocken.

Jack Das sieht man dir nicht an. Du siehst wunderbar aus.

Kate Blanche! Mein Gott, Blanche, das ist doch nicht möglich. Wie ein Filmstar. Wie heißt noch die Schauspielerin, die ich so sehr mag?

Laurie Irene Dunne.

Kate Wie Irene Dunne.

Laurie Ich finde, sie sieht aus wie Rosalind Russell. Oder wie Carole Lombard.

Jack Ich finde, sie sieht aus wie Blanche. Blanche ist hübscher als sie alle zusammen.

Blanche Ich hatte solche Probleme mit der Wimperntusche. Ich konnte meine Augen nicht sehen, also mußte ich die Brille aufsetzen. Und dann kam ich nicht an die Wimpern ran, weil die Brille im Weg war.

Kate Wo ist die Brille? Hast du deine Brille?

Blanche In meiner Handtasche. Ich dachte, ich setz sie erst im Restaurant auf, wenn ich mir die Karte anschaue.

Kate Tu das aber auch. Sonst kommst du nachher nach Hause und kannst mir nicht erzählen, wie es bei Chardov aussieht.

Blanche Schön, dich wieder hier unten zu sehen, Jack. Dann fühlst du dich also besser?

Jack Es war ja gar nichts. Ich hab ein paar Tage Ruhe gebraucht, das ist alles. Außerdem muß ich doch Mr. Murphy begrüßen. Wenn man in ein fremdes Haus kommt, ist man froh, wenn noch ein Mann da ist. Ich kenn das von mir.

Blanche Danke, Jack. Du denkst wirklich an alles.

Kate *zieht etwas aus ihrer Tasche* Hier. Mach sie um. Nein, ich will nichts hören. Mach sie um und fertig. Bitte, Blanche.

Es ist eine Perlenkette.

Blanche Kate – deine Perlen. Deine guten Perlen.

Kate Was haben sie davon, wenn sie das ganze Jahr in der Schublade liegen? Perlen sind wie Menschen. Die wollen sich auch sehen lassen von Zeit zu Zeit.

Blanche Du wolltest sie heute abend im Commodore tragen. Ich bin so mit mir selbst beschäftigt, daß ich gar nicht mehr daran gedacht habe.

Kate Ich kann sehr gut darauf verzichten. Ich sehe Jack dort sowieso den ganzen Abend nicht.

Jack *zu Blanche* Laß mal sehen.

Blanche Ich werd dauernd Angst haben, daß ich sie verliere.
Legt sie sich um.
Alle sehen sie an.

Kate Da sage noch jemand, ich hätte nicht eine schöne Schwester.

Jack Und das hätte ich mir entgehen lassen sollen?

Laurie Carole Lombard, keine Frage.

Blanche *zu Laurie* Geh rauf und hol Nora. Ich möchte sie Nora zeigen.

Laurie Sie ist nicht mehr da. Sie ist weggegangen.

Blanche *sieht Jack und Kate an* Was soll das heißen, sie ist weggegangen? Ohne mir auf Wiedersehen zu sagen?

Kate Sie wollte auf dich warten, aber sie war verabredet.

Blanche Sie hätte doch zu mir reinkommen können. Sie wußte, wieviel mir daran liegt.

Jack Sie sieht dich ja, wenn du nach Hause kommst. Du wirst um zwölf noch genauso gut aussehen.

Blanche Was hat sie gesagt? Hat sie irgendwas gesagt?

Kate Blanche, du gehst aus. Du hast einen schönen Abend vor dir. Wir sprechen später darüber.

Blanche Sie zahlt es mir heim, nicht wahr? Sie weiß, womit sie mich verletzen kann ... Das hat man nun davon, wenn man Entscheidungen trifft.

Jack Ich hätte Lust auf Eiskrem zum Nachtisch. Laurie, Hast du Lust auf Eiskrem zum Nachtisch?

Laurie Au ja. Pistazie?

Jack Für dich Pistazie und für mich Walnuß. Geh rauf und sag Eugene, er soll welches holen.

Laurie Kann ich mitgehen?

Kate Aber nicht rennen, Liebling.

Jack Laß sie doch rennen. Wenn es sie anstrengt, wird sie's

schon sagen. Hören wir auf, uns immerfort Sorgen umeinander zu machen.

Laurie ist hinaufgelaufen und klopft an Eugenes Tür.

Laurie Eugene! Dein Vater sagt, wir sollen in den Laden gehen.

Eugene Sag ihm, ich bin krank. Ich hab Bauchschmerzen.

Laurie Dann möchtest du keine Eiskrem?

Eugene Eiskrem? Moment. *Setzt sich auf, blickt ins Publikum.* Erstaunlich, wie schnell eine Depression verfliegt, wenn einem jemand Eiskrem in Aussicht stellt.

Jack Sie ist erst sechzehn, Blanche. In dem Alter haben Sie noch zu viel mit sich selbst zu tun.

Eugene Wie soll ich Schriftsteller werden, wenn ich nicht weiß, wie man leidet ... Ehrlich gesagt, ich würde die ganze Schriftstellerei aufgeben, wenn ich ein nacktes Mädchen sehen und dabei Eiskrem essen könnte. *Verläßt sein Zimmer und geht mit Laurie die Treppe hinunter.*

Stanley kommt aus dem Badezimmer und geht in sein Zimmer zurück.

Blanche Wie spät ist es?

Kate Halb sieben. Er muß jeden Moment kommen. Denk jetzt nicht an Nora, Blanche. Du sollst meine Perlen nicht umsonst tragen.

Jack Eugene! Lauf rüber zu Hansons. Bring eine Portion Pistazieneis, eine Portion Walnußeis und eine Portion Schokoladeneis für dich. Kate, was möchtest du?

Kate Ich bin nicht in der Stimmung für Eiskrem.

Jack Bring ihr Vanille. Sie wird's schon essen. Und eine Portion für Stanley. Du weißt ja, was er mag.

Eugene Ich brauche Geld.

Jack Ich bin gerade fünfzehn Dollar an den Arzt losgeworden. Geh rauf zu Stanley. Er hat heut sein Gehalt bekommen. Laß es dir geben.

Eugene *entsetzt* W a s ? ? ?

Kate Hier. Hier hast du einen Dollar. *Nimmt einen Dollar aus ihrer Tasche.* Und beeilt euch, damit Laurie da ist, wenn Mr. Murphy kommt. Aber rennt nicht.

Eugene nimmt das Geld und geht mit Laurie durch die Haustür ab.

Blanche Weißt du, meine größte Sorge ist, daß sie wegläuft. Daß ich eines Morgens aufwache, und sie ist verschwunden. Nach Philadelphia. Oder Boston. Oder Gott weiß wohin.

Kate Hör dir an, wie diese Frau zu einem Rendezvous geht. Hast du vor, von nichts anderem zu reden? Dann wird er nach fünf Minuten zu trinken anfangen.

Blanche Meinst du? Was mach ich nur, wenn er sich betrinkt?

Kate Du kommst sofort nach Hause. Hast du Geld? Hast du Geld für ein Taxi?

Blanche Nein. Ich hab nichts eingesteckt.

Kate Warte. Ich laß mir von Stanley fünf Dollar geben. Jetzt habe ich die Sorge auch noch.

Geht die Treppe hinauf.

Jack Was ich brauche, ist eine Tasse Tee. *Steht auf.*

Blanche Bleib sitzen. Ich mach sie dir.

Jack Du rührst nichts an, in dem Kleid. Aber wenn du mir Gesellschaft leisten willst ... Wir hören ja die Klingel in der Küche.

Beide gehen in die Küche. Kate klopft oben an Stanleys Tür.

Kate Stanley? Hast du heute Geld bekommen? *Öffnet die Tür.*

Stanley liegt auf dem Bett.

Mach das Fenster auf. Eine Luft ist immer hier drin ... *Streckt die Hand auf.* Ich brauche fünf Dollar für Tante Blanche.

Stanley starrt zu Boden.

Stanley! Hast du heute Geld bekommen?

Stanley Ja, ich habe Geld bekommen.

Kate Nimm dir was raus für die Woche, und gib mir das Couvert.

Stanley *starrt immer noch zu Boden* Ich habe es nicht.

Kate Du hast das Couvert nicht?

Stanley Ich habe das Geld nicht.

Kate Was soll das heißen, du hast das Geld nicht?

Stanley Das soll heißen, daß ich es nicht habe. Es ist weg.

Kate *nervös, setzt sich aufs Bett* Weg? ... Wieso weg?

Stanley Weil es weg ist. Ich habe es nicht mehr. Ich kriege es auch nicht wieder. Es tut mir leid, aber ich kann nichts dran ändern. Bitte frag mich nicht weiter.

Kate Was soll das heißen, frag mich nicht weiter? Ich möchte wissen, was mit den siebzehn Dollar passiert ist, Stanley!

Stanley Du wirst es Paps sagen. Wenn ich es dir sage, wirst du es Paps sagen.

Kate Warum sollte ich es deinem Vater nicht sagen? Warum, Stanley? Ich möchte wissen, was mit dem Geld passiert ist.

Stanley Ich habe es verspielt. Ich habe es beim Pokern verloren. Okay? Bist du jetzt glücklich? Bist du jetzt zufrieden? *Fängt an zu weinen.*

Kate ist einige Augenblicke wie betäubt. Schließlich holt sie tief Atem.

Kate Ich kann mich jetzt nicht damit befassen. Erst muß ich sehen, daß Tante Blanche aus dem Haus ist. Dann muß ich mich um deinen Vater kümmern. Du bleibst hier in deinem Zimmer und denkst dir eine Geschichte aus. Irgend jemand hat dir das Geld gestohlen. Egal wer, egal wo. Das wirst du deinem Vater erzählen, denn wenn du ihm die Wahrheit erzählst, wird es ihn umbringen, so sicher wie ich hier sitze ... Heute nacht, sobald er schläft, kommst du zu mir in die Küche, und wir werden überlegen, was zu tun ist. *Steht auf, geht zur Tür.*

Stanley *kaum hörbar* Es tut mir leid.

Kate geht hinaus, schließt die Tür. Stanley sitzt wie leblos da. Kate geht die Treppe hinunter und ins Wohnzimmer. Sie tritt zum Fenster, sieht hinaus und bricht in Tränen aus. Blanche kommt aus der Küche. Sie sieht sich im Wohnzimmer um.

Blanche Habe ich meine Handtasche hiergelassen? Ich fürchte, ohne Brille verschütte ich den Tee. *Bemerkt Kate, die sich mit einem Taschentuch die Augen trocknet.* Kate! ... Was hast du? Was ist passiert?

Kate Nichts. Nerven, das ist alles.

Blanche Ist es wegen Jack? Weil er runtergekommen ist?

Kate Er weiß, daß er nicht aufstehen soll. Wozu brauchen wir einen Arzt? Er macht ja doch, was er will.

Blanche Ich hätte Mr. Murphy nicht rüberbitten sollen. Dann wäre er nämlich im Bett geblieben.

Kate Es ist nicht nur Mr. Murphy. Es ist Stanley, es ist Eugene, es sind alle.

Blanche Vor allem auch Nora, nicht wahr?

Kate Hol deine Handtasche, Blanche. Er muß jeden Moment kommen.

Blanche Jack hat mir erzählt, was sie gesagt hat, als sie ging. Es tut mir leid, daß sie so schwierig ist in letzter Zeit.

Kate *fährt herum, plötzlich wütend* Warum immer Nora? Warum immer nur deine Probleme? Glaubst du, du bist der einzige Mensch auf der Welt, der Sorgen hat? Wir haben alle unsere Sorgen. Keiner von uns ist zu kurz gekommen.

Blanche *als hätte man sie geohrfeigt* Entschuldige. Sei mir nicht böse, Kate. Es tut mir leid.

Kate Vielleicht bist du stärker als ich, ich weiß es nicht. Du hast Daves Tod überlebt. Ich weiß nicht, ob ich damit fertig werden würde, wenn Jack etwas passiert.

Blanche Es passiert ihm nichts, Kate. Ganz bestimmt nicht. Er ist doch noch ein junger Mann. Und ein solcher Bär.

Kate Mir wird erst jetzt richtig klar, was du damals durchgestanden hast. Wie hast du das durchstehen können, Blanche?

Blanche Ich hatte dich. Ich hatte Jack ... Aber vor allem lebt man doch für seine Kinder. Die Kinder sorgen dafür, daß es weitergeht.

Kate *fast ein Lächeln* Die Kinder.

Blanche Ich wache jeden Morgen nur für Nora und Laurie auf.

Kate Und das, obwohl dir Nora so weh tut?

Blanche Wieso? Glaubst du, wir haben unseren Eltern nicht weh getan? Weißt du nicht mehr, wie Mama geweint hat, als Celia von zu Hause wegging? Sicher tut es weh, aber wenn du jemand liebst, verzeihst du ihm.

Kate Manche Dinge verzeiht man. Manche Dinge verzeiht man nie.

Laurie kommt ins Haus zurück. Sie hat einen Brief in der Hand.

Laurie Ist die Eiskrem schon da?

Blanche Nein, Liebling. Bist du nicht mit Eugene mitgegangen?

Laurie Nein. Ich war gegenüber in dem unheimlichen Haus. Innen ist es genauso unheimlich.

Blanche Bei den Murphys? Wieso denn? Was wolltest du denn da?

Laurie Sie hat mich vom Fenster aus gerufen. Die alte Frau. Ich glaube, sie ist seine Mutter. Sie hat gesagt, sie hätte einen Brief für dich. Ich mußte reingehen und ihn holen. *Gibt Blanche den Brief.*

Kate Was hat sie zu dir gesagt?

Laurie Sie hat mir Kekse angeboten, aber die waren schon ganz grün. Ich sagte, ich hätte keinen Hunger.

Eugene erscheint draußen. Er trägt eine braune Papiertüte mit vier kleinen Pappbechern mit Eiskrem. Blanche öffnet den Brief.

Eugene *zum Publikum* „Liebe Mrs. Morton, mein Sohn Frank bedauert, daß er seine Verabredung mit Ihnen nicht einhalten kann. Ich habe versucht, Sie schon eher zu verständigen, stellte dann aber fest, daß Sie kein Telefon haben. Frank hatte gestern abend einen Autounfall und liegt im Krankenhaus, und obzwar seine Verletzungen nicht schwerwiegend sind, die Folgen sind es. Da mir mein Sohn über alles geht, würde ich den Brief gerne hier beenden und um Entschuldigung bitten. Ungeachtet all seiner Schwächen hat es Frank an Aufrichtigkeit nie gemangelt. Er bat mich, ihnen die Wahrheit zu sagen. Daß er in angetrunkenem Zustand den Wagen eines Freundes gefahren und so den obenerwähnten Unfall verschuldet hat. Die Wahrheit käme ohnehin bald heraus, aber Frank empfindet zuviel Achtung und Zuneigung für Sie, um zuzulassen, daß Sie es von anderer Seite erfahren. Ich hoffe, Sie halten mich nicht für eine verblendete Mutter, wenn ich Ihnen sage, daß mein Sohn viele Vorzüge hat. Sehr viele. Sobald er hier aus seinen Schwierigkeiten heraus ist, haben wir beschlossen, nach Baltimore zu ziehen, da es dort eine Klinik gibt, wo man ihm helfen kann und wo wir Verwandte haben, bei denen wir wohnen können. Ich soll Ihnen sagen, wie leid es ihm tut, und seine charmante, kluge und überaus liebenswerte Nachbarin von gegenüber aufs herzlichste grüßen. Ihre sehr ergebene Louise Murphy."

Kate Was ist los?

Blanche reicht ihr den Brief.

Blanche Er kommt nicht. Er ist ... im Krankenhaus.

Kate liest den Brief.

Eugene *zum Publikum* Das war natürlich ein trauriger Brief, aber Mann, war er gut geschrieben. Vielleicht hätte ich in Irland auf die Welt kommen sollen. *Geht ins Haus.*

Kate *während sie liest* Ich hab's gewußt. Ich hab's von Anfang an gewußt.

Laurie Wieso ist er im Krankenhaus?

Blanche Er hatte einen Autounfall ... O Gott, die arme Frau.

Laurie Heißt das, du gehst heute abend nicht aus?

Kate *nickt, während sie zu Ende liest* Stell dir vor, du wärst in dem Auto gewesen. Ich habe dich gleich am ersten Tag vor diesen Leuten gewarnt.

Blanche Hör endlich auf, sie „diese Leute" zu nennen. Es sind nicht „diese Leute". Sie ist eine Mutter, genau wie du und ich.

Kate Und was ist er? Sag mir, was er ist.

Blanche Er ist jemand, der in Schwierigkeiten steckt. Er ist jemand, der Hilfe braucht. Herrgottnochmal, Kate, du kennst den Mann doch überhaupt nicht.

Kate Ich kenne den Mann. Ich kenne sie alle.

Blanche Du hast es gerade nötig. Sind wir vielleicht besser? Sind wir etwas Besonderes? Wir sind alle arm hier, wir könnten zumindest Mitgefühl füreinander haben.

Kate Das sagst du mir? Bin ich es, für die du dich umsonst herausgeputzt hast? Bin ich es, die dir Hoffnungen gemacht hat? Bin ich es, den sie jetzt ins Gefängnis stecken werden?

Laurie Werden sie ihn ins Gefängnis stecken?

Kate Erzähl du mir nichts von Mitgefühl. Jedem anderen, aber nicht mir.

Blanche Ich habe nicht gesagt, daß du kein Mitgefühl hast.

Kate Ich habe versucht, dir zu helfen, nichts weiter. Ich habe immer versucht, dir zu helfen.

Blanche Das weiß ich. Du reißt dich in Stücke für deine Familie. Aber wenn jemand anders in Schwierigkeiten steckt, kümmert dich das überhaupt nicht.

Kate Warum sollte es? Wer von denen sorgt sich um mich? Ich habe in meinem Leben genug für andere getan. Du weißt, was ich meine.

Blanche Nein, das weiß ich nicht. Sprich dich aus, Kate. Wen meinst du mit „andere"?

Kate Dich! Celia! Papa, als er krank war. Alle! Frag du mich nicht, wen ich meine! Wie oft habe ich von Mama Schläge bekommen für Sachen, die du ausgefressen hast? Auf wie viele Kleider mußte ich verzichten, damit du nach was aussehen konntest, wenn du auf deine Parties gingst? Ich war das Arbeitstier, du warst das Prinzeßchen. Du hast kein Recht, so mit mir zu sprechen. Du am allerwenigsten.

Blanche Im Grunde geht's doch um Jack, nicht wahr? Du gibst mir die Schuld an dem, was passiert ist.

Kate Warum glaubst du, ist der Mann heute krank? Warum mußte ihn ein Polizist um zwei Uhr morgens nach Hause bringen? Damit deine Nora ihre Tanzstunden haben konnte! Damit Laurie alle drei Wochen zum Arzt gehen kann! Aber bitte! Mach dir nur immer Sorgen um die Leute von gegenüber und nicht um die, die nach Hause geschleppt werden müssen, damit du ein Dach über dem Kopf hast. *Wendet sich ab.*

Jack kommt aus der Küche herein.

Jack Was habt ihr denn? Was ist denn los?

Blanche *zu Kate* Warum hast du mir nie gesagt, daß du das so siehst?

Kate *mit dem Rücken zu ihr* Weil ich nie Zeit hatte. Weil ich zu sehr damit beschäftigt war, mich um euch alle zu kümmern.

Jack Was ist denn, Blanche? Was ist passiert?

Blanche reicht ihm den Brief. Er liest ihn.

Blanche Und all die Jahre nie ein Wort. Ohne diesen Brief hättest du mir nie gesagt, was in dir vorgeht?

Kate Ich hätte es dir auch ohne den Brief gesagt ... Wenn du mich danach gefragt hättest.

Blanche steht da, sehr verletzt und völlig hilflos.

Blanche Laurie! Geh bitte nach oben. Dieses Gespräch ist nichts für dich.

Eugene kommt ins Wohnzimmer.

Eugene Was ist nun? Die Eiskrem schmilzt.

Blanche Stell sie in den Eisschrank, Eugene. Deine Mutter und ich haben noch zu reden.

Eugene geht in die Küche.

Jack *hat den Brief zu Ende gelesen* Ich habe nicht ein Mal mit dieser Frau gesprochen. Seit drei Jahren wohnen sie da drüben, und ich habe nie ein Wort mit ihr gewechselt.

Kate *zu Jack* Warum läufst du herum? Wenn du schon nicht im Bett bist, setz dich wenigstens hin.

Jack *hält den Brief hoch* Ich glaube nicht, daß ich so aufrichtig sein könnte. Das ist Größe.

Blanche Wenn ich meine Kinder nehmen und dieses Haus mit ihnen verlassen könnte, würde ich es noch heute abend tun. Aber das kann ich nicht. Ich wüßte nicht, wohin.

Jack Sag mal, Blanche, ich höre wohl nicht recht!

Blanche *blickt Kate an* Wenn ich die beiden noch ein paar Wochen bei euch lassen könnte, wäre ich euch sehr dankbar. Sobald ich eine Wohnung für uns gefunden habe, nehme ich sie zu mir.

Jack Du nimmst niemanden zu dir, und du gehst nirgendwo hin. Ich will solchen Unsinn nicht hören.

Kate Halte dich da raus, Jack. Sie soll tun, was sie will.

Blanche Ich habe eine Freundin in Manhattan Beach. Bei der kann ich ein paar Tage bleiben. Gleich morgen werde ich mir eine Arbeit suchen. Ganz egal, was. Ich werde alles tun, was man von mir verlangt, aber ich werde nie wieder irgend jemandem zur Last fallen. *Geht zur Treppe.*

Jack Jetzt ist genug, Blanche! Jetzt ist aber wirklich genug! Was, zum Teufel, ist hier eigentlich los, Himmelherrgottnochmal? Ein Streit zwischen zwei Schwestern, der vor fünfundzwanzig Jahren fällig gewesen wäre. Du mußt etwas loswerden, Blanche, also werd es los! Sag ihr, wie es ist, wenn man nicht in seinen eigenen vier Wänden lebt. Wenn man darauf angewiesen ist, daß einem jemand tagtäglich das Essen vorsetzt. Ich weiß, wie das ist, denn ich habe so gelebt, bis ich einundzwanzig war ... Sag ihr, Kate, was es heißt, eine ältere Schwester zu sein. Plötzlich die zu sein, die arbeiten muß und der man Verantwortung zuschiebt, und nicht die zu sein, um die sich alles dreht, wie damals, als du noch die einzige warst. Glaubst du, ich sehe das nicht alles bei Stanley und Eugene? Bei Nora und Laurie? Glaubst du, ich höre nicht, wie sie sich da oben in ihren Zimmern in den Haaren liegen, Nacht für Nacht? Also raus damit, Kate. Mach endlich reinen Tisch! Und du auch, Blanche. Schreit euch an! Beschimpft euch, daß die Fetzen fliegen ... Und wenn ihr alles losgeworden seid, gebt euch einen Kuß und kommt zu Tisch. Meine Eiskrem läuft davon, Himmeldonnerwetter.

Lange Pause.

Blanche Ihr beide kommt bei mir gleich nach Nora und Laurie! Daran wird sich nie etwas ändern, egal, was Kate zu mir sagt ... Aber ich muß hier raus. Wenn ich jetzt nicht gehe, werde ich auch noch den letzten Rest an Selbstachtung verlieren. *Wendet sich um, geht zur Treppe.* Das einzige, was Leute wie wir wirklich besitzen, ist unsere Würde, nicht wahr? ... und wenn ich alt bin, möchte ich gerne so viel haben wie Mrs. Murphy von gegenüber. *Geht hinauf und in ihr Zimmer.*

Jack Wie ist es dazu gekommen, Kate! Irgendwas muß heute abend gewesen sein, sonst hättest du dich nie im Leben so benommen. Blanche war nicht der Grund. Es war irgendwas anderes. Was war es, Kate?

Kate *starrt aus dem Fenster* Sag den Kindern, sie sollen in fünf Minuten runterkommen. Wir essen in der Küche. *Geht in die Küche.*

Jack steht und sieht ihr nach. Eugene kommt aus der Küche.

Jack *im Vorbeigehen zu Eugene* Hol Stanley und Laurie. Wir essen in fünf Minuten. *Geht in die Küche.*

Eugene geht die Treppe hinauf.

Eugene *zum Publikum* Das war das erste Mal in meinem Leben, daß man mir für etwas nicht die Schuld gab. Bei der Gelegenheit entdeckte ich eine selbstsüchtige

Ader in mir. Sie taten mir alle ehrlich leid, aber solange man nicht mir die Schuld gab, hielt sich mein Mitleid in Grenzen ... Ich hoffe, daß sich das mit zunehmendem Alter ändert. *Betritt sein Zimmer. Zu Stanley* Tante Blanche geht weg.

Stanley *setzt sich auf* Ah ja? Wohin?

Eugene *setzt sich auf sein Bett* Zu einer Freundin in Manhattan Beach. Sie und Mam hatten gerade einen Riesenkrach. Sie wird Laurie und Nora nachkommen lassen, sobald sie einen Job hat.

Stanley Worum ging's denn?

Eugene Ich konnte nicht alles verstehen. Ich glaube, Mam hat Tante Blanche die Schuld daran gegeben, daß Paps so schuften muß.

Stanley *schlägt mit der Faust auf sein Kopfkissen* Ach, Scheiße! ... Hat Mam irgendwas über mich gesagt? Über die Sache mit meinem Gehalt?

Eugene Du hast es ihr erzählt? Warum hast du es ihr erzählt? Ich hatte mir zwölf phantastische Lügen für dich ausgedacht.

Stanley holt einen Pullover aus seiner Schublade und zieht ihn über.

Stanley Wieviel Geld hast du?

Eugene Ich? Ich habe überhaupt kein Geld.

Stanley zieht sich noch einen zweiten Pullover über.

Stanley Von wegen. Du hast was in deiner Zigarrenschachtel. Wieviel?

Eugene Ich habe einen Dollar zwölf. Das sind meine gesamten Ersparnisse.

Stanley Gib sie mir. Du kriegst sie wieder, keine Sorge.

Zieht eine Jacke über die Pullover, dann holt er einen weichen Filzhut aus dem Schrank und setzt ihn auf.

Eugene holt die Zigarrenschachtel unter seinem Bett hervor und öffnet sie.

Eugene Wozu ziehst du denn das alles an?

Stanley Für den Fall, daß ich heut im Freien übernachten muß. Ich hau ab, Gene. Ich weiß noch nicht, wohin, aber ich schreibe dir, wenn ich dort bin.

Eugene Du haust ab??!

Stanley Wenn ich weg bin, erzählst du Tante Blanche, was mit meinem Gehalt passiert ist, okay? Dann weiß sie,

warum Mam so wütend war. Sag ihr, sie soll bitte nicht weggehen, weil der Krach durch mich kam und nicht durch sie. Kann ich mich darauf verlassen?
Nimmt die Münzen aus der Zigarrenschachtel.

Eugene Ich hab noch Briefmarken im Wert von acht Cent. Wenn du die auch haben möchtest.

Stanley Danke. *Hält eine kleine Medaille hoch.* Was ist das?

Eugene Die Medaille, die du vor zwei Jahren beim Einhundert-Meter-Sprint gewonnen hast.

Stanley Bei der Polizei-Jugendmeisterschaft, stimmt. Ich wußte gar nicht, daß du die noch hast.

Eugene Du hast sie mir doch gegeben. Du kannst sie wiederhaben, wenn du willst.

Stanley Die ist doch nichts wert.

Eugene Für mich schon.

Stanley Klar. Kannst sie behalten.

Eugene Danke … Wo gehst du denn hin?

Stanley Ich weiß nicht, ich dachte, vielleicht zur Armee. Paps sagt, in ein paar Jahren haben wir sowieso Krieg. Dann bin ich schon Sergeant oder so was, wenn's losgeht.

Eugene Wenn er lange genug dauert, könnt' ich auch gehen. Vielleicht kommen wir sogar in dieselbe Einheit. „Die 69ste rückt an." Das sind zwar größtenteils Iren, aber ein paar Juden hatten sie auch in dem Film.

Stanley Du wirst nicht zur Armee gehen, außer sie kommen und holen dich. Du gehst aufs College. Hast du verstanden? Versprich mir, daß du aufs College gehst.

Eugene Ich schätze, ich werde zu Hause bleiben und arbeiten müssen, wenn du weg bist. Wir werden das Geld brauchen.

Stanley Ich schicke euch jeden Monat meinen Sold. Ein Sergeant bei der Armee verdient sehr anständig … Also, mach's gut, Junge.
Eugene steigen die Tränen in die Augen.

Eugene Warum willst du weg?

Stanley Fang nicht an zu heulen. Die hören dich sonst.

Eugene Heute haben sie 'ne Wut auf dich, und morgen haben sie's vergessen. Wie oft hatte ich schon 'ne Wut auf dich und hab's wieder vergessen.

Stanley Wegen mir bricht die ganze Familie auseinander.

Willst du, daß Nora so endet wie eins von diesen Flittchen vom Pier?

Eugene Von mir aus. Ich bin nicht mehr in Nora verknallt.

Stanley Das hat damit nichts zu tun. Sie ist deine Cousine. Werde bloß nicht so wie ich.

Eugene Ich weiß nicht, was du gegen dich hast.

Stanley *sieht ihn an* Paß auf dich auf, Eug.

Sie umarmen sich.

Stanley öffnet die Tür, sieht sich um. Dann wendet er sich wieder Eugene zu. Falls du je eine Geschichte über mich schreibst, nenn mich Hank. Mein Lieblingsname, Hank. *Geht, schließt die Tür hinter sich.*

Eugene sitzt eine Weile schweigend da, dann wendet er sich ans Publikum.

Eugene Ich schätze, für jeden kommt irgendwann einmal der Moment, wo man sagt: „So. Das ist jetzt das Ende meiner Kindheit." Als Stanley die Tür zumachte, wußte ich, daß für mich dieser Moment gekommen war ... Ich hatte Angst. Ich fühlte mich einsam. Und ich haßte meine Mutter und meinen Vater dafür, daß sie Stanley aus dem Haus getrieben hatten. Egal, ob sie im Recht waren oder nicht, ich haßte sie. Ich haßte sogar Stanley ein bißchen, weil er mich im Stich gelassen hatte und ich jetzt sehen mußte, wie ich allein erwachsen werde.

Kate *laut und schrill aus der Küche* Eugene! Laurie! Essen. Ich warte nicht die ganze Nacht auf euch.

Eugene *zum Publikum* Und ich haßte sie dafür, daß sie Stanleys Namen ausgelassen hatte, als sie uns zum Essen rief. Ich glaube, Eltern wissen gar nicht, wie grausam sie manchmal sein können ... *Kleine Pause.* Beim Abendessen wollte ich ihnen das mit Stanley erzählen, aber ich habe es einfach nicht über die Lippen gebracht ... Ich stand vom Tisch auf, ohne die Eiskrem auch nur angerührt zu haben ... Meine Befürchtung, daß ich nicht fähig sei, zu leiden, war jedenfalls unbegründet.

Kate und Jack kommen aus der Küche und gehen zur Treppe.

Jack Es ist zehn Uhr. Wo bleibt Stanley so lange?

Kate Um Stanley brauchst du dir keine Gedanken zu machen. Du solltest seit einer Stunde im Bett sein.

Jack Warum erzählst du mir nicht, was zwischen dir und dem Jungen war?

Kate Ich bin müde, Jack. Mir reicht's für heute.

Jack Ich möchte, daß er Samstag mit mir in die Synagoge geht. Wenn sie drei oder vier Wochen nicht da waren, vergessen sie ihre Religion ganz.
Sie gehen ins Schlafzimmer.

Eugene Es wurde so still im Haus, wie ich es noch nie erlebt hatte. Tante Blanche war in ihrem Zimmer und packte, Paps und Mam waren im Schlafzimmer, und ich mußte mit irgend jemandem reden, oder ich würde verrückt werden. Ich hatte nicht viel Auswahl. *Geht und klopft an Lauries Tür.* Laurie? Ich bin's. Kann ich reinkommen?

Laurie Was willst du? Ich lese.

Eugene *öffnet die Tür* Ich möchte nur mit dir reden.

Laurie Ich habe nicht „Herein“ gesagt, oder?

Eugene Jetzt ist es zu spät, jetzt bin ich schon drin ... Was liest du da?

Laurie „Die Zitadelle“ von A. J. Cronin.

Eugene Kenn ich. Phantastisch ... Ich höre, deine Mutter verläßt uns morgen früh.

Laurie Wir auch, sobald sie einen Job gefunden hat.

Eugene Ich kann es nicht glauben. Dann werd' ich der einzige sein, der noch hier ist.

Laurie Du meinst, du und Stanley.

Eugene Stanley ist weg. Für immer. Ich glaube, er will zum Militär.

Laurie Du meinst, er ist weggelaufen?

Eugene Nein. Weglaufen tun nur Kinder. Wenn du so alt bist wie Stanley, gehst du einfach.

Laurie Er hat sich nicht verabschiedet?

Eugene Meine Eltern wissen noch gar nichts davon. Ich werd' es ihnen jetzt sagen.

Laurie Ob ich dann auf eine andere Schule muß?

Eugene Du wirst dir neue Freundinnen suchen müssen.

Laurie Ach Quatsch. Freundinnen hab ich hier auch keine.

Eugene Kein Wunder, wenn du immer zu Hause sitzt. Du gehst ja nie weg.

Laurie Kann ich ja nicht, wegen meinem Leiden.

Eugene Also ich finde nicht, daß du krank aussiehst. *Fühlst* du dich krank?

Laurie Nee. Aber meine Mutter sagt, ich bin es.

Eugene Ich habe zu Eltern kein Vertrauen mehr.

Laurie Warum sollte sie mich anlügen?

Eugene Damit du zu Hause bleibst. Wenn sie hören, daß Stanley weg ist, werden sie mich an mein Bett anketten.

Laurie Ich würde meine Mutter sowieso nicht verlassen. Auch nicht, wenn ich älter bin. Auch nicht, wenn ich heirate. Ich werde meine Mutter nie verlassen.

Eugene Ach nee. Mr. Murphy von gegenüber hat seine Mutter auch nie verlassen. Und jetzt muß er ins Gefängnis.

Laurie Das wäre alles nicht passiert, wenn mein Vater noch leben würde.

Eugene Wie war das damals für dich, als er starb?

Laurie Weiß ich nicht mehr. Ich habe viel geweint, weil meine Mutter so viel geweint hat.

Eugene Für mich wäre es schrecklich, wenn mein Vater sterben würde. Besonders jetzt, wo Stanley nicht mehr da ist. Wir müßten wahrscheinlich hier ausziehen.

Laurie Macht nichts. Dann würdet ihr eben bei uns wohnen, du und deine Mutter.

Eugene Wenn wir also zum Schluß doch wieder alle zusammen sind, wieso gehen wir dann überhaupt erst auseinander?

Laurie Ich weiß nicht. Ich muß das Buch zu Ende lesen.
Widmet sich wieder ihrem Buch.
Eugene steht auf und blickt ins Publikum.

Eugene Es kommt nicht sehr viel dabei heraus, wenn man mit Laurie spricht. Manchmal glaube ich, das Flattern in ihrem Herzen ist in Wirklichkeit in ihrem Hirn. *Verläßt das Zimmer, schließt die Tür und geht die Treppe hinunter. Weiter zum Publikum.* Ich bin zu ihnen ins Schlafzimmer gegangen und hab es ihnen erzählt. Habe ihnen die ungeheuerliche Eröffnung gemacht, daß ihr ältester Sohn auf und davon gegangen ist, um für sein Land zu kämpfen und vielleicht in Frankreich zu fallen. Meine Mutter sagte: „Geh ins Bett. Er wird schon wiederkommen, wenn es draußen kalt wird." … Ich konnte es nicht glauben. Der eigene Sohn! Das war der Moment, wo mir der Verdacht kam, Stanley und ich seien adoptiert worden … Schließlich gingen sie schlafen, und ich wartete draußen auf den Stufen, bis es kalt wurde … aber Stanley ist nicht gekommen. *Geht zur Haustür hinaus. Es ist einige Stunden später, nach Mitternacht.*

Wir sehen Nora sich dem Haus nähern, den Vorgarten betreten. Blanche kommt im Nachthemd und Morgenmantel die Treppe herunter. Sie wartet am Fuß der Treppe, während Nora das Haus betritt.

Blanche Ich möchte mit dir reden.

Nora Jetzt? Es ist spät.

Blanche Ich weiß, daß es spät ist. Wir hätten früher reden können, wenn du nicht erst um Mitternacht nach Hause gekommen wärst. *Geht ins Wohnzimmer.*

Nora folgt ihr und bleibt in der Tür stehen.

Nora Hast du einen schönen Abend gehabt?

Blanche Ich war nicht weg. Mr. Murphy hatte einen Unfall.

Nora O je. Ich hoffe, es ist ihm nichts passiert.

Blanche Er hat seine Probleme, wie wir anderen auch … Ich war sehr traurig, daß du heute abend einfach so gegangen bist, ohne auf Wiedersehen zu sagen.

Nora Ich war spät dran. Es hat jemand auf mich gewartet.

Blanche Ja, ich auch. Du wußtest, wie wichtig es mir war.

Nora Ich fühle mich nicht besonders.

Blanche Du bist absichtlich gegangen, ohne dich von mir zu verabschieden. Das hast du noch nie gemacht.

Nora Können wir nicht morgen früh darüber reden?

Blanche Ich werde morgen früh nicht hiersein.

Nora Dann eben morgen abend.

Blanche Ich habe meine Sachen gepackt, Nora. Ich ziehe morgen früh aus.

Nora Was soll das heißen?

Blanche Tante Kate und ich hatten heute abend Streit miteinander. Wir haben uns ein paar schlimme Dinge gesagt, Dinge, die sich in uns aufgestaut hatten, seit wir Kinder waren. Ich werde bei Sylvia in Manhattan

Beach wohnen, bis ich eine Arbeit gefunden habe, und dann lasse ich dich und Laurie nachkommen.

Nora Das ist nicht dein Ernst. Du meinst, du kannst uns jederzeit allein lassen, aber wenn ich dich allein lassen will, ist das was anderes?

Blanche Es ging mir nicht darum, daß du mich allein läßt. Ich habe nur an deine Zukunft gedacht.

Nora An meine Zukunft. Warum habe ich dabei nicht auch ein Wörtchen mitzureden?

Blanche Vielleicht war es ein Fehler, ich weiß es nicht. Wenn wichtige Dinge zu entscheiden waren, dann tat das immer dein Vater. In einem hatte Tante Kate recht. Ich habe mich immer auf andere verlassen. Auf meine Mutter, meine Schwestern, deinen Vater, sogar auf dich und Laurie. Ich bin mein ganzes Leben lang von anderen abhängig gewesen.

Nora Vielleicht ist das der springende Punkt. Ich möchte gern unabhängig sein.

Blanche *fest* Unabhängigkeit muß man sich verdienen. Man kann sie nicht einfach für sich in Anspruch nehmen, auf Kosten anderer. Wäre dir dieser Job jemals angeboten worden, wenn dir nicht jemand deine Tanzstunden bezahlt hätte und dafür gesorgt hätte, daß du ein Dach überm Kopf hast und Kleider am Leib? Wenn einer Onkel Jack das alles zurückzahlen wird, dann ich – und wenn ich nicht weiß, was ich tun muß –, aber eines steht fest: Eher stehle ich, bevor ich zulasse, daß meine Tochter sich diesem Mann gegenüber undankbar oder respektlos benimmt.

Nora Also muß ich mir eine Chance entgehen lassen, die vielleicht nie wiederkommt? Ich muß dafür bezahlen, daß du nichts aus deinem Leben gemacht hast.

Blanche *kalt* Danke, Nora. Ich hätte wissen müssen, wozu diese Aussprache führt.

Nora Woher hättest du das wissen sollen? Du hast dich ja nie mit mir ausgesprochen. Ich existiere doch gar nicht für dich.

Blanche Wie bitte?

Nora Ich habe mir solche Mühe gegeben, dir näherzukommen, aber du hast mich nicht an dich herangelassen.

Alles, was du zu geben hattest, hast du Daddy gegeben. Und als er tot war, gabst du das, was übrig war ... *Wendet sich ab.*

Blanche Ja? Sag's ruhig.

Nora Solange ich denken kann, habe ich Laurie darum beneidet, daß sie das Glück hatte, krank auf die Welt gekommen zu sein. Nie konnte ich nachts in meinem Zimmer Licht machen oder im Bett lesen, weil Laurie ihren Schlaf brauchte. Nie konnte ich am Wochenende eine Freundin zu Besuch haben, weil Laurie die ganze Zeit ruhen mußte. Ich habe darum gebetet, daß ich irgendeine schreckliche Krankheit bekomme oder daß ich von einem Auto angefahren werde und ein lahmes oder verkrüppeltes Bein zurückbehalte, dann würde ich vielleicht auch mal in einer kalten, regnerischen Nacht zu dir ins Bett schlüpfen dürfen und mit dir reden und mich an dich schmiegen und in deinen Armen einschlafen ... Nur einmal ... *Weint.*

Blanche Mein Gott, Nora ... so denkst du also über mich?

Nora Immer noch besser, als du über mich denkst.

Blanche *zögert, versucht, sich wieder zu fassen* Ich bin nicht bereit, mir von dir weh tun zu lassen, Nora. Ich bin nicht bereit, mir von dir sagen zu lassen, daß ich dich nicht liebe oder daß ich nicht versucht hätte, dir genau so viel zu geben, wie ich Laurie gegeben habe ... Ich bin weiß Gott nicht vollkommen, das hat man mir ja auch heute abend zur Genüge bestätigt ... Aber ich bin nicht bereit, den Fußabtreter für sämtliche Frustrationen und Kümmernisse abzugeben, die meine Tochter oder meine Schwester oder wer auch immer vor meine Tür kehrt ... Ich habe diese Welt nicht gemacht. Ich entscheide nicht, wer lebt und wer stirbt, oder wer reich ist und wer arm, oder wer sich geliebt und wer sich benachteiligt fühlt. Wenn du dich betrogen fühlst, weil Laurie mehr von mir hat als du, dann fühle ich mich betrogen, weil ich meinen Mann so früh verloren habe. Und wenn du nicht aufhören wirst, dich betrogen zu fühlen, wirst du eines Tages so sein wie ich. Du wirst plötzlich etwas an dir entdecken, was viel schlimmer ist als Einsamkeit oder Hilflosigkeit – nämlich Selbstmitleid. Glaube mir, kein lahmes oder verunstaltetes Bein kann einen Menschen mehr verkrüppeln, als wenn er sich in seinem eigenen Unglück badet … Es tut mir leid, wenn du dich nicht geliebt fühlst, Nora, und ich werde alles tun, was ich kann, um das zu ändern, aber ich werde mich nicht entschuldigen. Ich bin es leid, mich zu entschuldigen. Mit der Zeit wird einem das zur Routine wie Knopflöcher nähen … Wenn es deiner Schmerzen und Tante Kates Ärger bedurft hat, um mich endlich wachzurütteln, dann wird Gott mir auch die Kraft geben, euch für das alles zu entschädigen – aber ich werde nie wieder das verängstigte, hilflose Geschöpf sein, zu dem ich mich selbst gemacht habe! … Ich habe schon mal jemanden begraben, den ich liebe. Jetzt ist es an der Zeit, jemanden zu begraben, den ich hasse.

Nora Ich habe nicht gewollt, daß du dich selbst haßt. Ich habe gewollt, daß du mich liebst.

Blanche Das tue ich, Nora. O Gott, warum kann ich dir das nicht verständlich machen?

Nora Wie kommt es, daß wir nie so miteinander gesprochen haben?

Blanche Ich wußte nicht, wie ich es anstellen sollte.

Nora Weißt du, das schlimme ist …

Blanche Ja?

Nora Daß ich dir nie wieder weh tun möchte und trotzdem so wahnsinnig gern in dieser Show sein würde.

Blanche Das weiß ich.

Nora Aber ich darf nicht, oder?

Blanche Wie soll ich dir darauf antworten, ohne daß du dich noch immer benachteiligt fühlst?

Nora Ich weiß nicht … Vielleicht hast du das gerade getan.

Blanche Ich hoffe es, Nora. Ich hoffe es.

Kate erscheint oben und kommt die Treppe herunter.

Kate Ich habe hier unten Stimmen gehört. Ich wußte nicht, wer's war.

Blanche Entschuldige, wenn wir dich aufgeweckt haben … Geh schlafen, Nora. Wir reden morgen weiter.

Nora Okay … Gute Nacht, Tante Kate. *Geht hinauf.*

Kate Ihr habt geredet?

Blanche Ja.

Kate Sie ist nicht mehr böse?

Blanche Nein, Kate. Niemand ist mehr böse.

Nora geht in ihr Schlafzimmer.

Ich habe ihr alles erklärt. Die Mädchen werden dir im Haus helfen, wenn ich weg bin. Laurie soll ruhig auch mit anpacken. Ich habe sie lange genug wie ein Baby behandelt.

Kate Sie waren mir nie eine Last, die beiden. Im Gegenteil.

Blanche Ich hoffe, daß ich sie an den Wochenenden bei mir haben kann ... Es ist spät. Wir gehören alle beide ins Bett. *Will hinausgehen.*

Kate Blanche! ... Geh nicht!

Blanche bleibt stehen.

Bitte vergiß, was ich heute abend zu dir gesagt habe. Ich weiß nicht, was in mich gefahren ist.

Blanche Alles, was du heut abend gesagt hast, Kate, ist wahr. Ich wünschte nur, du hättest es schon vor Jahren gesagt.

Kate Was soll ich machen ohne dich? Wen habe ich sonst, mit dem ich den ganzen Tag reden kann? Ich habe doch keinen Menschen hier in der Nachbarschaft. Sogar die Murphys von gegenüber verlassen uns.

Blanche Wir beide haben uns, bis auf heute abend, immer gut verstanden, Kate. Und so wahr mir Gott helfe, es wird nie wieder ein böses Wort zwischen uns geben .... Nein, ich denke jetzt an die Mädchen. Wir müssen für uns sein. Wir drei. Sie wollen es, und ich will es auch.

Kate Meinetwegen. Dagegen sage ich ja gar nichts. Aber von heut auf morgen findest du bestimmt keine Arbeit. Und auch keine Wohnung. Warum mußt du bei Fremden in Manhattan Beach wohnen, während du dich umsiehst?

Blanche Sylvia und ihr Mann sind keine Fremden. Es sind gute Freunde.

Kate Für mich sind gute Freunde Fremde. Aber Schwestern sind Schwestern.

Blanche Ich habe mich an das bequeme Leben schon viel zu sehr gewöhnt, Kate. Wenn ich mich jetzt nicht aufraffe und gehe, tue ich's nie.

Kate Die Tür ist offen. Du kannst gehen, wann immer du willst. Sobald du einen Job hast. Sobald du eine Wohnung gefunden hast. Ich helf dir beim Umzug. Ich kann dir auch beim Suchen helfen. Ich kann die Miete für dich aushandeln.

Blanche *lächelt* Das wäre natürlich wunderbar.

Kate Wenn sie's mit einer alleinstehenden Frau zu tun haben, glauben sie, sie können dich übers Ohr hauen ... Ich werde mich erkundigen, was sie für das Haus von den Murphys verlangen. Es kann nicht sehr teuer sein, sie hat ja nie saubergemacht.

Blanche Wie soll ich je selbständig werden, wenn ich dir gegenüber wohne?

Kate Du wärst so weit weg, daß du deine eigene Tür hinter dir zumachen könntest, und so nah, daß ich mich nicht einsam fühlen würde.

Blanche blickt sie liebevoll an, geht zu ihr hinüber und umarmt sie. Sie halten einander umschlungen.

Blanche Selbst wenn ich auf dem Mond leben würde, wärst du mir immer noch nah, Kate.

Kate Ich erzähl's Jack. Er hat gesagt, er schläft nicht ein, bevor ich ihm nicht irgendeine gute Nachricht bringe.

Blanche Jetzt hab ich plötzlich Hunger.

Kate Natürlich. Du hast ja nichts gegessen. Komm, ich mach dir ein paar Rühreier. *Geht zur Küche.*

Blanche Ich mache sie mir selber. Ich bin doch jetzt ein selbständiger Mensch.

Kate Mit deinen Augen kriegst du die Eier nie in die Pfanne.

Sie gehen in die Küche.

Eugene erscheint im Vorgarten. Er trägt zwei Tüten mit Lebensmitteln. Es ist später Nachmittag. Er bleibt stehen und wendet sich ans Publikum.

Eugene Tante Blanche hatte also beschlossen, bei uns zu bleiben, bis sie eine Arbeit gefunden hat. Nora ging am nächsten Morgen wieder in die Schule, sie schenkte mir ein strahlendes Lächeln, und ihre Beine waren wieder alabasterweiß wie eh und je. Laurie wurde gebeten, den Mülleimer rauszutragen, aber da bekam sie schnell wieder ihr „Herzflattern", also mußte ich es tun. Das Leben ging wieder seinen gewohnten Gang.

Geht ins Haus.

Kate kommt aus der Küche.

Kate Eugene! Lauf noch mal zu Greenblatts rüber. Ich brauche Mehl.

Eugene Wieviel? Einen Teelöffel voll?

Kate funkelt ihn böse an, nimmt die Tüten und geht wieder in die Küche.

Zum Publikum. Stanley kam die Nacht nicht nach Hause, und obwohl Mam kein Wort sagte, wußte ich, daß sie sich mächtige Sorgen machte ... Sie hatte Paps erzählt, daß Stanley das Geld beim Pokern verloren hatte, und den Geräuschen nach zu urteilen, die aus ihrem Zimmer drangen, hätte ich Stanley dringend von der Armee abgeraten und ihm die Fremdenlegion empfohlen.

Stanley kommt die Straße herauf.

Und dann, am nächsten Abend, kurz vorm Essen, war er plötzlich wieder da. Ich bin in meinem ganzen Leben noch nie so glücklich gewesen, jemanden wiederzusehen.

Stanley Hi! *Sieht sich um.* Wo sind Mam und Paps?

Eugene Mam ist in der Küche und kocht. Paps ist oben mit seinem Gebetbuch. Haben sich wohl gedacht, wenn Gott dich ihnen nicht wiederbringt, vielleicht tun's Mams Kartoffelpuffer ... Was war? Hast du dich zur Armee gemeldet? Haben sie dich genommen?

Stanley Mit Handkuß. Der Tauglichkeitstest war ein Kinderspiel.

Eugene Klar, für jemand wie dich.

Stanley Sie haben mir Zigaretten gegeben, Kuchen angeboten sich regelrecht die Beine ausgerissen. Die wollten mich wirklich haben.

Eugene Das war mir klar.

Stanley Aber dann, als ich gerade unterschreiben wollte, da hat mich irgendwas zurückgehalten. Ich hab den Füller hingelegt und gesagt: „Tut mir leid. Vielleicht ein andermal ..." Und weg war ich.

Eugene Wieso denn?

Stanley Ich konnte es Paps nicht antun. Im Moment braucht er mich mehr als die Armee ... Ich wußte, Mam hatte es nicht so gemeint, als sie sagte, sie würde mir nie verzeihen, daß ich das Geld verloren habe, aber wenn ich euch alle jetzt im Stich ließe, würde sie mir vielleicht wirklich nie verzeihen.

Eugene Mann, und ich dachte, du wärst schon auf dem Weg in irgendein Ausbildungslager ... aber ich bin richtig froh, daß du wieder da bist, Stan.

Sie stehen und sehen sich einen Augenblick lang an. Kate kommt aus der Küche und geht in den Vorgarten.

Kate Eugene. Ich brauche einen halben Liter süße Sahne. Und noch etwas Zucker.

Eugene Stanley ist wieder da.

Stanley Hallo, Mam.

Kate *sieht ihn an, dann zu Eugene* Nimm die Zwei-Pfund-Pakkung. Ich will einen Schokoladenkuchen backen.

Eugene Zwei Pfund Zucker von Greenblatts? Ich werde mich ausweisen müssen. *Blickt Stanley an und geht.*

Kate Bleibst du zum Essen?

Stanley Ich bleibe so lange, wie ich bleiben darf.

Kate Warum solltest du nicht bleiben dürfen? Du bist hier zu Hause. *Geht ins Haus.*

Stanley folgt ihr. Jack kommt die Treppe herunter und geht zu seinem Lieblingsstuhl. Er schlägt die Zeitung auf.

Dein Vater hat sich große Sorgen gemacht. Ich glaube, du bist ihm eine Erklärung schuldig.

Stanley Das wollte ich gerade tun.

Kate blickte ihn an, möchte den Arm ausstrecken und ihn berühren, bringt es aber offensichtlich nicht fertig. Sie geht wieder in die Küche, während Stanley ins Wohnzimmer geht.

Hi, Paps. Wie fühlst du dich?

Jack reagiert nicht, liest seine Zeitung weiter.

... Es tut mir leid, daß ich gestern abend nicht nach Hause gekommen bin ... Ich weiß, das war nicht richtig. Aber ich wußte einfach nicht, wie ich dir das mit dem Geld erklären sollte. Ich weiß, es nützt nichts, wenn ich sage, daß es nie wieder vorkommen wird, aber es wird nie wieder vorkommen. Ich schwör's dir. Nie wieder ... *Nimmt Geld aus der Tasche.* Hier sind drei Dollar. Ich bin gestern abend rüber zu Dominicks Bowlingbahn und habe bis Mitternacht die Kegel aufgestellt, und am Wochenende könnte ich noch mal sechs verdienen, das wären dann neun. Ich kriege die siebzehn Dollar wieder zusammen, Paps, das verspreche ich dir … Hart arbeiten macht mir nichts aus. Das hast du mir beigebracht. Hart arbeiten und seine Prinzipien verteidigen. Das wird mein Motto sein, solange ich lebe … Und jetzt – willst du mir sicher was sagen. *Steht da, wartet.*

Jack *sieht immer noch in die Zeitung* Hast du heute abend die Zeitung gelesen?

Stanley Nein, Paps.

Jack Es wird Krieg geben. Einen schrecklichen Krieg, Stanley.

Stanley Ich weiß, Paps. *Kommt weiter ins Zimmer, steht jetzt seinem Vater gegenüber.*

Jack Den größten Krieg, den die Welt je gesehen hat. Ich habe Angst davor. Wir haben uns vom letzten noch immer nicht erholt, und sie fangen schon wieder einen neuen an.

Stanley Im Geschäft reden wir nicht viel darüber, weil doch Mr. Stroheim Deutscher ist und so.

Jack Mein Bruder Michael ist im letzten Krieg gefallen. Das habe ich dir erzählt.

Stanley Du hast mir ein Foto von ihm gezeigt. In Uniform.

Jack Er war neunzehn Jahre alt. Hat nicht älter ausgesehen als Eugene, wie er ging … Er war keine zwei Wochen in Europa, da bekamen wir die Nachricht.

Stanley Ich weiß.

Jack Mich haben sie nicht genommen, weil ich erst sechzehn war, meine Eltern waren beide tot. Ich lebte bei Tante Rose und Onkel Maury. Sie hatten zwei Söhne bei der Marine, beide verwundet, beide Tapferkeitsmedaillen.

Stanley Onkel Leon und Onkel Paul, nicht wahr?

Jack *nickt* Mein Bruder wäre diesen Monat fünfundvierzig geworden. Er war ein hübscher Kerl. Guter Turner, guter Tänzer, er war in allem gut. Ich habe ihn vergöttert. Genau wie Eugene dich vergöttert.

Stanley Tut er doch gar nicht.

Jack Hast du eine Ahnung. Ich höre manchmal, wie er

draußen mit seinen Freunden spricht. „Mein Bruder dies, mein Bruder das" ... Brüder können miteinander reden, wie es Väter und Söhne niemals tun ... Ich wußte überhaupt nicht, was ein Mädchen ist, bis mein Bruder mich eingeweiht hat. Ist es bei dir und Eugene nicht genauso?

Stanley Ja, ich sag ihm schon mal was.

Jack Das ist auch richtig. Ich freue mich, daß ihr euch so gut versteht ... Mir hat das alles sehr gefehlt, als Michael weg war ... Deswegen bin ich froh, daß du gestern abend keine Dummheit gemacht hast. Ich hatte Angst, du wärst vielleicht abgehauen. Ich hab dich ein paar Mal mit Eugene über die Armee sprechen hören. Der Tag kommt noch früh genug, fürchte ich.

Stanley Ich hatte daran gedacht. So als Möglichkeit.

Jack Ich will dir was sagen, Stanley, da du es anscheinend nicht weißt. Was auch immer du tust, es könnte nie so furchtbar sein, daß ich es dir nicht verzeihen könnte. Ich weiß, warum du gespielt hast. Ich weiß, wie dir hinterher zumute war. Es war dumm von dir, das siehst du selbst ein. Ich habe auch Geld im Spiel verloren, in meiner Jugend. Ich weiß, wie das ist.

Stanley Du?

Jack Wundert dich das so sehr? Glaubst du, dein Vater ist vollkommen? Eines Tages werde ich dir noch ein paar Sachen erzählen, die ich gemacht habe und die alles andere als vollkommen waren. Nicht mal deine Mutter weiß was davon. Wenn du herumläufst und glaubst, ich wäre vollkommen, dann wirst du dich selbst hassen für jeden Fehler, den du im Leben machst. Sei nicht so streng mit dir. Dafür sind dein Vater und deine Mutter da.

Stanley Du bist nicht streng mit mir. Du bist immer gerecht.

Jack Ich versuche es zumindest. Du bist ein guter Sohn, Stanley. Bist du dir eigentlich darüber klar? Es gibt Männer bei uns in der Werkstatt, die haben seit fünf, sechs Jahren mit ihren Söhnen nicht mehr gesprochen. Junge Burschen, die vor niemand Respekt haben, sich selbst inbegriffen; die in ihrem Leben noch nicht einen Tag gearbeitet haben, denen ihre Eltern nicht eine frohe Stunde verdanken. Ich habe großes Glück, daß ich so etwas über dich nie habe sagen können.

Stanley Ich verspiele siebzehn Dollar, und du erzählst mir, was für eine Klasse Kerl ich bin.

Jack Hey – Moment. Daß du mich nicht falsch verstehst. Wenn du gestern nacht zu Hause gewesen wärst, als deine Mutter es mir erzählt hat, hätte ich dich mitsamt deinen Sachen zum Fenster rausgeschmissen. Heute bin ich ruhiger. Heute habe ich die Zeitung gelesen. Heute habe ich andere Sorgen.

Stanley Ich verstehe.

Jack Nach dem Abendessen entschuldigst du dich bei deiner Mutter und gibst ihr die drei Dollar.

Stanley Mach ich.

Stanley Und entschuldige dich auch bei Tante Blanche, sie hat sich auch aufgeregt.

Jack Mach ich.

Stanley Und bei deinem Bruder kannst du dich auch bedanken. Er ist heute nachmittag zu mir ins Schlafzimmer gekommen und hat mir gesagt, wie verzweifelt du warst. Ihm kamen selbst fast die Tränen. So wie er deinen Fall verteidigt hat, dachte ich, ich hätte Clarence Darrow bei mir.

Stanley Eugene ist Klasse.

Jack Also. Wasch dir die Hände, es gibt bald Essen. Und danach gehen wir zwei in den Hof, und dann bringe ich dir bei, wie man pokert.

Stanley *lächelt* Klasse!

Will abgehen, da kommt Kate aus der Küche.

Kate Eugene schon zurück?

Stanley Nein, Mam.

Kate Du siehst müde aus. Hast du überhaupt geschlafen?

Stanley Jaja. Ich hab bei einem Freund übernachtet. Kann ich dich nach dem Essen sprechen, Mam?

Kate Wo glaubst du, daß ich hingehe? In einen Nachtklub?

Stanley Ich wasch mir nur die Hände. Bin gleich wieder unten. *Will die Treppe hinaufgehen.*

Kate Stanley! … Du hast dich nicht zu irgendwas gemeldet, hoffe ich?

Stanley Nein, Mam.

Kate Das hat Zeit. Ihr werdet alle schnell genug erwachsen.

Stanley Ja, Mam. *Läuft die Treppe hinauf.*

Kate wendet sich um, sieht Jack an.

Jack Alles in Ordnung. Alles in bester Ordnung.

Kate Wer hat das Gegenteil behauptet? Habe ich nicht gesagt, er kommt nach Hause? *Ruft hinauf.* Laurie! Ruf deine Schwester. Zeit zum Tischdecken.

Eugene kommt mit einer kleinen Tüte und einigen Briefen ins Haus gerannt.

Eugene *atemlos* Ich habe gerade einen neuen Weltrekord zu Greenblatts aufgestellt. Nächstes Jahr werde ich an der Lebensmittelhändler-Olympiade teilnehmen. Hier ist Post für dich, Paps.

Kate Ist das meine Sahne?

Eugene Nicht ein Tropfen verschüttet. Der perfekte Lauf.

Kate nimmt die Tüte und geht in die Küche.

Wo ist Stanley?

Jack *nimmt die Post* Er macht sich frisch. *Sieht die Post durch.* Ach du meine Güte, ich muß nächste Woche wieder auf die Geschworenenbank. *Setzt sich und öffnet einen Brief.*

Eugene rast die Treppe hinauf und in sein Zimmer. Stanley zieht gerade die zwei Pullover aus.

Eugene *schließt die Tür* Bist du wieder in Gnaden aufgenommen?

Stanley Klar. Alles wieder in Butter.

Eugene Klasse … Gehen wir nachher runter zum Pier? Sehen, was los ist?

Stanley Heute abend kann ich nicht. Hab was anderes vor.

Eugene Nämlich?

Stanley Poker spielen.

Eugene Poker spielen? Meinst du das im Ernst?

Stanley Klar. Gleich nach dem Essen.

Eugene Glaube ich dir nicht.

Stanley Ich schwöre bei Gott, daß ich heute abend eine Partie Poker spiele.

Eugene Bist du verrückt! Du bist komplett verrückt, Stanley ... Du, wenn du verlierst, ich misch mich diesmal nicht ein.

Stanley Wenn du den Mund hältst, schenk ich dir was.

Eugene Was denn?

Stanley Hältst du den Mund?

Eugene Ja. Was schenkst du mir?

Stanley nimmt aus seiner Jackentasche etwas, das eine in Papier eingewickelte Postkarte sein könnte.

Stanley Hier. Das ist für dich. Laß es nicht rumliegen.

Eugene fängt an, das Papier zu entfernen.

Eugene Was ist das?

Stanley Mach's langsam auf.

Eugene tut es.

Noch langsamer ... Mach die Augen zu.

Eugene tut es. Jetzt hat er es ausgepackt.

Jetzt schau!

Eugene schaut. Die Augen fallen ihm fast aus dem Kopf.

Eugene O MEIN GOTT!!! ... DIE IST JA NACKT! MAN KANN ALLES SEHEN!

Stanley Nicht so laut. Willst du, daß sie dich damit erwischen?

Eugene Wo hast du das her? Wer ist das?

Stanley Eine Französin. So sind alle Frauen in Paris.

Eugene Ich kann nicht glauben, was ich da sehe! Welches Mädchen läßt sich denn so fotografieren! Meinst du, sie hat es gewußt? Meinst du, sie hat sich extra so hingelegt?

Blanche kommt aus der Küche.

Blanche Laurie! Nora! Wir essen!

Nora und Laurie kommen aus ihrem Zimmer.

Stanley Es gehört dem Jungen, der mir die zweieinhalb Dollar schuldet. Ich kann es behalten, bis er sie mir zurückzahlt.

Eugene Dräng ihn bloß nicht. Sag ihm, das hat Zeit. *Streckt sich auf dem Bett aus und starrt auf das Bild.*

Nora und Laurie kommen die Treppe herunter, während Kate mit Tellern aus der Küche kommt und den Tisch zu decken beginnt.

Stanley Das ist zum Dank dafür, daß du so'n guter Kumpel bist.

Eugene Wann immer ich was für dich tun kann – brauchst es bloß zu sagen.

Stanley Tu es an einen sicheren Platz und komm. Wir müssen zum Essen.

Eugene Sofort. Ich komme sofort. *Liegt da, unfähig, sich von dem Bild loszureißen.*

Stanley geht die Treppe hinunter. Nora und Laurie legen Servietten und Besteck hin. Blanche rückt die Stühle zurecht. Jack steht auf und geht mit einem Brief, den er gerade gelesen hat, freudig erregt ins Eßzimmer.

Jack Kate? Wo ist Kate?

Kate Nicht so rennen! Immer mußt du rennen.

Jack *hält den Brief hoch* Ein Brief aus London. Mein Cousin Sholem ist rausgekommen. Sie sind aus Polen rausgekommen. Sie sind frei, Kate.

Blanche Gott sei Dank!

Jack Seine Frau, seine Mutter und alle vier Kinder. Morgen geht ihr Schiff nach New York. In einer Woche sind sie hier.

Kate In einer Woche?

Laurie Sprechen sie englisch?

Jack Das glaube ich kaum. Ein paar Brocken vielleicht. *Zu Kate.* Sie mußten alles verkaufen. Sie haben nur mitgenommen, was sie tragen konnten.

Stanley Wo werden sie wohnen?

Jack Ja, darüber werden wir reden müssen. Zwei oder drei von ihnen bei Onkel Leon und bei Onkel Paul –

Kate Und die anderen bei uns. Wir können ein paar Betten im Eßzimmer aufstellen. Es ist sowieso einfacher, wenn wir in der Küche essen.

Blanche Die Kleinen könnten wir bei Laurie unterbringen. Nora kann ja bei mir schlafen, nicht wahr, Liebling?

Nora *erfreut* Ja, natürlich, Mammi.

Stanley Wegen dem Geld mach dir keine Sorgen, Paps. Ich wollte Mr. Stroheim sowieso um eine Gehaltserhöhung bitten.

Jack Sie sind rausgekommen. Das ist die Hauptsache. Sie sind rausgekommen. *Setzt sich an den Tisch, um den Brief noch einmal zu lesen.*

Nora, Stanley und Laurie sehen ihm über die Schulter. Blanche und Kate decken den Tisch.

Kate *schreit hinauf* Eugene! Wie lange sollen wir noch auf dich warten?

Eugene *ruft hinunter* Eine Sekunde! Ich muß nur schnell was aufschreiben. *Betrachtet wieder das Foto, dann nimmt er seinen Füllfederhalter und sein Memoirenheft und beginnt zu schreiben.* „2. Oktober, achtzehn Uhr fünfundzwanzig … Ein epochaler Moment im Leben des Eugene Morris Jerome … Ich habe die Goldenen Paläste des Himalaya gesehen … Die Pubertät ist vorbei. Eureka! Die Welt steht offen …!“

Vorhang

Werke Neil Simons

Come Blow Your Horn („Die beiden Draufgänger") – Broadway-Premiere New York 1961

Little Me – Musical, Uraufführung New York 1962

Barefoot in the Park („Barfuß im Park") – Broadway-Premiere New York 1963

The Odd Couple („Ein seltsames Paar") – Uraufführung New York 1965

Sweet Charity – Musical nach F. Fellinis Film „Die Nächte der Cabiria", Uraufführung New York 1966

The Star Spangled Girl – Uraufführung New York 1966

Plaza Suite – Drei Einakter, Uraufführung New York 1968

Promises, Promises („Das Schlüsselkarussell") – Musical nach B. Wilders/I. A. L. Diamonds Film „Das Apartment", Uraufführung New York 1968

The Last of the Red Hot Lovers („Der letzte der feurigen Liebhaber"), Broadway Premiere New York 1969

The Gingerbread Lady („Pfefferkuchen und Gin") – Broadway-Premiere New York 1970

The Prisoner of Second Avenue („Dachlawine") – Broadway-Premiere New York 1971

The Sunshine Boys („Sonny-Boys") – Broadway-Premiere New York 1972

The Good Doctor („Der gute Doktor") – Szenenfolge mit Musik nach Erzählungen von A. Tschechow, Uraufführung New York 1973

God's Favorite – Uraufführung New York 1974

California Suite – Vier Einakter, Uraufführung Los Angeles 1976

Chapter Two („Das zweite Kapitel") – Uraufführung New York 1977

I Ought to Be in Pictures („Beim Film müßte man sein") – Uraufführung New York 1980
Trilogie:
Brighton Beach Memoirs („Brooklyn Memoiren") – Uraufführung New York 1983
Biloxi Blues – Uraufführung New York 1985
Broadway Bound – Uraufführung New York 1986

Spielfilme nach Drehbüchern Neil Simons

Come Blow Your Horn („Wenn mein Schlafzimmer sprechen könnte") – 1963
After the Fox – 1966
Barefoot in the Park („Barfuß im Park") – 1967
The Odd Couple („Ein seltsames Paar") – 1968
Sweet Charity („Sweet Charity") – 1969
The Out-of-Towners („Nie wieder New York") – 1970
Plaza Suite („Hotelgeflüster") – 1971
The Star-Spangled Girl – 1971
The Last of the Red Hot Lovers – 1972
The Heartbreak Kid – 1972
The Sunshine Boys („Sonny-Boys") – 1974
The Prisoner of Second Avenue – 1975
Murder by Death („Verzeihung, sind Sie der Mörder") – 1976
California Suite („Das verrückte California-Hotel") – 1978
Chapter Two („Das zweite Kapitel") – 1980
The Goodbye Girl
The Cheap Detective
Brighton Beach Memoirs – 1986

J.C.T.

Inhalt

Sowjetische Zeitstücke 2

Herausgegeben und mit bio-bibliographischen Notizen versehen von Susanne Rödel
Aus dem Russischen von Erich Ahrndt, Regine Kühn und Renate Landa
Dramenreihe
384 Seiten · Leinen · 12,40 M

Die sechs Stücke dieses Bandes, die alle in den achtziger Jahren entstanden sind, spiegeln in individuellen Konflikten wichtige gesellschaftliche Fragen der Gegenwart: In „Nach Paragraph 206" von Wassili Below, Jahrgang 1932, wird ein simpler Streitfall formalistisch aufgebauscht; Alexander Gelman, Jahrgang 1933, gestaltet in „Allein mit allen" einen Eheskandal; Alexej Arbusow, Jahrgang 1908, zeigt in „Grausame Spiele" die Selbstisolation junger Leute; Ljudmila Petruschewskaja, Jahrgang 1938, greift in „Drei Mädchen in Blau" Probleme alleinstehender Mütter auf; Alexander Wolodin, Jahrgang 1919, fragt in „Miniaturen" nach dem Glücksanspruch von Frauen und Michail Rostschin, Jahrgang 1933, geht es in „Zwilling" um die Liebestragödie einer Lehrerin.

Im Buchhandel erhältlich

Verlag Volk und Welt Berlin